U0720168

二十四史研究資料叢刊

史記正義佚文輯校（增訂本）

上册

張衍田 輯校

中華書局

圖書在版編目(CIP)數據

史記正義佚文輯校/張衍田輯校. —增訂本. —北京:中華書局,2021.5
(二十四史研究資料叢刊)
ISBN 978-7-101-15139-8

Ⅰ.史… Ⅱ.張… Ⅲ.①中國歷史-古代史-紀傳體 ②《史記》-注釋 Ⅳ.K204.2

中國版本圖書館 CIP 數據核字(2021)第 057314 號

責任編輯:馬 婧

二十四史研究資料叢刊
史記正義佚文輯校(增訂本)
(全二册)
張衍田 輯校
*
中華書局出版發行
(北京市豐臺區太平橋西里 38 號 100073)
http://www.zhbc.com.cn
E-mail:zhbc@zhbc.com.cn
北京瑞古冠中印刷廠印刷
*
850×1168 毫米 1/32 · 20 印張 · 4 插頁 · 426 千字
2021 年 5 月北京第 1 版 2021 年 5 月北京第 1 次印刷
印數:1-2500 册 定價:76.00 元

ISBN 978-7-101-15139-8

目録

附録一

附録二

序

史記三家注，裴駰集解、司馬貞索隱，俱有單行本，而張守節正義俄空焉。自宋人以三家注合刻行世，正義雖賴以流傳，而合刻本頗有以臆裁併者，蓋非原本之舊矣。故四庫全書提要、錢大昕十駕齋養新録卷六、錢泰吉甘泉鄉人稿卷五校史記雜識、張文虎史記札記俱以爲三家注合刻本於正義多所刊落，且言之有物矣。日本瀧川資言史記會注考證云：「吾讀三家書，益知三注本所録正義多削落甚多也。偶繙東北大學所藏慶長、寬永活字本史記，上欄標記正義一千二三百條，皆三注本所無，但缺十表。其後又得桃源史記抄、幻雲抄、博士家史記異字，所載正義略與此合。幻雲標記桃源抄云：『幻謂小司馬、張守節皆唐明皇時人也，而索隱不知正義，正義不知索隱，各出己意而注正之。今合索隱、正義爲一本者，出於何人乎哉？蕉了翁亦未詳焉，況其餘哉？吾邦有索隱本，有正義本，索隱本與此注所載大同，正義者此注所不載者夥，故諸本之上書之。』余於是知大學本標記之所由，欣喜不能措，手録以爲一卷，題曰史記正義佚存。」又云：「今録之會注正義各條，略復張氏之舊云。」獨惜其「所採正義佚文，皆不注明其所依」。其後有水澤利忠「得覩上杉氏所藏南宋黄善夫本校記等二十數種，乃獲資言所未見佚文凡二百數十條；且會注考證所採正義佚文，皆不注明其所依，是爲可憾，今一一明所據以便學者」，於是有史記會注考證校補之作，足以「光照先賢之遺業，而裨補史記之研究」，二氏信正義之功臣，而爲研究史記者之益友也。

余治史記，以三家注爲釋疑辨惑之資，而於正義之詳於地理掌故，尤所究心焉。如於五帝本紀云：「武后改倭國爲日本國。」於夏本紀云：「又倭國，武皇后改曰日本國。」以日本國名爲武則天所改，守節去則天時不過三十餘年耳，以唐人而言唐事，其言當可信賴，而國人及日本學人初未有言及之者，此則亟當表襮之於世者也。又嘗讀邵懿辰禮經通論論高堂生傳十七篇云：「史記正義引阮孝緒七録，謂：『博士侍其生得十七篇。』侍其生不知何人，必在高堂生後，無他書可證也。」今案：史、漢俱言高堂生傳禮十七篇，初不言有所謂侍其生者。尋元和姓纂七志：「侍其：漢廣野君酈食其元孫賜，以食爲氏，曾孫武，平帝時爲侍中，改爲侍其氏焉。」則侍其之得姓，當漢平帝時。史記儒林傳索隱引謝承曰：「高堂生，秦季魯人，高堂伯。」則高堂生去侍其之得姓可謂遥遠矣。禮經通論引七録此文，初不言其所本，當出於稗販，彼雖視爲疑以傳疑，實則訛以傳訛云爾。今讀瀧川本儒林傳正義引七録云：「古禮經五十六篇，莫敢傳者，後博士傳其書，得十七篇。」則「侍其生」乃「傳其書」之誤，在昔蓄疑，一旦涣然冰釋，快何如之。

史記會注考證初出，國人頗有疑之者，今得水澤利忠爲之一一詳其出處，並補所未逮，元元本本，庶幾可以執悠悠之口矣。丙子年（一九三七）四川大學教授李炳英先生曾就瀧川資言本編有史記正義佚文纂録，當日者，水澤校補尚未問世，而川大佚文纂録本印數又少，流傳必不廣泛。辛酉春（一九八一），余應北京大學之聘，爲歷史系諸生講授史記，即以瀧川資言史記會注考證爲講義，歷史系教師張衍田同志就瀧川本及水澤本所輯正義佚文，最録爲史記正義佚文輯校，共得一千六百四十五條，雖未敢頌言復張氏之舊，亦云富矣。書既成，問序於余，爰樂而識其緣起如此。

一九八一年十二月二十日于北新橋争朝夕齋

藏用甫王利器識

前　言

史記三家注中，張守節正義詳於地理，博徵故實，精通音韻，於字句文義的詮釋亦頗精當。但三家注自宋合刊之後，正義多所散佚，難免後人有「可嘆」、「惜哉」的感慨。

中日文化交往由來已久，史記很早就傳到了日本，至今日本還藏有史記舊抄本和舊刻本，國内失傳的正義佚文，賴以保存下來。日本研究史記的著名學者瀧川龜太郎（瀧川資言）所著史記會注考證一書，從日本所藏史記舊抄本等古本中輯出正義佚文一千多條，分列於各條所注史文之下，「略復張氏之舊」。但所輯佚文都不標出處，使人不知所本。一九五七年，日本水澤利忠的史記會注考證校補問世，廣羅史記版本數十種，對瀧川本精密校勘，於原本文字的訛脱刊正甚多。單就正義佚文來説，它不僅有瀧川本已輯正義佚文，而且還新輯出瀧川本未見的正義佚文二百餘條。爲彌補瀧川本正義佚文不標出處的缺陷，校補於每條佚文下都標示輯自何本。對於張守節正義，水澤利忠實是繼瀧川氏之後的又一位功臣。

史記會注考證於一九三四年出版以後，所輯正義佚文，受到中國學術界的極大重視。

徐文珊先生曾經説過：「今檢日本史記會注考證本，知彼據唐寫本史記正義幻雲抄、桃源抄二種補出正義文一千餘條，大是快事。」中國文學古籍刊行社一九五五年影印出版史記會注考證時，在出版説明中指出：「從北宋以後刊行的史記三家注本，把注釋部分删去了不少，流傳在日本的舊抄本史記卷子，許多還保存着北宋以前的史記和三家注的真面目。一九三四年瀧川龜太郎根據日本所藏史記舊抄本並蒐輯三家以後研究史記的有關資料，編成史記會注考證一書，其中僅就正義而言，即超出宋以來刻本約有千條之多。這是一部可貴的參考資料。」雖然有些佚文是否出自張氏，尚有可疑，但猶如賀次君先生在史記書録中所説：「三家舊注於史文疑難處闕解甚多，此所補雖非全屬張守節原注，而音義、詮釋亦頗精當，於讀史尚屬有裨。」

去年春天，王利器先生應聘來北京大學歷史系爲中國史專業的同學講授史記，用瀧川本作講義。王先生十分重視瀧川本所輯正義佚文在保存文化遺産與解決史文疑難方面的學術價值，希望能將其纂爲一本輯佚專書，以饗國内讀者。我根據王先生的提議，由同學幫助，輯録了瀧川本正義佚文。之後，我又把校補中新輯瀧川本未見的正義佚文輯録出來，補了進去。總輯佚文條目，瀧川本一千四百一十八條，校補二百二十七條（還有不少增補瀧川本佚文内容的未作爲單獨條目計算在内），共計一千六百四十五條。爲了明示佚文來源，將校補所標佚文出處注在每條佚文的後面，對佚文做了一些校勘與辨釋工作。書後選載了五篇有關正義佚文的論述，作爲附録，以幫助讀者瞭解正義佚文的來龍去脈。輯校工作得到王利器先生與我系周一良先生、鄧廣銘先生及同志們的關心和支持，他們詳閲了全部或部分書稿，並提了寶貴的意見，王利器先生還爲本書撰寫了序言。工作開始，中國史專業一九七九級王光祥、曲愛國、李鴻賓、柳根、要瑞芬、黄平、張京華、寧欣、劉浦江、鍾少異等十位同學幫助抄録了瀧川本佚文。這裏一併表示衷心的謝意。

由於自己水平所限，加之時間倉促，正義佚文的斷句、標點定有不當之處，誤校、漏校亦在難免，懇望學界同志與廣大讀者批評指正。

張衍田

一九八二年二月十一日

增訂弁言

拙編史記正義佚文輯校，北京大學出版社一九八五年出版，其内容與編纂體例，前言與凡例已有詳述，此不贅言。一九九四年，日本汲古書院出版日本學者水澤利忠主編史記正義研究，内收日本學者小澤賢二所編史記正義佚存訂補。史記正義佚存，是日本學者瀧川龜太郎彙輯他所發現史記正義佚文的未刊手稿名稱。小澤的史記正義佚存訂補一書，其編排形式，完全「沿襲」史記正義佚文輯校「編輯形式以及其條文等的排列方式」（引語見小澤訂補之凡例）。因爲小澤從諸本中新輯出的二十九條史記正義佚文尚未補入輯校，所以，輯校依然保持着輯校佚文序列的前後數碼編號，小澤僅將新補入的二十九條佚文，依其所注史文之次，分别插排在原編前後佚文條目之間，因此小澤訂補原擬書名爲史記正義佚文輯校訂補，此名甚合其實。後水澤主編史記正義研究正式出版時，小澤之書名却改成了史記正義佚存訂補。輯校匯輯的不只是瀧川所輯佚文，還有水澤所輯佚文，而且輯校編纂格式獨具特點，非佚存所具有。從編纂形式到收佚内容，小澤所編訂補皆與瀧川的佚存不合，但其書名却叫做史記正義佚存訂補。雖然如此，但小澤以其對史記正義的輯佚工作，乃日本學者繼瀧川、水澤之後的第三人，功不可没。

「二十四史」與清史稿的記載上自傳説人物黄帝，下至帝制結束的清朝滅亡，記載形式採用紀傳史體，記載内容前後朝代連貫完整，是一套寶貴的歷史文化遺産。五十年前，中華書局集全國學界之人力，對這套史學巨叢進行點校整理，使其成爲學界公認的最好讀本。時過半個世紀，陸續發現點校整理中的一些問題與缺憾失誤。於是，中華書局決定對其進行點校修訂，使其成爲善而更善的一套精品點校讀本。

「二十四史」與清史稿的修訂本，史記最早推出，於二〇一三年正式出版，裝訂十册，每册之卷皆與五十年前的點校本同。原點校本全書十册，史記正文共三三二二頁（一九五九年九月第一版，一九六二年五月上海第二次印刷），修訂本全十册，史記正文共四〇三四頁（二〇一四年八月第一版，二〇一六年二月北京第二次印刷，平裝本），全書計之，修訂本比原點校本增多七一二頁。很明顯，輯校標示的正義佚文所注史文之頁、行數碼全變。要使輯校與修訂本史記配套使用，就需要重新標示正義佚文所注史文之頁、行數碼。爲使原點校本史記與新修訂本史記都可配套使用，輯校採用了留舊增新的做法，即原點校本標示之史文卷、頁、行數碼保留，增入標示新修訂本史文頁、行的數碼。這樣，兩種本子配套使用，皆得其便。史記正義佚文輯校從瀧川撰史記會注考證輯一千四百餘條，從水澤撰史記會注考證校補輯二百餘條，二者合編，輯爲一千六百四十五條，依佚文所注史文之次，排列其前後之序。今得見小澤新輯二十九條，又幸得中華書局作爲二十四史研究資料叢刊之一，垂意出版史記正義佚文輯校，既得此新輯，又遇此良機，於是增入小澤新輯之二十九條，依書原編之法排入序列。如此，則佚文總計輯爲一千六百七十四條。

史記正義佚文輯校這次出版，一則增入新修訂本史記正文之頁、行數碼，二則增輯小澤新輯佚文二十九條，三則增寫了一些辨釋説明文字，四則增入嚴雅輝撰、交我審定的史記正義佚文研究作爲附録，以論證、闡述我師生對史記正義佚文的觀點。有此「四增」，故題書名爲史記正義佚文輯校（增訂本）。

張衍田

二〇一八年五月四日

凡例

一、本輯佚用的是中華書局一九五九年九月第一版、一九六二年五月上海第二次印刷的史記點校本（簡稱中華本）和日本東京大學東洋文化研究所藏版日本瀧川龜太郎所著史記會注考證（簡稱瀧川本），及日本史記會注考證校補刊行會藏版日本水澤利忠所著史記會注考證校補（簡稱校補）。凡瀧川本或校補有而中華本没有的正義注文，都作爲佚文輯出，輯者對佚文做了一些校勘與辨釋工作，所以取名爲史記正義佚文輯校。

二、凡有正義佚文諸篇，都先標篇名，其次分條列本篇佚文。無佚文者，篇名從略。

三、每條正義佚文前，先標出佚文所注史文，史文用句號結止。史文下圓括號内的數碼，是本句史文在中華本的卷、頁、行數。

四、史文後提行列正義佚文。佚文以【正義】冠之。

五、凡正義注文整條全佚者，則整條輯出。若條内注文有存有佚，亦將整條輯出，以見注文全貌；存的部分，用方括號〔　〕括起來，以别於佚文。

六、凡校補有而瀧川本没有的正義佚文，則在正義上以三角號△標示之。如僅有部分注文輯自校補，則在校記中寫明自某至某據校補補。

七、正義佚文後，※號下指出本條佚文出處。因出處皆據校補，所以「校補云：此正義見某、某本」中的「校補云此正義」數字從略，僅直書「見某、某本」。對佚文的質疑之説，記於出處之下。

八、版本簡化代稱，依水澤史記會注考證校補校讎資料一覽。

九、校記吸收了校補的部分校勘成果，亦有採取他人之説者。瀧川本不誤，而瀧川本所據各本皆誤或多誤者，根據不同情況，有的未寫校記，有的在校記中作了説明。凡有改誤補漏之處，儘量做到改補有據。一些辨釋文字，力求言之有物。引書標明篇名以至于文句，以便檢尋。

十、全部正義佚文，依史記篇次先後，標出通貫始終的統一條目數碼。

增訂本補充凡例

一、這次增訂使用的是中華書局二〇一四年八月第一版、二〇一六年二月北京第二次印刷的史記點校修訂平裝本（簡稱「修訂本」），和日本汲古書院一九九四年出版水澤利忠主編史記正義研究一書中所收小澤賢二編寫的史記正義佚存訂補（簡稱「訂補」）。

二、佚文所注史文下圓括號内，有前後兩次點校本的數碼：前者爲原點校本卷、頁、行的數碼，上以「舊」冠之；後者爲修訂本頁、行的數碼，上以「新」冠之。因舊本、新本卷同，所以新本省略了卷的數碼。

三、增輯佚文條目，在「正義」上以單圓圈「〇」標示之。

四、增輯佚文的版本簡化代稱，爲增輯者所命名。

五、對原本及增訂本内容質疑、辨釋或説明之文字，記於佚文出處之後，其上以「增」冠之。

六、佚文全數一千六百七十四條，其字、句分别使用瀧川龜太郎的瀧川本、水澤利忠的校補本、小澤賢二的訂補本，是學者輯校、研究佚文的基本根據，其原有字形差異、文字訛脱等，不作隨意更改。

史記會注考證校補校讎資料一覽

水澤利忠

甲、史記古鈔本

1 宮内廳書陵部藏清原家點本五帝本紀第一……〔清原〕

2 求古樓高山寺舊藏東洋文庫藏天養（一一四四—一一四五）鈔本夏本紀第二……〔天養〕

3 高山寺藏羅振玉景印殷本紀第三……〔高山〕

4 高山寺藏周本紀第四……〔高山〕

5 高山寺舊藏東洋文庫藏天養（一一四四—一一四五）鈔本秦本紀第五……〔天養〕

6 宮内廳書陵部藏高祖本紀第八……〔秘閣〕

7 毛利家藏延久（一〇六九—一〇七四）鈔本吕后本紀第九……〔毛利〕

8 東北大學圖書館藏延久（一〇六九—一〇七四）鈔本孝文本紀第十……〔延久〕

9 野村氏久原文庫舊藏大東急記念文庫藏延久（一〇六九—一〇七四）鈔本孝景本紀第十一……〔延久〕

乙、史記古本

一、史記抄

〔一〕增僧桃源，生於永享九年，寂於延德元年，享年五十三歲，即公元一四三七年至一四八九年，當中國明英宗正統二年至明孝宗弘治二年。

〔二〕增僧幻雲，幻雲抄題時永正十二年，即公元一五一五年，當中國明武宗正德十年。

4 金澤市立圖書館藏本大島贄川桃年編著史記考異……………………………………〔贄異〕

丙、史記板本

一、宋板史記

1 仁壽本二十五史所收北宋仁宗景祐（一〇三四—一〇三八）監本配南宋重刊北宋監本史記集解……………………………………〔景〕

陶氏景印百衲本史記所收第二種北宋大字集解同右

張文虎校刊史記集解索隱正義札記稱宋本亦同

2 竹添井井内藤湖南舊藏武田長兵衛藏傳北宋史記集解……………………………………〔井〕

陶氏景印百衲本史記所收第一種北宋小字集解同右

北京文學古籍刊行社景印北京圖書館藏南宋紹興初杭州刻本史記集解亦同

張文虎校刊史記集解索隱正義札記稱北宋本亦同

3 劉氏嘉業堂景印宋蜀大字集解本……………………………………〔蜀〕

4 飛鳥井家龜谷成軒内藤湖南舊藏武田長兵衛藏南宋紹興庚申（一一四〇）刊集解本……………………………………〔紹〕

5 黄蕘圃舊藏静嘉堂文庫藏淳熙（一一七四—一一八九）耿秉刊集解索隱合刻本……〔耿〕

陶氏景印百衲本史記所收第三種南宋集解索隱無述贊本同右

張文虎校刊史記集解索隱正義札記稱南宋本亦同

6 幻雲南化玄興直江兼續舊藏上杉隆憲藏南宋慶元（一一九五—一二〇〇）黄善夫刊集解索隱正義三注合刻本〔一〕……〔慶〕

上海商務印書館民國二十五年（一九三六）景刊黄善夫本民國十九年（一九三〇）至二十六年（一九三七）刊百衲本二十四史本同右

四部叢刊所收亦同

7 陶氏景印百衲本史記所收第四種南宋乾道（一一六五—一一七三）中蔡夢弼

〔一〕增賀次君撰史記書録云：「黄氏此刻，不見中國藏書家記載，日本則有數本，今見乃由日本轉傳入中國者，有『淺野源氏五萬卷樓圖書記』、『篁邨島田氏家藏圖書』、『島田重禮』等朱印，舊屬日本島田家藏，後歸上海涵芬樓，但此非全帙，涵芬樓乃假日本藏本補足影印之，爲百衲本『二十四史』之第一部，原刻有六十八卷，共二十七册，有黄紹箕、罗振玉跋，現存北京圖書館，眉端有朱筆批校，亦我國人手筆，未詳出於何氏。」

刊集解索隱有述贊本……〔蔡〕

二、元板史記

1 靜嘉堂文庫藏中統二年（一二六一）刊集解索隱合刻本……〔中統〕

2 至元二十五年（一二八八）彭寅翁刊三注合刻本　宮内廳書陵部慶應大學天理大學大谷大學各附屬圖書館藏……〔彭〕

彭寅翁本史記寫本

宮内廳書陵部藏三條西實隆公自筆本

建仁寺兩足院所藏梅仙和尚自筆本

三、明板史記

1 毛晉刻十七史史記集解本……〔毛〕

2 毛晉刻單索隱本……〔索〕

3 王延喆翻宋慶元三注合刻本……〔王〕

4 嘉靖四年（一五二五）柯維熊翻宋慶元三注合刻本……〔柯〕

5 嘉靖十三年（一五三四）秦藩翻宋慶元三注合刻本……〔秦藩〕

6 萬曆四年（一五七六）李光縉增補凌稚隆評林三注合刻本……〔凌〕

2 延寶二年（一六七四）史記評林八尾再版本明治十三年（一八八〇）三版本……（凌和）
3 群書治要……（治要）
4 宋鄭樵通志……（通志）
5 宋板呂東萊史記詳節……（詳節）

丁、校勘記其他諸本

1 乾隆四年（一七三九）武英殿本史記考證……（殿考）
2 同治壬申（一八七二）金陵書局刊張文虎校刊史記集解索隱正義札記……（札記）
3 清梁玉繩史記志疑……（志疑）
4 清錢大昕二十二史考異……（考異）
5 清趙翼二十二史劄記……（劄記）
6 清王鳴盛十七史商榷……（商榷）
7 瞿方梅史記三家注補正……（瞿補）
8 張樞史讀考異文瀾學報二卷一號……（張考）
9 大島贄川史記考異……（贄異）
10 秋谷史記校正……（秋谷）

補甲史記古鈔本

補丙史記板本

——轉載自史記會注考證校補

小澤賢二新輯佚文資料一覽

小澤賢二

五、日本元和寬永間（一六一五—一六四四）八行無界古活字本史記批注

小此木千代子藏群馬縣立文書館寄託收藏本批注……………………〔小此〕

乙、史記抄

幻雲史記抄……………………………………………………………………………〔幻〕

丙、瀧川龜太郎輯録史記正義佚存手稿……………………………………………〔佚存〕

史記正義佚文輯校（增訂本）

五帝本紀第一

1 幼而徇齊。（舊一·一—一〇　新二—一）

正義 幼，謂七歲已下時也。

※ 見桜、崇、梅、狩、簣、岩、高、閣、中彭、中韓本。

2 遂禽殺蚩尤。（舊一·三—一四　新四—七）

正義 髀，白采〔一〕反。

※ 見桜、崇、梅、狩、野、簣、高、中彭、中韓本。

〔一〕校補云：「桜、狩、高、中彭、中韓本『采』作『米』。」增訂補「采」作「米」。

3 官名皆以雲命，爲雲師。（舊一·六—五　新七—九）

△正義 命，名也。

※ 見楓、桜、梅、崇、狩、野、岩、閣、中彭、中韓本。

4　而鬼神山川封禪與爲多焉。（舊一·六—六　新七—九）

正義　與，猶「比」也。

※　見崇、𣏌、梅、狩、野、岩、高、閣、中彭、中韓本。

5　時播百穀草木。（舊一·六—八　新七—一一）

△正義〔言順四時之所宜而布種百穀草木也。〕草，作「卉」。

※　見𣏌、梅、崇、狩、岩、簣、中彭、中韓本。

6　黄帝二十五子，其得姓者十四人。（舊一·九—一三　新一一—一四）

正義　儇，音力其反。姞，其吉反。嬛，音在宣反。

※　校補不載此正義。張文虎校刊史記集解索隱正義札記於五帝本紀「自黄帝至舜禹皆同姓」句下云：「正義『釐音力其反姞音其吉反儇音在宣反』十五字原錯在黄帝紀『其得姓者十四人』下。案：史文無『釐姞儇』三字，此爲集解作音，宜在此，今移正。」中華本依張移，瀧川本於張移正處亦有此正義。此處不應再保留此正義，瀧川本誤。

7　莫不砥屬。（舊一·一二—一　新一四—七）

正義　砥，磨石也；取其平也。

※　見𣏌、梅、崇、狩、中彭本。

8　帝嚳高辛者。（舊一·一三—六　新一六—一二）

正義 炎帝作耒耜以利百姓，教民種五穀，故號神農。黃帝制輿服宮室等，故號軒轅氏。少昊象日月之始，能師太昊之道，故號少昊氏〔一〕。此謂象其德也。〔帝王紀云：「俈母無聞焉。」〕

※ 見崇、棭、梅、狩、岩、中彭、中韓本。

〔一〕「故號少昊氏」五字，瀧川本無，今據校補補。

9 其服也士。（舊一・一三—一五 新一六—一一）

正義 服，士之祭服，緇衣纁裳也。

※ 見野、岩、閣、中彭、中韓本。

10 其仁如天。（舊一・一五—八 新一八—九）

正義 郭璞注爾雅云：「仁覆憫下，謂之昊天也。」〔一〕

※ 見棭、梅、崇、狩、岩、中彭、中韓本。

〔一〕今本爾雅釋天郭璞注無此語。詩黍離「悠悠蒼天」句傳文云：「蒼天，以體言之。尊而君之，則稱皇天；元氣廣大，則稱昊天；仁覆憫下，則稱旻天；自上降鑒，則稱上天；據遠視之，蒼蒼然，則稱蒼天。」說文「日」部釋「旻」字亦云：「仁覆閔下，則稱旻天。」又玉篇卷二〇「日」部釋「旻」字云：「旻，秋天也。仁覆愍下，謂之旻天。」佚文「昊」字，當是「旻」字之誤。

11 富而不驕。（舊一・一五—八 新一八—九）

正義 凌上慢下，謂之爲驕。言堯有天下之富，而不驕人也。

※　見岩、中彭、中韓本。

12　合和萬國。(舊一・一五―一〇　新一八―一一)

△正義 合,作「叶」(一)。

※　見梅、崇、狩、中彭、中韓本。

(一)增 一云「『某』作『某』」者,是「『某』一作『某』」之省式,當爲正義解説史記異文之語。正義注異文,多用「『某』一作『某』」之語式。這條佚文注異文的語式無「一」字,爲「『某』作『某』」,當非正義文,疑爲後人之旁注。衍田按,這條正義佚文可存疑。凡「『某』作『某』」者皆類此。

13　鳥獸氄毛。(舊一・一七―二　新二〇―六)

正義 冬時其民因鳥獸生氄毳細毛之時,當服精綿絮褚衣温之服,以御冬寒也。褚,音竹吕反。

※　見棭、崇、梅、狩、岩、中彭、中韓本。

14　舜乃在璿璣玉衡,以齊七政。(舊一・二四―三　新二八―一四)

正義 (説文云:「璿,赤玉也。」案:舜雖受堯命,猶不自安,更以璿璣玉衡以正天文。璣爲運轉,衡爲横簫,運璣使動於下,以衡望之,是王者正天文器也,觀其齊與不齊。今七政齊,則己受禪爲是。蔡邕云:「玉衡長八尺,孔徑一寸,下端望之,以視星宿,並縣璣以象天,而以衡望之,轉璣窺衡,以知星宿。璣徑八尺,圓周二丈五尺而强也。」鄭玄云:「運轉者爲璣,持正者爲衡。」尚書大傳云:「政者,齊中也,謂春秋冬夏天文地理人道,所以爲政也,道正而萬事順成,故天道政之大也。」」蔡邕天文志：「言天體者有三家：一曰周髀，二曰宣夜，三曰渾天也。」尚書大傳云：「七政布位，日月時之主，五星時之紀，故以此爲七。日月有薄食，五星有掊〔一〕聚。七者得失在於人君之政〔二〕，故謂之政。」〔三〕易繫辭云：「天垂象，見吉凶，聖人象之。」日月五星，有吉凶之象，因其變動爲占。七者自異政，故曰七政也〔四〕。按：五星名〔五〕：木曰歲星，火曰熒惑星，土曰鎮星，金曰太白星，水曰辰星也。

※見崇、柀、梅、狩、岩、高、中彭、中韓本。

〔一〕增訂補「掊」作「錯」。

〔二〕校補據狩本於「得失」上補「明」字，「於」上無「在」字，本句則爲「七者明得失於人君之政」。

〔三〕王應麟玉海卷二天文書云：「尚書大傳：『七政布位，日月時之主，五星時之紀，日月有薄食，五星有錯聚，七者得失在人君之政，故謂之爲政。』」史記天官書「所謂『旋璣玉衡，以齊七政』」句索隱引尚書大傳七政説，同此正義上文所引，即謂「春、秋、冬、夏、天文、地理、人道」，與玉海異。陳壽祺輯校尚書大傳之校語云：「玉海天文上引大傳蓋誤。」（見古經解彙函）又隋蕭吉五行大義卷四論七政云：「尚書考靈耀：『七政，曰：日月者時之主也，五星者時之紀也。』」

〔四〕校補「者」下有「在」字。尚書舜典孔穎達疏云：「易繫辭云：『天垂象，見吉凶，聖人象之。』此日月五星有吉凶之象，因其變動爲占。七者各自異政，故爲七政。得失由政，故稱政也。」

〔五〕增訂補「名」作「者」。

15 堯崩，三年之喪畢，舜讓辟丹朱於南河之南。諸侯朝覲者不之丹朱而之舜，獄訟者不

之丹朱而之舜，謳歌者不謳歌丹朱而謳歌舜。舜曰：「天也夫！」而後之中國踐天子位焉。（舊一・三〇—八　新三六—五）

正義「堯崩」以下，孟子文也。

※　見梅、崇、岩、椴、狩本。

夏本紀第二

16 稱以出。（舊二・五一—二 新六五—六）

正義 言出教命皆合衆心，是「稱以出」也。出，一作「士」〔一〕。按：稱者，衣服也。禹服緇衣纁裳，是士之祭服也，孝經鈎命決云「禹，吾無閒然矣，菲飲食而致孝乎鬼神，惡衣服而致美乎黻冕」是也，其義亦通，不及「出」字之義也。

※ 見崇、棭、梅、高、狩本。

〔一〕校補云：「棭、狩本無上四字。」

17 泥行乘橇。（舊二・五一—一〇 新六五—一四）

正義〔按：橇形如船而短小，兩頭微起，人曲一脚，泥上擿進，用拾泥上之物。今杭州、温州海邊有之也。〕擿，天歷反。今乘船猶云擿舡也。

※ 見棭、梅、狩、高本。

18 以開九州，通九道。（舊二・五一—一一 新六六—一）

正義 通達九州之道路也。

※ 見棭、梅、狩、高本。

19　陂九澤，度九山。（舊二・五一—一一　新六六—一）

正義 釋名曰：「山者，産也。」按：洪水已去，九州之山川所生物産，視地所宜，商而度之，以致貢賦也。

※ 見崇、㮨、梅、狩、高本。

20　至於衡漳。（舊二・五二—一三　新六七—三）

正義〔括地志云：「故懷城在懷州武陟縣西十一里。衡漳水在瀛州東北百二十五里平舒縣界也。」〕衡，音横。

※ 見㮨、梅、狩本。

21　常、衛既從，大陸既爲。（舊二・五二—一三　新六七—三）

正義 水去大陸以成澤。

※ 見㮨、梅、崇、狩、高本。

22　朔、南暨：聲教訖于四海。（舊二・七七—二　新九六—一）

正義 朔，北方。南，南方也。言南北及於聲教皆從之。

※ 見㮨、梅、崇、狩本。

23　泥行乘橇。（舊二・七九—六　新九八—八）

正義 橇，昌芮反。

※ 見棭、梅、狩本。

24 姓姒氏。（舊二·八二—一三 新一〇二—三）

正義 禮緯云：「禹母脩己，吞薏苡而生禹，因姓姒氏。」顧野王云：「薏苡，干珠也。」

※ 見棭、梅、崇、狩本。

殷本紀第三

25 契。（舊三・九一—三　新一一九—三）

正義 契，音薛。

※ 見椵、梅、崇、狩、岩本。

26 三人行浴。（舊三・九一—三　新一一九—三）

△正義 行浴，音欲〔一〕，本作「路」，非也。三代世表及詩傳云：湯之先爲契，無父，而契母與姊妹浴於玄丘水，有燕銜卵墮之，契母得之，誤吞之，而生契之〔二〕。

※ 校補於「行浴音欲本作路非也」下云：「狩、閣本校記上文耳，但椵、梅、野、岩各本加下文。按：正義佚文存疑，姑存竢後究。」

〔一〕增訂補「浴音欲」上無「行」字。

〔二〕「之」字衍，或「也」誤。

27 子天乙立，是爲成湯。（舊三・九二—七　新一二〇—一四）

正義 帝王世紀云：「成湯豐下鋭上，指有胼胝，倨身而揚聲，長九尺，臂四肘，有聖德。」〔一〕張晏曰：「禹、湯，皆字也。」

※ 見崇、椩、梅、狩、岩本。

〔一〕此正義所引帝王世紀一段文字，太平御覽卷八三皇王部八引爲：「成湯一名帝乙，豐下兑上，指有胼，倨身揚聲，長九尺，臂四肘，有聖德。」初學記卷九引爲：「（成湯帝）豐下鋭上，皙而有髯，倨身而揚聲，長九尺，臂四肘，有聖德。」又：宋書符瑞志上云：「以乙日生湯，號天乙。豐下鋭上，皙而有髯，句身而揚聲，身長九尺，臂有四肘，是曰殷湯。湯在亳，能修其德。」

28 予大罰殛之。（舊三・九四―一 新一二二―一一）

正義 殛，紀力反，誅也。

※ 見椩、梅、崇、狩、岩、簣本。

29 言素王及九主之事。（舊三・九四―五 新一二二―一五）

正義 專君，若漢宣之自專自斷，不任賢臣也。法君，若秦孝公用商鞅之法，嚴急之君也。授君，若燕噲授子之之類，是人君不能自理，政歸臣下也。勞君，若禹之勤勞天下也。等君，等者類也，若漢元、成以下，不能好惡，故云等君也。寄君，若春秋寄公，人困於下，主驕於上，邦分崩離析可立待，故孟軻謂之寄君也。破君，若桀、紂之類也。國君，言獨征一國之政，蔽欺敵人，若智伯之類也。〔一〕三歲社君，謂在繦褓而主社稷，若周成、漢昭、平之比也。一本云：九主者，法君、勞君、等君、寄君、專君、授君、破君、國君，以三歲社君爲一君，并上八君成九主，恐非也。然伊尹説湯「素王」、「九主」，當是三皇五帝及少昊，咸勤勞天下，廣求賢佐而致太平。

而裴氏引此九主，恐非伊尹之意也。

※見桃、棭、梅、崇、狩、岩、中彭、中韓本。

〔一〕自「破君若桀紂之類也」至「若智伯之類也」，瀧川本無，今據校補補。

30 舍我嗇事而割政。（舊三・九五—一一　新一二四—一一）

正義 種曰稼，斂曰嗇。

※見棭、梅、崇、狩、岩本。

31 上白，朝會以晝。（舊三・九八—七　新一二七—一四）

正義 殷家尚白，晝日色白也。

※見桃、崇、棭、梅、狩、岩本。

32 帝太戊贊伊陟于廟，言弗臣，伊陟讓，作原命。（舊三・一〇〇—六　新一三〇—三）

正義 伊陟，伊尹子也。原，再也。言太戊贊於湯廟，言伊陟尊高，不可使如臣佐。伊陟讓，乃再爲書命之，故云原命〔一〕。

※見崇、棭、梅、狩、岩本。

〔一〕「故云原命」四字，瀧川本無，今據校補補。

33 於是迺使百工營求之野，得説於傅險中。（舊三・一〇二—一三　新一三二—一三）

正義 〔括地志云：「傅險，即傅説版築之處，所隱之處窟名聖人窟，在今陝州河北縣北七里，即虞國、虢國之界。又有傅説祠。注水經云沙澗水北出虞山，東南逕傅巖，歷傅説隱室前，俗名聖人窟。」」工，官也。營，謂刻畫所夢之形像，於野外求之。墨子云：「傅説衣褐帶索，傭築於傅巖。」〔一〕

※　見桃、崇、棭、梅、狩、岩本。

〔一〕索，校補云：「梅本作『素』。」「索」是。此引文見墨子尚賢篇。今本墨子「衣」作「被」，「傭」作「庸」，「於」作「乎」，而賈誼傳「傅説胥靡兮」句索隱引與此正義同，二處引文當是唐本墨子的面貌。又：校補「傅巖」下有「是也」二字。增這條正義佚文有助考定文獻版本之文字。

34 是時説爲胥靡。〔舊三・一〇二—一四　新一三二—一四〕

正義爲，音于僞反。胥靡，腐刑也。

※　見桃本。

35 厚賦税以實鹿臺之錢。〔舊三・一〇五—九　新一三五—一二〕

△正義〔括地志云：「鹿臺在衛州衛縣西南三十二里。」〕此我言鹿臺，則非一物也〔一〕。

※　見楓、三本。

〔一〕本句「我」字，當是衍文。尚書武成「散鹿臺之財」句孔穎達疏云：「此言『鹿臺之財』，則非一物也。史記作『錢』，後世追論，以錢爲主耳。」

周本紀第四

36 居期而生子。（舊四・一一一—四　新一四五—四）

正義 期，滿十月。

※ 見桃、崇、棭、梅、狩、岩本。

37 去稷不務。（舊四・一一二—一二　新一四七—一）

正義 稷，若今司徒也。

※ 見崇、棭、梅、狩、岩本。

38 伯夷、叔齊在孤竹。（舊四・一一六—三　新一五一—三）

△正義〔括地志云：「孤竹故城在平州盧龍縣南十二里，殷時諸侯孤竹國也，姓墨胎氏。」〕令支故城在盧龍縣南七十里。按：後漢令支縣屬遼西郡也。

※ 見棭、梅、崇、狩本。

39 明年，伐犬戎。（舊四・一一八—一　新一五三—五）

正義 山海經云：「有人，人面獸身，名曰犬戎。」〔又云〔一〕：「黃帝生苗龍，苗龍生融吾，融吾生并明，并明生白犬。白犬有二，是爲犬戎。」〕説文云「赤狄本犬種」，故字從犬。又後漢書云「犬

戎，槃瓠之後也」，今長沙武陵〔二〕之郡太半是也。又毛詩疏云「犬戎昆夷」是也。〕

※ 校補不載此正義佚文。

〔一〕增這條正義有存有佚，存者開句就「又云」，其上佚跡顯見。若上無「云」，下何「又云」？上不見「云」，始便「又云」，「又云」上佚其「云」可知。檢中華本，這條正義上有集解，正義佚文即集解全文。正義佚文與存文自「又云」下至「説文」上之文字，是山海經中語意緊相銜接的上下句，文見山海經大荒北經。三家注合刊，正義在後，其文與前集解同者於是被删。

〔二〕增武陵，瀧川本原作「武林」。後漢書卷八六南蠻西南夷列傳謂犬戎乃「今長沙武陵蠻是也」。又云：「秦昭王使白起伐楚，略取蠻夷，始置黔中郡。漢興，改爲武陵。」檢舊新唐書地理志，皆不見有「武林」的地名。今改「林」爲「陵」。

40 有火自上復于下，至于王屋，流爲烏，其色赤，其聲魄云。（舊四・一二〇—九 新一五六—五）

正義周元稱火，後代改之。故秦始皇以爲周火德，稱水德滅之是也。

※ 見崇、棭、梅、狩、岩、簣本。

41 諸侯咸會。曰：「孳孳無怠！」（舊四・一二一—一五 新一五七—一一）

正義曰，作「日」，言日日孳孳〔一〕進，其心無怠慢也。

※ 見崇、棭、梅、狩、岩本。

〔一〕校補「孳」字不重。

42 武王使師尚父與百夫致師。（舊四・一二四—一〇 新一六〇—一三）

【正義】致師，挑戰也。環人，掌往來之賓。致師者，挑戰同一事也。摩〔一〕，猶歷也，御車歷彼車壘而行疾，旌旗靡然而以還也。菆，音齊〔二〕，側留反，字或作「棷」，音菆，箭之美者也。杜預云：「菆，矢善者。」㨯，力丈反。掉，田豫反。㨯，拂拭馬也。正鞅而還，以示閑暇，無畏懼也。折馘，上之列反，下軌獲反，謂割取彼兵耳來。執俘，音敷；俘，戰略取人囚也。〔三〕

※「致師挑戰也」五字，校補不載；自「環人」至「戰略取人囚也」，見柀、梅、崇、狩、岩、簀本。

〔一〕摩，校補作「靡」。校補云：「柀、岩本作『摩』。」此正義自「環人」以下皆釋集解。集解引春秋傳楚許伯語曰：「吾聞致師者，御靡旌，摩壘而還。」正義「猶歷也，御車歷彼車壘而行疾」一句，當是釋「摩」之文。「靡」誤，今改正。

〔二〕校補云：「柀、簀本無『齊』。」

〔三〕自「環人」至「戰略取人囚也」，瀧川本無，今據校補補。其中「折馘」「執俘」四字，原文無，今依文義補。【增】這條正義上有集解，正義佚文除首句「致師，挑戰也」解史文，其後所釋「環人」、「摩」、「菆」、「㨯」、「正（掉）鞅而還」、「折馘」、「執俘」等，皆屬集解解說史文之詞語。這條正義，頗似「注疏」之「疏」。三家注合刊，正義蓋因其不注史文而注集解被刪。

43 武王弟叔振鐸奉陳常車。（【舊】四·一二五—一四 【新】一六二—四）

【正義】陳，列也。常車，行威儀車也。

※見柀、崇、岩、狩本。

44 麋鹿在牧，蜚鴻滿野。（【舊】四·一二九—一 【新】一六五—一三）

正義 淮南子云：「夷羊在牧。」按：夷羊，怪獸也。此云「蜚鴻滿野」，隨巢子云「飛拾滿野」〔一〕，淮南子云「飛蛩滿野」，高誘注云：「蛩，蟬，蠛蠓之屬也。」按：飛鴻、拾、蛩，則鳥蟲各别，亦須隨文解之，不得引高誘解此也。既云「麋鹿在牧」，蠓蠛〔二〕又在野外，則比干、商容之屬，忠賢何厝？詩見鴻雁篇。此文「飛鴻」用比箕子、微子、比干、商容，被其放棄，若飛野外，或殺或去，後君子庶免疑焉。〔蜚音飛，古「飛」字也。於今猶當今。於今六十年，從帝乙十年至伐紂年也。麋鹿在牧，喻讒佞〔三〕小人在朝位也。飛鴻滿野，喻忠賢君子見放棄也。言紂父帝乙立後，殷國益衰，至伐紂六十年閒，諂佞〔四〕小人在於朝位，忠賢君子放遷於野。故詩云：「鴻鴈于飛，肅肅其羽。之子于征，劬勞于野。」毛萇云：「之子，侯伯卿士也。」鄭玄云：「鴻鴈知避陰陽寒暑，喻民知去無道就有道。」〕

※ 校補於「此云蜚鴻滿野」下云：「楓、梅、狩、岩、簣本校記上文耳，但中彭、中韓、瀧各本加下文。」

〔一〕「隨巢子云飛拾滿野」八字，瀧川本無，今據校補補。

〔二〕增訂補「蠓蠛」作「蠛蠓」。

〔三〕增訂補「佞」作「妄」。「妄」字當誤。

〔四〕增訂補「佞」作「妄」。「妄」字當誤。

45 我未定天保，何暇寐。（舊四・一二九—三 新一六五—一五）

正義 言殷雖有不明之臣，猶不棄絶其國，以至于今。我雖滅殷，尚未定知天之保安我否，何暇寐而不憂乎！

※　見中彭、中韓本。

46　悉求夫惡，貶從殷王受。（舊四·一二九—三　新一六五—一五）

正義　貶，退也。受，紂名也。言武王遍求諸罪惡，咸貶退之，莫從殷王受之教令，令〔一〕歸周之聖化也。

※　見崇、中彭、中韓本。

〔一〕校補云：「中彭、中韓本不重『令』。」

47　日夜勞來，定我西土。（舊四·一二九—三　新一六五—一六）

正義　勞來，上郎到反，下郎代反，謂撫循慰勉也。

※　見崇、中彭、中韓本。

48　三塗。（舊四·一二九—五　新一六六—一）

正義　釋例地名云：「三塗在河南陸渾縣南五十里。」

※　見崇、中彭、中韓本。

49　放牛於桃林之虛。（舊四·一二九—六　新一六六—二）

△正義〔括地志云：「桃林在陝州桃林縣西。山海經云：『夸父之山，其北有林焉，名曰桃林，廣員三百里，中多馬，湖水出焉，北流入河也。』」〕虛，音墟，廢林也。

※見南化、楓、棭、三、狩、崇本。

50 先王燿德不觀兵。（舊四・一三五—八 新一七三—一）

正義 言先王以德光耀四方，不用兵革征伐也。

※見崇、岩、中彭、中韓本。

51 載戢干戈。（舊四・一三五—九 新一七三—二）

正義 顧野王曰：「戢，藏兵也。」

※見崇、岩、中彭、中韓本。

52 荒服者王。（舊四・一三六—二 新一七三—一〇）

正義 終一王而繼立者乃來朝享。

※見崇、岩、中彭、中韓本。

53 無勤民於遠。（舊四・一三六—六 新一七三—一四）

正義 言勤憂萬民，無嫌於遠也。

※見崇、岩、中彭、中韓本。

54 吾聞犬戎樹敦，率舊德而守終純固，其有以禦我矣。（舊四・一三六—八 新一七四—一）

正義 犬戎能守終極純一堅固之德，必有禦王師〔一〕也。

※見崇、岩、中彭、中韓本。

〔一〕師，校補作「命」。

55 五刑不簡，正於五罰。（舊四・一三八—一二　新一七六—九）

正義 應，乙陵反，下同。應，當也。

※ 見崇、岩、中彭、中韓本。

56 官獄内獄，閱實其罪。（舊四・一三八—一二　新一七六—一〇）

正義 官獄，謂公案正直也。内獄，謂心案無枉濫也。

※ 見崇、岩、中彭、中韓本。

57 惟訊有稽。（舊四・一三八—一四　新一七六—一一）

△正義 訊，音貌。

※ 見岩本。

58 夫王人者，將導利而布之上下者也。使神人百物無不得極，猶日怵惕懼怨之來也。（舊四・一四一—一〇　新一八〇—二）

正義 極，至也。夫王人者，將導引其利而偏〔一〕布之，命上下共同也。故神人百物皆得至其利，而猶日怵惕恐懼之來責也。怵，人質反。

※ 見崇、岩、中彭、中韓本。

〔一〕偏，瀧川本作「徧」，今據校補改。

59 近臣盡規。（舊四·一四二—七 新一八〇—一四）

正義 規度時之得失也。

※ 見崇、岩、中彭、中韓本。

60 子幽王宮湼立。（舊四·一四五—一三 新一八四—九）

正義 湼，音生。按：本又作「涅」。涅，音乃結反。

※ 見崇、岩、中彭、中韓本。

61 襄王母蚤死，後母曰惠后。（舊四·一五二—一〇 新一九二—一）

〇正義 左傳曰「母弟」，俱是惠后所生。史記謬也。

※ 見小此本。此爲據日本學者小澤賢二編訂補增輯佚文第一條。

62 有天子之二守國、高在。（舊四·一五二—一二 新一九二—一三）

正義 守，音狩。禮記云：「次〔一〕國三卿，二卿命於天子，一卿命於其君。」按：國惠子、高昭子，齊正卿，天子所命。

※ 見崇、岩、博異本。校補云：「博士家本史記異字載正義佚文，無所據書名。」

〔一〕次，瀧川本作「大」。此正義「禮記云」以下至「一卿命於其君」，引禮記王制文。王制云：「大國三卿，皆命於天子，下大夫五人，上士二十七人。次國三卿，二卿命於天子，一卿命於其君，下大夫五人，上士二十七人。小國二卿，皆命於其君，下大夫五人，上士二十七人。」孔穎達疏云：「夏之大國，謂公與侯也，殷，周大國並公也。」「次國者，夏則伯，殷則侯也，周則侯、伯也。」「小國者，殷謂伯，夏、周同子、男也。」齊，侯爵，次國之列。「大」字誤，當作「次」，今改正。

63　襄王乃賜晉文公珪鬯弓矢，爲伯，以河內地與晉。（舊四・一五四—一四　新一九四—一一）

正義〔賈逵云：「晉有功，賞之以地，楊樊、溫、原、攢茅之田也。」〕鬯，敕亮反。珪，珪瓚也。孔安國云：「以珪爲杓柄，謂之珪瓚。」黑黍曰秬，釀以鬯草。

※　見崇、岩、中彭、中韓本。

64　周太史儋見秦獻公曰。（舊四・一五九—三　新一九九—一〇）

正義 儋，丁〔一〕甘反，又丁談反。〔幽王時有伯陽甫。唐固曰：「伯陽甫，老子也。」按：幽王元年至孔子卒三百餘年，孔子卒後一百二十九年，儋見秦獻公。然老子當孔子時，唐固説非也。〕

※　見梅、狩、岩本。

〔一〕丁，瀧川本空格，今據校補補。

65　王赧謂成君。（舊四・一六三—一四　新二〇五—三）

△正義「成君」下自此一段。

※　見岩本。

66　周君、王赧卒。（舊四・一六九—一二　新二二一—一一）

△正義〔劉伯莊云：「赧是慙恥之甚，輕微危弱，寄住東西，足爲慙赧，故號之曰赧。」帝王世紀

云：「名誕。雖居天子之位號，爲諸侯之所役逼，與家人無異。名負責於民，無以得歸，乃上臺避之，故周人名其臺曰逃責臺。」」宋忠云「赧謚曰西周武公」，非也。按：周君，即西周武公也。王赧，即周王也。周君與王赧此年俱卒。謚法無「赧」。

※ 見崇、岩本。

秦本紀第五

67 其賜爾皁游。（舊五・一七三—五　新二二三—七）

△正義 堯賜伯益皁色旌旗之旒也。賜玄珪皁旒者〔一〕，以二人相輔大禹理水，色黑，故以旌飾之。

※　見岩、高本。

〔一〕增訂補無「賜玄珪皁旒者」六字。衍田按，理，治。唐高宗名李治，故唐人諱「治」用「理」，「治水」作「理水」。由文中避諱，可作爲正義佚文真僞之一證。

68 爾後嗣將大出。（舊五・一七三—五　新二二三—七）

△正義 出，謂霸王。劉伯莊：「謂子孫有餘慶。」

※　見岩本。

69 實鳥俗氏。（舊五・一七四—四　新二二四—一〇）

△正義 實，猶「是」。

※　見野、岩、尾本。

70 臣老，遲還恐不相見。（舊五・一九一—四　新二四三—八）

△正義 上音值，言己老，恐值其軍還，自不相見也；如字亦通，言軍若遲留而還，恐不相見也。

※ 見岩本。

71 秦繆公示以宮室、積聚。（舊五・一九二—一二 新二四五—五）

△正義 積，子賜反。

※ 見岩本。

72 爲由余請。（舊五・一九三—四 新二四五—一二）

△正義 爲由余請延期也。

※ 見岩本。

秦始皇本紀第六

73 御史大夫劫。（舊六・二三六—三 新三〇四—一）

△正義 率，所類反。

※ 見南化、楓、三本。

74 方今水德之始。（舊六・二三七—一六 新三〇六—二）

△正義 秦稱水德之治，有剛毅戾深，事皆決於法，刻削無仁恩和義，然後能用五行水德之數，合陰道殺伐之理也。

※ 見岩、贊異本。

75 既已，齊人徐市等上書。（舊六・二四七—一四 新三一七—九）

△正義 已，止也。言於琅邪既止，乃有徐市等上書。

※ 見贊異本。

76 六國回辟。（舊六・二四九—一二 新三一九—一〇）

△正義 〔必亦反。〕回，邪也。

※ 見岩、贊異本。

77 皆阬之咸陽。

△正義 諸生或爲妖言以亂民，故令御史按問之，乃自驗成罪者四百六十餘人，皆阬之咸陽。（舊六・二五八—一〇 新三二九—九）

※ 見岩、贊異本。

78 暴虐恣行。

△正義〔行，寒彭反。〕行，平聲。（舊六・二六一—一四 新三三三—三）

※ 見南化本。校補於「行，寒彭反」下云：「彭、韓、嵯『寒彭反』三字作『行平聲』。」又於「行，平聲」下云：「按：後人據彭、韓、嵯本校記歟？」賀次君史記書録云：元彭寅翁刊本「暴虐恣行」正義「行，平聲」，它本作「寒彭反」三字，蓋彭寅翁所改。

79 夫爲寄豭，殺之無罪。（舊六・二六二—三 新三三三—七）

△正義 豭，音加，牡猪也。言猪豭於萬物最淫躁也。男夫若豭猪淫躁，及有人殺之，無罪。以人似豭，故無罪。

※ 見岩、贊異本。

80 少府章邯曰。（舊六・二七〇—四 新三四二—五）

△正義〔邯，胡甘反。〕私養，謂是天子之私府。

※ 見岩本。

項羽本紀第七

81 項梁嘗有櫟陽逮。（舊七·二九六—一　新三八〇—六）

△正義（櫟，音樂。逮，音代。）逮，謂追捕罪人。

※ 見高、博異、贊異本。

82 陳嬰母謂嬰曰：「自我爲汝家婦，未嘗聞汝先古之有貴者。今暴得大名，不祥。不如有所屬，事成猶得封侯，事敗易以亡，非世所指名也。」（舊七·二九八—六　新三八二—一三）

△正義 旌，音精。張晏云「陳嬰母」云云，漢書地理志云臨淮郡潘旌縣。潘，又音波。

※ 見高、贊異本。

83 趙亦不殺田角、田閒以市於齊。（舊七·三〇二—四　新三八七—四）

△正義 何休公羊注云：「諸侯失土，義不可卑，故當待之如君。」

※ 見高、贊異本。

84 猛如虎，很如羊，貪如狼。（舊七·三〇五—四　新三九〇—一〇）

△正義（很，何懇反。）羊性狼戾不慎也。大戴禮云：「虎狼生而有貪〔一〕婪之心。」

※ 見高、贊異本。

〔一〕貪，校補作「貧」。引文見大戴禮保傅篇，彼云：「鳳凰生而有仁義之意，虎狼生而有貪戾之心。」校補誤，今改正。

85 項羽使蒲將軍日夜引兵度三户。（舊七・三〇八—一一 新三九四—一一）

△正義 三户，恐非一地也。

※ 見高、贊異本

86 鯫生 （舊七・三一一—一三 新三九八—五）

△正義 鯫，小魚；比雜小也。

※ 見謙本。

87 刑人如恐不勝。（舊七・三一三—一〇 新四〇〇—三）

△正義 秦王刑殺人民，遺余力常如扛舉重物，恐不勝也。

※ 見贊異本。

88 此亡秦之續耳。（舊七・三一三—一三 新四〇〇—六）

△正義 秦暴虐以取滅亡，今誅有功之人，是秦亡續而有之也。

※ 見高、贊異本。

89 徙燕王韓廣爲遼東王。（舊七・三一六—一三 新四〇三—九）

△正義無終，幽州漁陽縣城，漢無終故地，北戎無終子國。

※　見贊異本。

90 諸侯罷戲下，各就國。（舊七・三二〇—三　新四〇七—二）

△正義戲，麾，大旃也。諸侯各率其軍，從項羽入關破秦，聽命受封爵，俱就國，故言「罷戲下」也。〔一〕

※　見贊異本。

〔一〕增這條正義上有索隱。正義與索隱對史文「戲」字解釋不同。索隱以「戲」之本字解，音羲，爲水名。正義以「戲」爲借字，音麾，作「麾」字用，義爲大旗。正義與索隱「戲」字訓義牴牾，三家注合刊是索隱而非正義，於是存索隱而删正義。

91 蕭何亦發關中老弱未傅悉詣滎陽。（舊七・三二四—四　新四一一—一五）

△正義疇官，上遂留反。傅父業爲疇也。

※　見高本。

92 傅左纛。（舊七・三二六—五　新四一四—五）

△正義犛，音茅，又音狸。

※　見贊異本。

93 信、越未有分地。（舊七・三三一—一四　新四二〇—三）

△正義 分，扶問反。

※ 見贊異本。

高祖本紀第八

94 已而有身。（舊八・三四一—四 新四三五—四）

△正義 身，「娠」同。

※ 見南化、謙、楓、三、岩本。

95 廷中吏無所不狎侮。（舊八・三四二—一七 新四三七—八）

正義 廷中吏，泗水及沛縣之廷也。狎，輕俳〔一〕也。侮，慢也。府縣之吏，高祖皆輕慢也〔二〕。

廷，音停〔三〕。

※ 見南化、幻、謙、岩本。

〔一〕校補云：「南化、謙、岩本『俳』作『狎』。」增訂補「俳」作「狎」。

〔二〕增 這條佚文言劉邦時事，説「府縣之吏」云云。府非秦、漢建置。唐朝在縣上設州、郡，僅於京師及東京太原等設府，也就是説，府也不是唐之通制。以秦、漢建置言，府非秦、漢制，張守節不當稱府。以唐建置言，府非唐之通制，張守節也不當「府縣」連稱。

〔三〕「廷音停」三字，瀧川本無，今據校補補。增訂補「停」作「亭」。

96 常從王媼、武負貰酒。（舊八・三四三—一 新四三七—九）

正義 王媪者，王家母。武負者，魏大夫如耳之母也。〔一〕

※ 見南化、謙、岩、幻本。

〔一〕增 魏大夫如耳，見於戰國策的秦策、趙策與史記魏世家。依魏世家記載如耳事，其母早於劉邦近百年。魏世家「如耳見衛君」句正義注「如耳」云：「魏大夫姓名也。」則如耳姓如名耳。史文「王媪、武負」，王、武對言，「武」當爲姓氏。漢書高帝紀「常從王媪、武負貰酒」句顔師古注引如淳曰：「武，姓也。俗謂老大母爲阿負。」師古曰：「古語謂老母爲負耳。王媪，王家之媪也。武負，武家之母也。」負，通「婦」；武負，武氏家之老婦。武氏家之老母，與如氏何涉？考其時間，不同時；考其姓氏，不一家。此正義佚文將武氏家之老婦當作如氏家之老母，顯誤。

97 高祖每酤留飲，酒讎數倍。（舊八・三四三—一 新四三七—一〇）

正義 按：言聖帝所至，皆有福祐，故酒讎數倍，及衆驚怪。彦，作「産」〔一〕。

※ 自「按」至「驚怪」，校補不載；「彦作産」三字，見南化、謙、岩、幻本。

〔一〕「彦作産」三字，瀧川本無，今據校補補。

98 無所詘。（舊八・三四四—一三 新四三九—九）

△正義〔音丘忽反。〕詘，謂不屈於人下。

※ 見南化、謙、楓、三、岩本。

99 今爲赤帝子斬之。（舊八・三四七—一〇 新四四二—一五）

△正義 秦以周爲火，滅火者水，故自號水。漢初自謂土。張蒼以漢十月始至灞上，故因秦十月爲歲首。推五德之運，以爲當水爲之時也，當理如故。魯人公孫臣上書言漢土德之時，又爲土德。光武乃改定。後漢光武推五德之運，周是木德，木生火，是故光武改爲火。秦稱火，不入五行之列，以爲閏位。

※ 見岩本。

100 祭蚩尤於沛庭。（舊八・三五〇—八 新四四六—五）

△正義 管仲子曰：「葛盧之山發〔一〕而出金〔二〕，蚩尤受〔三〕之以作劍戟。」然者〔四〕交者發也。

※ 見南化、幻、謙、岩本。

〔一〕發，集解引作「交」，漢書高帝紀顏注引作「發」。

〔二〕金，集解與漢書高帝紀顏注引作「水」，而「水」下有「金從之出」四字。

〔三〕受，校補誤「愛」，今據集解與漢書高帝紀顏注引改。此引文見管子地數篇，與原文略異。

〔四〕校補云：「岩本無『者』。」「交者發也」，釋集解語，似無「者」是。

101 項羽嘗攻襄城，襄城無遺類，皆阬之。（舊八・三五六—一三 新四五三—六）

正義 言項羽曾攻襄城，襄城之人，無問大小盡殺之，無復遺餘種類，皆坑之。漢書「噍類」，即依古義。

※ 見南化、幻、岩本。

102 告諭秦父兄。（舊八・三五七—一　新四五三—八）

△正義 父兄，猶「長少」也。

※見南化、謙、岩本。

103 與父老約，法三章耳。（舊八・三六二—六　新四五九—一〇）

正義 約，省也，減也〔一〕，省減〔二〕秦之煩法。唯三章，謂殺人、傷人及盜。

※見南化、謙、岩、幻本。

〔一〕「減也」二字，瀧川本無，今據校補補。

〔二〕增訂補「省減」作「省約」。

104 睢水。（舊八・三七一—三　新四六九—六）

△正義 睢，音雖。睢水故瀆首起汴州陳留縣南，合通濟渠〔一〕入泗。

※見南化、幻、謙、岩本。

〔一〕通濟渠之「濟」，校補誤「齊」，今改正。通濟渠，隋煬帝大業元年開鑿。隋書煬帝紀：大業元年三月，「發河南諸郡男女百餘萬，開通濟渠」。

105 魏王豹謁歸視親疾，至即絶河津，反爲楚。（舊八・三七二—八　新四七〇—一一）

正義 絶，斷也。河津，即蒲州蒲津關也，蒲津橋即此。豹從同州由橋至河東，即斷之而叛漢也。

※　見南化、謙、岩、幻本。

106 因殺魏豹。（舊八・三七三—九　新四七一—一四）

正義 史記項羽及高祖紀、漢書及史記月表，皆言三年殺魏豹。而月表又言周苛、魏豹死在四年夏四月，表誤〔一〕。

※　見南化、謙、岩、幻本。

〔一〕中華本月表言周苛死在三月。增訂補「表誤」上有「月」字。

107 使韓信等輯河北趙地。（舊八・三七三—一三　新四七二—三）

正義 輯，與「集」同，謂和合也。

※　見南化、謙、岩、幻本。

108 漢王傷匈，乃捫足曰：「虜中吾指！」（舊八・三七六—一五　新四七五—六）

正義 恐士卒壞散，故言中吾足指。

※　見南化、謙、岩、狩、幻、高本。

109 乃使使者召大司馬周殷舉九江兵而迎武王。（舊八・三七八—六　新四七七—一）

正義 漢書云：「漢亦遣人誘楚大司馬周殷。殷叛楚，以舒屠六，舉九江兵迎黥布。」

※　見南化、謙、岩、幻本。

110 太公擁篲。（舊八・三八二—五　新四八一—五）

正義 崔浩曰：「擁，抱也。篲，長帚，卒寺之所執也。」按：擁篲，曲腰持帚。太公曲腰若〔一〕擁帚。〔二〕

※ 見南化、幻、謙、岩、野、高本。

〔一〕校補云：「岩本無『若』。」

〔二〕「太公曲腰若擁帚」七字，瀧川本無，今據校補補。又：佚文三「帚」字，校補皆作「箒」。

111 秦，形勝之國，帶河山之險，縣隔千里，持戟百萬，秦得百二焉。地埶便利，其以下兵於諸侯，譬猶居高屋之上建瓴水也。夫齊，東有琅邪、即墨之饒，南有泰山之固，西有濁河之限，北有勃海之利。地方二千里，持戟百萬，縣隔千里之外，齊得十二焉。故此東西秦也。（舊八・三八二—一四 新四八二—一）

△**正義** 幡，鳶也。應、李貞意齊之縣隔也，言齊境闊不啻千里，故云外。蘇、劉秦之縣隔也，秦之外，齊次之。應、李、蘇、劉同，百萬十分之二，廿萬。唯應、李秦、齊相敵獲到秦强而齊次之者，與上説封素，今引虞喜爲異，義猶與上同。〔一〕

※ 見南化、幻、謙、岩本。

〔一〕此正義佚文疑有訛誤。

112 白土曼丘臣、王黃立故趙將趙利爲王以反。（舊八・三八四—一五 新四八四—二）

正義 漢書云：「韓王信之將曼丘臣、王黃共立故趙後趙利爲王。」按：故趙，六國時趙也。

113　始大人常以臣無賴。（舊八・三八七—一　新四八六—七）

※　見南化、幻、謙、岩本。

△正義 通俗文云：「狡獪，小兒戲也。」

※　見南化、謙、岩本。

114　七月，太上皇崩櫟陽宮。（舊八・三八七—九　新四八七—三）

正義 括地志云：「漢太上皇陵在雍州櫟陽縣北二十五里。漢書云：『高帝十年，太上皇崩，葬萬年〔一〕縣也。』」

※　見南化、幻、謙、岩本。

〔一〕校補「年」下有「陵」字。漢書只言「葬萬年」。

115　具言縮反有端矣。（舊八・三九一—六　新四九一—四）

正義 方言云：「端，緒也。」

※　見南化、幻、謙、岩本。

116　高祖所教歌兒百二十人，皆令爲吹樂。（舊八・三九三—五　新四九三—五）

正義 上尺瑞反，下音岳。以前但有歌兒，今加吹樂。

※　見南化、幻、謙、岩本。

117　文之敝，小人以僿。（舊八・三九三—一三　新四九三—一三）

正義 僿，先代反，又音四。僿，猶「細碎」也。言周末世，文細碎鄙陋薄惡，小人之甚。〔一〕

※ 見南化、幻、謙、岩本。

〔一〕除上文外，校補還自謙、岩本輯下文：「注『僿音西志反』，裴駰引史記音隱。此音宜音肆，亦細小貌也。南人呼物小者爲肆、四，猶細也。」

118 故漢興，承敝易變，使人不倦，得天統矣。（舊八・三九四—一 新四九四—一）

正義 夏之政忠，忠之敝，其末世敗壞多威儀，若事鬼神。周人承殷爲文，其末細碎薄陋文法無有悃誠。秦人承周不改敝，反成酷法嚴刑。故漢人承秦苛法，約法三章，反其忠政，使民不倦，得天統矣。故太史公引禮文爲此贊者，美高祖能變易秦敝，使百姓安寧。

※ 見南化、幻、謙、岩本。

呂太后本紀第九

119 使人持酖飲之。（舊九・三九七—五　新五〇五—一二）

正義 酖，亦名運日，又食野葛，畫酒中，飲，立死。

※ 見南化、岩、幻本。

120 尊公主爲王太后。（舊九・三九八—七　新五〇六—一三）

正義 公主此時爲宣平侯夫人，正〔一〕以公主先是趙王敖后，其子偃當爲王。今齊王未敢言偃爲王，故先請其母。既未知偃之封號，但言爲王太后。下云賜謚魯太后，以偃後封魯故也。

※ 見南化、岩、幻本。

〔一〕校補云：「岩本『正』作『王』。」

121 乃拜爲帝太傅。（舊九・四〇〇—六　新五〇八—一四）

△正義 孚富反。

※ 見南化、高本。

122 呂平爲扶柳侯。（舊九・四〇一—一　新五〇九—九）

△正義〔括地志云：「扶柳故城在冀州信都縣西三十里，漢扶柳縣也。有澤，澤中多柳，故曰扶

柳。〔二〕長姁，上張丈反，下況羽反，又呼附反。

※ 見南化、謙、幻、岩本。

123 子武爲壺關侯。（舊九・四〇一—一四 新五一〇—七）

△正義 壺關，上音胡，潞州城本漢壺關縣。

※ 見南化、謙、幻、岩本。

124 孝惠崩，太子立爲帝。（舊九・四〇二—一六 新五一一—一三）

正義 即淮陽〔一〕王彊也〔二〕。此述前事也。

※ 見南化、謙、幻、岩本。

〔一〕校補云：「幻本『陽』作『南』。」彊爲淮陽王，「陽」作「南」者誤。詳校〔二〕。

〔二〕「即淮陽王彊也」六字，瀧川本無，今據校補補。依史、漢紀、表，孝惠七年八月崩，太子立爲帝。次年改爲元年。呂后元年五月，立孝惠後宮子彊爲淮陽王。四年夏，帝廢位，呂后幽殺之。五年八月，淮陽王彊薨。太子爲帝者與淮陽王彊判然二人，此正義言太子爲帝者即淮陽王彊，誤。又：立爲帝之太子，即上句「取美人子名之」者。正義於「取美人子名之」下引劉伯莊語釋之，未及其名。上文已有孝惠崩，「太子即位爲帝」之語，正義亦未言太子何名。正義於此方釋太子爲誰，似違注例。

125 猶豫未決。（舊九・四〇七—一二 新五一六—一三）

正義 與，音預，又作「豫」。爾雅〔一〕：「猶，如麔〔二〕，善登木。」説文云：「猶多疑。」師古云：

「猶，獸名也，性多疑慮，常居山中，忽聞有聲，則恐有人且來害之，每豫上木，久之無人，然後敢下。須臾又上，如此非一。故不果決者稱猶豫。一曰隴西俗謂犬子爲猶。犬子隨人行，每豫在前，待人不得，還來迎候，故曰猶豫。」又曰猶、豫二獸，並與狐疑，或有疑事，故曰猶豫。顧野王曰：「猿類。」

※　見南化、謙、幻本。

〔一〕增訂補「爾雅」下有「云」字。

〔二〕麐，校補云：「南化、謙本作『麂』。」此乃爾雅釋獸文，爾雅作「麂」。又顏之推顏氏家訓卷六書證引爾雅此文亦作「麂」。漢書顏注作「麐」。説文云：「麐，大麇也，狗足。从鹿，旨聲。麂，或从几」麐、麂乃異體字。

126　平陽侯窋行御史大夫事。（舊九・四〇九—二　新五一八—三）

正義　窋，竹律反，曹參子也。

※　見南化、桃、謙、幻本。

127　爲呂氏右襢，爲劉氏左襢。（舊九・四〇九—七　新五一八—八）

正義　襢，音但，與「袒」同。

※　見南化、謙、幻本。

128　即長用事，吾屬無類矣。（舊九・四一一—一　新五二〇—三）

正義 長，丁丈反。言少帝年少，即長用事，誅害吾輩，羣屬無種類。

※ 見南化、謙、幻本。

129 乃顧麾左右執戟者掊兵罷去。（舊九・四一一—一三 新五二〇—一四）

正義 又白北反，又李附反。徐廣曰：「音仆。」

※ 見南化、謙、幻本。

130 黎民得離戰國之苦。（舊九・四一二—八 新五二一—一二）

△正義 力智反。

※ 見南化、謙、幻本。

孝文本紀第十

131

新啑血京師。（舊一〇・四一三—一〇　新五二五—一〇）

正義 啑血，上音歃，漢書作「喋」。廣雅云：「蹀〔一〕，履也。」顔師古云：「字當作『蹀』。蹀，謂履涉之耳。」

※　見南化、幻、謙本。

〔一〕此「蹀」字與下引顔師古語中的兩「蹀」字，瀧川本皆作「喋」。校補於此處校注云：「謙本作『蹀』，下同。」廣雅云：「蹀，履也。」漢書文帝紀顔注云：「喋，音大頰反，本字當作『蹀』。蹀，謂履涉之耳。」此正義既曰「漢書作『喋』」，又曰顔云「字當作『喋』」，誤迹顯然。今依廣雅與漢書顔注改正。

132

願請閒言。（舊一〇・四一五—一三　新五二八—一）

正義 上記閑反。閒，隙也；隙之閒私語也。

※　見南化、幻、謙本。

133

太尉乃跪上天子璽符。（舊一〇・四一五—一三　新五二八—一）

正義 上，時掌反。

※　校補云：「胡注曰：『上，時掌翻。』瀧川本以爲正義，非。」校補所引胡注，見通鑑卷一三。

134 臣謹請陰安侯列侯頃王后。（舊一〇・四一五—一六　新五二八—四）

正義 頡，紀八反。頃，奇傾反。

※ 見南化、幻、謙本。

135 酺五日。（舊一〇・四一七—七　新五二九—一五）

正義 横，胡孟反。

※ 見南化、幻、謙本。

136 天下人民未有嗛志。（舊一〇・四一九—七　新五三二—二）

△正義 恨也，未有恩惠之志民也；又謙牒反，言未有愜洽之志於民。

※ 見南化、謙、幻本。

137 其開籍田。（舊一〇・四二三—七　新五三六—九）

△正義 上音導，謂踐籍之義。〔一〕

※ 見南化、謙本。

〔一〕此正義釋本句史文集解語「蹈籍」。

138 帝初幸甘泉。（舊一〇・四二五—三　新五三八—九）

△正義 越謂江東。細綜布爲手巾也。

※ 見南化本。

139 詔獄逮徙繫長安。（舊一〇・四二七—一〇　新五四一—四）

正義 逮徙，上音代，謂追捕徙禁長安詔獄。

※　見南化、幻、謙本。

140 匈奴謀入邊爲寇，攻朝郱塞，殺北地都尉卬。（舊一〇・四二八—一三　新五四二—一〇）

正義 塞，先代反。括地志云：「朝那故城在原州百泉縣西七十里，漢朝那縣是〔一〕也。」塞，即蕭關，今名隴山關。漢文帝十四年，匈奴入朝那塞者也。按：百泉亭即〔二〕朝那縣之地。缾，白刑反。地理志云缾屬琅邪郡。

※　見南化、幻、謙本。

〔一〕是，校補云：「南化、謙本作『城』。」

〔二〕「朝那塞者也按百泉亭即」十字，瀧川本無，今據校補補。

141 成侯赤爲內史。（舊一〇・四二九—一　新五四二—一三）

正義 赤，音赫〔一〕。

※　見南化、幻、謙、高本。

〔一〕校補「赫」下有「呼格反」三字，且於「呼格反」下云：「高、瀧川本無上三字。」增訂補「赫」下有「呼格反」三字。

142 黃龍見成紀。（舊一〇・四三〇—一　新五四四—一）

正義 見，音胡練反。韋昭云：「聽聰知正，則黃龍見。」文帝尊孝弟力田，又除祕祝肉刑，故黃龍爲之見。」成紀，在〔一〕秦州縣，本漢縣，至今在州北二里。

※ 見南化、幻、謙本。

〔一〕在，封禪書「黃龍見成紀」句正義云：「成紀，今秦州縣也。」當作「今」是。

143 歲以有年。（舊一〇・四三〇—二 新五四四—二）

正義 言豐年也。

※ 校補不載此正義佚文。

144 因説上設立渭陽五廟。（舊一〇・四三〇—四 新五四四—四）

正義 漢書郊祀志云：「漢五帝廟同宇，帝一殿，陽面，五帝各如其帝色。」〔一〕括地志〔二〕云：「在渭城。」〔三〕

※ 見南化、幻、謙本。

〔一〕中華本漢書郊祀志：「於是作渭陽五帝廟，同宇，帝一殿，面五門，各如其帝色。」

〔二〕集解作韋昭語。

〔三〕校補「渭城」下有「北」字。漢書顏師古注引廟記云：「五帝廟在長安東北也。」

145 令天下大酺。（舊一〇・四三〇—一一 新五四四—一一）

正義 古者祭酺，聚錢飲酒，故後世聽民聚飲，皆謂之酺。漢書：每有嘉慶，全民大酺，是其事也。彼注云「因祭酺而其民長幼相酬」，鄭注所謂「祭酺合醵」也。酺，音蒲。

※　見南化、幻本。

146　軍句注。（舊一〇・四三二一—一　新五四六—三）

正義　上古侯反，下之具反。括地志曰：「句注山，一名西陘〔一〕山，在代州雁門縣西北三〔二〕十里。」句，漢書音義：「章句之句。」

※　見南化、幻、謙本。

〔一〕陘，瀧川本作「陲」。趙世家「反巠分」句正義引作「陘」，戰國策趙策一「反三公、什清於趙」句吳師道注引括地志亦作「陘」。（而誤「西」爲「正」。）太平寰宇記代州雁門縣引水經注、元和郡縣志卷一四代州雁門縣條、資治通鑑卷一一漢紀三高帝六年「匈奴冒頓因引兵南踰句注」句胡三省注引杜佑語亦皆作「陘」。（杜「陘」下「山」作「嶺」。）今據改。

〔二〕三，劉敬叔孫通列傳「是時漢兵已踰句注」句正義同，而趙世家「反巠分」句正義引作「四」。校〔一〕所引各書，戰國策不載里數，他書皆作「三」。

147　軍棘門。（舊一〇・四三二一—二　新五四六—四）

正義　橫，音光。秦興樂宮北門，對橫橋，今渭橋。〔一〕

※　見南化、幻、謙本。

〔一〕此正義釋集解「橫門」。三輔黃圖卷一：「長安城北出西頭第一門曰橫門。漢書廐上小女陳持弓走入光門，即此門也。門外有橋曰橫橋。」漢書成帝紀顏師古注引如淳云：「橫，音光。」

148 發倉庾以振貧民。（舊一〇·四三二—一二 新五四七—二）

正義 胡公名廣，後漢太尉。百官箴者，廣所著書名。應劭著官儀次比。

※ 見南化、幻、謙本。

149 直百金。（舊一〇·四三三—二 新五四七—九）

正義 漢法一斤爲一金，一金直萬錢也，百金直千貫。

※ 見南化、幻、謙、高本。

150 上常衣綈衣。（舊一〇·四三三—三 新五四七—一〇）

正義 綈，厚繒也。

※ 見南化、桃、幻、謙本。

151 服大紅十五日，小紅十四日，纖七日，釋服。（舊一〇·四三四—八 新五四八—一四）

正義 顔師古云：「此喪制者，文帝自率己意創而爲之，非有取於周禮也，何爲以日易月乎？三年之喪，其實二十七月，豈有三十六月之文？禫又無七月也。應氏既失之於前，而近代學者，因循謬説，未之思也。」按：文帝權制百官而已，輕重之服，不當併言三十六日。

※ 見南化、幻、謙本。

152 霸陵山川因其故。（舊一〇·四三四—九 新五四九—一）

正義 括地志云：「霸陵，漢文帝陵，在雍州萬年縣東二十里〔一〕。霸陵，故芷陽也。漢晉春秋云：『愍帝建興三年，秦人發霸、杜二陵，珠玉綵帛以千萬計。帝問索琳曰：「漢陵中物，何乃多耶？」對曰：「天子即位一年而爲陵，天下貢賦三分之：一供宗廟，一供客，一充山陵。武帝享年既久，比崩，茂陵不復容物，赤眉賊不能減半，今猶有朽帛委積，珠玉未盡。此二陵是儉者也。」』

※　見南化、幻、謙本。

〔一〕二十里，校補作「二十五里」，絳侯周勃世家「軍霸上」句正義亦作「二十五里」。

153 郎中令武爲復土將軍。（舊一〇・四三四—一〇　新五四九—三）

正義　張武也。

※　見南化、幻、謙本。

孝景本紀第十一

154 孝景皇帝者。（**舊**一一・四三九—三 **新**五五九—三）

△**正義**〔謚法曰：「繇義而濟曰景〔一〕。」〕荀悅：「諱『啟』之字曰『開』。」

※ 見南化、謙本。

〔一〕**增**漢書顏注引應劭云：「禮，謚法：『布義行剛曰景。』」

155 封故相國蕭何孫係爲武陵侯。（**舊**一一・四三九—八 **新**五五九—八）

正義 蕭何傳云：「以武陽縣二千户封何孫嘉爲列侯。」漢書及史記功臣表皆云孝景二年封係〔一〕爲列侯。恐有二名也。

※ 見南化、謙、幻本。

〔一〕係，史、漢孝景本紀同，史、漢功臣表與漢書蕭何傳作「嘉」。

156 置南陵及内史，祋祤爲縣。（**舊**一一・四四〇—一 **新**五六〇—二）

正義 漢書百官表云：内史，周官，秦因之，掌京師。景帝二年，分置左内史、右内史。武帝太初元年，右内史更名京兆，左内史更左馮翊，主爵中尉更名右扶風，是爲三輔。地理志云祋祤故城，在雍州同官縣界〔一〕。

※　見南化、幻、謙本。

〔一〕校補「界」下有「漢役祤縣城」五字。增訂補「界」下有「漢役祤縣城」五字。

157 趙丞相嘉爲江陵侯。（舊一一・四四三—六　新五六三—一二）

△正義 嘉，作「喜」。

※　見南化、謙、高本。

158 伐馳道樹，殖蘭池。（舊一一・四四三—六　新五六三—一二）

正義〔按：馳道，天子道，秦始皇作之，三丈而樹。〕括地志：「蘭池陵〔一〕，即秦之蘭池也，在雍州咸陽縣界。三秦記云：『始皇都長安，引渭水爲長池，築爲蓬萊山，刻石爲鯨，長二百丈。』劉伯莊云：「此時蘭池毀溢，故堰填。」

※　見南化、幻、謙本。

〔一〕陵，秦始皇本紀「逢盜蘭池」句正義引作「陂」。

159 封故御史大夫周苛孫平爲繩侯。（舊一一・四四四—六　新五六四—一二）

正義 繩侯未詳。

※　見南化、幻、謙本。

160 梁分爲五，封四侯。（舊一一・四四六—三　新五六六—一一）

正義 四侯未詳。

※ 見南化、幻、謙本。

161 止馬春。（舊一一·四四八—二 新五六九—二）

正義 春，成龍切，馬碾磑之類也。先時用馬，今止之。

※ 見南化、幻、謙本。

162 禁天下食不造歲。（舊一一·四四八—二 新五六九—二）

正義 造，至也。禁天下費米穀，恐食不造歲。

※ 見南化、幻、謙本。

孝武本紀第十二

163

欲議古立明堂城南。（舊一二・四五二—二　新五七六—七）

正義 括地志云：「漢明堂在雍州長安縣西北七里長安故城南門外也。關中記云：『明堂在長安城南門外杜門之西〔一〕。』」

※ 見南化、幻、謙本。

〔一〕增訂補「杜門之西」下有下面一段文字凡三十一字：「漢書黃帝曰合掌，虞曰總車，殷曰陽館，周曰明堂。漢書明堂武帝造，王莽修令大。」

164

上初至雍，郊見五畤。（舊一二・四五二—一四　新五七七—五）

正義〔畤，音止。括地志云：「漢五帝畤在岐州雍縣南。孟康云畤者神靈之所止。」〕或曰以雍州雍縣南。孟康云：「畤者，神靈上帝也。」〔案：五畤者，鄜畤、密畤、吳陽畤、北畤。先是文公作鄜畤，祭白帝；秦宣公作密畤，祭青帝；秦靈公作吳陽上畤、下畤，祭赤帝、黃帝；漢高祖作北畤，祭黑帝：是五畤也。〕〔一〕

※ 校補不載此正義佚文。

〔一〕增四庫全書總目提要卷四五「史記正義一百三十卷」指出：正義「標字列注」，「散入句下」，「至明代監本，採附集解、索隱之後更多所删節」。而後，列舉衆多句例，其中就有本段正義中自「或曰」至「上帝也」一段文字凡十八字。校補所輯正義佚文，没有這條正義中自「或曰」至「上帝也」十八字，説明日本所存正義佚文之佚時甚早。南宋黄善夫本「或曰」至「上帝也」十八字已不在史文與注文的正式行文中，而是被標記於書之眉端，説明佚時至遲也在南宋黄善夫本之前。瀧川本以「或曰」至「上帝也」十八字爲佚文，蓋依明代監本删削而以之爲佚文。

165 故見神於先後宛若。（舊一二・四五二—一五　新五七七—六）

△正義　宛若，爲先後之字也。

※　見南化、幻、謙本。

166 是時而李少君亦以祠竈、穀道、卻老方見上。（舊一二・四五三—一五　新五七八—九）

正義　周禮注〔一〕曰：「顓頊氏有子曰黎，爲祝融，以爲竈神。」

※　見南化、幻、謙本。

〔一〕校補云：「南化、謙本無『注』。」禮記禮器孔穎達疏引許慎五經異義云：「古周禮説：『顓頊氏有子曰黎，爲祝融，祀以爲竈神。』」

167 故深澤侯入以主方。（舊一二・四五三—一五　新五七八—九）

正義　功臣表曰：深澤侯頭子脩〔一〕，景帝七年，有罪絶。至中五年〔二〕，頭子夷胡〔三〕復封。至元朔五年，國除。

※　見南化、幻、謙本。

〔一〕脩，漢書表同，史記表作「循」。

〔二〕中五年，瀧川本作「中九年」。校補云：「南化、謙本『九』作『五』。」史記漢書二表「九」亦作「五」。今據改。

〔三〕夷胡，史記作「夷侯胡」，漢書作「夷胡侯」，史記封禪書「深澤侯」下索隱云：「案表，深澤侯趙將夕，孫夷侯胡紹封。」依例，「侯」下當書名，作「夷侯胡」是。

168 食臣棗，大如瓜。（舊一二・四五五—三　新五七九—一六）

△正義 一作「巨」。安期生食巨棗，大如瓜。〔一〕

※　見南化、謙本。

〔一〕增 依此條正義佚文，正義本史文「臣」作「巨」。檢史記封禪書，其文「安期生食巨棗大如瓜」句作「巨」，索隱引包愷云「『巨』或作『臣』」。

169 而事化丹沙諸藥齊爲黄金矣。（舊一二・四五五—五　新五八〇—二）

正義 劑，在西切。劑，皆也。言同諸藥化丹沙皆爲黄金。

※　見南化、幻、謙本。

170 黄錘。（舊一二・四五五—一〇　新五八〇—七）

△正義〔音直僞反。〕姓黄，名錘也。

※　見南化、謙本。

171 而海上燕齊怪迂之方士多相效，更言神事矣。（舊一二・四五五—一一　新五八〇—八）

正義 迂，猶「遠」也。言怪異遠處燕齊之方士，多於相效，更言神事，謂謬忌、少翁、欒大之屬。

※ 見南化、幻、謙本。

172 古者天子常以春秋解祠，祠黃帝用一梟破鏡。（舊一二・四五六—四　新五八一—一）

正義 解，紀買反，又紀賣反。祭神曰解。言黃帝欲絶其類梟破鏡，故使祭百物之祠。後世每春秋祠黃帝，用一梟及一破鏡〔一〕，以解黃帝絶惡之類，故言解祠黃帝。

※ 見南化、幻、謙本。

〔一〕校補「梟」下有「鳥」字，「鏡」下有「獸」字。

173 有司與太史公、祠官寬舒等議。（舊一二・四六一—五　新五八六—一二）

正義 按：二家之説皆非也〔一〕。如淳曰：「漢儀注太史公，武帝置，位在丞相上。天下計書，先上太史公，副上丞相，序事如古春秋。」瓚曰：「百官表無書太史公，茂陵中書司馬談以太史丞爲太史公〔二〕。」自叙傳云：「生談，爲太史公，仕于建元、元封之閒。」又云：「太史公既治天官，不治民。有子曰遷。」又云：「太史公遭李陵之禍。」又云：「余述黃帝以來至太初而訖，凡百三十篇。」考此四科，明司馬遷父子爲太史公。「太史公」乃司馬遷自題。

※ 見南化、幻、謙本。

〔一〕增 這條正義上有集解與索隱。二家之説，指集解引韋昭語，一以司馬談爲太史公，一以談子司馬遷爲太史公。正義以此二説皆誤。正義認爲，太史公乃談、遷父子之共稱。史記太史公自序「談爲太史公」句之正義其見解與此同。

〔二〕校補云：「謙本『公』作『令』，南化本無上四字。」太史公自序「談爲太史公」句集解引「公」作「令」。

174 與王不相中，相危以法。（舊一二・四六二—七　新五八八—二）

△正義 中，謂中政得姓也。言與后〔一〕不共居正義慈相待。

※見南化、幻、謙本。

〔一〕后，校補誤「後」，今據史文改。

175 文成食馬肝死耳。（舊一二・四六二—一二　新五八八—八）

△正義 論衡言盛夏氣熱而毒，故食馬肝而死。

※見南化、幻、謙本。

176 鴻漸于般。（舊一二・四六三—一〇　新五八九—六）

△正義 般，作「盤」。

※見南化、謙本。

177 聞昔大帝興神鼎一。（舊一二・四六五—三　新五九一—六）

△正義 漢書郊祀志云：「聞昔大仲興神鼎一者，統天地萬物所繫象也。黄帝作寶鼎三，象天地人。禹收九牧之金，鑄鼎九，皆嘗鬺上帝鬼神。」〔一〕

※ 見南化、幻、謙本。

〔一〕此正義所引漢書郊祀志文，漢書爲：「聞昔泰帝興神鼎一，一者一統，天地萬物所繫象也。黄帝作寶鼎三，象天地人。禹收九牧之金，鑄九鼎，象九州。皆嘗鬺享上帝鬼神。」增衍田按，「正義」下與這裏引的是漢書郊祀志的同一句話，「正義」下所引文字多缺誤，這裏所引文字不缺且無誤。

178

不虞不驁，胡考之休。（舊一二·四六五—六 新五九一—九）

△正義 驁，五高反。虞，歡樂也。驁，遊也。考，壽也。言祭祀豐潔，兕觥其觩，旨酒思柔，不虞樂驁，何盛考壽之休美！詩「不吴」，毛傳云「虞，漢也」〔一〕。姚氏按：何承天云「虞」當爲「吴」，一口大言也〔二〕。驁，音力到反。今竝不用此二音。本作〔三〕「虞」字是太史公變之也。

※ 見南化、幻、謙本。

〔一〕不虞不驁，胡考之休，乃史記引詩周頌絲衣之詩句，原詩句爲：「不吴不敖，胡考之休。」傳云：「吴，譁也。」此正義云「毛傳云『虞，漢也』」，誤。

〔二〕陸德明釋文引何承天云：「『吴』字誤，當作『吳』，從口下大，故魚之大口者名吳。」阮元毛詩注疏校勘記（盧宣旬補）云：「通志堂本、盧本『吴』作『吴』，『吴』作『吳』。案：所改是也。」吴闓生詩義會通亦云：「何承天改『吴』爲『吳』。」依校勘記、詩義會通與何「從口下大，故魚之大口者名吳」之語，可知何語前兩句當是「吴字誤，當作吳」。説文云：「吴，大言也。」徐鍇注云：「今寫詩者改『吴』作『吳』，其謬甚矣。」此正義引何語與釋文異。

〔三〕「作」字下當有「吴」字，此句即爲：「本作『吴』，『虞』字是太史公變之也。」

179 今鼎至甘泉。（舊一二・四六五—七　新五九一—九）

△正義 顏師古：「言鼎至甘泉之後，光潤變見，若龍之神，能幽明小大。乘此休福，無窮竟也。有黃白雲降，與初至中山雲之瑞相合也。」

※ 見南化、謙本。

180 報祠大饗。（舊一二・四六五—八　新五九一—一〇）

△正義 報得鼎祠祖禰天神，又享祭之也。

※ 見南化、謙本。

181 受此書申功。（舊一二・四六七—一二　新五九四—四）

正義 漢書郊祀志及封禪書作「申公」，疑「功」錯誤。

※ 見南化、幻、謙本。

182 乃斷斬非鬼神者。（舊一二・四六八—一二　新五九四—一〇）

△正義 以邪淫祀，乃斷斬之。

※ 見南化、幻、謙本。

183 立泰畤壇以明應。（舊一二・四七〇—一四　新五九七—一〇）

正義 下於證反。師古云：「明著神〔一〕光及黃雲之祥應也。」

※ 見南化、幻、謙本。

〔一〕神，漢書郊祀志顏師古注作「美」。

184 以牡荆畫幡。（舊一二・四七一—七 新五九八—四）

正義 晉灼曰：「牡荆，節間不相當者，月暈刻之爲券，以畏病者。」萬畢術云：「以南山牡荆指，病自瘉也。」顔師古曰：「言以畏病，牡荆爲幡竿，而畫幡爲日、月、龍及星也。」

※ 見南化、幻、謙本。

185 高世比悳於九皇。（舊一二・四七三—一一 新六〇〇—一二）

正義 按：説同耳。張言人皇九首，如今人呼牛九頭，以上古質，故言九首也。

※ 見南化、幻本。

186 宿留海上。（舊一二・四七五—一 新六〇二—四）

△正義 宿，音秀。

※ 見南化、幻、謙、高本。

187 有星茀于三能。（舊一二・四七七—二 新六〇四—九）

△正義 土來反。

※ 見南化、謙本。

188 而以雞卜。（舊一二・四七八—一〇 新六〇六—三）

△正義〔雞卜法用雞一，狗一，生，祝願訖，即殺雞狗煮熟，又祭，獨取雞兩眼，骨上自有孔裂，似人物形則吉，不足則凶。今嶺南猶此法也。〕鼠卜者，左邊安吉門，用竹蔑長四寸，墨塗通黑，竝

安齊等，布粳米七粒置門。右邊安凶門，用粉塗通白，安置如前，亦米。呪曰：「炙姑今十玄事，若吉，食門外米，仍屎尿凶門下。」

※見南化、幻、謙本。

189 還過祭常山。（舊一二·四八五—五　新六一三—一一）

正義 即恒山也。括地志云：「在定州恒陽西北百四十里。爾雅云：『恒山爲北岳。』道書楷〔一〕地記曰：『恒山高三千二〔二〕百丈，上方二十里，有太玄之泉，神華種〔三〕可度〔四〕俗。』」

※見南化、幻、謙本。

〔一〕楷，夏本紀「太行常山至于碣石」句正義引作「福」。

〔二〕二，夏本紀「太行常山至于碣石」句正義引作「三」。

〔三〕神華種，夏本紀「太行常山至于碣石」句正義引作「神草十九種」。

〔四〕度，瀧川本空格，今據校補與夏本紀正義補。

190 凡六祠。（舊一二·四八五—八　新六一三—一四）

正義 謂后土兼上五凡六祠也。后土在汾陰〔一〕，非寬舒領祠，故別言凡六祠。

※見南化、謙本。

〔一〕汾陰，瀧川本作「汾陽」，校補作「汾陰」。本篇史文云：「始立后土祠汾陰脽上。」又三輔黃圖卷五：「武帝定郊祀之事，祀太乙于甘泉圜丘，取象天形，就陽位也；祀后土于汾陰澤中方丘，取象地形，就陰位也。」今據改。

天官書第五

191

其内五星，五帝坐。（舊二七・一二九九—二　新一五五〇—七）

正義〔黄帝坐一星，在太微宫中，含樞紐之神。四星夾黄帝坐：蒼帝東方靈威仰之神；赤帝南方赤熛怒之神；白帝西方白昭矩之神；黑帝北方叶光紀之神。五帝並設，神靈集謀者也。占：五座明而光，則天子得天地之心；不然，則失位；金、火來守，入太微，若順入，軌道，司其出之所守，則爲天子所誅也；其逆入若不軌道，以所犯名之，中坐成形。〕羣下從謀也。

※　校補云：「慶、彭、凌、金陵，無此注五字。」又引武英殿本史記考證云：「監本正義遺『羣下從謀也』五字，今據本書補。」瀧川氏蓋據殿本以爲正義佚文。

封禪書第六

192 天子識其手書，問其人，果是僞書。（舊二八・一三八八—四　新一六六八—五）

正義　上音于僞反。或人果爲文成書帛飤牛。〔一〕

※　見南化、幻、謙本。

〔一〕校補於此正義下云：「按：瀧川氏以幻雲抄武帝紀補正義既載武帝紀，下從略。」今仍從瀧川本。

193 文成死明年，天子病鼎湖甚。（舊二八・一三八八—一〇　新一六六八—一一）

正義　郊祀志云，黄帝采首山之銅，鑄鼎荆山之下，有龍垂胡髯下迎黄帝，後人名其處曰鼎湖。

※　見南化、幻、謙本。

194 病良已。（舊二八・一三八八—一二　新一六六八—一三）

正義　良〔一〕，善也。已，止也。病善止也。

※　見南化、幻、謙本。

〔一〕良，瀧川本無，今據校補補。

195 又以衛長公主妻之。（舊二八・一三九一—四　新一六七一—一〇）

正義　劉伯莊云：「衛后女三人，以最長妻欒大也，非天子姊妹也。」漢書外戚傳云：「衛子夫生三女，元朔元年〔一〕生男據。」此則是太子之姊。

※　見南化、幻、謙本。

〔一〕元年，瀧川本作「三年」。漢書外戚傳云：「而子夫生三女，元朔元年生男據，遂立爲皇后。」史、漢衛青傳皆云：「元朔元年春，衛夫人有男，立爲皇后。」漢書武帝紀載子夫立爲皇后時在元朔元年春三月甲子日。又漢書武五子傳云：「戾太子據，元狩元年立爲皇太子，年七歲矣。」元朔之後即元狩，元朔共六年，自元朔元年至元狩元年恰合「七歲」之數。瀧川本「三」乃「元」誤，今改正。

196　使使衣羽衣，夜立白茅上。（舊二八・一三九一—六　新一六七一—一二）

正義　喻有潔白之德。

※　見南化、幻、謙本。

197　而海上燕、齊之閒，莫不搤捥而自言有禁方，能神僊矣。（舊二八・一三九一—八　新一六七一—一五）

正義　搤捥，猶「執手」也。言海上燕齊之閒方術之士，見少君、欒大貴振天下，皆自言有禁方，服之能令人神仙矣，冀武帝召之。

※　見南化、幻、謙本。

198　掊視得鼎。（舊二八・一三九二—一　新一六七二—八）

正義　掊，音白侯反。師古曰：「掊，手把〔一〕上也。」

※　見南化、幻、謙本。

〔一〕把，校補作「抱」，漢書郊祀志顔師古注作「杷」，顔注云：「掊，謂手杷土也，音蒲溝反。杷，音蒲巴反，其字從木。」

199　文鏤無款識。（舊二八・一三九二—二　新一六七二—九）

正義　劉伯莊曰：「自古諸鼎皆有銘記識其事，此鼎能無款識也？」

※　校補不載此正義佚文。

200　謝曰：「寶鼎事已決矣，尚何以爲。」（舊二八・一三九三—八　新一六七四—一）

正義　所以謝公孫卿。言寶鼎已決知矣，不須上此書。

※　見南化、謙本。

201　中國華山、首山、太室、泰山、東萊。（舊二八・一三九三—一三　新一六七四—六）

正義　首山，一名雷首山，亦名中條山〔一〕，名歷山，亦名蒲山，亦名襄山，又名甘棗山，亦名獨頭山〔二〕。泰室，嵩高。泰山，岱宗。

※　見南化、幻、謙本。

〔一〕中條山，瀧川本作「申修山」。校補作「中條山」，五帝本紀「舜耕歷山」句正義引括地志亦云「雷首山一名中條山」。今據改。

〔二〕獨頭山，本篇「薄山者衰山也」句正義引括地志與水經注卷四引闞駰十三州志同，五帝本紀「舜耕歷山」句正義引括地志作「狗頭山」。

202 其牛色白，鹿居其中，彘在鹿中，水而洎之。（舊二八・一三九四—一四　新一六七五—八）

正義 又以水合肉汁内鹿中也。晉灼曰：「此説合牲物燎之也。」

※見南化、謙本。

203 作二十五弦及空侯。（舊二八・一三九六—八　新一六七七—五）

正義 釋名曰：「箜篌，師延所作靡靡樂，後出於桑間濮上之地，蓋空國侯之所出也。」

※見南化、幻、謙本。

204 澤旅。（舊二八・一三九六—一一　新一六七七—八）

正義 上音亦，謂飲畢上酒也。

※見南化、幻、謙本。

205 上於是乃令諸儒習射牛，草封禪儀。（舊二八・一三九七—四　新一六七八—一）

正義 伍緝之從征記曰：「漢武封壇，廣丈三尺，高丈尺，下有玉録書（一），以金銀爲鏤，封以璽。」應劭曰：「漢官封禪儀云：『建武二年，登泰山，就武帝封處累其石，發壇上方石，置玉牒書，封石此中，後蓋封石，檢以金爲繩，以石爲泥，南方北方二十三檢，東方西方各二檢。太帝建武廿三年，登封太山，登畢，出更衣，即皇帝位於壇南，北面。羣臣從者，以次陳後。尚書令奉玉檢，壇上西面。太常曰：「詣封。」皇帝升，北面。尚書令奉檢進，南面跪。太常曰：「請封。」皇帝親封畢，退復位。大行治跪禮，發上石，尚書令藏玉牒。已禮，覆壇。尚書令封，親檢畢，太常跪曰：「請拜。」羣臣皆稱萬歲。太常跪曰：「事畢。」皇帝後下道。』」風俗通曰：「封者立石一丈二尺。」

※見南化、幻本。

（一）史記封禪書、漢書郊祀志與風俗通義皆云：「封廣丈二尺，高九尺，其下則有玉牒書。」

206 命曰崇高邑。（舊二八・一三九七—一〇 新一六七八—七）

正義 韋昭云：「嵩高有太室。嵩高，總名也。」嵩高山記：「山高二千八百丈，周迴七十五里。」

※見南化、幻本。

207 則大以爲僊人也。（舊二八・一三九七—一五 新一六七八—一二）

正義 大，謂崇大其事。

※見南化、幻、謙、高本。

208 天子獨與侍中奉車子侯上泰山。（舊二八・一三九八—四 新一六七九—一）

正義 霍嬗子侯，去病子也。

※見南化、幻、謙本。

209 江淮閒一茅三脊爲神藉。（舊二八・一三九八—六 新一六七九—三）

正義 括地志云：「辰州盧溪縣西南三百五十里有包茅山。武陵記云『山際出苞茅，有刺而三脊，因名茅山』是也。」

※ 見南化、幻、謙本。

210 行所過毋有復作。（舊二八・一三九八—一一 新一六七九—一〇）

正義 毋，音無。復，音伏。毋有，弛刑徒也。

※ 見南化、幻、謙、高本。

211 歷北邊至九原。（舊二八・一三九九—一 新一六七九—一四）

正義 秦九原城，在勝州榆林縣西界。漢武帝元朔二年，更名五原郡。

※ 見南化、幻、謙本。

212 五月，反至甘泉。（舊二八・一三九九—一 新一六七九—一四）

正義 姚察云：「三月幸緱氏，五月乃至甘泉，則八旬中周萬八千里，其不然乎！」按：武紀「正月」〔一〕是。

※ 見南化、幻、謙本。

〔一〕史記孝武本紀云「三月，遂東幸緱氏」，漢書武帝紀云「春正月，行幸緱氏」。此正義所云「正月」，係指幸緱氏之月。

213 拜祝祠太一。（舊二八・一三九九—七 新一六八〇—七）

正義 漢書郊祀志「況」字作「祝」〔一〕。下云「贊饗」，則祝拜〔二〕也。「況」字誤，當音祝。

※　見南化、幻、謙本。

〔一〕瀧川本考證云：「正義本『祝』誤作『況』。」增依正義佚文，正義本史文「祝」誤作「況」。

〔二〕拜，校補作「辭」，漢書郊祀志顏師古注云：「贊饗謂祝辭。」

214

壽星仍出。（舊二八·一三九九—七　新一六八〇—七）

正義　壽星，南極老人星，爲人主壽命延長之應，當以秋候之南郊，見則國家安樂，所以長年，故謂壽星。

※　見南化、幻、謙本。

215

信星昭見。（舊二八·一三九九—八　新一六八〇—八）

正義　鎮星中主土爲信〔一〕，爲君之年，爲天子福禄之精。順時而見，所見之分，其下穀自登，有不耕而食，不蠶而衣，故知和平遠近安樂之應。

※　見南化、幻、謙本。

〔一〕瀧川本「鎮」作「填」、「土」作「上」。校補作「鎮」、「土」。校補圖版二四謙本原件照片亦是「鎮」、「土」字。今從校補改。

216

昔東甌王敬鬼，壽百六十歲。（舊二八·一三九九—一三　新一六八〇—一三）

正義　東海王繇，號爲東甌王。

※　見南化、幻、謙本。

217 乃作通天莖臺。（舊二八・一四〇〇—五　新一六八一—四）

正義 漢書無「莖」字，疑衍字。括地志云：「通天臺在雍州雲陽西北八十里〔一〕。武帝以五月避暑，八月乃還。」

※ 見南化、幻、謙本。

〔一〕孝武本紀「皇帝始郊見泰一雲陽」句正義引本句無「西」字，而「十」下有「一」字。

218 上郊雍，通回中道。（舊二八・一四〇〇—一四　新一六八一—一三）

正義 括地志云：「回中宮在岐州雍縣西三〔一〕十里。」按：武帝郊雍五畤，遂通西口回中道，往處回中宮也。

※ 見南化、幻、謙本。

〔一〕三，秦始皇本紀「過回中」句正義與匈奴列傳「使奇兵入燒回中宮」句正義皆引作「四」。

219 天增授皇帝太元神策，周而復始。（舊二八・一四〇一—一二　新一六八二—一一）

正義 筴，數也。言得十一月甲子朔旦冬至日，祀上帝明堂，是天授。古昔上皇創曆，泰元神筴之數爲首，故周而復始。

※ 見南化、幻、謙本。

220 其南有玉堂、璧門。（舊二八・一四〇二—七　新一六八三—七）

正義 漢武故事云：「玉璧內殿十二門，階陛咸以玉爲之。門門三層，臺高十餘丈，椽首榑以璧爲之，因名璧門。」

※ 見南化、謙本。

221 輦道相屬焉。（舊二八・一四〇二—八　新一六八三—八）

正義 輦道，門道也。屬，音燭，續也。

※ 見南化、幻、謙本。

222 石閭者，在泰山下阯南方。（舊二八・一四〇三—五　新一六八四—五）

正義 石閭山在兖州博城縣西二十五里。應劭曰：「石閭山在太山正南。」

※ 見南化、幻、謙本。

吳太伯世家第一

223 吳太伯世家第一。（舊三一·一四四五—二　新一七四七—二）

正義 世本云：「熟移丹徒、句吳，家楚徙吳是也。太伯者，古公長子。」又云〔一〕：「世家者，志曰謂世世有祿秩之家。」案：累世有爵土封國，故孟子云：「陳仲子，齊之世家也〔二〕。」

※ 見南化、楓、棭、三、梅、野、成本。

〔一〕自「世本云」至「又云」，瀧川本無，今據校補補。而校補「句吳」二字脱「吳」，「徙」誤「徒」，今據王應麟通鑑地理通釋卷四引補、改。

〔二〕增 訂補「齊之世家也」下有「系家者世家也」六字。

224 太伯之犇荊蠻，自號句吳。（舊三一·一四四五—七　新一七四七—七）

正義 宋忠世本注云：「句吳，太伯〔一〕所居地名也。」

※ 校補云：「慶、彭、凌、殿、金陵各本皆無此注，瀧川本據張文虎校刊史記集解索隱正義札記補。」張氏札記輯自吳郡志考證門。

〔一〕吳郡志卷四八考證門引「太伯」下有「始」字。

225 太伯卒。（舊三一·一四四六—一四　新一七四九—一）

正義 括地志：「太伯冢在吴縣北五十里無錫縣界西梅里〔一〕鴻山上，去太伯所居城十里。」〔二〕

※ 校補云：「慶、彭、凌、殿、金陵各本皆無此注，瀧川本據張文虎校刊史記集解索隱正義札記補。」張氏札記輯自吴郡志冢墓門。

〔一〕吴郡志卷三九冢墓門引「梅里」下有「村」字。

〔二〕元和郡縣志卷二五常州無錫縣條云：「漢舊縣也，東三十九里有梅里山，吴太伯葬處。」

226 乃封周章弟虞仲於周之北故夏虛，是爲虞仲。（舊三一・一四四六—一六　新一七四九—三）

正義 周本紀云：「古公有長子曰太伯，次曰虞仲。」左傳云：「太伯、虞仲，太王之昭。」按：周章弟亦稱虞仲，當是周章弟仲初封於虞，號曰虞仲。然太伯弟仲雍亦稱虞仲者，當是周章弟封於虞，仲雍是其始祖，後代人以國配仲，故又號始祖爲虞仲。

※ 校補云：「慶、彭、凌、殿、金陵各本皆無此注，瀧川本據張文虎校刊史記集解索隱正義札記補。」張氏札記輯自吴郡志考證門。

227 是時，晉獻公滅周北虞公，以開晉伐虢也。（舊三一・一四四七—一〇　新一七四九—一四）

正義 晉滅虞、虢，在周惠王之二十二年，從武王元年至滅四百七十八年。

※ 見南化、楓、棭、三、梅、成本。

228 去齊卒，子壽夢立。（舊三一・一四四七—一〇　新一七四九—一四）

正義 〔夢，莫公反。〕當周簡王元年。左傳「吴子乘卒」，杜預云「壽夢也」。左傳及世本又云吴孰姑，壽夢也，世謂孰夢諸也。春秋傳「壽」作「孰」，音相近。「姑」之言「諸」也，毛詩傳讀「月諸」爲「月姑」，是以知「姑」爲「諸」也。則知孰姑、壽夢一人耳。又名乘。

※ 見南化、楓、三、梅本。張文虎校刊史記集解索隱正義札記亦自吴郡志考證門輯此正義，且云「所引似有脱誤」。

229 歌邶、鄘、衛。（舊三一・一四五二—五 新一七五五—四）

正義 漢書地理志云：河内，殷之舊都。周既滅殷，分其畿内爲三國：邶，以封紂子武庚；鄘，管叔尹之；衛，蔡叔尹之。以監殷人，謂之三監。又帝王世紀〔一〕云：「自殷都以東爲衛，管叔監之；殷都以南〔二〕爲鄘，蔡叔監之；殷都以北爲邶，霍叔監之：是爲三監。」二説不同，未詳。

※ 見南化、楓、棭、三、梅、狩、野、成本。

〔一〕校補云：「南化、楓、棭、三、梅、成本『帝王世紀』四字作『周本紀』三字。」此正義與周本紀「乃使其弟管叔鮮、蔡叔度相禄父治殷」句正義内容同，彼作「帝王世紀」，且周本紀無此所引語。「帝王世紀」是。

〔二〕南，周本紀正義引作「西」。鄭玄詩譜云：「邶、鄘、衛者，商紂畿内方千里之地。其封域在禹貢冀州大行之東，北踰衡漳，東及兗州桑土之野。周武王伐紂，以其京師封紂子武庚爲殷後。庶殷頑民被紂化日久，未可以建諸侯，乃三分其地置三監，使管叔、蔡叔、霍叔尹而教之。自紂城而北謂之邶，南謂之鄘，東謂之衛。」帝王世紀同鄭説，此字作「南」是。

230 自鄶以下，無譏焉。（舊三一・一四五二—一二 新一七五五—一一）

正義 括地志云：「故鄶城在鄭州新鄭縣東北四〔一〕十二里。」

※ 見南化、楓、棭、三、梅本。

〔一〕四，楚世家「四曰會人」句正義引作「二」，鄭世家「地近虢、鄶」句正義引作「三」。

231 見舞象箾、南籥者。（舊三一・一四五三—三　新一七五六—三）

△正義 按：北方南舞曲也，執羽籥舞南北夷之曲也。

※ 見南化、楓、棭、三、梅本。

232 如天之無不燾也。（舊三一・一四五三—六　新一七五六—六）

△正義 燾，資也。

※ 見南化、楓、棭、三、梅本。

233 自衛如晉，將舍於宿。（舊三一・一四五八—五　新一七六二—一）

正義 宿，音戚。

※ 見南化、楓、棭、三、梅、狩、野、成本。

234 公子光。（舊三一・一四六一—六　新一七六五—六）

△正義 公子光，諸樊之子也。

※ 見南化、楓、棭、三本。

235 復命，哭僚墓。（舊三一・一四六五—四　新一七六九—一二）

正義〔復，音伏，下同。〕復命，反歸報命也。

※　見南化、楓、棭、三、梅、狩、成、野本。

236　越因伐吳，敗之姑蘇。（舊三一・一四六八—四　新一七七三—三）

正義　姑蘇，檇李相去二百里〔一〕。

※　校補云：「慶、彭、凌、殿、金陵各本皆無此注，瀧川本據張文虎校刊史記集解索隱正義札記補。」張氏札記輯自吳郡志考證門。

〔一〕吳郡志卷四八考證門引「里」下有「疑太史公誤」五字。

237　吳王病傷而死。（舊三一・一四六八—四　新一七七三—三）

正義　顧野王云：「水銀謂之澒也。」

※　見南化、楓、棭、三、梅、狩本。

238　吳王悉精兵以伐越，敗之夫椒。（舊三一・一四六九—一　新一七七四—四）

正義　杜預曰：「太湖中〔一〕也。」賀循會稽記云：「句踐逆吳，戰於五湖中，大敗而退。今夫椒山在太湖中洞庭山西北。」

※　校補云：「慶、彭、凌、殿、金陵各本皆無此注，瀧川本據張文虎校刊史記集解索隱正義札記補。」張氏札記輯自吳郡志考證門。

〔一〕吳郡志卷四八考證門引「中」下有「山」字。杜預此語見左傳魯哀公元年「吳王夫差敗越于夫椒」句杜預注，彼注云：「夫椒，吴郡吴縣西南大湖中椒山。」孔穎達疏：「杜於此注以椒爲山名、土地名。以夫椒爲地名，以戰必在山旁，以山表地耳。」

239 報姑蘇也。（舊三一・一四六九—二　新一七七四—五）

正義 越世家云：「吴師敗於檇李。」言「報姑蘇」，誤也，姑蘇乃是夫差敗處。太史公甚疏。

※ 見南化、楓、棭、三、梅、狩、成、野本。

240 因吴太宰嚭而行成，請委國爲臣妾。（舊三一・一四六九—二　新一七七四—六）

正義 〔國語云：「越飾美女八人納太宰嚭，曰：『子苟然，放越之罪。』」〕成，平也。

※ 見南化、楓、棭、三、梅、狩本。

241 有過又欲殺少康，少康奔有虞。（舊三一・一四六九—五　新一七七四—八）

正義 括地志云：「宋州虞城縣，本虞國，舜後所封之邑也。」左傳云：「伍員曰：『昔少康奔有虞，虞思妻之以二姚。』」杜預云：「思，虞君也。姚，虞姓也。」

※ 見南化、楓、棭、三、狩、梅本。

242 且盤庚之誥有顛越勿遺。（舊三一・一四七二—四　新一七七七—一三）

正義 杜預云：「顛越不共〔一〕，從横不承命者也。」

※ 見南化、楓、棭、三、梅、狩本。

〔一〕校補云：「南化、梅本『共』字作『供』。」左傳魯哀公十一年引盤庚之誥語「顛越不共」，杜預注云：

「顛越不共，從横不承命者也。」又：左傳引文，見尚書盤庚中，盤庚中「共」作「恭」。朱起鳳辭通云：「『共』乃『恭』字之省，『供』乃『恭』字之借。」

243 樹吾墓上以梓，令可爲器。（舊三一・一四七二—六 新一七七七—一五）

正義 言吴必滅亡。梓木耐濕〔一〕，可以爲棺，故樹。

※ 見南化、楓、棭、三、梅、狩、成、野本。

〔一〕增訂補「濕」作「温」。

244 吴召魯、衛之君會於橐皋。（舊三一・一四七三—一一 新一七七九—七）

正義 橐，音柘。

※ 見南化、楓、棭、三、梅、狩本。

245 趙鞅怒，將伐吴，乃長晉定公。（舊三一・一四七四—三 新一七八〇—一）

正義 國語云：「晉責吴曰：『夫周室命圭，有命曰吴伯，不言吴王，諸侯是以敢辭。夫諸侯無二君，而無卑天子以干不祥，而曰吴公，孤敢不順從君命。』吴王許諾。吴公先歃，晉侯次之。」

※ 見南化、楓、棭、三、梅、狩、成、野本。

246 越王句踐率兵復伐敗吴師於笠澤。（舊三一・一四七五—二 新一七八一—二）

正義 吴地記云〔一〕：「笠澤江，松江之别名，在蘇州南三十五里〔二〕。」又云：「笠澤即太湖。〔三〕」

※ 見南化、楓、棭、三、梅、狩、成、野本。張文虎校刊史記集解索隱正義札記亦自吳郡志考證門輯此正義。

〔一〕校補云：「瀧本上四字據札記所引正義補，各本校記無。」

〔二〕吳郡志卷四八考證門引無「在蘇州南三十五里」八字。

〔三〕校補云：「瀧本上七字據札記所引正義補，各本校記無。」説郛卷六三引吳地記云：「松江，一名松陵，又名笠澤。越伐吳，禦之笠澤。其江之源，連接太湖。」

247 遂自剄死。（舊三一・一四七五—五 新一七八一—五）

正義 摞，力和反。

※ 見南化、楓、棭、三本。

248 太伯可謂至德矣，三以天下讓，民無得而稱焉。（舊三一・一四七五—一二 新一七八一—一二）

正義 繆協云：「其讓之跡，詭權反常，當時莫知，故無明稱，可謂至德也已。」范甯云：「其德弘遠，故曰至也。」

※ 見南化、楓、棭、三、梅、狩本。

齊太公世家第二

249 太公望呂尚者，東海上人。（舊三二・一四七七—四　新一七八九—五）

正義　按：蘇州海鹽縣有太公宅及廟，其縣臨海，故云東海。

※　見南化、楓、棭、三、梅、狩、野、成本。

250 或封於申，姓姜氏。（舊三二・一四七七—五　新一七八九—六）

△正義　周平王母申后之家也。

※　見南化、楓、棭、三、梅本。

251 蒼兕蒼兕。（舊三二・一四七九—一一　新一七九二—一）

正義　按：言以此獸名官，令其衆庶便水而疾濟。

※　見南化、楓、棭、三、狩、野、梅、成本。

252 封師尚父於齊營丘。（舊三二・一四八〇—八　新一七九二—一五）

正義〔括地志云：「營丘在青州臨淄北百步外城中。」〕水經注云（一）：「臨淄城中有丘，淄水出其前，經其左，故有營丘之名。」

※　見南化、楓、棭、三、狩、梅本。

（一）「水經注云」四字，瀧川本無。校補云：「南化、楓、棭、三、梅各本『臨』字上有『水經注云』四字。」水經注卷二六淄水注云：「今臨淄城中有丘，在小城内，周迴三百步，高九丈，北降丈五，淄水出其前，故有營丘之名。」蓋正義注文略引之。今補「水經注云」四字。

253 因拉殺魯桓公。（舊三二・一四八三—九　新一七九六—五）

正義〔拉，音力合反。〕幹，脅也。

※ 見南化、梅、狩、野、成本。

254 伐紀，紀遷去其邑。（舊三二・一四八三—一三　新一七九六—九）

正義 括地志云：「故劇城在青州壽光縣南三十一里，故紀國城也。」帝王世紀云：「周之紀國，姜姓也，紀侯譖齊哀公於周懿王，烹之。」外傳云「紀侯入爲周卿士」，竹書云齊襄公滅紀、遷紀云。

※ 見南化、楓、三、梅、狩、野本。

255 齊君無知游於雍林。（舊三二・一四八五—七　新一七九八—六）

正義 按：林，廪，齊語輕重，隨音改異也。蓋雍林，地名云〔一〕。

※ 見南化、楓、棭、三、梅、狩、野、成本。

〔一〕增訂補「云」字重，作「云云」。

256 魯莊公請獻遂邑以平。（舊三二・一四八七—九　新一八〇〇—九）

正義 蛇，音移。

※ 見南化、楓、棭、三、梅、狩本。

257 諸侯會桓公於甄。（舊三二・一四八七—一三 新一八〇〇—一三）

正義 甄，當作「鄄」，括地志云「濮州鄄城縣」是也。

※ 見南化、楓、棭、三、梅、狩、野、成本。

258 昭王之出不復，君其問之水濱。（舊三二・一四八九—七 新一八〇二—一一）

正義 按：鬻熊爲周文王師，至于文武，以勤勞之後嗣，而封熊繹于楚蠻，封以子男之田，居丹陽，在荊州枝江縣界有枝江故城是。故云「漢非楚境」。

※ 見南化、楓、棭、三、狩、梅本。

259 乃與屈完盟而去。（舊三二・一四八九—一〇 新一八〇二—一三）

正義 左傳云齊桓公帥諸侯師盟於召陵是也。

※ 見南化、楓、棭、三、狩、梅本。

260 三十五年夏，會諸侯于葵丘。（舊三二・一四九〇—九 新一八〇四—一）

正義 左傳云僖九年齊桓公會諸侯于葵丘，即此也。

※ 見贊異本。校補云：「按：此正義瀧川本據大島贊川史記考異補，贊川據南化本，然南化本不冠『正義曰』三字，蓋非正義。」

261 九合諸侯，一匡天下。（舊三二・一四九一—八　新一八〇五—一）

正義（匡，正也。一匡天下，謂定襄王爲太子之位也。）一説謂陽穀之會令諸侯云「無障谷，無貯粟，無以妾爲妻」，天下皆從之，謂云〔一〕一匡天下。

※見南化、楓、棭、三、狩、梅本。

〔一〕增訂補「謂云」上有「故」字。

262 而會諸侯踐土，朝周。（舊三二・一四九五—九　新一八〇九—一一）

正義括地志云：「故王宮在鄭州滎澤縣西北一〔一〕十五里王宮城中〔二〕，城內東北〔三〕隅有踐土臺也。」

※見南化、楓、三、棭、梅、狩本。

〔一〕一，瀧川本作「四」。校補云：「南化、楓、棭、三、梅各本『四』作『一』。」周本紀「襄王會之河陽、踐土」句正義引無「四」。今據改。增訂補作「一十五里」。

〔二〕增訂補「王宮城中」上有「故」字。

〔三〕北，瀧川本無，今據周本紀「襄王會之河陽、踐土」句正義與晉世家「作王宮于踐土」句正義佚文引補。增訂補「東」下有「北」字。

263 長翟。（舊三二・一四九六—一四　新一八一一—一）

正義夏時號房風，今號長翟。

264 王子城父攻殺之。（舊三二・一四九六—一四 新一八一一—一）

※ 見南化、楓、棭、三、梅、狩本。

正義 父，音甫。

※ 見南化、楓、棭、三、狩、梅本。

265 晉郤克欲殺丑父，丑父曰：「代君死而見僇，後人臣無忠其君者矣。」克舍之。（舊三二・一四九七—一三 新一八一二—二）

正義 舍，音捨。左傳云：「郤子曰：『人不難以死免其君，我戮之不祥。赦之以勸事君也。』」

※ 見南化、楓、棭、三、狩、梅本。

266 齊侯請以寶器謝，不聽。（舊三二・一四九七—一四 新一八一二—三）

正義 左傳云：「賂以紀甗、玉磬。」按：甗，玉甑也，齊伐紀得之，故曰紀。鄭司農云：「甗，無底〔一〕甑也。」

※ 見南化、楓、棭、三、狩、梅本。

〔一〕校補云：「南化、楓、棭、三、梅各本『底』字作『衣』。」周禮考工記陶人「陶人爲甗」句鄭玄注引鄭司農曰：「甗，無底甑。」作「底」是。

267 上太行，入孟門。（舊三二・一五〇〇—七 新一八一五—一）

正義 左傳云：「伐晉爲二隊，入孟門，登太行〔一〕。」

※　見南化、梹、狩、梅本。

〔一〕增訂補「太行」下有「山」字。

268　陪臣争趣有淫者，不知二命。（舊三二・一五〇一―三　新一八一五―一二）

正義　言行夜得淫人，受崔杼命討之，不知他命也。此言争趣者，太史公變文，今依字讀，言陪臣但争向有淫者捉之，更不知他命也。

※　見南化、楓、梹、三、狩、野、成、梅本。

269　成請老於崔，崔杼許之，二相弗聽，曰：「崔，宗邑，不可。」（舊三二・一五〇二―一一　新一八一七―七）

正義　崔杼乃崔家長，其宗邑，宗廟所在，不可與成也。杜預云：「濟南東朝陽縣西北有崔氏城。成欲居崔城〔一〕以終老也。」

※　見南化、楓、梹、三、梅、成、狩、野本。

〔一〕校補云：「南化、楓、梹、三、梅各本『城』字作『邑』。」左傳襄二十七年「成請老于崔」句杜預此注「城」作「邑」。

270　慶舍發甲圍慶封宫。（舊三二・一五〇三―九　新一八一八―六）

正義　宫爲衛。

※　見南化、梅本。

271 景公坐柏寢，嘆曰：「堂堂！誰有此乎？」（舊三二・一五〇四—四 新一八一九—二）

正義 柏寢〔一〕在青州千乘縣東北二十〔二〕里。韓子云〔三〕：「景公與晏子游於少海，登柏寢之臺而望其國。公曰：『美哉堂堂乎！後代孰有此？』晏子曰：『其田氏乎？』曰：『寡人有國，而田氏有之，奈何？』對曰：『君欲奪之，則近賢遠不肖，治其煩亂，緩其刑罰，賑窮乏，卹孤寡，行恩惠，崇節儉，雖十田氏，其如君何？』」按：與此文不同也。

※ 見南化、楓、棭、三、梅、野、狩、成本。

〔一〕校補云：「南化、楓、棭、三、梅各本『寢』下有『臺』字。」此正義與孝武本紀「此器齊桓公十年陳於柏寢」句正義同，彼「柏寢」下有「臺」字，且於「柏寢臺」上冠「括地志云」四字。增訂補「柏寢在」上有「括地志云」四字。如此，則「柏寢在青州千乘縣東北二十里」一句爲括地志文。

〔二〕二十，孝武本紀正義作「二十一」。

〔三〕校補云：「野、成各本無『韓子云』至『此文不同也』。」

272 成子兄弟四乘如公。（舊三二・一五一〇—一 新一八二五—三）

正義 杜預云：「成子兄弟：昭子莊、簡子齒、宣子夷、穆子安、廩丘子意、茲子〔一〕盈、惠子得，凡八人，二人共一乘也。」田完世家云：「田常兄弟四人如公宮。」服虔、杜預云八人四乘者未詳。

※ 見南化、楓、棭、三、梅、狩本。

（一）校補云：「南化、楓、棭、三、梅各本『子』下有『芒』字。」中華書局據阮元刻本校刊四部備要本春秋左傳注疏作「廩丘子意茲芒子盈」，阮元校勘記云：「芒子盈，宋本、岳本、纂圖本、毛本作『芒子盈』」，山井鼎云：『或作「子芒盈」，非。』」上海人民出版社一九七七年出版以四部叢刊影印宋刻本點校的春秋左傳集解亦作「廩丘子意茲芒子盈」，而楊伯峻春秋左傳注引杜注作「廩丘子意茲子芒盈」，與校補所云同。

273 需，事之賊也。（舊三二・一五一〇—四 新一八二五—六）

正義 需，音須，待也。言疑惑待事，恐賊害起也。

※ 見南化、楓、三、狩、梅本。

274 出雍門。（舊三二・一五一〇—六 新一八二五—九）

正義 臨淄北門名雍門也。

※ 見南化、楓、棭、三、狩、梅本。

魯周公世家第三

275 周公旦者，周武王弟也。（舊三三・一五一五—三 新一八三三—三）

正義 括地志云：「周公城在岐山縣〔一〕北九里。此地周之畿内，周公食采之地也。周公、邵公，周室元宰，輔佐文、武、成、康已下，蓋嫡子封於燕、魯，次子食采畿甸，奕葉爲卿士，〔故春秋時每有周公、邵公也。譙周云以大王所居地爲其菜邑〔二〕，〕故謂之周公、邵公也。」

※ 見南化、幻、柀、梅、狩本。

〔一〕岐山縣，瀧川本脱「山」，作「岐縣」。王應麟詩地理考卷一周南條「岐周今在鳳翔府岐山縣」句下引括地志云：「周公故城在岐山縣北九里。」檢新舊唐書地理志，鳳翔府（貞觀時岐州地）有岐山縣而無岐縣。今據補「山」字。

〔二〕自「故春秋時」至「爲其菜邑」二十四字，瀧川本無，今據校補補。

276 東伐至盟津。（舊三三・一五一五—四 新一八三三—四）

正義 盟，一作「孟」，地名，津渡黄河處。

※ 見南化、幻、柀、梅、狩本。

277 太公、召公乃繆卜。（舊三三・一五一六—一 新一八三四—四）

△正義 繆，敬也。

※ 見棭本。

278 旦新受命三王，維長終是圖。（舊三三・一五一六—九　新一八三四—一二）

△正義 孔安國云：「我新受三王命，武王維長終是謀，周之道也。」〔一〕

※ 見南化、棭本。

〔一〕此正義與本句史文集解注文同。

279 茲道能念予一人。（舊三三・一五一六—九　新一八三四—一三）

正義 予，周公也。　一人，武王也。

※ 見南化、楓、棭、三、梅、狩本。

280 我之所以弗辟。（舊三三・一五一八—四　新一八三六—九）

△正義〔音避。〕又并亦反，辟，君也，言我所以不君魯、攝行政者，爲成王少，恐天下叛周也。言不辟者，以成王少，不避管、蔡之流言。〔一〕

※ 見南化、楓、棭、三本。

〔一〕「言不辟者，以成王少，不避管、蔡之流言」一句，當在「音避」之下。

281 天降祉福。（舊三三・一五一八—一五　新一八三七—六）

△正義 祉，音恥。

※見南化、棭本。

282 嘉天子命。（舊三三・一五一九—一 新一八三七—七）

△正義 魯，陳也。徐廣云「嘉」一作「魯」字，誤，竝音旅命。尚書云篇及此下文竝作「嘉」字讀〔一〕，不須改「嘉」爲「旅」也。

※「魯陳也」三字，見棭本；自「徐廣云」至「爲旅也」，見南化、梅本。

〔一〕此句有誤，其意似謂「尚書序及此文竝作『嘉』字讀」。

283 乃爲詩貽王，命之曰鴟鴞。（舊三三・一五一九—一 新一八三七—七）

正義 鴟鴞詩云「寧毀我巢」，言巢難得，以喻帝位而誅於管、蔡是也〔一〕。貽，音怡，與也。鸋，音寧。鴂，音決。

※自「鴟鴞詩」至「是也」，見南化、幻、棭、梅本；自「貽」至「鴂音決」，見南化、幻、楓、棭、三、梅、狩本。

〔一〕自「鴟鴞詩云」至「是也」，瀧川本無，今據校補補。

284 周公之代成王治，南面倍依以朝諸侯。（舊三三・一五一九—一六 新一八三八—九）

正義 倍，音負。依，音於致反。此段重叙周公初攝時也。鄭玄曰：「負之言倍也。」

※見南化、幻、棭、梅、狩本。

285 乃有亮闇，三年不言。（舊三三・一五二〇—一四 新一八三九—九）

△正義 按：殷本紀云：太甲既立三年，不明，暴虐，不遵湯法，亂德，於是伊尹放之桐宮三年，伊

尹攝行政，故當國，以朝諸侯。太甲悔過〔一〕自責，反善，伊尹乃作伊訓三篇，褒帝太甲，稱太宗。明是太甲也。太史公宋史〔二〕云「帝甲淫亂，殷復衰」，何能「保施小民，不侮鰥寡」？又按：帝王年代曆云：帝甲十六年，太甲三十二年。明王、孔説是也。

※　見南化、楡、梅、狩本。

〔一〕過，校補誤「遇」，今據殷本紀改。增訂補「悔過」上有「桐宮三年」四字。

〔二〕「帝甲淫亂，殷復衰」，乃殷本紀語。殷後封宋，故此稱殷本紀爲宋史。

286　**在今後嗣王紂，誕淫厥佚，不顧天及民之從也。其民皆可誅。**（舊三三・一五二一—一　新一八三九—一二）

正義　言紂信爲淫荒逸樂，不顧念於天道，不顧念民之從其化，故其民皆可誅也。

※　見南化、幻、楡、狩本。

287　**必葬我成周。**（舊三三・一五二二—一〇　新一八四一—九）

△**正義**　成王不居成周。按：上文云周公往〔一〕營成〔二〕周，卜居焉，遂國也。周公以成王必居成周〔三〕，故云「必葬我成周」，明吾不敢離成王。

※　見南化、楡、梅本。

〔一〕往，校補誤「住」，今據史文改。

〔二〕成，校補誤「城」，今據史文改。

〔三〕成周，校補互倒，作「周成」，今正之。

288

成王與大夫朝服以開金縢書。（舊三三・一五二二—一五 新一八四一—一四）

正義 按：尚書武王崩後，周公被流言而東征，王亦未敢誚公，乃有風雨之異。此乃是周公卒後，疑太史公不見古文尚書，有斯乖誤矣。〔一〕

※ 見南化、幻、楩、梅、狩本。

〔一〕增訂補「乖誤矣」下有下面一段文字凡八十六字：「古史考云：『金縢之事，失其本末。今據金縢篇中王有疾不愈，且武王即位，崩，何得將十年事而讀。「二年」之後，同爲金縢之篇後。』孔安國云：『此已上在大誥後，因武王喪并見之。』則譙周之言不虛誕矣。太史公當有別見，乃作世家。」

289

盡起而築之。（舊三三・一五二三—三 新一八四二—四）

△正義 孔安國云：「木有偃，拔起而立之，築其根，葉無虧，百穀豐熟，周公之德也。」

※ 見南化、楩、梅本。

290

夫政不簡不易，民不有近。（舊三三・一五二四—五 新一八四三—一一）

正義 爲政之法，必須略而易行，民則親近。若不簡不易，民則不親近也。

※ 見南化、楓、楩、三、梅、狩本。

291

平易近民，民必歸之。（舊三三・一五二四—五 新一八四三—一一）

正義 言政平等簡易，親近於民，遠方之衆必襁負而歸之。周公見伯禽難其禮，故設此言是也。

※ 見南化、楓、棭、三、梅、狩本。

292 於是伯禽率師伐之於肸，作肸誓。（舊三三・一五二四—一〇　新一八四四—三）

正義 周公伐三監，魯公伐淮夷，故於費地而盟衆，即東伐淮夷徐、奄之屬。

※ 見南化、楓、棭、三、梅、狩本。

293 勿敢越逐，敬復之。（舊三三・一五二四—一一　新一八四四—四）

正義 書「敬」作「祇」。祇，敬也。祇、振古通用。〔一〕

※ 見南化、楓、棭、三、梅本。

〔一〕此正義校補爲：「敬，一作『振』，音祇。祇，敬也。祇、振古通用，斯例多有，無益其義，竝不録也。」

294 子厲公擢立。（舊三三・一五二六—一　新一八四五—九）

正義 擢，音濁。

※ 見南化、楓、棭、三、梅本。

295 與鄭易天子之太山之邑祊及許田。（舊三三・一五二九—八　新一八四九—四）

正義 括地志云：「祊田在沂州費縣〔一〕東南。許田在許州許昌縣，有魯城，周公廟在焉。」杜預云：「成王營成周，有遷都之志，故賜周公許田。」

※ 見南化、幻、棭、梅、狩本。

〔一〕縣，瀧川本作「府」。校補云：「南化、棭、梅本『府』字作『縣』。」又周本紀「與魯易許田」句正義引亦作「縣」。今據改。

296 **鄭以璧易天子之許田。**（舊三三・一五三〇—六 新一八五〇—五）

正義 麋信，字南山，東海人，魏樂平太守。

※ 見南化、楓、棭、三、梅、狩本。

297 **申繻諫止。**（舊三三・一五三〇—一一 新一八五〇—一二）

正義 繻，音須。

※ 見南化、楓、棭、三、梅、狩本。

298 **自陳與滑公弟申如邾。**（舊三三・一五三三—九 新一八五三—一三）

正義 邾國，兖州鄒縣，古邾國也。

※ 見南化、棭、梅、狩本。

299 **鄋瞞伐宋。**（舊三三・一五三五—七 新一八五五—一一）

正義〔鄋作「廋」，音所劉反。瞞，莫寒反。〕仲尼云：「汪罔氏之君守封禺之山，爲漆姓。在虞、夏、商爲汪罔，周爲長翟，今謂之大人。」其國在湖州武康縣，本防風氏。杜預云：「鄋瞞，狄國名也，防風之後，漆姓也。」〔一〕

※ 見南化、楓、棭、三、梅、狩本。

〔一〕增 這條正義有存有佚，存注音而佚釋義。

300 晉之滅路。（【舊】三三・一五三五—八　【新】一八五五—一二）

【正義】魯宣十五〔一〕年。杜預云：「潞，赤狄之別種也。」按：今潞州也。

※ 見南化、楓、棭、三、梅、狩本。

〔一〕五，瀧川本作「六」，誤。校補云：「南化、楓、棭、三各本『六』作『五』。」左傳云魯宣十五年六月晉滅潞。今據改。

301 獲喬如弟棼如。（【舊】三三・一五三五—八　【新】一八五五—一二）

△【正義】棼，本作「焚」〔一〕。

※ 見南化、棭本。

〔一〕【增】訂補「焚」下有「棼音煩」三字。衍田按，棼、煩同韻，皆爲韻目「奉」目字。

302 賜昭公寶器。（【舊】三三・一五三九—一二　【新】一八六〇—九）

【正義】弨，尺招反，弛貌也，角弓不張也。禮云「張弓尚筋，弛弓尚角」是也。

※ 見南化、楓、棭、三、梅、狩本。

303 季氏芥雞羽。（【舊】三三・一五四〇—九　【新】一八六一—七）

【正義】介，甲也。

※ 見南化、梅本。

304 吳爲鄒伐魯。（【舊】三三・一五四五—一　【新】一八六六—五）

正義鄒，作「騶」，見于陳世家，音邾，後同也。

※見南化、楓、棭、三、梅、狩本。

305 三桓攻公，公奔于衛，去如鄒，遂如越。（舊三三・一五四五—九　新一八六六—一三）

正義今蘇州西南四十五里横山南有魯郡村，村内有城，俗云魯哀公如越，越居哀公焉。

※見南化、棭、三、梅、狩本。

306 至其揖讓之禮則從矣，而行事何其戾也。（舊三三・一五四八—四　新一八六九—一三）

正義言魯被周公之化，揖讓之禮則從矣，而君臣相弒，何戾之甚！

※見南化、楓、棭、三、梅、狩本。

燕召公世家第四

307 周武王之滅紂，封召公於北燕。（舊三四·一五四九—三　新一八七五—三）

正義 括地志云：「滑州城，古之燕國也。〔一〕應劭曰：『南燕，姞姓之國，黄帝之後也。』」

※　見南化、楓、棭、梅、狩本。

〔一〕秦本紀「衛、燕伐周」句正義引此句爲「滑州故城古南燕國。」

308 假于皇天。（舊三四·一五四九—九　新一八七五—一一）

△正義 假，音格。

※　見南化、梅、狩本。

309 巫咸治王家。（舊三四·一五四九—一〇　新一八七五—一一）

正義 按：巫咸，吴人。今蘇州常熟縣西海隅〔一〕山上有巫咸冢及巫賢冢。

※　見南化、楓、棭、三、梅、狩本。

〔一〕隅，殷本紀「伊陟贊言于巫咸」句正義作「虞」。

310 鄭執燕仲父而内惠王于周。（舊三四·一五五二—一　新一八七八—八）

正義 杜預云：「燕仲父，南燕伯也。」周本紀云：「鄭虢君怒，鄭與虢君伐殺王子穨，入惠王。」

故鄭怒南燕，所以執其仲父。

※　見南化、楓、棭、三、梅、狩本。

311

齊桓公救燕，遂北伐山戎而還。（舊三四·一五五二—一　新一八七八—八）

正義　左傳莊三十年「齊人伐山戎」，杜預云：「山戎、北狄、無終，三〔一〕名也。」括地志云：「幽州漁陽縣，本北戎無終國。」其後晉滅山戎也。

※　見南化、楓、棭、三、梅、狩本。

〔一〕三，瀧川本作「國」。左傳杜注無「山戎，北狄無終國名也」一語。左傳魯襄公四年「無終子嘉父使孟樂如晉」句杜預注云：「無終，山戎國名。」魯昭公元年「晉中行穆子敗無終及羣狄于大原」句孔穎達疏云：「釋例土地名以北戎、山戎、無終三名爲一。」匈奴列傳「唐虞以上有山戎」句正義與此正義注文同（彼無「其後晉滅山戎也」一句），彼引杜預語曰「山戎、北戎、無終，三名也」，與孔疏引釋例文合。此正義所引杜語，「國」字當是「三」字之誤，今改正。

312

桓公十六年卒。（舊三四·一五五二—一三　新一八七九—六）

正義　燕四十三代，三桓公，二僖公，二宣公，二惠公，二文公。蓋國微，其謚故重。〔一〕

※　見南化、楓、棭、三、梅、狩本。

〔一〕上文「自召公已下九世至惠侯」句索隱云：「燕四十二代有二惠侯，二釐侯，二宣侯，三桓侯，二文侯，蓋國史微失本謚，故重耳。」依燕召公世家，自召公封燕至秦虜燕王喜滅燕，燕傳世四十三代，其中謚「桓」者三，謚「釐（僖）」者二，謚「宣」者二，謚「惠」者三，謚「文」者二。

313 而效之子之。（舊三四・一五五六—五 新一八八二—一四）

正義 顧野王云：「效，學也，象也，法也。」

※ 見南化、楓、棭、三、梅、狩本。

314 將軍市被死，以徇。（舊三四・一五五七—二 新一八八三—一四）

正義 徇，行示也。

※ 見南化、楓、棭、三、梅、狩本。

315 孟軻。（舊三四・一五五七—三 新一八八三—一四）

正義 軻，字子輿，鄒人，著孟子十四卷，趙岐注。

※ 見南化、楓、棭、三、梅、狩本。

316 王因令章子將五都之兵，以因北地之衆以伐燕。（舊三四・一五五七—四 新一八八三—一五）

正義 謂齊之北境滄、德等五衆〔一〕也。

※ 見南化、楓、棭、三、梅、狩本。

〔一〕校補云：「楓、三本『五衆』二字作『州界』，南化、棭、梅本作『州衆』。」增訂補「謂」上有「北地」二字。

317 獨唯聊、莒、即墨。（舊三四・一五五八—一〇 新一八八五—九）

正義 括地志云：「聊城在博州聊城縣西二十四里〔一〕。莒即密州莒縣是。即墨故城在萊州〔二〕膠水縣東南〔三〕六十里。」

※　見南化、楓、棭、三、梅本。

〔一〕二十四里，高祖本紀「張春渡河擊聊城」句正義與資治通鑑卷一二漢紀四高帝十一年「渡河攻聊城」句胡三省注皆引作「二十里」。

〔二〕萊州，孝景本紀「膠東王雄渠」句正義引作「密州」。項羽本紀「徙齊王田市爲膠東王」句正義與杜預盟會圖疏唐人補輯、資治通鑑卷一〇漢紀二高帝四年「將軍田既軍於膠東」句胡三省注皆引作「萊州」，又新舊唐書地理志與元和郡縣志卷一一膠水縣皆屬萊州。當作「萊州」是。

〔三〕東南，瀧川本無「東」字，作「南」，校〔二〕所引項羽本紀與資治通鑑亦作「南」，而孝景本紀、盟會圖疏補輯與元和郡縣志作「東南」。賀次君括地志輯校云：「按此引『南』上脱『東』字，當作『東南六十里』。」今從賀説補「東」字。

318

齊田單伐我，拔中陽。（**舊**三四・一五五九—三　**新**一八八六—三）

正義　中陽故城在〔一〕汾州〔二〕隰城縣南〔三〕十里。

※　見南化、楓、棭、三、梅、贄異本。校補云：「按：南化、楓、棭、三、梅各本校記此注上不冠『正義曰』三字，瀧川氏據大島贄川史記考異爲正義。」

〔一〕在，瀧川本無。校補云：「南化、楓、棭、三、梅本有『在』字。」今據補。**增**訂補「中陽」上有「括地志云」四字。

〔二〕汾州，瀧川本誤「份州」。秦本紀「伐取趙中都、西陽」句正義與趙世家「與秦會中陽」句正義皆引括地志作「汾州」。檢新舊唐書地理志，有汾州而無份州，且汾州屬縣有隰城。今據改。

〔三〕南，趙世家「與秦會中陽」句正義同，而秦本紀「伐取趙中都、西陽」句正義作「東」。賀次君括地志輯校云：「按漢中陽縣在今山西中陽縣西，魏移置於漢兹氏縣界，即唐隰城縣南中陽故城。此『東』字誤，當作『南』。」

319

秦敗趙於長平四十餘萬（舊三四・一五五九—三　新一八八六—三）

正義 長平故城在澤州高平縣西〔一〕二十一里，秦、趙戰時築也。

※ 見南化、楓、棭、三、贊異本。校補云：「按：南化、楓、棭、三本校記不冠『正義曰』。」

〔一〕西，瀧川本作「西北」。校補云：「南化、楓、棭、三本無『北』字。」趙世家「廉頗將軍軍長平」句正義與白起王翦列傳「趙軍長平」句正義引括地志皆作「西」；又元和郡縣志卷一五澤州高平縣條亦云：「長平故城在縣西二十一里。」今據删「北」字。增訂補「西」下無「北」字。

320

使荆軻獻督亢地圖於秦。（舊三四・一五六一—八　新一八八八—一〇）

正義 「地」下有「圖」字者，俗本也〔一〕。括地志云：「督亢坡在幽州范陽縣東南十里。劉向别録云：『督亢，膏腴之地。』風俗通云：『亢，莽〔二〕也，言平望莽莽無涯際也。亢，澤之無水斥鹵之謂。』」

※ 見南化、楓、棭、三、梅、狩本。

〔一〕依正義注文，正義本史文無「圖」字。

〔二〕校補云：「南化、梅本『莽』字作『漭』。」王利器風俗通義校注卷一〇山澤沆「亢莽也」作「沆者莽也」，校注云：「盧文弨群書拾補曰：『水經巨馬水注引作「沆漭」，無「者」字。』陳耀文天中記十八引『莽』

亦作「洊」。」

321

燕外迫蠻貉，内措齊、晉。（舊三四・一五六一—一五 新一八八九—三）

正義 措，置也，安也。言燕之地，都邑交在齊、晉之境内也。

※ 見南化、楓、棭、三、梅、狩本。

管蔡世家第五

322 故文王舍伯邑考。（舊三五・一五六三—六　新一八九一—六）

△正義 舍，音捨。

※ 見南化、楓、棭、三、梅本。

323 爲晉滅沈。（舊三五・一五六八—一四　新一八九七—七）

△正義 舊沈子國爲楚所滅，後號「亭」也。

※ 見南化、楓、棭、三、梅本。

324 賴同母之弟成叔、冄季之屬十人爲輔拂。（舊三五・一五七〇—五　新一八九九—一）

正義 拂，音弼，本作「弼」。

※ 見南化、楓、棭、三本。

325 封叔振鐸於曹。（舊三五・一五七〇—七　新一八九九—三）

正義 曹在〔一〕曹南，因名曹。按：今曹州也。

※ 見南化、楓、棭、三、梅、狩本。

〔一〕校補云：「南化、三、楓、棭、梅本『在』字作『有』。」

326 子惠伯兕立。〔舊三五・一五七一—三 新一八九九—一二〕

正義 孫檢，或云齊人，不知何代。史記注內有此人，其注無別音異，略存名字而已，王儉七志、阮孝緒七録並無，疑非裴駰所録，恐此人自加之。

※ 見南化、楓、棭、三、梅、狩本。

327 余尋曹共公之不用僖負羈，乃乘軒者三百人。〔舊三五・一五七四—三 新一九〇三—一二〕

正義 〔晉世家云：「晉師入曹，數之，以其不用僖負羈言，而美女乘軒三百人也。」〕列女傳云：「曹僖武妻者，曹大夫僖負羈之妻也。晉公子重耳亡過曹，曹恭公不禮，聞其駢脅，伺其將浴，設微薄而視之。負羈妻言於負羈曰：『吾覩晉公子，其從者三人，皆國相也，皆善戮力以輔一人，必得晉國。若得歸國，必霸諸侯而討無禮，曹爲首。若曹有難，子必不免，子胡不早自貳焉？且吾聞之：不知其子者視其友，不知其君者視其所使。今其從者皆國相之僕也，則其君必霸王之主也。若加禮焉，必能報施矣；若有罪，必能討過。子不早圖，禍至不久矣。』負羈乃遺壺飧，加璧其上。公子受飧反璧。及公子反國伐曹，乃表負羈之閭，令兵士無入。士民扶老攜弱而赴其閭者，閭外成市。君子謂僖氏之妻能達識矣。」

※ 見楓、棭、三、梅、狩本。

328 知唯德之不建。〔舊三五・一五七四—三 新一九〇三—一二〕

正義 夫治國立政，知唯在德而不建立也。不用僖負羈言，乃美女三百人乘軒車，是不建立德也。

※ 見楓、棭、三、梅、狩本。

陳杞世家第六

329

昔舜爲庶人時，堯妻之二女，居于嬀汭。（舊三六・一五七五—三　新一九〇五—三）

正義　括地志云：「嬀汭水源出蒲州河東縣南首山。地記云：『河東郡〔一〕首山北中有二泉，下南流者汭水。蒲坂城中有舜廟，城外有舜宅及二妃壇。』」〔二〕按：河東縣本漢蒲坂〔三〕縣。

※　見椵、三、梅、狩本。

〔一〕校補云：「椵、三本空『郡』字。」

〔二〕五帝本紀「舜飭下二女於嬀汭」句正義引括地志云：「嬀汭水源出蒲州河東南山。許慎云：『水涯曰汭。』案：地記云『河東郡青山東山中有二泉，下南流者嬀水，北流者汭水。二水異源，合流出谷，西注河。嬀水北曰汭也』。又云『河東縣二里故蒲坂城，舜所都也。城中有舜廟，城外有舜宅及二妃壇』。」賀次君括地志輯校認爲，史記正義兩處所引括地志文皆有誤，並將其文校正爲：「嬀汭水源出蒲州河東縣南雷首山。許慎云：『水涯曰汭。』按地記云：『河東郡首山中有二泉，下南流者嬀水，北流者汭水，二水異源合流，出谷西注河。』」賀校注云：「按五帝本紀正義引脱『縣』及『雷首』三字，『青』爲『首』之誤，衍『東山』二字，依陳杞世家補正義引改正。陳杞世家補正義引『中有二泉』以下亦有脱誤，當如五帝本紀正義所引。」

〔三〕蒲坂，漢書地理志作「蒲反」，後漢書郡國志作「蒲坂」。

330 傳禹天下。（舊三六・一五七五—四　新一九〇五—四）

△正義 傳，逐戀反。

※ 見南化、楓、棭、三本。

331 而舜子商均爲封國。（舊三六・一五七五—四　新一九〇五—四）

正義 譙周云：「以虞封舜子。」按：宋州虞城縣。商均封爲虞公，其子虞思事少康爲相，號幕。下至遂公淮，事成湯爲司徒。湯滅夏，封爲遂公，號曰虞遂。遂後代子孫名希，去殷入周，事王季爲宮尹。希之子孫〔一〕遏父，事文王爲陶正。遏父之子滿，武王滅殷，封爲陳侯，賜嬀氏，謚胡公。

※ 見棭、三、梅、狩本。

〔一〕校補云：「棭、三、梅本無『孫』字。」

332 得嬀滿，封之於陳。（舊三六・一五七五—五　新一九〇五—五）

正義 詩譜云：「帝舜後有遏父者，爲周武王陶正，武王賴其器用，封其子嬀滿於陳丘、宛丘之側。」按：今陳州城在古陳城内西北隅也。

※ 見南化、棭、三、梅、狩本。

333 是爲觀國之光，利用賓于王。（舊三六・一五七七—三　新一九〇七—五）

正義 君在親近而得其位，明習國之禮義，故利於賓於王，言爲王賓。否卦義云：「否閉之世，非是人道交通之時，不利君子爲正也，上下不交而天下困否也。」言利賓於王，逢否困之世，故刺君子爲政必君困也。

※見南化、楓、梭、三、梅、狩本。

334 五世其昌，並于正卿。（舊三六・一五七八—六　新一九〇八—一〇）

正義 按：五世，謂桓子無宇。

※見南化、楓、梭、三、梅、狩本。

335 孔寧。（舊三六・一五七九—五　新一九〇九—一〇）

正義 寧，作「甯」，音寧。

※見南化、楓、梭、三、梅、狩本。

336 衷其衣以戲於朝。（舊三六・一五七九—五　新一九〇九—一〇）

正義 衵，尼乙反，近身衣〔一〕。

※見南化、楓、梭、三、梅、狩本。

〔一〕校補云：「南化、楓、梭、三、梅本『近身衣』三字作『謂水衣也』。」左傳魯宣公九年載此事，傳文「皆衷其衵服」句杜預注云：「衵服，近身衣。」瀧川本是。

337 哀公屬之其弟司徒招。（舊三六・一五八〇—一四　新一九一一—八）

正義 招，一作「苕」，同韶。

※　見南化、棭、梅、狩本。

338 **楚靈王聞陳亂，乃殺陳使者。**（舊三六・一五八一—一　新一九一一—九）

正義 使者，干徵師也。左傳云：昭八年，陳哀公縊，干徵師赴於楚，楚執陳行人干徵師殺之。

※　見南化、楓、棭、三、梅、狩本。

339 **惠公立，探續哀公卒時年而爲元，空籍五歲矣。**（舊三六・一五八二—六　新一九一三—二）

正義 哀公被楚滅〔一〕，使棄疾爲陳侯〔二〕五年。及棄疾立爲楚王，而立惠公，探續哀公卒爲元年，故空籍至此五歲也。

※　見南化、楓、棭、三、梅、狩本。

〔一〕三月，陳哀公自經死（左傳云四月哀公縊），招立留爲陳君。十一月楚滅陳。楚滅陳之時，陳哀公已死半年有餘，且陳已立有新君，此言「哀公被楚滅」，不確。

〔二〕侯，史文作「公」。史文云：楚滅陳，「使棄疾爲陳公」。（據左傳，魯昭公八年楚滅陳，「使穿封戌爲陳公」；十一年楚滅蔡，「使棄疾爲蔡公」；十三年晉叔向謂棄疾「君陳、蔡」，杜預注：「時穿封戌既死，棄疾并領陳事。」）楚滅陳而縣之，五年後楚復陳國。左傳宣十一年載楚莊王語，云：「諸侯、縣公皆慶寡人。」淮南子覽冥訓「魯陽公與韓搆難」句高誘注云：「楚僭號稱王，其守縣大夫皆稱公。」楚滅陳爲縣，主陳者自當稱公，此言「陳侯」，誤。

340 **楚昭王卒於城父。**（舊三六・一五八三—三　新一九一四—一）

正義 父，音甫。亳州縣。

※ 見南化、柀、梅、贇異本。校補云：「按：南化、柀、梅本不冠『正義曰』三字。」

341 葉公攻敗白公，白公自殺。（舊三六・一五八三—五 新一九一四—三）

正義 括地志云：「白亭在許州扶溝〔一〕縣北四十五里，即勝所封。」按：白亭在豫州褒信縣者是也。以解在楚世家。

※ 見南化、楓、柀、三、梅、狩本。

〔一〕溝，瀧川本空格，校補依南化、楓、柀、三、梅本補「溤」字，伍子胥列傳「號爲白公」句正義作「溝」。新舊唐書地理志許州屬縣有扶溝。今補作「溝」。

342 遂滅陳而有之。（舊三六・一五八三—九 新一九一四—七）

正義 楚惠王十年滅陳，當周敬王四十一年，魯哀公十六年。〔一〕

※ 見南化、楓、柀、三、梅、狩本。

〔一〕关于楚滅陳之年，其說不一。宋微子世家云宋景公三十七年「楚惠王滅陳」，依年表，此乃周敬王四十年，魯哀公十五年，即孔子卒之前年。此其一。又周本紀、鄭世家、十二諸侯年表與本處史文皆把孔子卒與楚滅陳作爲發生在同一年裏的兩件事。此其二。然本處史文又言楚滅陳在陳湣公二十四年，此乃孔子卒之明年，即周敬王四十二年，魯哀公十七年，楚惠王十一年。記楚滅陳於孔子卒之明年者還有秦本紀、吴太伯世家、管蔡世家等。檢左傳，楚滅陳亦在此年。此其三。又陳杞世家下文云：「（杞）湣公十五年，楚惠王滅陳。」此其四。梁玉繩史記志疑云：「春秋楚惠王十一年滅陳，當陳湣公二十四年，魯哀公十七年，乃杞湣公之九年也。」楊伯峻春秋左傳注魯昭公九年注亦云：「陳亡於魯哀公十七年，即公元前四七八年。」

343 滑公子歀立，是爲出公。（舊三六・一五八四—九　新一九一五—一〇）

正義 歀，音速，注同音。

※ 見南化、楓、棭、三、梅、狩本。

344 杞後陳亡三十四年。（舊三六・一五八四—一〇　新一九一五—一一）

正義 年表〔一〕云：楚惠王十年滅陳，四十四年滅杞，是杞後陳亡三十四年。然滑公一年，哀公十年，出公十二年，簡公一年，合成二十四年，計數缺十年。未知缺何公十年，是太史公疎矣。

※ 見南化、楓、棭、三、梅、狩本。

〔一〕增訂補「年表」上有「楚惠王之四十四年」一句凡八字。

345 皋陶之後，或封英、六。（舊三六・一五八五—八　新一九一六—一一）

正義 括地志曰：「光州固始縣，古蓼國，南蓼城也，春秋時蓼國也，偃姓，皋陶之後。又有北蓼城，在固始縣北六十里。蓼國有南北二城。故六城在壽〔一〕州安豐縣南百三十二里。」帝王世紀云：「皋陶生於曲阜之偃地，故帝因之賜姓曰偃也。」英，見春秋僖十七年經。檢無英國，蓋「英」爲「蓼」耳。

※ 見南化、楓、三、梅、狩本。

〔一〕壽，瀧川本作「嘉」。夏本紀「封皋陶之後於英、六」句正義、項羽本紀「故立布爲九江王，都六」與「以舒屠六」兩句正義皆引作「壽」。新舊唐書地理志安豐縣屬壽州。今據改。

346 滕、薛、騶，夏、殷、周之閒封也，小，不足齒列，弗論也。（舊三六・一五八五—一一　新一九一六—一一四）

正義 鄒，音邾。括地志云：「公丘故城在徐州滕縣西南十五里。秦滕縣城即古滕國，蓋黃帝之子滕姓所封。世本又云滕錯叔繡，周文王子〔一〕，居滕。宋忠云：沛〔二〕國公丘縣也。」「故薛城在滕縣，古薛國，黃帝之子任姓所封。又左傳定元年，薛宰云薛之皇祖奚仲居薛，爲夏車正。奚仲遷於邳〔三〕。隱十一年傳云『滕侯、薛侯來朝』是也。」「故邾城在黃州黃岡〔四〕縣東南一百二十一里。邾子曹姓，陸〔五〕終氏之子會人之後。邾俠〔六〕居邾，至隱公徙蘄。蘄，今徐州縣〔七〕也。後又徙蕃，音皮〔八〕，今滕縣是。又徙鄒，魯穆公改邾作鄒〔九〕。地理志云鄒縣，故邾國，曹姓，二十九世爲楚所滅。」然三國微小，春秋之時亦預會盟，蓋史缺無可叙列也。

※ 見南化、楓、三、梅、狩本。

〔一〕漢書地理志顏師古注引世本亦云：「錯叔繡，文王子。」又左傳魯僖公二十四年云滕爲「文之昭」，漢書古今人表云：「滕叔繡，文王子。」而漢書地理志以錯叔繡爲周懿王子，云「公丘，故滕國，周懿王子錯叔繡所封」，與世本、左傳、漢表異。檢左傳魯隱公七年經「滕侯卒」句孔穎達疏引漢志「周懿王」作「周文王」，可知唐初漢書就有作「文」、作「懿」的兩種本子傳世。顏注本「懿」字，師古云「未詳其義」，其實當是誤字。

〔二〕校補云：「南化、楓、梅本『沛』字作『陳』。」宋忠，東漢末年人，其言地名，當以漢志證之，漢書地理志公丘屬沛郡，後漢書郡國志公丘屬沛國，則知「沛」作「陳」者誤。

〔三〕校補云：「南化、楓、三、梅本『邳』字作『鄒』。」漢書地理志云：「薛，夏車正奚仲所國，後遷于邳，湯相仲虺居之。」左傳魯隱公十一年孔穎達疏引杜預春秋釋例世族譜亦云：「奚仲遷于邳。」正義云邾徙鄒，詳下文。

〔四〕黄岡，瀧川本空格，校補依南化、楓、三、梅本補「黄岡」。項羽本紀「故立芮爲衡山王，都邾」句與楚世家「五曰曹姓」句正義亦皆引作「黄岡」。今據補。

〔五〕校補云：「南化、楓、三、梅本無『陸』字。」楚世家云：「吴回生陸終。陸終生子六人，坼剖而産焉。其長一曰昆吾，二曰參胡，三曰彭祖，四曰會人，五曰曹姓，六曰季連，羋姓，楚其後也。」集解引世本云：「會人者，鄭是也。」「曹姓者，邾是也。」大戴禮記帝繫亦云陸終氏生子六人，其四爲鄶人，五爲曹姓。又王國維觀堂集林卷一八邾公鐘跋云：「其銘曰：『陸𩏂之孫邾公𨥨罍，其吉金自作龢鐘。』『𩏂』字自來無釋，余謂此字从蚰章聲。以聲類求之，當是『螽』字。陸螽，即陸終也。」以上數例，可證無「陸」之誤。又此正義言邾爲會人之後，與楚世家、世本、帝繫異。

〔六〕校補云：「南化、楓、三、梅本『俠』字作『挾』。」項羽本紀「故立芮爲衡山王，都邾」句正義引作「俠」。又左傳孔穎達疏引杜預春秋釋例世族譜皆作「邾俠」，魯隱公元年「公及邾儀父盟于蔑」句孔疏引譜云：「邾，曹姓，顓頊之後有六終，産六子，其弟五子曰安，邾即安之後也。周武王封其苗裔邾俠爲附庸，居邾，今魯國鄒縣是也。」魯莊公五年「郳犁來來朝」句孔疏云：「世本云『邾顔居邾，肥徙郳』，宋仲子注云『邾顔別封小子肥於郳，爲小邾子』，則顔是邾君，肥始封郳。譜云：『小邾，邾俠之後也。』」

〔七〕按新舊唐書地理志，蘄，漢縣，唐初隸譙州，唐太宗貞觀十七年廢譙州，改隸徐州，唐憲宗元和四年又割屬宿州。舊唐書李泰傳云：「（貞觀）十五年，泰撰括地志功畢，表上之，詔令付祕閣。」蘄縣由譙州改屬徐州，在括地志成書之後，括地志蘄縣不當屬徐州，應屬譙州。賀次君括地志輯校云：「括地志是貞觀時的疆域志，其州縣的隸屬與名稱，都反映着時代特點。張守節是開元時人，去括地志成書已一百六十多年，他作史記正義引括地志，就把原來的名稱換成開元時的名稱了。」蓋如賀說。

〔八〕瀧川本「後又」與「今滕縣是」中間空三格，校補依南化、楓、三、梅本補「徙蕃音皮」四字，賀次君括地志輯校據通志氏族略補「徙滕」二字。太史公自序「戹困鄱、薛」句正義引括地志云：「徐州滕縣，漢蕃縣，音翻。漢末陳蕃子逸爲魯相，改音皮。」則知唐滕縣即漢蕃縣，名異地一。今補從校補。

〔九〕增衍田按，魯周公世家「吴爲鄒伐魯」句正義佚文云：「『鄒』作『騶』，見于陳世家。」可知，正義本史記此處「鄒」字作「騶」。

347

江、黄、胡、沈之屬，不可勝數。（舊三六·一五八六—九　新一九一七—一六）

正義 括地志云：「安陽故城在豫州新息縣西南八十里。應劭曰古江國也〔一〕。黄國故城在光州定城縣西十二里〔二〕，春秋時黄國都也。〔三〕」胡、沈解在前。

※　見南化、楩、三、梅、狩本。

〔一〕校補云：「南化、梅本有『地理志云安陽縣在江國』十字。」

〔二〕西十二里，楚世家「二十二年伐黄」句正義引作「四十里」，王恢括地志新輯於「四十里」上留一空格，蓋因無表方位詞語的緣故，賀次君括地志輯校改「四」爲「西」，作「西十里」。又元和郡縣志卷九光州定城縣條云：「黄國故城在縣西十二里。」與此正義合。

〔三〕校補云：「南化、梅本有『續漢書云江黄嬴姓國也』十字。」

348 故弗采著于傳云。（舊三六・一五八六—一〇　新一九一八—一）

△正義 傳，逐戀反。

※見南化、楓、三本。

349 百世不絶，苗裔茲茲。（舊三六・一五八六—一三　新一九一八—四）

正義 茲，一作「班」。

※見南化、楓、棭、三、梅、狩本。

衛康叔世家第七

350

衛康叔名封。（舊三七·一五八九—三　新一九二三—三）

正義　衛城，在衛州衛縣西二十里，本朝歌邑〔一〕，殷都也。下文云〔二〕康叔爲君，居河、淇間故商墟，即朝歌是也〔三〕。故康城在洛州〔四〕陽翟縣西北三十五里〔五〕，洛陽記云是少康之故邑。

※　見南化、楓、棭、三、梅、狩本。

〔一〕校補云：自「衛城」至「本朝歌邑」，南化、楓、棭、三、梅各本爲：「括地志曰：『朝歌故城在衛州衛縣西二十里，本妹邑。』」

〔二〕下文云，瀧川本空格，且於三空格上有「不」字，作「不□□□」。「不」字，校補云：「南化、楓、棭、三、梅各本無『不』字。」三空格，校補據各本校記補「下文云」。今據校補刪「不」字，補「下文云」三字。

〔三〕校補云：「南化、楓、棭、三、梅各本『也』下有『括地志』三字。」

〔四〕洛州，王應麟詩地理考卷一衛條「康叔所封更名衛」句下引括地志作「許州」，云：「故康城在許州陽翟縣西北三十五里。」按新舊唐書地理志，陽翟初隸嵩州，唐太宗貞觀元年割屬許州，唐高宗龍朔二年改屬洛州，唐武宗會昌三年又歸屬許州。括地志修於貞觀年間，當以王氏詩地理考所引爲是。參見第三四六條校〔七〕。

〔五〕三十五里，瀧川本作「三十里」。校補云：「南化、楓、棭、三、梅各本『十』下有『五』字。」校〔四〕所引詩地理考引括地志亦作「三十五里」。今據補「五」字。

351 乃與武庚禄父作亂，欲攻成周。（舊三七·一五八九—七　新一九二三—七）

正義 括地志云：「洛陽故城在洛州洛陽縣東北二十六里，周公所築，即成周城也。」

※　見南化、楓、棭、三、梅本。

352 子康伯代立。（舊三七·一五九〇—一〇　新一九二四—一一）

△正義 古史考云子牟伯立，而不云康伯也。

※　見棭本。

353 而令右公子傅之。（舊三七·一五九三—三　新一九二七—九）

△正義 太右滕之子，以爲號。

※　見南化、梅本。

354 懿公即位，好鶴。（舊三七·一五九四—六　新一九二八—一二）

△正義〔括地志云：「故鶴城在滑州匡城縣西南十五里。左傳云：『衛懿公好鶴，鶴有乘軒者。狄伐衛，公欲戰，國人受甲者皆曰：「使鶴，鶴實有禄位，余焉能戰！」』俗傳懿公養鶴於此城，因名也。」〕定十三年「齊侯斂諸大夫之軒」，故杜云：「軒，大夫車也。」服虔云：「車有藩曰軒。」

※　見楓、三本。

355 晉更從南河度。（舊三七·一五九五—八　新一九三〇—一二）

正義 括地志云：「衞州汲縣南，河水至此，有棘津之名，亦謂之石濟津〔一〕，故南津也。左傳云僖公二十八年，晉伐曹，曹在衞東，假道于衞，衞人不許，還自南河濟，即此也。」

※ 見南化、楓、棭、三、梅、狩本。

〔一〕石濟津，瀧川本作「右濟津」。游俠列傳「吕尚困於棘津」句正義云：「棘津古亦謂之石濟津，故南津。」沈約宋書垣護之傳作「石濟」，酈道元水經注卷五河水注與元和郡縣志卷一六衞州汲縣條皆作「石濟津」。今據改。

356 公令師曹教宫妾鼓琴。（舊三七・一五九六—一〇 新一九三一—五）

正義 師曹，樂官；曹，名也。

※ 見南化、楓、棭、三、梅、狩本。

357 二子怒，如宿。（舊三七・一五九六—一二 新一九三一—七）

正義 宿，音戚。

※ 見南化、棭、梅、狩本。

358 毋所與。（舊三七・一五九九—一五 新一九三四—一四）

正義 與，音預。

※ 見南化、楓、棭、三、梅、狩本。

359 食焉不辟其難。（舊三七・一六〇一—五 新一九三六—六）

△正義言食君之禄，豈得避其危難也。服虔云：「言食悝之禄，欲救悝難，此明其不死國也。」

按：服此説恐非也。仲尼弟子列傳云：「子路曰：『君焉得用孔悝？請得而殺之。』」

※見南化、楓、棭、三、梅本。

360 公孫敢闔門。（舊三七·一六〇一—五　新一九三六—六）

〇正義闔門，閉門之意。

※見小此本。此爲據訂補增輯佚文第二條。

361 有使者出，子路乃得入。（舊三七·一六〇一—六　新一九三六—八）

正義公孫敢既閉，因有使者出，子路乃得入。

※見南化、楓、棭、三、梅、狩本。

362 雖殺之，必或繼之。（舊三七·一六〇一—七　新一九三六—八）

△正義子路云：「太子若不合〔一〕孔悝，雖殺己，必有繼續而政〔二〕太子。」殺孔悝〔三〕。

※見楓、棭、三本。

〔一〕合，蓋「舍」誤。增訂補「合」作「舍」。

〔二〕政，蓋「攻」誤。增訂補「政」作「攻」。

〔三〕「殺孔悝」，與此處史文語意不合。子路此言，本文與仲尼弟子列傳所載意異，彼云子路曰：「君焉用孔悝？請得而殺之。」

363 莊公上城，見戎州。（舊三七・一六〇二—八　新一九三七—一〇）

正義 括地志云：「宋州〔一〕楚丘縣，古戎州己氏之城也。」左傳隱七年：「戎伐凡伯于楚丘以歸。」括地志云：「楚丘故城在楚丘縣北三十里，衛楚丘之邑也。」按：諸侯爲衛城楚丘居文公者，即滑州衛南縣〔二〕是也。左傳哀公十七年：「初，衛莊公登城以望戎州，以問之，以告，公曰：『我，姬姓也，何戎之有焉！』」杜預云：「己氏，戎人姓也。呂姜，莊公夫人也。」

※　見南化、楓、棭、三、梅、狩本。

〔一〕宋州，舊唐書地理志云：「楚丘，治古巳氏城（春秋時期名己氏城），屬戴州。貞觀十七年，屬宋州。」括地志成書於貞觀十五年，是時楚丘縣當隸戴州，「宋州」蓋張守節所改。參見第三四六條校〔七〕。

〔二〕衛南縣，瀧川本脱「衛」字，作「南縣」。王應麟通鑑地理通釋卷四十二諸侯條「齊桓城楚丘而居文公焉」句下引括地志云：「楚丘，滑州衛南縣。」新舊唐書地理志滑州屬縣有衛南縣而無南縣，舊唐書云：「衛南，隋楚丘縣。後以曹有楚丘，乃改爲衛南縣，治古楚丘城。」今據補。增訂補作「衛南縣」。

364 元君十四年，秦拔魏東地。（舊三七・一六〇四—一二　新一九四〇—五）

正義 東地，謂濮陽、黎陽等地也。

※　見南化、楓、棭、三、梅、狩本。

365 更徙衛野王縣。（舊三七・一六〇四—一二　新一九四〇—五）

【正義】元君徙濮陽，又徙野王。濮陽，濮州縣也。野王，懷州城，古野王邑也。

※　見南化、楓、棭、三、梅、狩本。

宋微子世家第八

366 吾家保于喪。（舊三八・一六〇七—九 新一九四三—九）

正義 言紂淫亂，吾宗室保喪亡。吾，微子也。

※ 見南化、楓、棭、三、梅、狩本。

367 今女無故告予。（舊三八・一六〇七—九 新一九四三—九）

正義 微子言太師、少師无〔一〕別意，故告我理殷國也。

※ 見南化、楓、三、狩本。

〔一〕无，瀧川本作「旡」。校補云：「南化本作『無』。」說文云：「旡，飲食逆氣不得息曰旡。」又云：「无，奇字『無』也。」依史文，「旡」字誤，當作「无」（或「無」）。今改正。增訂補作「无」。

368 紂始爲象箸。（舊三八・一六〇九—一一 新一九四五—一五）

△正義 「箸」字亦作「櫡」，同音。劉伯莊云「音直慮反」，恐非。按：說文〔一〕云「彼爲象箸，必爲玉柸」，然象箸柸近，請用上音是也。

※ 見南化、楓、棭、三、梅本。

〔一〕說文，當作「下文」。

369 於乎。（舊三八・一六一一—三　新一九四七—七）

△正義 烏呼兩音。

※見南化、棭、梅本。

370 時人斯其維皇之極。（舊三八・一六一四—一　新一九五〇—一二）

△正義 尚書作「時人德」〔一〕。按：是其有德之人，合於中正之道，當爵禄富之。

※見南化、楓、棭、三、梅本。

〔一〕尚書洪範「時人斯其維皇之極」句孔穎達疏云：「此經或言『時人德』，鄭、王諸本皆無『德』字。此傳不以德爲義，定本無『德』，疑衍字也。」

371 王道平平。（舊三八・一六一四—五　新一九五〇—一五）

正義 平，音頻然反。

※見南化、楓、棭、三、梅、狩、野本。

372 是夷是訓。（舊三八・一六一四—六　新一九五一—一）

△正義 夷，平也。尚書作「彝」。彝，常也。

※見南化、棭本。校補云：「按：南化本此校記上不冠『正義曰』。」

373 曰天子作民父母，以爲天下王。（舊三八・一六一四—七　新一九五一—一二）

正義 是〔一〕箕子美中正之道，誠可爲天子也。君能守中正，而民順行之，是天子爲父母，而爲天下所歸往。

※見南化、楓、棭、三、梅、狩本。

〔一〕校補云：「南化、梅本無『是』字，而有『曰者』二字。」增訂補「是」字作「曰者」二字。

374 沈漸剛克。（舊三八・一六一六—三　新一九五三—一）

正義 漸，音潛，謂温和也。言温和之人主政，須能剛斷。

※見南化、楓、棭、三、梅、狩本。

375 高明柔克。（舊三八・一六一六—三　新一九五三—一）

正義 高明，謂俊朗也。言俊朗之人主政，須能柔和。

※見南化、楓、三、梅、狩本。

376 臣有作福作威玉食，其害于而家，凶于而國。人用側頗辟，民用僭忒。（舊三八・一六一六—四　新一九五三—二）

正義 孔安國曰：「家謂臣，國謂君也。爲上無制，爲下逼上，凶害之道。」辟，音僻。

※見南化、楓、棭、三、梅、狩本。

377 女則有大疑，謀及女心，謀及卿士，謀及庶人，謀及卜筮。（舊三八・一六一七—一　新一九五三—一五）

正義 孔安國云：「將舉事，而汝則有大疑，先盡汝心以謀慮之，次及卿士衆民，然後卜筮以決之。」

※見南化、楓、棭、三、梅、狩本。

378 王眚維歲。（舊三八・一六一八—一〇　新一九五五—一二）

正義 眚，山井反。王者省歲之休咎，知民豐儉。此下教王者及民識歲月之善惡也。

※見南化、楓、棭、三、梅、狩本。

379 師尹維日。（舊三八・一六一八—一一　新一九五五—一三）

正義 師尹，謂長正，若今刺史、縣令。師尹視旬日之變〔一〕。

※見南化、楓、棭、三、梅、狩本。

〔一〕校補無「日之變」三字。

380 畯民用微，家用不寧。（舊三八・一六一八—一二　新一九五五—一四）

正義 孔安國云：「君失其柄，權臣擅命，治闇賢隱，國家亂。」

※見南化、楓、棭、三、梅、狩本。

381 一曰壽，二曰富。（舊三八・一六二〇—六　新一九五七—一一）

正義 壽，百二十年。富，財豐備也。

※見南化、楓、棭、三、狩本。

382 於是武王乃封箕子於朝鮮。（舊三八・一六二〇—一四　新一九五八—四）

正義 朝鮮，潮仙二音。括地志云：「高驪平壤城，本漢樂浪郡王險〔一〕城，即古朝鮮也。」

※ 見南化、楓、棭、三、梅、狩本。

〔一〕險，瀧川本作「儉」。校補云：「南化、楓、棭、三本『儉』字作『險』。」朝鮮列傳云朝鮮「都王險」，秦始皇本紀「地東至海暨朝鮮」句正義與朝鮮列傳「朝鮮王滿者」句正義皆引作「險」。又漢書朝鮮傳亦云朝鮮「都王險」。今據改。增訂補作「險」。

383

執鄭之祭仲。（舊三八・一六二四—三 新一九六一—九）

正義 上側界反。括地志云：「故祭城在鄭州管城縣東北十五里〔一〕，鄭大夫祭仲邑也。杜預〔二〕左傳釋例云：『祭城在河南，上有敖〔三〕倉，周公後〔四〕所封也。』」

※ 見南化、楓、棭、三、梅、狩本。

〔一〕十五里，瀧川本作「五十里」。周本紀「祭公謀父諫曰」句正義與詩地理考卷二祭仲條皆引作「十五里」。今據改「五十」爲「十五」。

〔二〕瀧川本「預」下衍「云」字，今删。

〔三〕敖，瀧川本作「穀」。校補云：「南化、楓、棭、梅本『穀』字作『敖』。」校〔一〕所引周本紀正義亦引作「敖」。今據改。

〔四〕後，瀧川本無。校〔一〕所引周本紀正義引有「後」字。又左傳僖二十四年云：「凡、蔣、邢、茅、胙、祭，周公之胤也。」當有「後」字是。今據補。

384

君子不困人於阸。（舊三八・一六二六—一〇 新一九六四—四）

正義 厄〔一〕，謂阻隘也。

※ 見南化、楓、棭、三、狩、野、梅本。

〔一〕增訂補「厄」上，有「阸」字。訂補似是。

385

昭公四年，宋敗長翟緣斯於長丘。（舊三八・一六二八—五　新一九六六—二）

正義 裴駰云：「魯世家云〔一〕武公之世，獲緣斯於長丘。今此云『昭公』，未詳。」按：春秋文公十一年，魯敗狄於鹹，獲長狄緣斯於長丘，與年表同。齊世家云惠公〔二〕二年，長翟來，王子城父殺之，年表亦同。據春秋及年表、世家，年歲符合。魯世家云宋武公，是誤，當爲昭公，即符合矣。〔三〕

※ 見南化、楓、棭、三、梅、狩本。

〔一〕校補云：「棭本有『宋』字。」此指宋武公。

〔二〕惠公，瀧川本作「魯惠公」。齊太公世家云：「惠公二年，長翟來，王子城父攻殺之。」十二諸侯年表於齊惠公二年亦云：「王子成父敗長翟。」「魯」字誤衍，今刪。

〔三〕左傳魯文公十一年云：「冬十月甲午，敗狄于鹹，獲長狄僑如。」又云：「初，宋武公之世，鄋瞞伐宋。司徒皇父帥師禦之，耏班御皇父充石，公子穀甥爲右，司寇牛父駟乘，以敗狄于長丘，獲長狄緣斯。」梁玉繩史記志疑卷八：「案：左傳事在宋武公之世，年表、世家俱誤。而其所以誤在是年者，因左氏文十一年魯獲長狄僑如，傳追述宋武公時獲僑如之先緣斯，而魯文十一年，正當宋昭四年，故有此誤。」梁説甚是。

386 宋以兵車百乘文馬四百匹贖華元。（舊三八・一六二九—五 新一九六七—五）

△正義〔按：文馬者，裝飾其馬。四百匹，用牽車百乘，遺鄭贖華元也。又云文馬赤鬣縞身，目如黄金。〕畫，胡卦反。

※ 見南化、楓、棭、三本。

387 王偃立四十七年。（舊三八・一六三二—一 新一九七〇—一三）

正義 年表云：魏昭王十年，齊滅宋，宋王死於温。田完世家云：「湣王三十八年，齊遂伐宋，王亡，死於温。」據年表，宋滅，周赧王二十九年。合當宋王偃四十三年。今云四十七年，恐誤也。

※ 見南化、楓、棭、三、狩、梅本。

388 其大夫正考父美之。（舊三八・一六三三—二 新一九七一—六）

△正義 正考父佐戴〔一〕、武、宣公，見著於孔子世家。按：年表等在襄公前百年間，豈得正考父追道述而美之？斯太史公疎誤矣。

※ 見南化、楓、棭、三、梅本。

〔一〕戴，校補誤「載」，今據左傳昭七年傳文與孔子世家改。增訂補作「戴」。

晉世家第九

389 晉唐叔虞者。（舊三九・一六三五—三　新一九七七—三）

正義 徐才宗〔一〕國都城記云：「唐國，堯之裔子所封，爲唐侯。至周成王滅唐，而封〔二〕太叔，因故唐侯之地封於唐，在河汾之東，方百里，故曰唐叔虞。」叔者，仲叔〔三〕次第。虞，名也。

※ 見南化、楓、三、梅、狩、尾本。

〔一〕徐才宗，瀧川本誤「餘才宋」。校補云：「南化、楓、三、梅本『餘』作『徐』。」尾本原件照片作「徐才宗」。史記正義數引國都城記，或不著明作者，或上冠作者之名曰徐才宗，如五帝本紀「帝堯者」句、周本紀「封召公奭於燕」句、晉世家「唐叔子燮是爲晉侯」句、鄭世家「唐人是因，服事夏、商」句等句正義皆云「徐才宗國都城記」。今據改。

〔二〕以上九字，瀧川本無。校補云：「南化、楓、三、梅本『唐』下有『侯至周成王滅唐而封』九字。」今據補此九字。

〔三〕校補云：「南化、楓、三、梅本『叔』下有『季之』二字。」

390 伐千畝，有功。（舊三九・一六三七—七　新一九七九—九）

正義 界休縣屬汾州，本漢縣也。

※　見南化、楓、三、梅、狩本。

391　曲沃邑大於翼。翼，晉君都邑也。（舊三九・一六三八—四　新一九八〇—八）

正義　括地志云：「故翼城，一名故絳，在絳州翍〔一〕城東南十五里。諸侯譜云：『晉穆侯遷都於絳，曾孫孝侯〔二〕改絳爲翼，至獻公又名曰絳。』」

※　見南化、楓、三、梅、狩本。

〔一〕校補云：「楓、三、梅本『翍』作『翼』。」

〔二〕以上二「侯」字，瀧川本皆作「公」。校補云：「楓、三本『公』作『侯』。」王應麟詩地理考卷二唐條「孝侯改絳爲翼」句下引作「侯」。檢左傳與史記晉世家皆作「侯」。曲沃武公併晉而爲諸侯始稱公，是爲晉武公，於時則在晉穆侯與晉孝侯之後。今據改。

392　伐驪戎。（舊三九・一六四〇—一三　新一九八三—七）

正義　殷、周之驪戎國城也。

※　見南化、楓、三、梅、狩本。

393　伐滅霍。（舊三九・一六四一—一三　新一九八四—八）

正義　晉州霍邑縣，本漢彘縣也。鄭玄注周禮云：「霍山在彘縣，本春秋霍伯國。」

※　見楓、三、梅、狩本。

394　晉侯使太子申生伐東山。（舊三九・一六四三—五　新一九八六—一一）

正義 左傳云：「晉侯使太子申生伐東山皋落氏。」上黨記〔一〕：「皋落氏在潞州壺岡縣城東南山中百五十里。今名平皋赤壤。其地險阻，百姓不居，今空之也。」

※見梅、狩本。

〔一〕增訂補「上黨記」下，有「云」字。

395 君行則守。（舊三九・一六四三—六 新一九八六—三）

△正義 守，音狩。不同「守」者，狩也，若巡狩，而令境内監守也〔一〕。

※見南化、楓、三、梅本。

〔一〕增訂補「不」作「下」，「令」作「今」。

396 狐裘蒙茸。（舊三九・一六四六—一二 新一九八九—一三）

正義 蒙茸，言狼藉也。

※見南化、楓、三、梅、狩本。

397 重耳遂奔翟。（舊三九・一六四七—一 新一九九〇—三）

正義 括地志云：「文城故城在慈州文城縣北四十里。故老云此城晉文公爲公子時，避驪姬之難，從蒲奔翟，因築此城，人遂呼爲文城。風俗通云：『春秋傳曰：「狄本山戎之别種也，其後分居，號曰赤翟、白翟。」』」

※見南化、楓、三、梅、狩本。

398 其冬，晉滅虢，虢公醜奔周。（舊三九・一六四七—八 新一九九〇—一〇）

正義 左傳云：「童謠曰：『丙子之辰〔一〕，龍尾伏辰。均服振振，取虢之旂。鶉之賁賁，天策焞焞。火中成軍，虢公其奔。』其九月十月之交乎？丙子旦，日在尾，月在策，鶉火中，必是時也。冬十二月丙子朔，晉公〔二〕滅虢，虢公醜奔京師。」韋昭曰：「鶉火，鳥星也。賁賁，鶉火星貌也。天策，尾上一星，名傳説。焞焞，近日月之貌。火，鶉火也。中，晨中也。成軍，軍有成功也。」

※ 見南化、梅、狩本。

〔一〕丙子之辰，校補云：「南化、梅、狩本無『子』字，『辰』作『晨』。」童謠引自左傳魯僖公五年，傳文無「子」字，「辰」作「晨」。楊伯峻春秋左傳注云：「丙即丙子，金澤文庫本作『丙子』，然晉語二亦無『子』字，則文庫本之『子』字乃後人所增。」

〔二〕校補云：「南化、梅、狩本無『公』字。」傳文無「公」字。

399 當此時，晉彊，西有河西，與秦接境，北邊翟，東至河内。（舊三九・一六四八—九 新一九九一—一四）

正義 河西，謂同、丹等州之地也。河内，謂懷州。

※ 見梅、狩本。

400 使死者復生，生者不慙。（舊三九・一六四九—一 新一九九二—六）

正義 國語云：荀息曰：「昔君問臣事君於我，我對以忠貞。君曰：『何謂也？』對曰：『可以利公室，力有所能，無不爲，忠也。葬死者，養生者，死人復生不悔，生人不慚，貞也。』吾言既往矣，豈能欲行吾言而又愛吾身乎！」

※ 見南化、楓、三、梅本。

401 初，獻公將伐驪戎，卜曰「齒牙爲禍」。（舊三九・一六四九—六 新一九九二—一一）

正義 國語曰：獻公卜伐驪戎，史蘇卜之，曰：「勝而不吉。」公飲大夫酒，令司正實爵與史蘇，曰：「飲而無肴。驪戎之役，汝曰勝而不吉，故賞汝以爵，罰汝以無肴。克國得妃，其吉孰大焉？」史蘇卒爵，再拜稽首曰：「兆有之，臣不敢蔽。蔽兆之紀，失臣之官，有二罪焉，何以事君？大罰將及，不唯無肴。」史蘇告大夫曰：「夫有男戎，必有女戎。若晉以男戎勝戎，而戎亦必以女戎勝晉。」里克曰：「何如？」史蘇曰：「夏桀伐有施，有施人以妺喜女焉，與伊尹比而亡夏。殷辛伐有蘇，有蘇以妲己女焉，與膠鬲比而亡殷。周幽王伐有褒，有褒人以褒姒女焉，與虢石甫比而亡周。」

※ 見南化、楓、三、梅、狩本。

402 惠公馬鷙不行。（舊三九・一六五三—一四 新一九九七—八）

正義 左傳云：「晉戎馬還，濘而止。」國語云：「晉師潰，戎馬濘而止。」韋昭曰：「濘，泥也。」顏師古曰：「鄭玄云：『鷙，狠〔一〕也。』」

※ 見梅、狩本。

〔一〕增訂補「鷙狠」作「鷙很」。

403 其君子則愛君而知罪。（舊三九・一六五四—五　新一九九七—一四）

正義 君，惠公也。知罪，謂惠公倍秦河西地也。言君子之人愛惠公，知惠公倍秦河西地之罪，欲歸惠公以待秦之命耳。

※　見梅、狩本。

404 有賢士五人，曰趙衰、狐偃咎犯（文公舅也）、賈佗、先軫、魏武子。（舊三九・一六五六—八　新二〇〇〇—四）

正義 佗，音陁，即賈季〔一〕，解在後。左傳曰五士，無賈也，乃顛頡之屬也。

※　見梅、狩本。

〔一〕以賈佗、賈季爲一人，誤。參見第四二五條校〔一〕。

405 獻公使宦者履鞮趣殺重耳。（舊三九・一六五六—一一　新二〇〇〇—七）

正義 履鞮，即勃鞮也，亦曰寺人披。杜預曰：「寺人，閹人。」

※　見梅、狩本。

406 非以爲可用與。（舊三九・一六五七—四　新二〇〇〇—一四）

正義 與，起也。本作「與」字者誤也。

※　見梅、狩本。

407 過衛，衛文公不禮。（舊三九・一六五七—一五　新二〇〇一—一二）

正義 國語云：「衛文公有邢翟之虞，不禮焉。寧莊子言於公曰：『夫禮，國之紀也；親，民之結也；善，德之建也。國無紀不可以終，民無結不可以固，德無建不可以立。此三者，君之所慎也。晉公子，善人也，而衛親也，君不禮焉，棄三德矣。』」

※　見梅、狩本。

408 以告其主。（舊三九・一六五八—五　新二〇〇二—一）

正義 主，齊女也。

※　見梅、狩本。

409 楚成王以適諸侯禮待之。（舊三九・一六五九—六　新二〇〇三—四）

正義 適，音敵。國語云：「重耳如楚，成王以周禮饗之，九獻，庭實旅百。」韋昭云：「九獻，上公之享。庭實，庭中之陳也。百，舉成數也。周禮上公出入五積，饔餼九牢，米百有二十筥，醯醢百有二十甕〔一〕，禾十車，芻薪倍禾也。」

※　見梅、狩本。

〔一〕正義引國語韋昭注，瀧川本「饔餼」誤「甕餼」，「二十甕」誤「二十饔」，今改正。

410 趙衰歌黍苗詩。（舊三九・一六六〇—四　新二〇〇四—一）

正義 芃，音馮。

※ 見梅、狩本。

411 河伯視之。（舊三九・一六六〇—一四 新二〇〇四—一二）

△正義 河以爲誓。

※ 見南化、楓、三、梅本。

412 秦兵圍令狐。（舊三九・一六六一—一 新二〇〇四—一四）

正義 令狐故城在蒲州猗氏縣西四十五里。〔一〕

※ 見南化、楓、三、梅、狩本。

〔一〕校補云：「南化、楓、三本無『四』字。」秦本紀「秦以兵送至令狐」句正義引此句上冠「括地志云」四字，且「西」作「界」，亦無「四」。

413 龍欲上天，五蛇爲輔。（舊三九・一六六二—一二 新二〇〇六—一一）

正義 龍，文公也。五蛇，趙衰、狐偃、賈佗、先軫、魏武子也。按：上文從士五人，其餘不名者數十〔一〕人，然子推非五士數。從者傷子推隱而死，故作歌以感文公，見世重五士耳，即云五蛇爲輔，不究子推不在五名之中。後代賢者妄列五蛇之名，以子推爲數，徒虚語耳。諸後君子無疑焉。

※ 見梅、狩本。

〔一〕校補云：「梅、狩本『數十』作『十餘』。」史文云：「從此五士，其餘不名者數十人。」

414

還自河南度。（舊三九・一六六四—九　新二〇〇八—九）

正義 括地志曰：「南津亦名石〔一〕濟津，又名棘津，在衛州汲縣〔二〕南。文公度河伐曹，即是也。」

※　見梅、狩本。

〔一〕石，瀧川本無。校補云：「梅、狩本『名』下有『石』。」（校補將此校注誤置下一「名」字下。）今補「石」字，所據參見第三五五條校記〔一〕。

〔二〕汲縣，瀧川本作「汝縣」。衛康叔世家「晉更從南河度」句正義佚文引作「汲縣」，又元和郡縣志卷一六衛州汲縣條云：「黃河西自新安縣界流入，經縣南，去縣七里，謂之棘津，亦謂之石濟津。」今據改。增訂補「棘津」上，有「石」字。

415

晉師還至衡雍，作王宮于踐土。（舊三九・一六六五—一四　新二〇〇九—一五）

正義 括地志云：「故王宮在鄭州滎澤縣西北一〔一〕十五里王宮城中，今城內東北隅〔二〕有踐土臺，衡雍、踐土相去二〔三〕十餘里。」

※　見梅、狩本。

〔一〕一，瀧川本作「四」，今改正。所據見第二六二條校記〔一〕。

〔二〕隅，瀧川本無。校補云：「梅本『北』下有『隅』。」齊太公世家「而會諸侯踐土朝周」句正義引有「隅」字，周本紀「襄王會之河陽、踐土」句正義亦云「東北隅有踐土臺」。今據補。

〔三〕校補云：「梅本『去』下有『即』字，『二』作『三』。」周本紀「襄王會之河陽、踐土」句正義云：「東北隅有踐土臺，東去衡雍三十餘里也。」

416 秬鬯一卣。（舊三九・一六六六—一七　新二〇一一—三）

正義 孔安國曰：「鬯，香草也〔一〕。」

※ 見梅、狩本。

〔一〕增訂補「香草也」下，有下面一段文字凡十五字：「顧野王曰：『瓚以圭頭，爲器可以把鬯也。』」

417 王若曰：父義和。（舊三九・一六六七—一　新二〇一一—四）

正義 王，平王也。孔安國曰：「文侯同姓，故稱曰父。義和，字也，稱父者非一人，故以字別之。」按：「王若曰：父義和」至「永其在位」，是尚書命文公仇〔一〕之文，而太史公採左傳作此世家。然平王至襄王六代，文侯仇至〔二〕重耳十一公，縣隔一百三十餘年，極疏謬矣。及裴氏於孔、馬注不考，年代亦依前失矣。左傳、尚書各有文，蓋周襄王自命文公作侯伯及賜弓矢，左傳文分明，而太史公引尚書平王命文侯之文，太史公誤。

※ 見梅、狩本。

〔一〕校補云：「梅、狩本『文公』二字作『晉文侯』三字。」尚書有文侯之命篇，此處「公」字誤。

〔二〕校補云：「梅、狩本『至』下有『文公』二字。」

418 周襄王狩于河陽。（舊三九・一六六八—一一　新二〇一三—四）

正義 賈逵云：「河陽，晉之溫。踐土，鄭地。」按：王宮是。

419 於是晉始作三行。（舊三九・一六六九—三　新二〇一三—一一）

※ 見梅、狩本。

正義 行，胡郎反。

※ 見梅、狩本。

420 荀林父將中行，先縠將右行，先蔑將左行。（舊三九・一六六九—三　新二〇一三—一一）

正義 注：「三行無佐，疑大夫帥也。」不置佐者，當避天子也。或初置三行，官未備耳。云「大夫帥」者，恐非也。

※ 見梅、狩本。

421 秦兵過我郊。（舊三九・一六七〇—一　新二〇一四—八）

正義 過，古卧反。郊，一作「鄗」也〔一〕。

※ 見梅、狩本。

〔一〕「郊一作鄗也」五字，瀧川本無，今據校補補。

422 後三年，秦果使孟明伐晉，報殽之敗，取晉汪以歸。（舊三九・一六七〇—一三　新二〇一五—六）

正義 左傳文公二年冬，先且居等伐秦，取汪、彭衙而還。括地志云：「彭衙故城，同州白水縣東北六十里。」今按：汪與彭衙相近，在同州北二百五十里。當是秦使孟明視等報殽之役，取晉汪；至冬，晉使先且居伐秦，取汪及彭衙也。

※ 見梅本。

423 四年，秦繆公大興兵伐我，度河，取王官。（舊三九・一六七〇—一三 新二〇一五—六）

正義〔括地志云：「王官故城在同州澄城縣西北六十里。左傳文公三年，秦伐晉，取王官，即此，先言度河，史文顛倒耳。」〕括地志云：「又王官故城在蒲州猗氏縣南二里。若渡河取，蓋此城也。」

※ 見梅本。

424 六年，趙衰成子、欒貞子、咎季子犯、霍伯皆卒。（舊三九・一六七一—六 新二〇一五—一五）

正義 咎季子犯，杜預曰「臼季胥臣也」，世本云「狐偃也」。〔一〕

※ 見梅、狩本。

〔一〕左傳魯文公五年云：「晉趙成子、欒貞子、霍伯、臼季皆卒。」楊伯峻春秋左傳注云：「晉世家『臼季』作『咎季子犯』，誤以『臼』爲『咎』，因誤胥臣爲子犯，與傳文違異。」

425 賈季。（舊三九・一六七一—一〇 新二〇一六—四）

正義 賈季，韋昭云：「賈季，晉大夫，狐偃之子射姑也，食采於賈，字季，名陁〔一〕。」世本云小狐射姑。

※ 見梅、狩本。

〔一〕校補云：「梅本『阤』作『他』。」按國語晉語四云：「公子過宋，與司馬公孫固相善。公孫固言於襄公曰：『晉公子亡，長幼矣，而好善不厭，父事狐偃，師事趙衰，而長事賈佗。狐偃其舅也，而惠以有謀。趙衰其先君之戎御趙夙之弟也，而文以忠貞。賈佗公族也，而多識以恭敬。此三人者，實左右之。』」左傳魯昭公十三年晉叔向謂賈佗爲先君文公股肱之臣。全祖望經史問答云：「賈它在從亡諸臣之列，與咎犯等夷，非父子矣。狐氏雖亦姬姓，然戎種，非公族也，至咎犯之子始稱賈季，而其氏仍以狐。」汪遠孫國語發正卷一〇云：「襄公之世，趙盾將中軍，賈季佐之，而陽處父爲太傅，賈佗爲太師，二賈同列。計其時，佗爲老臣，而季爲新出，安得合而爲一也？」楊伯峻春秋左傳注魯文公六年注亦謂國語韋昭注合佗、季爲一人誤。

426 辰嬴嬖於二君。（舊三九・一六七一—一〇　新二〇一六—四）

正義 欒即辰嬴子也。辰嬴，秦宗女，子圉妻，秦以妻重耳。

※ 見梅、狩本。

427 使士會如秦迎公子雍。（舊三九・一六七一—一二　新二〇一六—六）

正義 士會，字季，晉卿士蔿之孫，成伯缺之子季武子也，食采於隨，故曰隨會，又曰士會，又曰范文子。

※ 見梅、狩本。

428 晉使趙盾以車八百乘平周亂而立匡王。（舊三九・一六七三—七　新二〇一八—五）

正義 八百乘，六萬人也。

429 從臺上彈人。（舊三九・一六七三—一二 新二〇一八—一一）

※ 見梅、狩本。

△正義 晉吴臺在絳州正平縣西北三十里。

※ 見梅本。

430 君賜臣，觴三行可以罷。（舊三九・一六七四—七 新二〇一九—七）

正義 行酒三遍。左傳云：「提彌明曰：『臣侍君宴，過三爵，非禮也。』遂扶以下。」

※ 見梅、狩本。

431 楚虜我將智罃。（舊三九・一六七七—二 新二〇二二—四）

正義 智罃，武伯荀罃。

※ 見梅、狩本。

432 伯宗謀曰。（舊三九・一六七七—八 新二〇二二—一一）

正義 世本：「伯宗，伯州犁祖。」

※ 見梅、狩本。

433 乃使解揚紿爲救宋。（舊三九・一六七七—八 新二〇二二—一一）

正義 紿，詐也。

※ 見南化、楓、三、梅、狩本。

434 晉以巫臣爲邢大夫。（舊三九・一六七八—一二　新二〇二四—一）

正義 昔殷時邢國也。周公旦子復封爲邢侯，都此〔一〕。按：申公巫臣亦爲此大夫也。

※ 見梅、狩本。

〔一〕此，瀧川本空格，今據校補補。

435 梁山崩。（舊三九・一六七九—四　新二〇二四—八）

正義 括地志云：「梁山原在同州韓城縣東南十九里，其山東西〔一〕臨河，東南崩跡存焉。公羊傳云：『梁山崩，雍河，三日不流。』穀梁傳云：『成公五年，梁山崩，晉侯召伯尊，伯尊用輦者之言曰：「君率羣臣哭，斯流矣。」如其言，河乃流也〔二〕。』」

※ 見梅、狩本。

〔一〕西，賀次君括地志輯校改作「南」，且云：「按水經河水注『河水又南逕梁山原東，原自山東南出至河』，『西』字誤，當作『南』。」

〔二〕增訂補「河乃流也」下，有下面一段文字凡九字：「注：『年表曰「宗伯隱其人」。』」

436 伯宗以爲不足怪也。（舊三九・一六七九—四　新二〇二四—八）

正義 用輦者之言，不書其名，曰隱〔一〕。

※ 見梅、狩本。

〔一〕校補云：「梅本『曰』作『是』，『隱』下有『其人』。」增訂補「用輦者」上，有「左傳云」三字。

437 使呂相讓秦。（舊三九・一六七九—一二　新二〇二五—一）

正義 杜預曰：「魏錡子也。」〔一〕

※ 見梅、狩本。

〔一〕增訂補這條正義佚文的全文十七字，其文爲：賈逵云：「呂相，晉大夫。」杜預曰：「呂相，魏錡子也。」

438 伯宗以好直諫得此禍，國人以是不附厲公。（舊三九・一六八〇—一　新二〇二五—五）

正義 左傳云：「初，伯宗每朝，其妻必戒之曰：『盜憎主人，民惡其上，子好直言，必及於難也。』」

※ 見梅、狩本。

439 内子周立之。（舊三九・一六八〇—一一　新二〇二六—二）

正義 子周，晉悼公也。世本云襄公生桓伯捷，捷生悼公周也。

※ 見梅、狩本。

440 願公試使人之周微考之。（舊三九・一六八〇—一一　新二〇二六—三）

正義 按：周，洛陽，時周王都洛〔一〕。

※ 見梅、狩本。

〔一〕增訂補「陽」下有「也」字，「都洛」下有「陽」字。「都洛陽」下有下面一段文字凡十二字：「年表云：立襄公子糾爲悼公也。」衍田按，晉悼公名周，「周」字一作「糾」。言悼公爲襄公子，誤。悼公爲襄公之後，世次有二説，一云爲孫，一云爲曾孫。

441 秦取我櫟。（舊三九・一六八二—一一　新二〇二八—五）

正義 音歷。括地志曰：「河内陽翟縣，古櫟邑也。」左傳云：襄十一年，秦庶長鮑帥師伐晉以救鄭於輔氏，秦、晉戰于櫟，晉師敗績。杜預云：「從輔氏度河也。」年表云：「使庶長鮑伐晉救鄭，敗之櫟。」按：此二文是陽翟也。〔一〕

※見梅、狩本。

〔一〕櫟，春秋左傳十數見，分指三國三地：一屬鄭，一屬晉，一屬楚。此正義引述的左傳與年表所載秦伐晉事，是同一史實，戰地是晉國之櫟，正義注文將此櫟地當作鄭國之櫟，誤。且陽翟縣地處河南，括地志屬許州，此云「河内陽翟縣」，又誤。「河内」之「内」，或「南」之誤。增訂補「河内」作「河南」。

442 晉使六卿率諸侯伐秦。（舊三九・一六八三—五　新二〇二八—一二）

正義 六卿，韓、魏、趙、范、中行、知氏也。

※見梅、狩本。

443 悼公問治國於師曠。（舊三九・一六八三—六　新二〇二八—一三）

正義 師曠，晉樂太師野。

※見梅、狩本。

444 趙鞅使邯鄲大夫午，不信。（舊三九・一六八五—二　新二〇三〇—一〇）

正義 趙鞅定十年〔一〕伐衛，衛懼，貢五百家，鞅置之邯鄲。今欲徙之晉陽，午許諾。歸，告其父兄，父兄不許，倍言，是不信。

※ 見梅、狩本。

〔一〕十年，瀧川本作「十一年」。校補云：「梅本無『一』。」檢左傳，「晉趙鞅圍衛」在定十年，而定十一年經、傳皆不涉晉衛間事。又定十三年杜預注云：「十年，趙鞅圍衛，衛人懼，貢五百家，鞅置之邯鄲，今欲徙著晉陽。」今據删「一」字。

445 韓不信。（舊三九·一六八五—三 新二〇三〇—一一）

正義 世本云：「不信，韓宣子孫簡子也。」

※ 見梅、狩本。

446 魏侈。（舊三九·一六八五—三 新二〇三〇—一一）

正義 即魏襄子，左傳作「魏曼多」，世本云魏襄子多也。

※ 見梅、狩本。

447 定公與吴王夫差會黄池。（舊三九·一六八五—八 新二〇三一—二）

正義 黄池，在汴州封丘縣南七里，去汴州四十三里。

※ 見梅、狩本。

448 故知伯乃立昭公曾孫驕爲晉君，是爲哀公。（舊三九·一六八六—一 新二〇三一—八）

正義 諸説竝不同，疑年表爲長。

※ 見梅、狩本。

449 幽公之時，晉畏，反朝韓、趙、魏之君。（舊三九・一六八六—一五 新二〇三二—八）

正義 宋忠引此世家注世本云「晉衰」，疑今本誤也。

※ 見梅、狩本。

450 十七年，孝公卒。（舊三九・一六八七—七 新二〇三三—二）

正義 世本云：「生靖公俱也。」

※ 見梅、狩本。

楚世家第十

451

卷章生重黎。（舊四〇・一六八九—四　新二〇三九—四）

正義 帝繫云：「顓頊〔一〕娶于騰堭氏〔二〕女，生老童〔三〕，是爲楚先也。」世本云：「老童取根水氏〔四〕之子，謂之嬌禍〔五〕，產重黎及吴回也。」

※ 見南化、楓、三、梅、狩本。

〔一〕頊，瀧川本誤「瑞」。大戴禮記帝繫作「頊」，王逸楚辭章句引亦作「頊」（詳校〔二〕），且本篇史文明言顓頊爲楚先。今據改。

〔二〕騰堭氏，校補云：「南化、楓、三、梅本『堭』作『墳』。」大戴禮記帝繫作「滕氏」，云：「顓頊娶于滕氏，滕氏奔之子謂之女祿氏，產老童。」楚辭離騷「帝高陽之苗裔兮」句王逸章句引帝繫作「騰隍氏」，云：「顓頊娶于騰隍氏女而生老僮，是爲楚先。」又太平御覽卷七九皇王部四引帝王世紀作「勝墳氏」，云：「（顓頊）納勝墳氏女娽生老童。」山海經海經大荒西經「顓頊生老童」句郭璞注引世本作「滕墳氏」，云：「顓頊娶于滕墳氏，謂之女禄，產老童也。」

〔三〕老童，山海經海經大荒西經「顓頊生老童」句郝懿行箋疏引譙周云：「老童即卷章。」又王逸楚辭章句引「童」作「僮」，詳見校〔二〕。

〔四〕根水氏，山海經海經大荒西經「老童生重及黎」句郭璞注引世本同，彼注云：「老童娶于根水氏，謂之驕福，産重及黎。」大戴禮記帝繫作「竭水氏」，云：「老童娶于竭水氏，竭水氏之子謂之高緺氏，産重黎及吴回。」

〔五〕繑禍，校補云：「南化、楓、三、梅本『繑』作『驕』。」大戴禮記帝繫作「高緺」，山海經郭璞注引作「驕福」，皆詳校〔四〕。又漢書古今人表作「嬌極」。

452 重黎。

正義 此重黎，火正也。小〔一〕昊之後重，木正也。則知此重黎則非彼重也。

（舊四〇・一六八九—四　新二〇三九—四）

※　見南化、楓、三、狩本。

〔一〕校補云：「梅本『小』作『少』。」

453 居火正。

（舊四〇・一六八九—四　新二〇三九—四）

○正義 左傳云：少昊氏有子曰重，爲勾芒，水正；顓頊有子曰黎，祝融，火正。按，此重及黎，自掌二官也。劉伯莊云：「少昊之後曰重，顓頊之後曰重黎。對彼重則單稱黎，自言則當稱重黎。自楚司馬皆重黎之後，非少昊之重也。」宋衷云：「地官耳。當以顓頊之兼天官者謂之重黎也。」

※　見小此本。此爲據訂補增輯佚文第三條。

454 陸終生子六人，坼剖而産焉。

（舊四〇・一六九〇—一　新二〇四〇—四）

正義 陸終娶鬼方氏之妹〔一〕，謂之女嬇〔二〕，産六子，孕而不毓〔三〕三年，啟其右脇〔四〕，六人出焉。

※見南化、楓、三本。

〔一〕應劭風俗通義無「妹」字，云：「陸終娶于鬼方氏，是謂女潰。」增訂補「陸終」上有「世本云」三字。

〔二〕女嬇，本句史文索隱與太平御覽卷三七一人事部一二、水經注卷二二洧水注引世本同，大戴禮記帝繫作「女隤氏」，風俗通義與漢書古今人表作「女潰」。增訂補作「女嬇」。

〔三〕不毓，大戴禮記帝繫作「不粥」，風俗通義與太平御覽卷三七一引世本作「不育」。毓，說文「𠫓」部「育」字下云：「毓，育或从每。」文選卷一班固東京賦「豐圃草以毓獸」句李善注云：「毓，與『育』音義同。」王國維觀堂集林卷九殷卜辭中所見先公先王續考云：「卜辭[illegible]字異文頗多，或作[illegible]，或作[illegible]，或作[illegible]，作[illegible]，作[illegible]，或作[illegible]，或作[illegible]，字皆从女从[illegible]，或从母从[illegible]，象産子之形，其从八、[illegible]、[illegible]者則象産子之有水液也。或从𠂆者，與从女、从母同意。故以字形言，此字即說文『育』之或體『毓』字，『毓』从每从㐬，與此正同。」粥，禮記樂記「毛者孕鬻」句陸德明釋文云：「鬻，音育，生也。」阮元禮記注疏校勘記云：「鬻，爲『育』之假借字。」說文段玉裁注云：「『鬻』作『粥』者，俗字也。」又高明大戴禮記今注今譯云：「粥，作『生育』講。」毓、育、粥三字，字異義同，皆「育」之義。又「孕而不毓三年」，水經注洧水注引世本作「孕三年」。增訂補「産」一字作「是生」二字，重「六子」。

〔四〕右脇，大戴禮記帝繫作「左脅」。風俗通義云：「啟其左脅，三人出焉；啟其右脅，三人又出焉。」太平御覽卷三七一與水經注洧水注引世本同風俗通義。（二書無「又」字，水經注第二「啟」字作「破」。）增訂補作「啟其右脇六人出焉」。

455 其長一曰昆吾。（舊四〇・一六九〇—一　新二〇四〇—四）

△正義〔括地志云：「濮陽縣，古昆吾國也。昆吾故城在縣西三十里，臺在縣西百步，即昆吾墟也。」〕虞翻云「昆吾名樊」，未詳熟也。

※　見南化、楓、三、梅、狩本。

456 夔不祀祝融、鬻熊故也。（舊四〇・一六九八—五　新二〇四九—六）

正義　左傳云楚以其不祀祝融、鬻熊，使鬬宜申帥師滅夔，以夔子歸是也。

※　見南化、楓、三、狩本。

457 無效齊慶封弒其君而弱其孤。（舊四〇・一七〇四—一五　新二〇五六—一二）

△正義　崔杼弒莊公，立其弟景公，孤謂景公也，以其幼少輕弱也。

※　見楓、三本。

458 僇越大夫常壽過。（舊四〇・一七〇六—一四　新二〇五八—一四）

正義　姓常，名壽過。

※　見南化、楓、三、梅、狩本。

459 芋尹申無宇。（舊四〇・一七〇八—五　新二〇六〇—八）

正義　芋尹，種芋園之尹也。

※　見南化、楓、三、梅、狩本。

460 遇王飢於釐澤。（舊四〇・一七〇八—六　新二〇六〇—九）

正義 釐澤，上力其反。左傳云：「乃求之，遇諸棘闈以歸。」杜預曰：「棘，里名。闈，門也。」

※ 見南化、楓、三、狩、梅本。

461 弃疾使船人從江上走呼曰。（舊四〇・一七〇八—一三　新二〇六一—一）

正義 江上，即江邊也。

※ 見南化、楓、三、梅、狩本。

462 平王以詐弒兩王而自立。（舊四〇・一七〇九—三　新二〇六一—六）

正義 兩王，謂靈王及子比也。

※ 見南化、楓、三、梅、狩本。

463 獲五率以歸。（舊四〇・一七〇九—四　新二〇六一—七）

正義 率，所類反。五帥，謂伐徐時蕩侯等五大夫也。督作「裻」，音督。

※ 見南化、楓、三、梅、狩本。

464 先神命之。（舊四〇・一七一〇—七　新二〇六二—一一）

正義 謂埋璧之時也。

※ 見南化、楓、三、梅、狩本。

465 有先大夫子餘、子犯以爲腹心。（舊四〇・一七一〇—一二　新二〇六三—一）

正義 子餘，趙衰。子犯，狐偃也。

※ 見南化、楓、三、梅、狩本。

466 尚至，胥不至。（舊四〇・一七一三—一一　新二〇六六—五）

正義 左傳云伍尚爲棠君〔一〕。括地志云：「揚州六合縣，本春秋時棠邑，伍尚爲大夫也。」

※ 見南化、楓、三、梅、贊異本。校補云：「按：各本校記不冠『正義曰』三字，瀧川本依大島贊川史記考異爲正義。存疑。」

〔一〕校補云：「南化、楓、三、梅本『棠君』作『宗尹』。」此事見左傳昭二十年，傳稱「棠君尚」，杜預注云：「棠君，奢之長子尚也，爲棠邑大夫。」陸德明經典釋文云：「君，或作『尹』。」若是，校補所云「宗尹」或爲「棠尹」之誤。

467 昭王亡也至雲夢。（舊四〇・一七一五—一二　新二〇六八—七）

正義 括地志云：「雲夢澤在安州安陸縣東南五十里是。」

※ 見南化、楓、三、梅、狩本。

468 三晉伐楚，敗我大梁、榆關。（舊四〇・一七二〇—三　新二〇七三—五）

正義 年表云：悼王三年，歸榆關于鄭。按：榆關當鄭之南、大梁之西也。榆關在大梁之境，此時屬楚，故云「敗我大梁、榆關」也。

※ 見南化、楓、三、梅、贊異本。校補云：「按：各本校記不冠『正義曰』三字，瀧川本據大島贊川史記考

異爲正義。今存疑。」

469 張丑僞謂楚王曰。（舊四〇・一七二一—三 新二〇七四—六）

正義 爲，音僞〔一〕。言張丑爲田嬰故，僞設此辭〔二〕。

※ 見南化、楓、棭、三、梅本。

〔一〕史文「僞」字，校補云：「僞，南化、梅本作『爲』。」依校補與正義注文，正義本史文「僞」作「爲」。又：張文虎校刊史記集解索隱正義札記卷四引王念孫史記雜志云：「『僞』讀『爲人謀』之『爲』。」

〔二〕增訂補「辭」下有「説歟」二字。

470 今君已爲令尹矣，此國冠之上。（舊四〇・一七二二—二 新二〇七五—六）

正義 冠，音官，後同。楚國之官，令尹最高。昭陽已爲令尹矣，若人冠冕在首，冠〔一〕之上，不可更加。

※ 見南化、楓、三、狩本。

〔一〕冠，瀧川本空格，今據校補補。

471 今使使者從儀西取故秦所分楚商於之地方六百里。（舊四〇・一七二三—五 新二〇七六—一〇）

正義 荆州圖副云：「鄧州内鄉縣東〔一〕七里，張儀所謂商於之地。」

※ 見南化、梅、贄異本。校補云：「按：各本校記不冠『正義曰』三字，瀧本據大島贄川史記考異爲正

義。今存疑。」

〔一〕東，瀧川本無。越王句踐世家「商、於、析、酈、宗胡之地」句正義：括地志云：「商洛縣則古商國城也。」荆州圖副云：「鄧州内鄉縣東七里於村，即於中地也。」又越王句踐世家「北圖曲沃、於中」句正義引括地志云：「於中在鄧州内鄉縣東七里。」又商君列傳「秦封之於、商十五邑」句正義云：「於、商在鄧州内鄉縣東七里，古於邑也。」今據補。

472 韓已得武遂於秦，王甚善之。（舊四〇・一七二六—一一　新二〇八〇—六）

正義 昭睢言韓以得武遂於秦，西界至河山，必德楚，是昭王之甚善楚。

※ 見南化、楓、三、梅本。

473 樗里子必言秦，復與楚之侵地矣。（舊四〇・一七二六—一二　新二〇八〇—七）

正義 言齊、韓尊重秦相。秦相，樗里疾。疾得齊、韓尊重秦王〔一〕，而齊、韓又與楚親疾，必不敢棄也。今又益楚之重樗里疾，疾必言秦王歸楚侵地。

※ 見南化、楓、三、梅、狩本。

〔一〕依史文文義，「秦王」似應在「必不敢棄也」之上。

474 予我下東國，吾爲王殺太子。（舊四〇・一七二八—一三　新二〇八二—九）

正義 楚之下國最在東，故云「下東國」，即楚淮北。

※ 見南化、楓、三、梅、狩本。

475 趙主父在代。（舊四〇·一七二九—三 新二〇八二—一四）

正義 父，音甫。武靈王也。

※ 見南化、楓、三、狩、梅本。

476 楚人有好以弱弓微繳加歸鴈之上者。（舊四〇·一七三〇—二 新二〇八三—一三）

正義 弱，小也。微，細也。繳，弋射也。歸雁，北向也。言小弓細弋射北歸之雁，其矢加於背上。

※ 見南化、楓、三、梅、狩本。

477 見鳥六雙。（舊四〇·一七三〇—五 新二〇八四—二）

正義 謂上秦、魏、燕、趙、齊、魯、韓、衛、鄒、費、郯、邳者，合十二國也。

※ 見南化、楓、三、梅、狩本。

478 三國布𢵧，則從不待約而可成也。（舊四〇·一七三〇—一二 新二〇八四—一〇）

正義 𢵧，亦作「翅」，音式豉反。三國共布翅，言和同也。楚、趙、燕和同，而收關左，從不待〔一〕而可成。

※ 見南化、楓、三、梅、狩本。

〔一〕校補云：「南化、楓、三、梅本『左』作『東』，『待』下有『約』字。」

479 膺擊韓魏。（舊四〇·一七三一—二 新二〇八四—一五）

正義 膺，作「鷹」。如鷹鳥之擊也。

※ 見南化、楓、三、梅本。

480 夫弑共主，臣世君。（舊四〇・一七三三—一二 新二〇八八—二）

正義 天下共尊，今欲殺之，故言殺「共主」。周世君天下，故言「世君」也。

※ 見南化、楓、三、梅、狩本。

481 公之無百韓以圖周。（舊四〇・一七三三—一六 新二〇八八—六）

△正義 言韓之圖周倍於楚也。

※ 見南化、楓、三、梅本。

482 夫虎肉臊。（舊四〇・一七三四—五 新二〇八八—一一）

△正義 亦作「膠」。

※ 見南化、狩本。

483 其兵利身。（舊四〇・一七三四—五 新二〇八八—一一）

正義 虎有爪牙，以衛其身，若人身加兵，故其兵利身。

※ 見南化、楓、三、梅、狩本。

484 呑三翮六翼。（舊四〇・一七三四—七 新二〇八八—一三）

正義 「翮」誤，當作「鬲」，音歷，爾雅云「附耳外謂之釴，款足謂之鬲」〔一〕，曲足鼎也。翼，近鼎耳也。三翮六翼，即九鼎。

※ 見南化、楓、三、梅、狩本。

〔一〕爾雅釋器文。䰛，爾雅作「鬲」，云：「款足者謂之鬲。」說文云：「鬲，『鬲』或从瓦。」䰛，乃「鬲」之異體。段玉裁說文注引此句史文，且釋之曰：「按『翮』者，『䰛』之假借字；『翼』者，『釴』之假借。九鼎，款足者三，附耳於外者六也。」

485 楚使左徒侍太子於秦。（舊四〇・一七三五—一三 新二〇九〇—六）

正義 左徒，官名。爾時黃歇爲左徒，侍太子於秦也。

※ 見南化、楓、三、梅、狩本。

486 秦將王翦破我軍於蘄。（舊四〇・一七三七—一 新二〇九一—九）

正義 音機，又音圻。地理志云沛郡蘄縣也。

※ 見南化、楓、三、梅、狩本。

越王句踐世家第十一

487 越王句踐世家第十一。（舊四一・一七三九—二　新二〇九九—二）

正義 句踐，越王名也。今越州也。周元王命爲伯也。

※ 見南化、楓、三、梅、狩、野本。

488 吴師敗於檇李。（舊四一・一七三九—一二　新二一〇〇—一）

△正義 檇，音醉。

※ 見南化、楓、三本。

489 持滿者與天。（舊四一・一七四〇—一一　新二一〇〇—一二）

正義 言執持滿之德，維天能之。越絶云：「天道盈而不溢，盛而不驕。」

※ 見南化、楓、三、梅、狩、野本。

490 定傾者與人，節事者以地。（舊四一・一七四〇—一一　新二一〇〇—一三）

正義 定傾危之計，唯人能之。越絶云：「地貴定傾，人貴節事。」與此文反也。

※ 見南化、楓、三、梅、狩、野本。

491 必取吾眼置吴東門，以觀越兵入也。（舊四一・一七四四—一　新二一〇四—八）

正義 越後滅吳，從閶闔城東南開示浦，以子胥夢示之，因爲名，是從東門滅吳也。

※ 見南化、楓、三、梅、狩本。

492 吳師敗，越遂復棲吳王於姑蘇之山。（舊四一・一七四五—八 新二一〇五—一五）

正義 夫差棲於姑蘇山，轉戰于西北，敗于遂。〔一〕

※ 校補云：「慶、彭、凌、殿、金陵各本皆無此注，瀧川本據張文虎校刊史記集解索隱正義札記補。」張氏札記輯自吳郡志塚墓門。

〔一〕吳郡志卷三九塚墓門引此正義云：「夫差棲於姑蘇山，轉戰西北，敗於干遂。在蘇州西北四十里萬安山有遂山。」瀧川本輯此正義，「轉戰」下增「于」字，「敗于」下脱「干」字，且脱末句十四字。

493 圖越之所爲不伐楚者，爲不得晉也。（舊四一・一七四八—五 新二一〇九—一）

正義 晉，即韓、魏也。爾時三晉滅其君已三十餘年矣。

※ 見南化、楓、三、梅、狩、野本。

494 所重於得晉者。（舊四一・一七四八—七 新二一〇九—三）

△正義 重，猶「璽器」也。

※ 見南化、楓、三本。

495 則齊、秦、韓、魏得志於楚也。（舊四一・一七四八—一一 新二一〇九—七）

正義 齊國泗上界楚，秦出武關侵楚，韓葉、陽翟鄰楚，魏南陳、上蔡接楚。言四國欲伐楚，是得其志於楚也。

※　見南化、楓、三、梅、狩本。

496　是二晉不戰而分地，不耕而穫之。（舊四一・一七四八—一一　新二二〇九—七）

正義　言齊、秦攻楚，韓、魏舉兵，未戰而以得地，是猶不耕而穫之。

※　見南化、楓、三、梅、狩本。

497　而頓刃於河山之閒以爲齊、秦用。（舊四一・一七四八—一一　新二二〇九—七）

正義　言韓、魏頓刃於黄河、華山之閒，若此險固，猶爲齊、秦使役也。

※　見南化、楓、三、梅、狩本。

498　所待者如此其失計。（舊四一・一七四八—一二　新二二〇九—八）

△正義　其以失計猶爲王也。

※　見南化、楓、三、梅、狩本。

499　吾不貴其用智之如目，見豪毛而不見其睫也。（舊四一・一七四八—一二　新二二〇九—九）

△正義　吾，齊使也。言實不貴重越王，韓、魏失計，此爲知惠也。

※　見南化、楓、三、梅本。

500　今王知晉之失計，而不自知越之過，是目論也。（舊四一・一七四八—一三　新二二〇九—九）

正義　論，郎頓反。齊使云越王知晉之失計，不自知己分，越王之過，猶人眼見毫毛而不見其睫，故云「目論」。

※ 見南化、楓、三、梅、狩本。

501 北闉曲沃、於中。（舊四一·一七四八—一五　新二一〇九—一一）

△正義〔括地志云：「曲沃故城在陝縣西三十二里。於中在鄧州内鄉縣東七里。」爾時曲沃屬魏，於中屬秦，二地相近，故楚闉之。〕北闉曲沃、於中。「於中」屬上，今此點屬下句，恐非歟！

※ 見南化、楓、三、梅本。

502 圖王不王，其敝可以伯。然而不伯者，王道失也。（舊四一·一七四九—四　新二一〇九—一五）

正義 言圖王不得王，其弊因猶可以伯，然而不伯者，其道猶在，唯失王道也。

※ 見南化、楓、三、梅、狩本。

503 范蠡事越王句踐。（舊四一·一七五一—一四　新二一一三—五）

正義〔吳越春秋云：「蠡字少伯，乃楚宛三户人也。」越絶云：「在越爲范蠡，在齊爲鴟夷子皮，在陶爲朱公。」又云：「居楚曰范伯。謂大夫種曰：『三王則三皇之苗裔也，五伯乃五帝之末世也。天運曆紀，千歲一至，黄帝之元，執辰破巳，霸王之氣，見於地户。伍子胥以是挾弓矢干吳王。』於是要大夫種入吳。此時馮同相與共戒之：『伍子胥在，自餘不能關其詞。』蠡曰：『吳越之邦同風共俗，地户之位非吳則越。彼爲彼，我爲我。』乃入越，越王常與言，盡日方去。」〕七略云：「素王妙論二卷，司馬遷撰也。」

※　見南化、楓、三、梅、狩、野本。張文虎校刊史記集解索隱正義札記云：「困學紀聞二十引太史公素王妙論，下注：『史記正義：七略云司馬遷撰此。』蓋因集解引素王妙論而釋之也。今本缺。」

504　自謂鴟夷子皮。（舊四一・一七五二—一二　新二一一四—五）

正義　吴王誅子胥，盛鴟夷子皮，棄之江中。蠡既去越，比之子胥，自號鴟夷子皮。鴟夷用馬革爲之，形若榼也。韋昭曰：「鴟夷，革囊也。」韓子云〔一〕：「鴟夷子皮事田成子，去齊之燕，子皮從之。」〔二〕

※　見南化、楓、三、梅、狩、野本。

〔一〕韓非子卷七説林上：「鴟夷子皮事田成子，田成子去齊，走而之燕，鴟夷子皮負傳而從。」

〔二〕校補云：「南化、楓、三、梅各本『之』下有『蓋范蠡也』四字。」

505　復約要父子耕畜，廢居，候時轉物，逐什一之利。（舊四一・一七五三—一　新二一一四—九）

正義　畜，許六反。耕，耕田也。畜，養五牸也。廢，停也。居，貯也。停賤物，貴而賣之也。

※　見南化、楓、三、梅本。

506　此朱公之金。有如病不宿誡，後復歸，勿動。（舊四一・一七五四—五　新二一一五—一四）

正義　宿，猶「預」也。言此朱公之金，有如病患，須固看守，而言不預誡，後復歸朱公，慎莫動也。一云有如病，此金欲用之也。

※　見南化、楓、三、梅、狩本。

鄭世家第十二

507 鄭世家第十二。（舊四二・一七五七—二　新二二一二—二）

正義 毛詩譜云：「鄭國者，周宣王封其弟友於宗周畿内棫林之地，是爲鄭桓公。」

※ 見南化、楓、三、梅、狩、野本。

508 幽王以爲司徒。（舊四二・一七五七—四　新二二一二—四）

正義 詩序曰「鄭桓公爲司徒，善於其職，國人宜之，故賦緇衣之詩」是也。左傳云桓公友入爲司徒，及子武公亦爲之。

※ 見南化、楓、三、梅、狩本。

509 河雒之閒，人便思之。（舊四二・一七五七—四　新二二一二—四）

正義 河雒之閒，黄河之南，洛水之北。

※ 見南化、楓、三本。

510 東徙其民雒東，而虢、鄶果獻十邑。（舊四二・一七五八—二　新二二一二—三）

正義 括地志云：「故華城〔一〕在鄭州管城縣南三十里。鄢，今許州鄢陵是，杜預曰鄢，潁川鄢陵縣，即氾水縣也。餘邑皆相近〔二〕。」毛詩疏曰：「鄭世家云桓公言於王，東徙其民雒東，而虢、鄶果獻十邑。如世家言，則桓公自取十邑，而〔三〕云『死後武公取之』者，司馬遷見國語『史伯爲公謀取十邑』之文，不知桓公身未得，故傅會爲此説耳。外傳云：『皆子男之國，虢、鄶爲大。』則八邑各爲其國，則虢、鄶之地無由得獻之桓公也。明司馬遷之説謬耳。」

※　見南化、楓、三、狩、梅、野本。

〔一〕華城，瀧川本作「莘城」。校補云：「南化、梅本『莘』字作『華』。」秦本紀「擊芒卯、華陽」句正義引括地志云：「故華城在鄭州管城縣南三十里。」國語云史伯對鄭桓公，虢、鄶十邑，華其一也。」穰侯列傳「爲華陽君」句正義亦云：「故華城在鄭州管城縣南三十里。」又上海古籍出版社一九七八年出版國語點校本鄭語「十邑皆有寄地」句韋昭注云：「十邑，謂虢、鄶、鄔、蔽、補、舟、依、柔、歷、華也。」鄭取十邑之中，有華而無莘。此當作「華」是，今改「莘」爲「華」。附及：校補云：本句史文集解中之「莘」字，景、井、蜀、紹、耿、慶、彭、毛、凌、游各本皆作「華」，殿、金陵本改作「莘」。

〔二〕校補云：「南化、狩、梅本『近』下有『未詳的所』四字。」

〔三〕瀧川本「而」下有「詩譜」二字。校補云：「南化、狩、梅本無『詩譜』二字。」詩疏無「詩譜」二字，鄭玄詩譜亦無「死後武公取之」之文。「而云死後武公取之者」，是指詩疏上文所引漢書地理志文而言。漢志云：「幽王敗，桓公死，其子武公與平王東遷，卒定虢、會之地。」今刪「詩譜」二字。

511　敗秦兵於汪。（舊四二·一七六七—五　新二一三二—七）

正義　汪，烏黄反，在同州北二百里，彭衙相近也。

※　見南化、狩本。校補云：「按：各本校記不冠『正義曰』三字。」

512 受吾君命以出，有死無隕。（舊四二・一七六九—八 新二一三四—一一）

正義 有死亦不隕墜晉君命也。

※ 見南化、楓、三、梅、狩本。

513 悼公使弟睔於楚自訟。（舊四二・一七七〇—一 新二一三五—四）

△正義 睔，大目〔一〕。

※ 見南化、三、梅本。

〔一〕說文：「睔，目大也。」此處「睔」爲人名，而佚文「大目」釋「睔」字義。

趙世家第十三

514

與桃林盜驪、驊騮、綠耳，獻之繆王。（舊四三・一七七九—七　新二二四七—七）

正義〔括地志云：「桃林在陝州桃林縣，西至潼關，皆爲桃林塞地。山海經云：夸父之山，北有林焉，名曰桃林，廣闊三百里，中多馬。造父於此得驊騮、騄耳之乘獻周穆王也。」〕盜騧，騧，淺色。驪，黑色。驊，黃色。騮，赤〔一〕色。穆天子傳云：「赤驥、盜驪、白義、渠黃、驊騮、騄耳、踰輪、山子，此八駿也。」

※　見南化、楓、三、梅、狩本。

〔一〕赤，瀧川本空格。校補據各本校記補「赤」。爾雅疏引孫炎云：「騮，赤色也。」今據補。

515

見西王母，樂之忘歸。（舊四三・一七七九—八　新二二四七—八）

正義 穆天子傳曰：「穆王觴西王母于瑤池之上，西征至于崑崙之丘，見西王母。其年王母來見，賓于昭宮。」括地志云：「崑崙山在肅州酒泉縣南八十里。十六國春秋云：『酒泉南山，崑崙之丘也。周穆王見西王母，樂而忘歸，即謂此山。有石室、王母臺，瑤璣鏤飾，煥若神宮也。』」

※　見南化、楓、三、梅、狩本。

516 攻徐偃王。（舊四三·一七七九—八　新二二四七—八）

正義 按：穆王元年，去楚文王元年三百一十餘年也。

※ 見南化、楓、三、梅、狩本。

517 腼不熟。（舊四三·一七八二—九　新二二五〇—一二）

正義 腼，煮熟也。熊掌難熟，如煮凡肉，熊掌猶不熟也。

※ 見南化、梅、狩本。

518 君子譏盾。（舊四三·一七八二—一一　新二二五〇—一四）

正義 君子，謂孔子也。

※ 見南化、梅、狩本。

519 帝告我。（舊四三·一七八七—一一　新二二五五—六）

正義 謂受帝教命也。

※ 見南化、楓、三、梅、狩本。

520 與百神游於鈞天。（舊四三·一七八七—七　新二二五五—一二）

正義 淮南子：「中央曰鈞天。」

※ 見南化、楓、三、梅、狩本。

521 簡子問其姓而延之以官。（舊四三·一七八八—一一　新二二五七—一）

正義 簡子問何姓，又延之以何官也。

※ 見南化、楓、三、梅、狩本。

522 韓不佞。(舊四三·一七九〇—五 新二一五八—一〇)

正義 韓簡子也。信(一)，本作「佞」也。

※ 見南化、梅、狩本。

(一)信，瀧川本無。校補云：「南化、梅、狩本『也』字下有『信』。」又：史文「佞」字，校補云：「佞，南化、梅本作『信』。按：各本校記上冠『正義』二字，疑正義本。」依校補與正義注文，正義本史文「佞」作「信」。今於「也」下補「信」字。

523 不聞周舍之鄂鄂。(舊四三·一七九二—二 新二一六〇—一〇)

正義 鄂鄂，直也。

※ 見南化、楓、三、梅、狩本。

524 爲能忍訽。(舊四三·一七九三—三 新二一六一—一一)

△正義 訽，火構反；訽，恥辱也。

※ 見南化、楓、三、梅本。

525 宰人各。(舊四三·一七九三—一四 新二一六二—九)

正義 各，音洛。

※ 見南化、梅、狩本。

526 脩下而馮，左衽界乘。（舊四三・一七九五—二 新二一六三—一二）

正義 馮，音憑，依也。左衽，胡服也。界，即介也，乘馬被甲。

※ 見楓、三、梅、狩本。

527 成侯與魏惠王遇葛孽。（舊四三・一八〇一—三 新二一七〇—五）

正義 葛孽，二城名。孽，魚桀反。

※ 見南化、楓、三、梅、狩本。

528 吾欲胡服。（舊四三・一八〇六—四 新二一七六—四）

〇正義 胡服，今時服。廢除裘裳也。

※ 見佚存本。此爲據訂補增輯佚文第四條。

529 雖驅世以笑我。（舊四三・一八〇七—五 新二一七七—八）

正義 驅，音區；驅，盡也。驅世，謂盡一世以笑我也。

※ 見南化、楓、三、梅、狩本。

530 臣不佞。（舊四三・一八〇八—三 新二一七八—七）

△正義 佞，才也〔一〕。

※ 見南化、楓、三、梅本。

531 而佛學者。（舊四三・一八〇八—六　新二二七八—一〇）

△正義 拂戾不泄也。

〔一〕增訂補「才也」下有「以滋進」三字。

※ 見南化、楓、三、梅本。

532 虙戲、神農教而不誅。（舊四三・一八一〇—一一　新二二八一—一）

正義 虙戲、伏羲同音。

※ 見南化、狩本。

533 衣服器械各便其用。（舊四三・一八一〇—一二　新二二八一—二）

正義 内盛曰器，盂椀之屬。外盛曰械，刀鋸之屬也。

※ 見南化、楓、三、梅、狩本。

534 則是鄒、魯無奇行也。（舊四三・一八一〇—一四　新二二八一—四）

正義 言鄒、魯儒服長纓，非志好奇淫蕩也，而生孔子、顔回、曾參、閔損，皆奇行也。

※ 見南化、楓、三、梅、狩本。

535 俗辟者民易，則是吴、越無秀士也。（舊四三・一八一〇—一四　新二二八一—四）

正義 言吴、越僻處海隅，其民踈誕簡易也，而生巫咸、巫賢、太公吕尚、吴季札、言偃，皆秀士也。

536 以書御者。（舊四三・一八一〇—一六 新二一八一—六）

※ 見南化、楓、三、梅、狩本。

△正義 以儒學之人爲御。

※ 見南化、梅本。

537 見其長子章傫然也。（舊四三・一八一五—一 新二一八六—一）

正義 低垂貌。傫，失意也。孔子世家：「傫然若喪家之狗。」

※ 見南化、楓、三、梅、狩本。

538 探爵鷇而食之。（舊四三・一八一五—七 新二一八六—八）

正義 按：鳥子受哺者謂之鷇，鳥啄食者謂之鶵也。

※ 見南化、楓、三、梅、狩本。

539 非王有已。（舊四三・一八一八—二 新二一八九—六）

正義 音以爾反。

※ 見南化、楓、三、梅、狩本。

540 宜爲上佼。（舊四三・一八一九—三 新二一九〇—九）

正義 佼，音效，功勞也。

※ 見南化、楓、三、梅、狩本。

541 竊自恕。(舊四三·一八二二—一四　新二一九五—一)

〇正義 恕,音庶。劉伯莊云:「猶言自忖度也。」

※ 見佚存、安中本。此爲據訂補增輯佚文第五條。

542 猶不能持無功之尊。(舊四三·一八二四—五　新二一九六—八)

正義 持,猶「執」。

※ 見南化、楓、三、梅、狩本。

543 卒四十餘萬皆阬之。(舊四三·一八二六—一三　新二一九九—七)

正義 白起傳云:「斬首虜四十五萬人。」括地志云:「頭顱山,一名白起臺,在澤州高平縣西五里。」上黨記云:「秦阬趙兵,收頭顱,築臺於壘中,因山爲臺,崔嵬桀起,今稱白起臺也。」

※ 見南化、楓、三、梅、狩本。

544 王還。(舊四三·一八二六—一五　新二一九九—九)

正義 還,猶「仍」也。

※ 見南化、楓、三、梅、狩本。

545 延陵鈞。(舊四三·一八二九—一　新二二〇一—一四)

正義 鈞,名也。

※ 見南化、楓、三、梅、狩本。

546 以龍兑。（舊四三・一八二九—二　新二二〇二—一）

正義〔括地志云：「北新城故城在易州遂城縣西南二十里。按：遂城縣西南二十五里有龍山，邢子勵趙記云『龍山有四麓，各有一穴，大如車輪，春風出東，秋風出西，夏風出南，冬風出北，不相奪倫』。按蓋謂龍兑也。」〕兑，音奪。

※　見南化、楓、三、梅、狩本。

547 秦召春平君。（舊四三・一八三〇—八　新二二〇三—九）

正義 春平未詳。

※　見南化、楓、三、梅、狩本。

548 城韓皋。（舊四三・一八三〇—一一　新二二〇三—一二）

正義 韓皋未詳。

※　見南化、楓、三、梅、狩本。

549 民譌言曰。（舊四三・一八三二—一〇　新二二〇五—一四）

正義 譌，音訛。

※　見南化、楓、三、梅、狩本。

魏世家第十四

550 今命之大。（舊四四·一八三五—一〇　新二二一九—一〇）

正義 命，名也。

※ 見南化、楓、三、謙、梅、野本。

551 屯固比入。（舊四四·一八三五—一一　新二二一九—一一）

正義 屯，難，故須堅固。比，親近，故云入。

※ 見南化、楓、三、謙、梅、狩、野本。

552 魏獻子生魏侈。（舊四四·一八三七—一一　新二二二二—一）

正義 侈，音他；侈，尺氏反。

※ 見南化、楓、三、謙、梅、狩、野本。校補云：「按：各本校記『侈尺氏反』提行，下四字非正義歟？」

553 魏侈之孫曰魏桓子。（舊四四·一八三七—一四　新二二二二—四）

正義 世本云：「獻子桒（一）生懿子游及簡子取，取生襄子多，多生桓子駒，駒生文侯斯。」其與此不同，古書誤也。

※ 見南化、楓、三、謙、梅、狩本。

〔一〕校補云：「南化、楓、三、謙本『棄』字作『荼』。」上文「嬴生魏獻子」句索隱引世本云：「獻子名荼。荼，莊子之子。」又左傳襄二十三年「因魏獻子以晝入絳」句杜預注與國語晉語九「請納賂於魏獻子」句韋昭注皆云魏獻子名舒。舒、荼聲相近，蓋「棄」誤。

554 十三年，秦獻公縣櫟陽。（舊四四・一八四二—一三　新二二二七—一四）

○正義 櫟，音歷。

※見小此本。此爲據訂補增輯佚文第六條。

555 故曰「君終無適子，其國可破也」。（舊四四・一八四三—八　新二二二八—一〇）

正義 適者〔一〕嫡。是故舊所言，故曰「故曰」也。

※見南化、楓、三、謙、梅、野本。

〔一〕校補云：「南化、謙本『者』字作『音』。」

556 魏敗韓于馬陵。（舊四四・一八四四—四　新二二二九—八）

正義 此馬陵在魏州元城縣東南一里。

※見南化、楓、三、謙、梅、狩本。

557 取龐。（舊四四・一八四四—六　新二二二九—一〇）

正義 龐，近少梁。

※見南化、楓、三、謙、梅、狩本。

558 魏相田需死。（舊四四・一八五一—九 新二二三七—一四）

正義 需〔一〕，音須。

※ 見南化、楓、三、謙、梅本。

〔一〕校補云：「南化、楓、三、謙本『需』下有『作需』二字。」

559 丈人芒然乃遠至此。（舊四四・一八五六—二 新二二四二—一三）

△正義 芒，莫唐反。

※ 見南化、楓、三、梅本。

560 以秦之彊足以爲與也。（舊四四・一八五六—四 新二二四二—一五）

正義 與，黨與也。

※ 見南化、楓、三、謙、梅、野本。

561 楚、魏疑而韓不可得也。（舊四四・一八六一—一二 新二二四九—五）

正義 不可得合從也。

※ 見南化、楓、三、謙、梅、野本。

562 秦橈之以講。（舊四四・一八六一—一二 新二二四九—五）

正義 橈，曲也。講，猶「和」也。誘諸侯伐韓，無不從者也。

※ 見南化、楓、三、梅、謙、野本。

韓世家第十五

563 武子後三世有韓厥。（舊四五・一八六五—三 新二二五九—三）

正義 世本云：「桓叔生子萬，萬生勝伯，勝伯生定伯簡，簡生輿，輿生獻子厥，立居韓。」按：桓叔，晉文侯弟成師也，晉昭侯〔一〕封之曲沃，號曰桓叔。

※ 見南化、楓、三、梅、謙、狩、野本。

〔一〕侯，瀧川本作「公」。左傳作「侯」（見左傳魯桓公二年傳文）。晉世家亦作「侯」，云：「昭侯元年，封文侯弟成師于曲沃」，「成師封曲沃，號爲桓叔。」今據改。參見第三九一條校〔二〕。

564 宣子卒，子貞子代立。（舊四五・一八六六—一一 新二二六〇—一三）

正義 世本云：「宣子起生平子須也。」

※ 見南化、楓、三、梅、謙、狩、野本。

565 取陵觀。（舊四五・一八六八—一五 新二二六三—七）

正義 陵觀，音館，未詳。

※ 見南化、楓、三、梅、謙、狩本。

566 申不害相韓。（舊四五・一八六九—三 新二二六三—一一）

正義不害，河南人，作申子三卷〔一〕，在法家也。

※　見南化、楓、三、梅、謙、狩本。

〔一〕漢書藝文志云：「申子六篇。」隋書經籍志云：「梁有申子三卷，韓相申不害撰，亡。」

567 此以一易二之計也。（舊四五·一八七〇—七　新二二六五—四）

正義一，謂賂秦一名都。二，謂使秦不伐韓，而又與之伐楚。

※　見南化、楓、三、梅、謙、狩、野本。

568 乃警公仲之行。（舊四五·一八七〇—七　新二二六五—四）

△**正義**唱説也。

※　見南化、楓、三、謙、梅、狩、野本。

569 將西購於秦。（舊四五·一八七〇—七　新二二六五—四）

正義以金帛和交曰購也。

※　見南化、楓、三、謙、狩、梅、野本。

570 不穀將以楚殉韓。（舊四五·一八七〇—一四　新二二六五—一一）

正義徇，行示也，言爲前鋒。

※　見南化、楓、三、謙、梅、狩、野本。

571 甘茂與昭魚遇於商於，其言收璽。（舊四五·一八七三—一四　新二二六九—一）

正義 其言語云昭魚遇於商於，擬相秦收其相璽，而實類其終契謀伐韓也。

※ 見南化、楓、三、謙、梅、狩本。

572 其實猶不無秦也。（舊四五·一八七四—一 新二二六九—四）

○正義 説韓相公仲耳。張儀定赧，赧王之六年死矣，此已十年。

※ 見梅、小此、安中本。此爲據訂補增輯佚文第七條。

573 秦敗我師于夏山。（舊四五·一八七六—一三 新二二七二—四）

正義 夏山，未詳。

※ 見南化、三、梅、謙、狩、野本。

574 是可以爲公之主使乎。（舊四五·一八七七—六 新二二七二—一二）

正義 爲，如字。言使甚多，獨筮爲主也。

※ 見南化、楓、三、謙、梅、狩、野本。

田敬仲完世家第十六

575　陳完者，陳厲公他之子也。（舊四六・一八七九—三　新二二七九—三）

正義 佗，同何反。譙周云：「春秋傳謂他即五父，世家與傳違。」案：左傳云厲公名躍，而佗立未踰年，無謚。又桓六年經云「蔡人殺他」，又莊二十二年傳云「陳厲公，蔡出也，故蔡人殺五父而立之」，則他與五父俱爲蔡所殺。其名雖異，其實則同，他與五父是一人明矣。而史記以他爲厲公，以躍爲利公，恐太史公誤，又恐當有所别見。班固又以厲公爲桓公弟，重誤矣。

※　見南化、梅、狩本。

576　陳厲公使卜完，卦得觀之否：是爲觀國之光，利用賓于王。（舊四六・一八七九—三　新二二七九—三）

正義 杜預曰：「此周易觀卦六四爻辭也。四爲諸侯，變而之乾，有國朝王之象。易之爲書，六爻皆有變象，又有互體，聖人隨其義而論之。」易正義云：「居觀在近，而得其位，明習國之禮儀，故宜利賓于王庭，爲王賓也。」否卦義曰：「否，閉之也，非是人道交通之時，不利君子爲正也。上下不交，而天下無國也。」言利賓于王庭，值無國之世，故刺君子爲不正，必代君有國。

※　見南化、梅、狩本。

577 不在此而在異國乎。（舊四六・一八七九—四　新二二七九—四）

正義 六四爻變，內卦爲本國，外卦爲異國，六四在外，故爲異國也。

※ 見南化、謙、梅、狩本。

578 在其子孫。（舊四六・一八七九—四　新二二七九—四）

正義 內卦爲身，外卦爲子孫，六四爻變，故知在子孫也。

※ 見南化、謙、梅、狩本。

579 若在異國，必姜姓。（舊四六・一八七九—五　新二二七九—五）

正義 六四爻是辛未爻，觀上體巽，未爲羊，巽爲女，以女乘羊，故爲姜。姜，齊姓，必知在齊也。

※ 見南化、梅、狩本。

580 八世之後，莫之與京。（舊四六・一八八〇—七　新二二八〇—八）

正義 賈逵曰：「京，大也。」杜預曰：「敬仲八代孫陳常也。」田完世家云八代孫田常之子盤也，而杜以常爲八代者，以桓子無宇生武子開，與釐子乞皆相繼事齊，故以常爲八代。

※ 見南化、楓、三、謙、梅、狩本。

581 嫗乎采芑，歸乎田成子。（舊四六・一八八三—五　新二二八三—七）

正義 嫗，於丰〔一〕反。芑，音起；芑，白粱粟也。言齊之婦嫗，捃拾遺粟之穗，以爲生產，亦分歸田成子。此歌齊國之政將歸田氏。

※見南化、楓、三、梅、狩本。

〔一〕校補云：「南化、楓、三、謙本『丰』字作『竿』，梅本作『芋』，狩本作『半』。」廣韻「嫗」音「衣遇切」，據校補所云，此正義「嫗」音當爲「於芋反」。

582 御鞅諫簡公曰。（舊四六・一八八三—五　新二二八三—七）

正義 御鞅，爲僕御官也，鞅，名，亦田氏族也。賈逵云：「齊大夫也。」

※見南化、楓、三、謙、狩本。

583 子我者，監止之宗人也。（舊四六・一八八三—一〇　新二二八三—一二）

正義 齊世家云：「闞止有寵焉。」賈逵云：「闞止，子我也。」尋世家文意，子我，闞止字也。今云宗人，蓋太史公誤也。

※見南化、楓、三、梅、狩本。

584 需，事之賊也。（舊四六・一八八三—一四　新二二八四—二）

正義 待闞止之事發，必爲賊害也。

※見南化、楓、三、梅、狩本。

585 惠王請獻觀以和解。（舊四六・一八八八—一五　新二二八九—一三）

正義 觀，音館。魏州觀城縣，古觀國，夏啟子太康〔一〕弟之所封也，夏相滅之。漢爲縣。

※見南化、楓、三、謙、梅、狩本。

〔一〕「太康」下，校補云：「南化、楓、三、梅、謙、狩本有『第五』二字。」元和郡縣志觀城縣條引國語注有「第五」二字。

586 威王說而舍之右室。（舊四六・一八八九—三　新二二九〇—一）

正義 右室，上室。

※ 見南化、楓、三、謙、梅、狩、野本。

587 秦逐張儀。（舊四六・一八九六—六　新二二九七—一四）

△**正義** 魏氏棄韓從秦之後，陳軫隨張儀交臂而事齊、楚，此陳軫之從反〔一〕也。

※ 見南化、楓、三、謙、梅、野本。

〔一〕增訂補「從反」下有「之」字。

588 秦韓之王劫於韓馮、張儀而東兵以徇服魏，公常執左券以責於秦、韓，此其善於公而惡張子多資矣。（舊四六・一八九七—一　新二二九八—九）

正義〔左券下，右券上也。蘇代說陳軫以上券令秦韓不用兵得地，而以券責秦韓卻韓馮、張儀以徇服魏，故秦韓善陳軫而惡張儀多取矣。〕資，藉也，又材質也。〔一〕

※ 見南化、楓、三、謙、梅、野本。

〔一〕校補云：「按：各本校記移在上文之『魏氏之欲不失齊楚者有資矣』之句下。」

589 田乞及常所以比犯二君。（舊四六・一九〇三—一〇　新二三〇五—九）

正義 乞殺悼公，田常殺簡公也。

※ 見南化、楓、三、梅、謙、狩本。

590 蓋若遵厭兆祥云。（舊四六・一九〇三—一一 新二三〇五—一〇）

正義 厭，一冄反。田僖子廢晏孺子，田成子殺二君，非是事勢之漸使如此，疑似遵奉厭禳之兆吉祥矣。

※ 見南化、楓、三、謙、梅、狩、野本。

孔子世家第十七

591 由是孔子疑其父墓處，母諱之也。（舊四七・一九〇六—一六　新二三一一—七）

正義 梁紇葬時，徵在既少，不能教□□〔一〕其的處。

※ 見南化、楓、三、梅、狩本。

〔一〕校補空格處作「往忠」二字。增訂補「不」上有「後」字，「教」下空格處作「往忘」二字。如此，則當「後」連下讀，「往」下逗號斷開。

592 自大賢之息。（舊四七・一九一一—一〇　新二三一六—一〇）

正義 大賢，文王、周公等也。

※ 見南化、楓、三、梅、狩本。

593 景公止孔子曰。（舊四七・一九一一—一三　新二三一六—一二）

正義 爾雅：「止，待也。」

※ 見南化、楓、三、梅、狩本。

594 得骨節專車。（舊四七・一九一二—一五　新二三一八—三）

正義 按：橫骨屋兩廂。

595 公斂處父。（舊四七·一九一六—一五　新二三三二—一三）

正義 斂，力豔切。處，昌汝反。父，音甫。杜預曰：「處父，孟氏家臣，成宰〔一〕公斂陽也。」

※　見南化、楓、三、梅、狩本。

〔一〕成宰，瀧川本無。校補云：「南化本有『成寄』二字，梅、狩本有『成宰』二字。」檢左傳定七年「公斂處父御孟懿子」句杜預此注有「成宰」二字，又左傳定八年傳云「成宰公斂處父」。作「成寄」者誤，今補「成宰」二字。

596 陽虎使太子絻。（舊四七·一九二七—三　新二三三四—四）

正義 絻，音問。

※　見南化、楓、三、狩本。

597 耰而不輟。（舊四七·一九二九—一　新二三三六—四）

正義 按：耰，塊椎也。耕，即椎碎之覆種子也。

※　見南化、楓、三、梅、狩本。

598 而求爲容。（舊四七·一九三一—一三　新二三三九—六）

△正義 言求有爵士得居止。

※　見南化、楓、三本。

599 我於易則彬彬矣。（舊四七・一九三七—一三　新二三四六—一）

正義 彬，音斌。斌，文也。孔子言假借我三數年間，我於易則文質備矣。

※ 見南化、楓、三、梅、狩本。

600 叔孫氏車子鉏商獲獸。（舊四七・一九四二—一　新二三五〇—一三）

正義 鉏，音鋤。服虔云：「車，車士，微者也。子，姓；鋤商，名。」按：姓鋤，名商。車子，御車之人也。

※ 見南化、楓、三、梅、狩本。

601 據魯，親周。（舊四七・一九四三—一二　新二三五二—一〇）

正義 夫子脩春秋，據魯十二公年月，而視周及諸侯行事也。

※ 見南化、楓、三、梅、狩本。

602 俾屏余一人。（舊四七・一九四五—四　新二三五四—六）

〇正義 俾，使也。屏，蔽也。

※ 見安中本。此爲據訂補增輯佚文第八條。

603 子思作中庸。（舊四七・一九四六—一三　新二三五六—一）

正義 中庸一卷，在禮記中；又作子思子八卷。爲魯穆公師。

※ 見南化、梅、狩本。

陳涉世家第十八

604 陳涉世家第十八。（舊四八・一九四九—二　新二三六五—二）

正義 勝立數月而死，無後，爲世家者，以唱始起兵滅秦，雖不終享，亦世家之道也。

※ 見南化、楓、三、梅、狩本。

605 屯大澤鄉。（舊四八・一九五〇—一　新二三六六—六）

正義 屯，猶「營」也。

※ 見南化、楓、三、梅本。

606 今亡亦死，舉大計亦死，等死，死國可乎。（舊四八・一九五〇—二　新二三六六—七）

正義 爲反亂取國，不得而死，猶勝戍卒而死。

※ 見南化、楓、三、梅、狩本。

607 然足下卜之鬼乎。（舊四八・一九五〇—七　新二三六六—一二）

正義 故稱公子扶蘇、楚將項燕爲天下倡，宜多應者。卜之，是卜之鬼也。

※ 見南化、楓、三、梅、狩本。

608 念鬼。（舊四八・一九五〇—七　新二三六六—一二）

【正義】言常思扶蘇、項燕，曰：「卜者以〔一〕此教我先威衆也。」

※ 見南化、楓、三、梅、狩本。

〔一〕校補云：「南化、楓、三、梅、狩本無『卜者以』三字。」

609 將尉醉。（舊四八・一九五一—一七 新二三六八—七）

【正義】尉爲將領戍人也。

※ 見南化、楓、三、梅、狩本。

610 尉劍挺。（舊四八・一九五二—一 新二三六八—八）

【正義】梁丘賀傳云「前旄頭劍挺」是也。

※ 見南化、楓、三、梅、狩本。

611 陳王信用之。（舊四八・一九六一—一 新二三七八—三）

【正義】言諸將不如令及己所不善者，不下吏，朱房、胡武輒自治之，以苛察爲忠正，陳王乃任之。

※ 見南化、楓、三、梅、狩本。

612 銷鋒鍉。（舊四八・一九六三—一三 新二三八一—四）

【正義】鍉，音的，注「鏑」同音。

※ 見南化、楓、三、梅、狩本。

613 鉏耰棘矜。（舊四八・一九六四—一四 新二三八二—六）

△【正義】鉏，音鋤。耰，音憂。矜，音勤。鉏，鉏柄也。耰，塊椎也。槿，矛柄也。棘，木戟也。

※見南化、楓、三、梅本。

外戚世家第十九

614 自古受命帝王及繼體守文之君。（舊四九・一九六七—四 新二三八七—五）

正義 繼體，謂嫡子繼先祖者也。守文，謂守先祖法令也。

※見南化、楓、三、謙、梅、狩本。

615 非獨內德茂也，蓋亦有外戚之助焉。（舊四九・一九六七—四 新二三八七—五）

正義 內德，謂皇后也。外戚，謂皇后親戚也。

※見南化、楓、三、謙、梅、狩本。

616 君不能得之於臣，父不能得之於子，況卑下乎。（舊四九・一九六七—八 新二三八七—九）

正義 言臣子有親愛之情，君父雖尊，猶不能奪，況乎卑下而能止制乎？

※見南化、楓、三、謙、梅、狩本。

617 或不能成子姓。（舊四九・一九六七—九 新二三八七—一〇）

正義 言無子孫。

※見南化、楓、三、謙、梅、狩本。

618 及晚節色衰愛弛。（舊四九・一九六九—五 新二三八九—一一）

正義 下式支反。謂〔一〕闕展也，言姬嬪多也。

※ 見南化、楓、三、謙、梅、狩本。

〔一〕增訂補「謂」上有「弛」字。如此，則「言」上當句。

619 遺詔盡以東宮金錢財物賜長公主嫖。（舊四九・一九七五—二　新二三九五—一一）

正義 東宮，太后宮。

※ 見狩本。

620 因欲奇兩女，乃奪金氏。（舊四九・一九七五—七　新二三九六—一）

正義 奇，作「倚」；倚，於綺反，倚依也。問卜筮，兩女當貴，乃依恃之，故奪金氏之女。

※ 見南化、楓、三、謙、梅、狩本。

621 景帝以故望之。（舊四九・一九七六—一〇　新二三九七—四）

正義 望，猶〔一〕「恨」也。

※ 見南化、楓、三、謙、梅本。

〔一〕增訂補「猶」作「銜」。

622 太子襲號爲皇帝。（舊四九・一九七七—九　新二三九八—四）

正義 即武帝。

※ 校補云：「按：各本無此注三字，瀧川本或本之旁注誤爲正義歟？」

623 於是乃低頭俛而泣。（舊四九・一九八四—一三　新二四〇六—四）

正義 俛，音俯。

※　見南化、謙、梅、狩本。

624 昭帝立時，年五歲耳。（舊四九・一九八五—三　新二四〇六—一〇）

正義 漢書曰：「後元二年，上疾病，遂立昭帝爲太子，年八歲。明日，武帝崩，太子即皇帝位。」五歲者，褚先生誤矣。

※　見南化、楓、三、謙、梅、狩本。

楚元王世家第二十

625

時時與賓客過巨嫂食。（舊五〇・一九八七—六　新二四一三—六）

○正義 丘，大。長嫂也。顔師古曰：「丘、巨，皆大也。」

※　見佚存本。此爲據訂補增輯佚文第九條。

荊燕世家第二十一

626 張子卿。（舊五一・一九九五—九 新二四二二—一）

正義 張子卿，漢書作「澤卿」〔一〕，音釋，高后紀、周勃傳作「釋」〔二〕。子卿，字也。

※ 見南化、楓、三、謙、梅、狩本。

〔一〕檢中華本漢書，高后紀作「張釋卿」，外戚恩澤侯表與周勃傳作「張釋」，燕王劉澤傳作「張卿」，匈奴傳作「張澤」，無一作「澤卿」者。

〔二〕「音釋」至「作釋」，皆釋「澤」字之文，「音」上補「澤」字，文義自明。

627 乃風大臣語太后。（舊五一・一九九六—一 新二四二二—六）

正義 語，魚呂反，以卑言尊之意也。

※ 見南化、楓、三、梅、狩本。

628 事發相重。（舊五一・一九九八—二 新二四二四—一二）

正義 謂事發動皆得尊位，故云「相重」。

※ 見梅、狩本。

齊悼惠王世家第二十二

629 諸民能齊言者皆予齊王。（舊五二・一九九九—四　新二四二七—四）

正義 諸齊民言語，與楚、魏、燕、趙異者，隨地割屬齊也。

※ 見南化、楓、三、謙、梅、狩本。

630 惠帝與齊王燕飲，亢禮如家人。（舊五二・一九九九—七　新二四二七—七）

正義 不尊惠帝，如家人兄弟禮。

※ 見南化、楓、三、謙、梅、狩本。

631 事浸潯聞於天子。（舊五二・二〇〇七—一二　新二四三六—六）

正義 浸潯，二音：一音尋，又音淫。浸潯，猶漸潤澤也。

※ 見南化、楓、三、謙、梅、狩本。

632 齊臨菑十萬户，市租千金。（舊五二・二〇〇八—三　新二四三六—一一）

正義 謂臨菑之市，所賣之物，日出税利千金，言齊人之殷富也。千金，萬貫也。

※ 見南化、楓、三、謙、梅、狩本。

633 乃上書言偃受金及輕重之短。（舊五二・二〇〇八—九　新二四三七—二）

正義 言舉輕重大小之事故訴之。

※ 見南化、楓、三、謙、梅、狩本。

蕭相國世家第二十三

634 願令民得入田。（舊五三·二〇一八—九　新二四五〇—一三）

正義 言上林苑中空地虚棄，不如令民得入田之。

※ 見南化、楓、三、謙、梅、狩本。

635 毋收稾爲禽獸食。（舊五三·二〇一八—九　新二四五〇—一三）

正義 其稾艸留苑中，爲禽獸食之。

※ 見楓、三、狩本。

曹相國世家第二十四

636 復攻之杠里。（舊五四・二〇二三—七　新二四五七—一四）

正義 杠　，音工。地名。

※見南化、楓、三、梅、狩本。

637 追北。（舊五四・二〇二三—七　新二四五七—一四）

正義 敗軍曰北。

※見南化、楓、三、梅、狩本。

638 遷爲執珪。（舊五四・二〇二三—九　新二四五八—一）

△正義 周禮曰：王執鎮珪尺二寸，公執桓珪九寸，侯執信珪七寸，伯執躬珪亦七寸，子執穀珪五寸，男執蒲珪亦五寸。〔一〕

※見南化、楓、三、梅本。

〔一〕周禮「珪」作「圭」，子、男所執曰「璧」。周禮春官大宗伯云：「王執鎮圭，公執桓圭，侯執信圭，伯執躬圭，子執穀璧，男執蒲璧。」冬官考工記玉人云：「鎮圭尺有二寸，天子守之。命圭九寸，謂之桓圭，公守之。命圭七寸，謂之信圭，侯守之。命圭七寸，謂之躬圭，伯守之。」鄭玄注云：「『子守穀璧，男守蒲璧』不言之者，闕耳。」秋官司寇大行人云：「諸子執穀璧五寸」，「諸男執蒲璧，其他皆如諸子之禮。」大宗伯鄭玄注云穀璧、蒲璧「皆徑五寸」。

639 又夜擊其北。（舊五四・二〇二三—一一　新二四五八—三）

正義 其北，藍田縣北也。

※ 見南化、楓、三、梅、狩本。

640 東取碭、蕭、彭城。（舊五四・二〇二五—三　新二四五九—一四）

正義 碭，音唐，宋州碭山縣是也。蕭、彭城，〔徐州二縣。〕〔一〕

※ 見南化、楓、三、梅、狩、野本。

〔一〕增 這條正義釋地，有存有佚，存佚語意皆缺而不全。存佚合璧，其義適足。

641 王武反於外黃。（舊五四・二〇二五—四　新二四六〇—一）

正義 故黃縣〔一〕在曹州黃城縣東二十四里，左傳注云「陳留外黃縣東有黃城」是也。

※ 見南化、楓、三、狩本。

〔一〕校補云：「南化、楓、三本『故』上有『括地志曰』四字，『縣』作『城』。」增 訂補「故」上有「括地志曰」四字。

642 已而從韓信擊龍且軍於上假密。（舊五四・二〇二七—五　新二四六二—四）

正義 上假密，即高密也。地理志云高密爲膠西國，下密在膠東國。括地志云：「濰水，今俗謂百尺水，在密州高密縣，即韓信夾濰水戰處。」韓信傳云田廣走高密，信東追廣至高密西。楚使龍且救齊，夾濰水陳。信盛沙壅水上流，引軍半渡，佯不勝，走。龍且追信，渡水，信決壅囊，水大至，龍且軍大半不得渡，信即急擊殺龍且，龍且水東軍散走。明殺龍且在高密縣濰水西也。

※ 見南化、楓、三、梅、狩本。

643 擇郡國吏木詘於文辭，重厚長者。（舊五四・二〇二九—一二　新二四六五—二）

正義 詘，「訥」同，求物反，謂辭寡也；又音羣勿反，擊木之聲無餘響也。言擇吏老文辭重厚長者，若擊木質樸無餘音也。

※ 見南化、楓、三、梅本。

644 以爲「豈少朕與」。（舊五四・二〇三〇—六　新二四六五—一〇）

正義 少，式妙反。與，音歟。言以朕年少不閑國事，故日飲不治事也。

※ 見南化、楓、三、梅、狩、野本。校補云：「野本只有『與音歟』三字耳。」

645 與窋胡治乎。（舊五四・二〇三〇—九　新二四六五—一三）

正義 胡，何也。言何謂治窋〔一〕二百。

※ 見南化、楓、三、梅、狩、野本。

〔一〕窋，瀧川本誤「窟」，今據史文改。

646 顜〔二〕若畫一。（舊五四・二〇三一—三　新二四六六—八）

正義 鄭玄云：「較，猶見也。」爾雅曰：「較，直也。」廣雅曰：「較，明也。」言蕭何作法和明，輔佐平直，載其清淨治天下，使百姓歸心，猶畫一也。

※　見南化、楓、三、梅、狩本。

〔一〕依正義注文，正義本史文「顜」作「較」。

647 載其清淨，民以寧一。（舊五四・二〇三一—四　新二四六六—九）

正義 清净，無爲也。寧一，齊物也。晉武帝議省州郡吏以趣農，荀勗議以爲省吏不如省官，省官不如省事，省事不如清心。故蕭、曹相漢，載其清净，故畫一之歌，此清心之本。漢文垂拱無爲，幾致刑措，此省事也。漢光武并合吏員，此省官也。魏正始中，并合郡縣以減吏員，此省吏也。必欲求之根本，宜以省事爲先，課官分職，量能致任，則思不出位，官無異業也。

※　見南化、楓、三、梅、狩本。

留侯世家第二十五

648 留侯張良者。（舊五五・二〇三三—三　新二四七一—三）

正義〔括地志云：「故留城在徐州沛縣東南五十五里。今城内有張良廟也。」〕按：張氏譜云：「良，張仲三十代孫，仲見毛詩；張老十七代孫，老見春秋及禮記。」王符、皇甫謐竝云良當爲韓公族，姬姓也，秦逐賊急，乃改姓名。其言謬矣。

※見南化、楓、三、狩、野、梅本。

649 大父開地，相韓昭侯、宣惠王、襄哀王。父平，相釐王、悼惠王。（舊五五・二〇三三—三　新二四七一—三）

正義 大父開地相昭侯、宣惠王、襄王，父平相釐王、悼惠王，故言五世相韓也。

※見南化、楓、三、梅、野、成、狩本。

650 衣褐。（舊五五・二〇三四—一四　新二四七三—四）

正義 顔師古云：「褐，制若裘，今道士所服者是也。」

※見南化、楓、三、梅、狩、成、野本。

651 出一編書。（舊五五・二〇三五—五　新二四七三—一〇）

正義 編，必連反。以韋編連簡而書之也。

※見南化、楓、三、梅、狩、野、成本。

652 不如因其解擊之。（舊五五・二〇三七—五 新二四七五—一四）

正義 解，佳怪反，怠慢也。

※見南化、楓、三、梅、狩、野本。

653 鯫生。（舊五五・二〇三八—八 新二四七七—三）

正義 鯫，小魚也；比雜小人也。

※見南化、楓、三、梅、狩、野、成本。

654 王巴蜀。（舊五五・二〇三八—一四 新二四七七—九）

正義 巴、通、壁、蓬、開、集、合、萬、忠、渠、渝等十一州，本巴國地也。蜀、益、彭、劍、綿、閬、杲、遂、梓、眉、邛、雅、資、嘉、普、戎、嶲、姚、利等十九州，本蜀侯之國也。

※見南化、楓、三、梅、狩、野、成本。

655 棧道。（舊五五・二〇三九—一 新二四七七—一二）

正義 棧道，閣道也。

※見南化、楓、三、梅、狩、野本。

656 與酈食其謀橈楚權。（舊五五・二〇四〇—二 新二四七八—一四）

正義 橈，女教反。顏師古〔一〕：「橈，弱也，其字從木〔二〕。」

※ 見南化、楓、三、梅、狩、野本。校補云：「梅、瀧本無下『顏師古』至『其字從本』十字，非正義歟？」

〔一〕自「顏師古」以下十字，瀧川本無，今據校補補。

〔二〕木，校補作「本」。漢書張良傳顏師古注云：「師古曰：『橈，弱也，音女教反，其字從木。』」「本」字誤，當作「木」，今改正。

657 雍齒與我故。（舊五五·二〇四三—四 新二四八二—二）

正義 服虔曰：「未起之時與我有故怨。」師古曰：「齒常以勇力困辱高祖。」

※ 見南化、楓、三、梅、狩本。

658 此所謂金城千里。（舊五五·二〇四四—三 新二四八三—一）

正義 金剛堅固也。關中四塞之限，若金城。

※ 見南化、楓、三、梅、狩本。

659 天下有四人。（舊五五·二〇四五—三 新二四八四—三）

正義 皇甫謐高士傳：「四皓：一曰東園公，二曰綺里季，三曰甪里先生，四曰夏黃公，皆河內軹人。」漢書外傳云：「園公，陳留園縣，是其先則爲園公。」陳留風俗傳云：「園庾〔一〕，字宣明。」公羊春秋稜言〔二〕：「東園家單父，爲秦博士。遭秦亂，避地於南山。惠帝爲太子，即并〔三〕園公爲司徒，遜位，太子封廣襄邑南鄉〔四〕侯。」陳留志云：「庾〔五〕始常居園中，因謂之園公。」周樹〔六〕洞曆云：「甪里先生，名術，字元道，太伯之後，京師號霸上先生。」周氏世〔七〕譜云：「甪里先生，河内軹人，太伯之後，姓周氏，名術，字元道，京師號霸上先生，一曰甪里先生。而吴〔八〕俗云甪里先生〔九〕是吴人，今太湖中洞庭山西南中號〔一〇〕禄里村是。」漢書外傳云：「秦聘之，逃匿南山，歌曰：『商洛深谷，咸□□夷〔一一〕。曄曄紫芝，可以療飢。駟馬高蓋，其憂甚大。富貴而畏人，其如貧賤而樂肆志！』」〔一二〕夏黄公或爲大里黄公。會稽典録云：「書佐朱育對郡將濮陽府君云：『大里黄公墓在鄞縣。』」輿地志云：「鄞有大里，夏黄公所居也。今鄞〔一三〕縣有黄公廟。」崔氏譜云：「夏里黄公，姓崔，名廣，字少通，齊人，隱居夏里，修道，故曰夏里黄公。」甪，音禄。

※　見南化、楓、三、梅、狩本。

〔一〕校補云：「南化、楓、三、梅、狩本『廋』字作『唐』。」參見校〔五〕。

〔二〕校補云：「南化、楓、三、梅、狩本『稜言』二字作『授之』。」

〔三〕校補云：「南化、楓、三、梅、狩本『并』字作『拜』。」

〔四〕校補云：「楓、三本『南鄉』二字作『當卿』。」

〔五〕校補云：「南化、楓、三、梅本『廋』字作『唐』。」初學記卷二四引陳留志「廋」作「庾」，云：「園庾，襄邑人也。庾始居園中，故世謂之園公。」增訂補「廋」作「庾」。

〔六〕樹，瀧川本作「樹」。校補云：「楓、三本『樹』字作『樹』。」吴郡志卷二〇人物門引作「樹」，云：「史記正義引周樹洞曆云：『姓周，名術，字元道，太伯之後。漢高帝時，與東園公、綺里季、夏黄公俱出，定太子，號四皓。』」新唐書藝文志雜史類載「周樹洞曆記九卷」。今據改。

〔七〕校補云：「南化、楓、三、梅本無『世』字。」

〔八〕「一曰甪里先生而吴」八字，瀧川本無，「而吴」作二空格，校補據南化、楓、三、梅本補。今從校補補此八字。

〔九〕甪里先生，瀧川本無，今據校補補。

〔一〇〕南中號，瀧川本作「有□□」，校補作「南中號」。吴郡志卷八古迹門引作「太湖中洞庭山西南中號禄里村」，卷二〇人物門引作「今太湖中洞庭山西南中有禄里村是」。今依校補改、補。

〔一一〕增訂補「咸」下無二空格。此爲四言歌謡，「咸夷」二字爲句，當誤。

〔一二〕太平御覽卷五〇七引皇甫謐高士傳云：「四皓者，皆河内軹人也，或在汲。一曰東園公，二曰甪里先生，三曰綺里季，四曰夏黃公，皆修道潔己，非義不動。秦始皇時，見秦政虐，乃退入藍田山而作歌曰：『莫莫高山，深谷逶迤。曄曄紫芝，可以療飢。唐虞世遠，吾將何歸？駟馬高蓋，其憂甚大。富貴之畏人，不如貧賤之肆志。』乃共入商洛，隱地肺山，以待天下定。及秦敗，漢高聞之，徵之不至，深自匿終南山，不能屈也。」

〔一三〕鄣，瀧川本誤「覲」，今據上文改。

660 彊載輜車，臥而護之。（舊五五・二〇四六—三　新二四八五—三）

正義 輜車，衣車也。護，謂監諸將也。

※ 見南化、楓、三、梅、狩、野、成本。

661 戚夫人泣，上曰：「爲我楚舞，吾爲若楚歌。」〔一〕（舊五五・二〇四七—七　新二四八六—九）

○正義 楚歌，項羽紀「夜聞漢軍四面皆楚歌」注：「應劭曰：『楚歌者，謂鷄鳴歌也。漢已略得其地，故楚歌者多鷄鳴時歌也。』顔師古曰：『楚人之歌也，猶言「吴謳」、「越吟」。若「鷄鳴」爲歌之名於理則可，不得云「鷄鳴時」也〔二〕。高祖令〔三〕戚夫人楚舞〔四〕，自爲楚歌，豈亦鷄鳴時乎〔五〕？』按，顔説是也。」〔六〕

※ 自「楚歌項羽紀」至「多鷄鳴時歌也」，見佚存、小此本。自「顔師古」至「是也」，見南化、楓、三、梅、狩、小此、安中本。此爲據訂補增輯佚文第十條。

〔一〕訂補此條佚文未標史文，今補之。

〔二〕「不得云」下「鷄鳴時也」四字，訂補無，據史記項羽本紀與漢書高帝紀「夜聞」句之正義、顔注補。

〔三〕令，訂補無，據漢書高帝紀「夜聞」句顔注補。

〔四〕舞，訂補誤作「無舛」二字，據史記項羽本紀與漢書高帝紀「夜聞」句之正義、顔注改。

〔五〕乎，訂補作「守」，誤。據史記項羽本紀與漢書高帝紀「夜聞」句之正義、顔注改。

〔六〕此條佚文，係引用史記項羽本紀「夜聞」句注之全文，「應劭」至「多鷄鳴時歌也」爲集解文，「顔師古」至「是也」爲正義文。在這裏，張守節皆引作正義文，先分述應劭、顔師古二人對「楚歌」的不同解説，而後張守節言己之斷「顔説是」。訂補將此語意完整的一條正義分爲兩條，自「楚歌項羽紀」至「多鷄鳴時歌也」爲一條，置於下面一條史文「雖有矰繳」下之正義佚文末「難改也」後而與之合爲一條，誤。據史記項羽本紀「夜聞」句正義乙正其位。

662 雖有矰繳。（舊五五・二〇四七—八 新二四八六—一〇）

正義 韋昭云：「繳，弋射。」繳，箭繩也，用繩繫也，射者引繳收之。言一舉千里，非矰繳所及。太子羽翼已成，難改也。

※ 見南化、楓、三、梅、狩本。

663 如白駒過隙。（舊五五・二〇四八—四 新二四八七—五）

正義 莊子曰：「野馬者，塵埃也。」按：遠望空中，埃塵隨風飄，疾若野馬〔一〕羣奔。白駒〔二〕，亦塵埃也。日入壁隙，埃塵内過，日光不盈，瞬息其色乃白，故云白駒過隙，又云騏驥之馳隙〔三〕。

※ 見南化、楓、三、梅、狩本。

〔一〕若野馬，瀧川本作「如野」。校補云：「南化、楓、三『如野』二字作『若野馬』三字。」今據改。

〔二〕駒，瀧川本作「馬」。校補云：「南化、楓、三本『馬』字作『駒』。」語出莊子知北遊。莊子知北遊云：「人生天地之間，若白駒之過郤，忽然而已。」今據改。

〔三〕「又云騏驥之馳隙」七字，瀧川本無，今據校補補。

664 余以爲其人計魁梧奇偉。（舊五五・二〇四九—四 新二四八八—八）

正義 蘇、顔之説蓋非也。

※ 見南化、楓、三、梅、狩本。

陳丞相世家第二十六

665 呂太后乃徙平爲右丞相，以辟陽侯審食其爲左丞相。（舊五六・二〇六〇—七　新二五〇三—一）

正義 秦、漢以前，右爲上，左爲下。晉、宋以來，左爲上也。

※ 見南化、楓、三、謙、梅、狩、野、成本。

666 面質呂嬃於陳平曰。（舊五六・二〇六〇—一三　新二五〇三—七）

正義 質，對也。

※ 見南化、楓、三、謙、梅、狩、野、成本。

667 顧君與我何如耳。（舊五六・二〇六〇—一三　新二五〇三—八）

正義 顧，念思也。

※ 見南化、楓、三、謙、梅、狩本。

668 主臣。（舊五六・二〇六一—一三　新二五〇四—七）

正義 下文云「使卿大夫各得任其職」，是主羣臣也。佗説皆非。

※ 見南化、楓、三、謙、梅、狩、野、成本。

絳侯周勃世家第二十七

669 常爲人吹簫給喪事。（舊五七・二〇六五—三　新二五〇九—三）

正義 今之挽歌，以鈴爲節，所以樂亡者神魂。

※ 見南化、楓、三、謙、梅、狩、野本。

670 最從高帝得相國一人。（舊五七・二〇七〇—一六　新二五一五—一一）

正義 最者，功多也。

※ 見謙、梅、狩本。

671 東鄉坐而責之：「趣爲我語。」其椎少文如此。（舊五七・二〇七一—一〇　新二五一六—七）

正義 責諸生説書急爲語。椎，若椎木無餘響，直〔一〕其事，少文辭。

※ 見南化、楓、三、謙、梅、狩、野本。

〔一〕校補云：「南化、楓、三、謙、梅各本『直』下有『説』字。」

672 許負相之。（舊五七・二〇七三—一五　新二五一九—二）

正義 負，名也，非婦也。

※ 見南化、楓、三、謙、梅、狩、野本。

673 亞夫乃傳言開壁門。（舊五七・二〇七四—一二　新二五二〇—一二）

正義 壁，音壁。

※　見南化、謙、梅、狩本。

674 景帝視而笑曰：「此不足君所乎？」（舊五七・二〇七八—八　新二五二四—一）

正義 景帝視而笑曰：「君於所食具不足乎？」佯驚愕也。如淳云：「非故不足君之食具，偶失之。」

※　見南化、楓、三、謙、梅、狩、野本。

675 尚方。（舊五七・二〇七九—二　新二五二四—一二）

正義 尚方，中工官名也。顔師古曰：「上方，作禁器物色。」

※　見南化、楓、三、謙、梅、狩本。

676 取庸苦之，不予錢。（舊五七・二〇七九—二　新二五二四—一二）

正義 庸，謂庸作也。苦，謂役使劇而更不與價直也。

※　見南化、楓、三、謙、梅、狩本。

677 坐酎金不善，元鼎五年，有罪，國除。（舊五七・二〇八〇—二　新二五二五—一五）

正義 坐酎金不善，皆在元鼎五年。金既不善，是〔一〕有罪，國除。史記多如此〔二〕，以語顛倒，所以先儒致疑。班固見此文「不善」及「有罪」，將爲兩犯，修漢書即云：「坐酎金免官，有罪國除。」乃班氏大過，致令諸儒紛説也。

※ 見南化、三、梅、狩本。

〔一〕是，瀧川本空格，校補據南化、三、梅本補「是」字。今從校補補。

〔二〕多如此，瀧川本作兩空格，校補據南化、三本補「多如此」三字。今從校補補。

梁孝王世家第二十八

678 景帝使使持節乘輿駟馬。（舊五八·二〇八四—一〇 新二五三四—一五）

正義 乘者，載也。輿者，車也。天子當乘輿以行天下，不敢指斥天子，故曰乘輿。

※ 見南化、楓、三、謙、梅、狩本。

679 使乘布車。（舊五八·二〇八五—一一 新二五三六—三）

正義 以布衣車也。

※ 見南化、楓、三、謙、梅、狩本。

680 齊如魏其侯竇嬰之正言也。（舊五八·二〇八九—一三 新二五四〇—七）

正義 齊，等也。

※ 見謙、梅、狩本。

681 君子大居正。（舊五八·二〇九一—一三 新二五四二—八）

正義 大，謂崇大。

※ 見南化、楓、三、謙、梅、狩本。

682 太后乃解説。（舊五八·二〇九二—一 新二五四二—一一）

正義 解，閑買反。説，音悦。

※ 見南化、楓、三、謙、梅、狩本。

683 而梁王聞其義出〔一〕於袁盎諸大臣所。（舊五八・二〇九二—一 新二五四二—一一）

△正義 出，謂出意也。生，謂生怨望也。

※ 見南化、楓、三、謙、梅、狩本。

〔一〕史文「出」字，校補云：「南化、楓、三、謙、梅本『出』下有『生』字。」依校補與正義注文，正義本史文「出」作「出生」。

五宗世家第二十九

684

諸使過客以彭祖險陂。（舊五九・二〇九九—四 新二五五三—一〇）

正義 顔師古曰："陂，謂傾側也。"三蒼解詁云："險陂，諂佞也。"

※ 見南化、楓、三、謙、梅、狩本。

三王世家第三十

685 愚憧而不逮事。（舊六〇・二二〇六—七 新二五六二—八）

正義 憧，劉伯莊音傷容反，顧野王音昌容反。憧音不定。〔一〕

※ 見南化、三、謙、梅本。

〔一〕除上文外，校補還自楓本輯下文：「憧，昌容反。説文：『憧，意不定也。』」

686 輿械之費。（舊六〇・二二〇九—四 新二五六五—一〇）

正義 輿，車也。械，戈矛弓矢之屬。

※ 見南化、楓、三、謙、梅、狩本。

687 葷粥氏虐老獸心。（舊六〇・二二一二—二 新二五六八—九）

正義 葷粥氏，唐虞〔一〕匈奴號。

※ 見南化、楓、三、謙、梅、狩本。

〔一〕校補云：「南化、楓、三、謙、梅各本『虞』下有『以上』二字。」史記匈奴列傳云：「唐虞以上有山戎、獫狁、葷粥。」集解引晉灼曰：「堯時曰葷粥，周曰獫狁，秦曰匈奴。」

688 五湖之閒。（舊六〇・二二一三—八 新二五七〇—三）

正義 胥、游、莫、貢、蔆爲五湖〔一〕，竝太湖東岸，今連太湖，蓋後五湖當是。

※ 見南化、楓、三、謙、梅、狩本。

〔一〕五湖，參見夏本紀「震澤致定」句正義注文。又説郛卷六三陸廣微吴地記云：「越絶書曰：『太湖周迴三萬六千頃，亦曰五湖。』虞翻云：『太湖有五道之别，故謂之五湖。』國語曰：『吴、越戰於五湖，在笠澤一湖耳。』張勃吴録云：『五湖者，太湖之别名，以其周行五百里，以五湖爲名。』」

689 我安得弟在者。（舊六〇・二一一八—八　新二五七五—六）

正義 弟，謂昭帝，言非武帝子也。

※ 見南化、楓、三、謙、梅、狩本。

690 公户滿意。（舊六〇・二一一八—九　新二五七五—七）

正義 公户，姓；滿意，名。

※ 見南化、楓、三、謙、梅、狩本。

691 周公輔成王，誅其兩弟，故治。（舊六〇・二一一八—一五　新二五七五—一三）

正義 管叔、蔡叔與武庚作亂，周公誅管叔，放蔡叔，天下太平。

※ 見南化、楓、三、謙、梅、狩本。

伯夷列傳第一

692 伯夷列傳第一。（舊六一・二一二一—二 新二五八一—二）

正義〔其人行跡可序列，故云列傳。〕老子、莊子，開元二十三年奉敕升爲列傳首，處夷、齊上。然漢武帝之時，佛教未興，道教已設。道則禁惡，咸致正理，制禦邪人，未有佛教可導，故列老、莊於申、韓之上。今既佛、道齊妙，興法乖流，理當居列傳之首也。

※ 校補不載此正義佚文。

693 六蓺。（舊六一・二一二一—四 新二五八一—五）

正義 六藝：書、筭、射、御、禮、樂。

※ 見南化、梅、狩本。

694 然虞夏之文可知也。（舊六一・二一二一—四 新二五八一—五）

正義 伯夷、叔齊讓位，大統重器，天下爲難。學者博見典籍，詩書雖缺，尚書載堯禪舜；及諸子，言堯讓許由，禹讓卞隨、務光。引此者，蓋美伯夷、叔齊之讓，唯學者能知。

※ 見南化、梅、狩本。

695 許由不受，恥之逃隱。及夏之時，有卞隨、務光者。此何以稱焉。（舊六一・二一二一—

六　新二五八一—七）

正義〔經史唯稱伯夷、叔齊，不及許由、卞隨、務光者，不少概見，何以哉？故言「何以稱焉」，爲不稱説之也。〕莊子云：「湯將伐桀，因卞隨而謀，卞隨曰：『非吾事也。』湯又因務光而謀，務光曰：『非吾事也。〔一〕』湯遂與伊尹伐桀。克之，以讓卞隨，卞隨曰：『君之伐桀也謀乎我，必以我爲賊；勝桀而讓我，必以我爲貪也。吾生乎亂世，無道之人，再來漫我，以其辱行，吾不忍數聞。』乃自投水而死。又讓務光，務光曰：『廢上非義也，殺民非仁也。人犯其難，我享其利，非廉也。吾聞之曰：「非其義者不受其祿，無道之世不踐其土。」況尊我乎？吾不忍久見也。』乃負石自沈於盧水。」列仙傳云：「務光，夏時人，長七尺，好琴，服蒲韮根。」

※　見南化、幻、梅、狩本。

〔一〕校補云：「南化、梅各本無上十四字。」

696　由此觀之，怨邪非邪。（舊六一・二一二三—九　新二五八三—一四）

正義太史公視夷、齊作詩而餓死，是怨時邪？非怨時邪？怨則兄弟相讓，隱於深山，豈合於世務！非怨邪？乃干世主，作詩而餓死。疑之甚也。

※　見南化、幻、梅、狩本。

697　若伯夷、叔齊，可謂善人者非邪。（舊六一・二一二四—一五　新二五八五—八）

正義太史公言：「夷、齊〔一〕之行，是善人邪？善人天道常與，豈有餓死之責？非善人？則有交讓廉潔之行，天下絶倫。」惑之甚。

※ 見南化、幻、梅、狩本。

〔一〕夷齊，瀧川本作「伯夷」。校補云：「南化、梅、狩本『伯夷』二字作『夷齊』。」據史文，當作「夷齊」是，今改正。

698 天之報施善人，其何如哉。（舊六一・二二二四—一六 新二五八五—一〇）

正義 太史公歎天之報施顏回非也。〔一〕

※ 見南化、幻、梅、狩本。

〔一〕校補云：「幻本『非』字移在『天』上。」增訂補「非也」下有「又以歎盜跖妻終也」一句凡八字。

699 竟以壽終。（舊六一・二二二五—二 新二五八五—一一）

正義 太史公歎盜跖以壽終也。〔括地志云：「盜跖冢在陝州河北縣西二十里。河北縣本漢大陽縣也。又今齊州平陵縣有盜跖冢，未詳也。」〕

※ 見南化、幻、梅、狩本。

700 青雲之士。（舊六一・二二二七—一〇 新二五八八—一一）

○正義 青雲之士，指青雲，天上之士也。

※ 見小此本。此爲據訂補增輯佚文第十一條。

老子韓非列傳第三

701

觀往者得失之變。（舊六三・二一四七—九 新二六一三—三）

△正義 凡治國之道，□□無事之時則用□□名譽之人〔一〕，急難之時則以介冑之士攻伐也。言所以養所用皆失之矣。

※ 見南化本。

〔一〕增訂補「無事」上二空格作「寬後」二字，「名譽」上二空格作「尊蘢」二字。衍田按，「寬後」之「後」疑爲「緩」誤，究其因，蓋形近而誤。「尊蘢」之「蘢」疑爲「寵」誤，究其因，蓋亦形近而誤。

702

故作孤憤、五蠹、内外儲、説林、説難十餘萬言。（舊六三・二一四七—九 新二六一三—三）

正義 此中〔一〕内外儲，注同，故不書也〔二〕。孤憤，臣主暗昧，賢良好孤直，不得意，故曰「孤憤」。五蠹，韓子曰商賈作苦窳惡濫器害五民，故曰「五蠹」。説林，謂取衆妙之士諫争，其多若林，故云「説林」。説難，説難當人〔三〕之心，故曰「説難」。已上皆韓子篇名也。

※ 見南化、幻、梅、狩本。

〔一〕此中，瀧川本無。校補云：「南化、幻、梅、狩本『内』字上有『此中』二字。」今據補。

〔二〕注同故不書也，瀧川本無，作四空格。校補云：「南化、幻、梅、狩本有『注同故不書也』六字。」今據補。

〔三〕「人」下，校補云：「南化、幻、梅、狩本有『主』字。」

703 然韓非知說之難，爲說難書甚具。（【舊】六三・二一四八—六　【新】二六一四—一）

【正義】凡說諫之道難，故作說難書甚具，詞理微妙，意旨極高，太史公所以盡書一篇。篇中與韓子〔一〕微異耳。

※　見南化、幻、梅、狩本。

〔一〕子，瀧川本無，今據文義補。

704 所說出於爲名高者也。（【舊】六三・二一四九—四　【新】二六一五—一）

【正義】前人好五帝、三皇名高之道，乃以厚利說之，則卑賤之，必見棄遠矣。

※　見南化、幻、梅本。

705 必不收矣。（【舊】六三・二一四九—五　【新】二六一五—二）

【正義】前人好崇利攻伐彊國，而陳三皇五帝高遠事情，必不收用矣。若商鞅說秦孝公以帝道者，公欲彊國，不收其說也。

※　見南化、幻、梅、狩本。

706 此說之難，不可不知也。（【舊】六三・二一五〇—七　【新】二六一六—五）

【正義】此前諸段，咸是談說之難，不可不知，在知飾所說之所敬，而滅其所醜。所說之主也，言在談説之處，咸須知人主之所敬而文飾之，聞醜惡之事而滅絶之，然後乃當人主之心。

※　見南化、幻、梅、狩本。

司馬穰苴列傳第四

707

如其文也，亦少褒矣。（舊六四・二一六〇—三　新二六二八—八）

△正義 司馬兵法閎廓〔一〕深遠矣，雖夏、殷、周三代征伐，未能意盡其理也。如是，其文意也，以三代用兵，亦少褒揚，司馬穰苴兵法尚未盡者妙也。若區區小齊，何暇得申司馬穰苴兵法揖讓乎！言不得申。

※　見南化、梅本。

〔一〕廓，瀧川本誤「廊」，今據史文改。

孫子吳起列傳第五

708

遂斬隊長二人以徇。（舊六五・二一六一—一二　新二六三二—一）

正義 徇，行示也。

※　見南化、梅、狩本。

仲尼弟子列傳第七

709 億則屢中。（舊六七・二一八五—五 新二六五七—五）

正義 意，音億。

※ 見南化、楓、三、野本。校補云：「南化、楓、三、野有『正義本億作意』六字注。」

710 退而修行，行不由徑。（舊六七・二二〇六—三 新二六八〇—八）

○正義 行通大逞，不由小徑，是方正也。

※ 見小此本。此爲據訂補增輯佚文第十二條。

711 司馬耕，字子牛。（舊六七・二二一四—六 新二六八九—一二）

正義 孔安國曰：「牛，宋人，弟子司馬犂也。」家語云宋桓魋之弟也。魋〔一〕爲宋司馬，故牛以司馬爲氏。

※ 見南化、野本。

〔一〕二「魋」字，瀧川本作「魁」。左傳、史記宋世家皆作「魋」。孔子家語「桓魋」兩見，亦無一作「魁」者。今改「魁」爲「魋」。

712 叔仲會，字子期。（舊六七・二二二五—八 新二七〇二—三）

正義 魯人，少孔子五十四歲，與孔璇年相比。二孺子俱執筆迭侍於夫子，孟武伯見而訪之是也。

※　見南化、幻本。

商君列傳第八

713 東復侵地。（舊六八·二二二八—五 新二七〇八—七）

〇正義 復，音伏。

※ 見小此本。此爲據訂補增輯佚文第十三條。

714 景監。（舊六八·二二二八—六 新二七〇八—八）

正義 監，甲暫反。閹人也〔一〕，楚族。

※ 見南化、幻本。

〔一〕校補云：「南化、幻本無上三字。」

715 可與樂成。（舊六八·二二二九—八 新二七〇九—一〇）

〇正義 樂成，上音洛。

※ 見佚存、小此、幻本。此爲據訂補增輯佚文第十四條。

716 是以聖人苟可以彊國，不法其故。（舊六八·二二二九—八 新二七〇九—一〇）

正義 言聖人救弊之政，苟有可以彊國，不法故國之舊也。

※ 見南化、幻本。

717 利不百，不變法；功不十，不易器。（舊六八・二二二九—一三　新二七〇九—一五）

正義 言利倍百，乃可變舊也〔一〕；功倍十，乃可新器也〔二〕。

※ 見南化、幻、野、高本。

〔一〕校補云：「南化、幻本上九字作『言贏利倍乃可變改舊所也』十一字。」

〔二〕校補云：「南化、幻本上八字作『言功勞十倍勝舊乃可改易新樣器』十四字。」

718 以衛鞅爲左庶長。（舊六八・二二二九—一五　新二七一〇—二）

正義 長，展兩反。

※ 見南化、幻本。

719 令民爲什伍，而相牧司連坐。（舊六八・二二三〇—八　新二七一〇—一一）

○正義 司坐也。言十保之内，一家犯罪，並收保内之人相連坐也。

※ 見小此本。此爲據訂補增輯佚文第十五條。

720 告姦者與斬敵首同賞。（舊六八・二二三〇—八　新二七一〇—一一）

正義 謂告奸之人，賜爵一級。

※ 見南化、幻本。

721 匿姦者與降敵同罰。（舊六八・二二三〇—八　新二七一〇—一一）

正義 謂隱匿奸人，人身被刑，家口没官。

※見南化、幻本。

722 宗室非有軍功論，不得爲屬籍。（舊六八·二二三〇—一一 新二七一〇—一四）

正義 屬籍，謂屬公族宗正籍書也。宗室無事功者，皆須論言，不得入公族籍書也。

※見南化、幻本。

723 初令。（舊六八·二二三一—一〇 新二七一一—一五）

正義 初令，謂鞅之新法。

※見南化、幻本。

724 作爲築冀闕宫庭於咸陽。（舊六八·二二三二—一 新二七一二—七）

正義 爲宫殿朝廷也。

※見南化、幻本。

725 公子卬。（舊六八·二二三二—一四 新二七一三—六）

正義 卬，五郎反。

※見南化、幻本。

726 自勝之謂彊。（舊六八·二二三三—一五 新二七一四—七）

○正義 言酷刑山巖，令自勝其法，謂爲彊。

※見小此本。此爲據訂補增輯佚文第十六條。

727 春者不相杵。（舊六八·二二三四—一一　新二七一五—四）

正義 相，謂送杵以音聲。曲禮（一）：「不舂不相（二）。」

※ 見南化、幻本。校補於「不舂不相」下云：「按：上四字非正義注文。」

〔一〕校補云：「南化、幻本『禮』下有『自勸也』三字，瀧川本譌脱。」

〔二〕禮記曲禮上云：「鄰有喪，舂不相；里有殯，不巷歌。」鄭玄注云：「助哀也。相謂送杵聲。」禮記檀弓上亦載曲禮上之文，鄭注云：「皆所以助哀也。相謂以音聲相勸。」

728 殘傷民以駿刑。（舊六八·二二三四—一三　新二七一五—六）

正義 駿刑，上音峻。

※ 見南化、幻本。

729 教之化民也深於命。（舊六八·二二三四—一三　新二七一五—六）

正義 言鞅受孝公命行之，更添加命（一）。

※ 見南化、幻本。

〔一〕校補云：「南化、幻本上三字作『加添命』。按：瀧川本誤。」增訂補「添加」倒，作「加添」。

730 民之效上也捷於令。（舊六八·二二三四—一三　新二七一五—六）

正義 言民放效君上之命，須捷急遁之，畏商鞅也。

※ 見南化、幻本。

731 書曰。（舊六八・二二三五—三　新二七一五—一一）

正義 周書，晉五經博士孔晁序録，有九卷。

※　見南化、幻本。

732 余嘗讀商君開塞、耕戰書，與其人行事相類。（舊六八・二二三七—一二　新二七一八—九）

正義 商君書，有農戰篇，有開塞篇〔一〕，五卷三十六篇〔二〕。開，謂峻法嚴刑，政化開行也。塞，謂布恩則政化杜塞也。耕，謂開阡陌封疆，則農爲〔三〕耕也。戰，謂斬敵首等〔四〕級賜爵，則士卒勇於公戰也〔五〕。

※　見南化、幻、野、高本。

〔一〕校補云：「南化、野本無上七字。」

〔二〕校補云：「南化本無上四字。」

〔三〕校補云：「南化、幻本『農爲』互倒。」增訂補「封疆」之「疆」作「彊」，誤。

〔四〕校補云：「南化本『等』下有『給』字。」

〔五〕校補云：「野、高本無『三十六篇』至『於公戰也』五十三字。」

蘇秦列傳第九

733 鬼谷先生。（舊六九・二二四一—三 新二七二三—三）

正義 鬼谷，谷名，在雒州陽城縣〔一〕北五里。七録有蘇秦書，樂壹〔二〕注云：「秦欲神祕其道，故假名鬼谷也。〔三〕」鬼谷子三卷，樂壹注。樂壹，字正，魯郡人。

※ 見南化、野、高、贊異本。

〔一〕陽城縣，瀧川本脱「陽」字，作「城縣」。本句史文集解、索隱皆言鬼谷在陽城，樗里子甘茂列傳「及至鬼谷」句正義佚文云：「鬼谷，陽城縣北也。」今據補「陽」字。

〔二〕壹，隋書經籍志作「一」。

〔三〕校補云：「南化、野本無上三十四字。」

734 逐什二以爲務。（舊六九・二二四一—一〇 新二七二四—一）

正義 言工商十分之中得二分利。

※ 見南化、幻、野、高本。

735 周書陰符。（舊六九・二二四二—一 新二七二四—三）

正義 鬼谷子有陰符七術。樂注云：「『陰符』者，私志於内，物應於外，若今符契，故云『陰符』，本太公兵法。」

※ 見南化、幻本。

736 以出揣摩。（舊六九・二二四二—一 新二七二四—三）

正義 鬼谷子有揣及摩二篇，言揣諸侯之情，以其所欲切摩，爲揣之術也。按：鬼谷子乃蘇秦之書明矣。

※ 見南化、幻本。

737 顯王左右素習知蘇秦，皆少之。弗信。（舊六九・二二四二—一 新二七二四—四）

正義 言顯王左右慣知蘇秦，有少不知行，故不用。

※ 見南化、幻本。

738 此天府也。（舊六九・二二四二—一三 新二七二五—二）

正義 府，聚也，萬物所聚。

※ 見贊異本。

739 碣石。（舊六九・二二四三—八 新二七二五—一四）

正義 碣石山在平州，燕東南。

※ 校補不載此正義佚文。

740 令天下之將相會於洹水之上。（舊六九・二二四九—一 新二七三二—三）

正義 洹，音桓。洹水，出相州林慮縣西北林慮〔一〕山中也。

※ 見南化、幻本。

〔一〕二「慮」字，瀧川本皆誤爲「盧」。本句史文集解與項羽本紀「項羽乃與期洹水南殷虚上」句索隱皆言：「洹水出汲郡林慮縣。」檢漢書地理志，河内郡屬縣十八，其中有隆慮，注引應劭云：「隆慮山在北，避殤帝名改曰林慮也。」今據改二「盧」爲「慮」。

741 通質，刳白馬而盟。（舊六九・二二四九—二 新二七三二—四）

正義 質，音致。令六國將相會於洹水之上，通洩疑質之嫌，約盟定縱。刳，割也。

※ 見南化、幻本。

742 要約曰。（舊六九・二二四九—二 新二七三二—四）

正義 要約，上如字，又音於妙反。

※ 見南化、幻本。

743 韓絶其糧道。（舊六九・二二四九—二 新二七三二—四）

正義 韓引兵至嶢關、武關之外，絶其糧道。

※ 見南化、幻本。

744 趙涉河漳。（舊六九・二二四九—三 新二七三二—五）

正義 趙涉漳河南，西面以相援。

745 魏塞其道。（舊六九・二二四九—四　新二七三二—六）

※見南化、幻本。

正義 戰國策「其道」作「午道」。

※見南化、幻本。

746 趙涉河漳、博關。（舊六九・二二四九—四　新二七三二—六）

正義 涉貝州南河而至博陵。今博州博平縣〔一〕即博陵。

※見南化、幻本。

〔一〕博平縣，瀧川本脱「博」字，作「平縣」。校補云：「南化本『州』下有『博』字。」本句史文集解引徐廣語作「博平縣」。按新舊唐書地理志與元和郡縣志，博州屬縣皆有博平縣而無平縣，且元和郡縣志於博平縣條下云：「本齊之博陵邑也。」今據補「博」字。

747 谿子。（舊六九・二二五〇—一五　新二七三四—六）

正義 谿子，蠻也，出柘弩及竹弩，皆善材。

※見南化、幻本。

748 少府時力、距來者，皆射六百步之外。（舊六九・二二五〇—一六　新二七三四—六）

正義 少府時力、距來者，皆弩名，具於淮南子。少府，韓府名也。言谿子之蠻出柘、竹弩材，令少府造時力、距來二弩，皆射六百步外。

※見南化、幻本。

749 墨陽。（舊六九・二二五一—一　新二七三四—七）

正義 墨陽，地名也。淮南子云：「服劍者貴於剡〔一〕利，而不期於墨陽莫邪。」

※見南化、幻本。

〔一〕此乃淮南子脩務訓文。諸子集成本「剡」作「銛」。

750 鄧師。（舊六九・二二五一—一　新二七三四—八）

正義 鄧出鉅鐵，有善鐵劍之師，因名。

※見南化、幻本。

751 當敵則斬，堅甲鐵幕。（舊六九・二二五一—二　新二七三四—八）

正義 幕者，爲鐵臂衣之屬。言能斬之。

※見南化、幻本。

752 吷芮。（舊六九・二二五一—二　新二七三四—九）

正義 吷，音伐；下音仁鋭反。〔方言云：「盾，自關東謂之瞂，關西謂之盾。」〕

※見南化、幻本。

753 然衡人怵王。（舊六九・二二五四—三　新二七三八—四）

正義〔衡，音横。怵，音卹。〕誘也。

※ 見南化、野、高本。

754 五家之兵。（舊六九・二二五七—一 新二七四一—七）

正義 齊世家云桓公既得管仲，修齊國政，連五家之兵。

※ 見南化、幻本。

755 車騎輜重，諸侯各發使送之甚衆，疑於王者。〔一〕（舊六九・二二六一—一四 新二七四六—一〇）

正義 輜，廁也，謂軍糧什物雜廁載之，以其累重，故曰輜重。卒，倉忽反，言車騎使送之甚多，疑是王者之行。

※ 見南化、幻本。校補於「故曰輜重」下云：「上二十字非正義注文。」

〔一〕瀧川本考證云：「楓、三本『其衆疑於王者』，據桃源抄，正義本作『卒有疑於王者』。」又校補於本句史文下附校注云：「南化（本）有『正義本「甚衆擬於王者」六字作「卒有疑於王者」』十八字注。」據瀧川本考證、校補與此正義注文，知正義本史文「甚衆」作「卒有」。

756 使人郊勞。（舊六九・二二六二—一 新二七四六—一一）

正義 勞，郎到反。

※ 見南化、幻本。

757 嫂委蛇蒲服，以面掩地而謝曰。（舊六九・二二六二—二 新二七四六—一二）

正義 蒲服，猶「匍匐」。以面掩地而謝者，若蛇行，以面掩地而進。劉伯莊云：「蛇謂曲也。」

按：本作「委蛇」者非也。

※　見南化、幻本。校補於「按本作委蛇者非也」下云：「按：上八字疑非正義注文，以此爲正義注文，則張守節所見正文與今本異乎？」

758　且使我有雒陽負郭田二頃。(舊六九・二二六二—三　新二七四六—一三)

正義　負，猶「背」也。近城郭之田，流澤肥沃也。

※　見南化、幻本。

759　即秦王之少壻也。(舊六九・二二六三—九　新二七四八—九)

正義　少壻，謂少女壻也。

※　見南化、幻、野、高本。

760　釋鉏耨而干大王。(舊六九・二二六六—九　新二七五一—一〇)

正義　耨，乃豆反，除草也。

※　見南化、幻本。

761　正告天下。(舊六九・二二七一—一三　新二七五七—八)

正義　正，猶「顯然」。

※　見南化、幻本。

762　乘船浮於汶，乘夏水而下江。(舊六九・二二七二—四　新二七五七—一三)

正義 汶，音泯〔一〕，謂泯江從蜀而下。夏水，謂潦水。

※ 見南化、幻本。

〔一〕校補云：「南化本『泯』作『岷』，下同。」

763 乘船出於巴。（舊六九・二二七二—四 新二七五八—一）

正義 〔巴嶺山在梁州南一百九十里。周地志云：「南渡老子水，登巴嶺山。南回大江。此南是古巴國，因以名山。」〕劉伯莊云「巴國在漢水上」是。

※ 見南化、幻本。

764 寡人積甲宛東下隨。（舊六九・二二七二—五 新二七五八—一）

正義 宛城，今鄧州南陽縣城。東下隨，今隨州。

※ 見南化、幻、野、高本。

765 二日而莫不盡繇。（舊六九・二二七二—一六 新二七五八—一四）

正義 繇，動也。

※ 見南化、幻本。

766 封、冀。（舊六九・二二七三—八 新二七五九—七）

正義 封、冀，既包兩周，其地合當在南陽之東，未詳處所。

※ 見南化、幻本。

767 決滎口，魏無大梁。（舊六九・二二七三—九　新二七五九—八）

正義 決滎澤之口，令河水灌大梁城。又按：滎澤渠首，起滎澤縣西北二十里。

※ 見南化、幻本。

768 決白馬之口。（舊六九・二二七三—九　新二七五九—八）

正義 白馬津在滑州白馬縣北三十里，決之灌外黄、濟陽。

※ 見南化、幻本。

769 因以破宋爲齊罪。（舊六九・二二七四—一二　新二七六〇—一五）

正義 言秦已得安邑，塞女戟，乃以破宋爲齊之罪名也。

※ 見南化、幻本。

770 魏弃與國而合於秦。（舊六九・二二七五—三　新二七六一—七）

正義 與國，楚國也。

※ 見南化、幻本。

771 因犀首屬行而攻趙。（舊六九・二二七五—一〇　新二七六一—一四）

正義 屬行，上燭，下胡郎反。

※ 見南化、幻本。

772 兵傷於譙石，而遇敗於陽馬。（舊六九・二二七五—一五　新二七六二—四）

正義 譙石、陽馬未詳。

※ 見南化、幻本。

773 嬴則兼欺舅與母。（舊六九・二二七五—一六 新二七六二—五）

正義 嬴〔一〕，猶寬假也。

※ 見南化、幻、野、高本。

〔一〕嬴，校補作「嬴」。瀧川本考證云：「嬴，當從貝。」

774 用兵如刺蜚。（舊六九・二二七六—四 新二七六二—九）

正義 刺，七賜反。猶過惡之人有罪，刺之則易也。言秦譴謫諸國，以兵伐之，若刺舉有罪之人，言易也。

※ 見南化、野、高本。

775 西河之外，上雒之地，三川晉國之禍。（舊六九・二二七六—七 新二七六二—一二）

正義 西河之外，謂同、華等州也。上雒之地，謂商州也。二地先屬晉國也。三川，洛州，周都也。此三地，全晉之時，秦朝夕攻伐，是晉國之禍敗也。

※ 見南化、野、高本。

776 三晉之半，秦禍如此其大也。（舊六九・二二七六—七 新二七六二—一二）

正義 三晉，韓、魏、趙也。三晉之邊民被秦傷如此，其大之甚。

777 而燕、趙之秦者，皆以争事秦説其主。（舊六九・二二七六—八　新二七六二—一三）

※　見南化、幻本。

正義 言燕、趙之士往秦者皆争事秦，而却説燕、趙之主〔一〕也。

※　見南化、幻本。

〔一〕校補云：「南化、幻本『主』作『惡』。」戰國策燕策二同史文，作「主」字。

778 蘇代復重於燕。（舊六九・二二七六—一六　新二七六三—八）

正義 復，音□富反。重，直拱反。言燕更尊蘇代。

※　見南化、幻本。

779 而蘇秦被反閒以死。（舊六九・二二七七—三　新二七六三—一一）

正義 閒，紀莧反。

※　見南化、幻本。

張儀列傳第十

780 臣請獻商於之地六百里。（舊七〇・二二八七—六　新二七八〇—四）

正義 商、於二邑，解在商君傳。

※　見南化、幻本。

781 楚又復益發兵而襲秦，至藍田。（舊七〇・二二八八—八　新二七八一—七）

正義 藍田縣在雍州東南八十里。從藍田關入藍田縣，時楚襲秦深入。

※　見南化、幻本。

782 韓之上地不通。（舊七〇・二二九〇—五　新二七八三—三）

正義 上地，上郡之地。

※　見南化、幻本。

783 則北地絕。（舊七〇・二二九〇—一五　新二七八三—一三）

正義 〔楚之北境斷絕。〕非謂幽州北地也。

※　見南化、幻本。

784 此所謂兩虎相搏者也。（舊七〇・二二九一—一二　新二七八四—一一）

正義 搏，音博，猶戟也。

※ 見南化、幻本。

785 秦下甲攻衛陽晉。（舊七〇・二二九二—一　新二七八五—一）

正義 陽晉在曹州乘氏縣〔一〕，與濮、滑相近，皆衛地。常山爲天下脊，陽晉爲天下胸。

※ 見南化、幻本。

〔一〕「乘氏縣」下，校補云：「南化、幻本有『西北』二字。」田敬仲世家「吾愛宋與愛新城、陽晉同」句正義引括地志云：「陽晉故城在曹州乘氏縣西北三十七里。」蘇秦列傳「過衛陽晉之道」句正義與張儀列傳「劫衛取陽晉」句正義皆同田敬仲世家正義引括地志文，「縣」下有「西北三十七里」六字，又廉頗藺相如列傳「取陽晉」句正義「三」作「四」。

786 虎賁之士跿跔科頭貫頤奮戟者。（舊七〇・二二九三—四　新二七八六—五）

正義 貫頤，劉伯莊云：「以兩手捧面，直入敵，言其勇也。」奮戟，奮怒而趨戰。

※ 見南化、幻本。

787 蹄間三尋。（舊七〇・二二九三—五　新二七八六—六）

正義 七尺〔一〕曰尋。馬蹄間有二丈一尺，亦疾也。

※ 見南化、幻本。

〔一〕增訂補「七尺」上有「三尋者」三字。

788 秦人捐甲徒裼以趨敵。（舊七〇・二二九三—五　新二七八六—七）

正義 徒，跣。裼，袒也。言六國之卒皆著甲及兜牟〔一〕而戰，秦人弃甲徒跣，袒肩而戰。

※　見南化、幻本。

〔一〕牟，瀧川本空格。校補云：「南化、幻本以『牟』字充。」說文「兜」字下釋云：「兜鍪，首鎧也。」段玉裁注云：「古謂之冑，漢謂之兜鍪。」後漢書禰衡傳「更著岑牟單絞之服」句李賢注引通史志云：「岑牟，鼓角士冑也。」新五代史李金全傳云：「仁沼昔事王晏球，晏球攻王都於中山，都遣善射者登城射晏球，中兜牟。仁沼從後引弓，射善射者，一發而斃。」韻會云：「鍪，通作『牟』。」廣雅卷八上「兜鞪謂之冑」句王念孫疏證亦云：「鞪、鍪、鉾、牟竝通。」兜牟，同兜鍪，即冑，今謂之頭盔。今據補「牟」字。

789 轉禍而說秦。（舊七〇・二二九四—九　新二七八七—一二）

△正義 說，式拙反。

※　見南化本。

790 敝邑恐懼懾伏。（舊七〇・二二九五—一五　新二七八九—四）

正義 懾，之涉反。

※　見南化、幻本。

791 其一軍塞午道。（舊七〇・二二九六—一〇　新二七九〇—一）

正義 劉伯莊云：「道蓋在齊、趙之交。」按：謂交午之道。

792 句注。

※見南化、幻本。（舊七〇・二二九七—七　新二七九〇—一三）

正義〔句注山在代州也。上音勾。〕下朱諭反。

793 進熱啜。

※見南化、幻本。（舊七〇・二二九七—八　新二七九〇—一四）

正義啜，昌拙反。劉伯莊曰：「即熱羹也。」

794 廚人進斟。

※見南化、幻本。（舊七〇・二二九七—八　新二七九〇—一四）

正義斟，音針。

795 今大王不事秦，秦下甲雲中、九原，驅趙而攻燕，則易水、長城非大王之有也。（舊七〇・二二九八—三　新二七九一—一一）

正義古雲中、九原郡，皆在勝州。雲中郡故城在榆林東北四十里。九原郡故城在勝州西界，今連谷縣是。易水、長城〔一〕，〔並在易州界。〕

※見南化、幻本。校補云：「按：此正義，資治通鑑胡三省注引史記正義乎？」

〔一〕「易水長城」四字，瀧川本無，今據校補補。

796 雖大男子裁如嬰兒。（舊七〇・二二九八—八　新二七九二—一）

正義 裁，才代反，謂形體也。公羊：「辯而裁之。」〔一〕

※見南化、幻、梅、狩、野、高本。

〔一〕校補云：「南化、幻、高本無上六字。」

797 五城。（舊七〇・二二九八—九　新二七九二—二）

正義 五城，謂常山之東五城，今易州界。

※見南化、幻本。

798 乃使其舍人馮喜之楚。（舊七〇・二二九九—六　新二七九二—一二）

正義 馬〔一〕喜，戰國策作「馮喜」。

※見南化、幻本。

〔一〕瀧川本考證云：「正義本『馮』作『馬』。」

799 張儀相魏一歲，卒於魏也。（舊七〇・二三〇〇—三　新二七九三—一一）

正義 張儀秦武王元年卒，王赧之五年。〔一〕

※見南化、幻、野、高本。

〔一〕張儀死年，秦本紀與六國年表、魏世家皆云在秦武王二年，即王赧六年，與此異。

800 故賣僕妾不出閭巷而售者。（舊七〇・二三〇〇—九　新二七九四—四）

正義 售，音授。

※ 見南化、幻本。

801 田需。（舊七〇・二三〇一—二　新二七九四—一〇）

正義 需，音須。魏相。

※ 見南化、幻本。

802 秦得燒掇焚杅君之國。（舊七〇・二三〇三—九　新二七九七—三）

正義 掇，判也。杅，割也。言攻伐侵略也。中國無事不攻秦，秦則侵掠義渠之國。義渠在寧夏之州〔一〕。

※ 見南化、幻、野、高本。

〔一〕校補云：「高、野本無上二十二字。」

803 其後五國伐秦。（舊七〇・二三〇三—一〇　新二七九七—四）

正義 秦惠王後元七年，五國共伐秦，不勝而還。

※ 見南化、幻本。

804 此公孫衍所謂邪。（舊七〇・二三〇三—一一　新二七九七—六）

正義 今彼重遺，如犀首前言。

※ 見南化、幻本。

樗里子甘茂列傳第十一

805 秦封樗里子，號爲嚴君。（舊七一・二三〇八—一　新二八〇四—三）

正義 地理志云蜀郡有嚴道。

※ 見南化、幻本。

806 知伯之伐仇猶，遺之廣車。（舊七一・二三〇八—一二　新二八〇四—一四）

正義 〔括地志云：「并州盂縣外城俗名原仇山，亦名仇猶，夷狄之國也。韓子云：『智伯欲伐仇猶國，道險難不通，乃鑄大鐘遺之，載以廣車。仇猶大悅，除塗内之。赤章曼支諫曰：「不可，此小所以事大，而今大以遺小，卒必隨，不可。」不聽，遂内之。曼支因斷轂而馳。至十九日而仇猶亡也。』〔一〕〕戰國策曰：「智伯欲伐仇猶，遺之大鍾，載以廣車。」周禮曰：「廣車之卒。」鄭玄曰：「廣車，横陳之車。」

※ 校補云：「各本此正義三十四字爲集解。按：瀧本依金陵本重誤。」

807 封小令尹以杜陽。秦、楚合，復攻韓，韓必亡。（舊七一・二三一三—一三　新二八一〇—九）

△正義 杜陽，秦邑也。秦封楚小令尹杜陽，以向壽言之故也。秦、楚合，乃向壽和之，復〔二〕攻韓，韓必亡也。

※　見南化、幻本。

〔一〕復，校補作「優」，誤，今據史文改。

808 及至鬼谷。（舊七一·二三一六—一六　新二八一三—一四）

正義 鬼谷〔一〕，陽城縣北也。

※　見南化、幻本。

〔一〕「鬼谷」下，校補云：「南化本有『在』字。」

809 而內行章義之難。（舊七一·二三一八—二　新二八一五—一）

正義 內，猶「陰」也。楚令召滑相越，陰內章句定義之禍難，亂敗越也。

※　見南化、幻本。

810 吾自請張卿相燕而不肯行。（舊七一·二三一九—六　新二八一六—六）

正義 張唐爲卿，故曰張卿〔一〕。

※　見南化、幻、梅、狩本。

〔一〕校補云：「南化、幻、梅、狩本無上四字。」

811 大項槖生七歲爲孔子師。（舊七一·二三一九—八　新二八一六—八）

正義 尊其道德，故曰大〔一〕。

※　見南化、幻、梅、狩、野本。

〔一〕增訂補「尊」下有「大」字，「故曰大」三字作「故云大項槖」五字。

812 借臣車五乘。（舊七一・二三二〇—五 新二八一七—四）

正義 借，時夜反。

※ 見南化、幻本。

813 王不如賚臣五城以廣河閒。（舊七一・二三二〇—一〇 新二八一七—九）

正義 賚，音即齊反。割五城廣河閒，託甘羅還報秦也。

※ 見南化、幻、梅、狩本。

穰侯列傳第十二

814 穰侯魏冄者。

正義 穰，鄧州穰縣。冄，日嶮反。（舊七二・二三二三—三　新二八二一—三）

※見梅、幻、狩、野、高本。校補於「冄日嶮反」下云：「梅、狩、野本無上四字，疑非正義注文乎？」

815 涇陽君。

正義 悝，客迴反。（舊七二，二三二三—九　新二八二一—九）

※見南化、梅、狩本。

816 復益封陶。

正義 陶，今曹〔一〕州陶城。（舊七二・二三二五—四　新二八二三—五）

※見南化、幻本。

〔一〕曹，瀧川本作「雷」。校補云：「南化本『雷』字作『曹』。」本句史文索隱云：「陶，即定陶也。」水經濟水「又東過定陶縣南」句酈道元注云：「冄，秦宣太后弟也，代客卿壽燭爲相，封于穰，益封于陶。」可知魏冄所封之地即定陶。史記正義數見定陶，皆隸曹州，如夏本紀「道荷澤」句正義引括地志云：「荷澤在曹州濟陰縣東北九十里定陶城東。」殷本紀「湯遂伐三朡」句正義引括地志云：「曹州濟陰縣即古定陶也。」項羽本紀「沛公、項羽乃攻定陶」句正義云：「定陶，曹州城也。」今據改。

817 王若欲講，少割而有質。（舊七二・二三二六—五　新二八二四—七）

正義 秦欲和魏，魏割地，仍求秦質。

※ 見南化、幻、梅、狩本。

818 幾盡故宋。（舊七二・二三二六—一四　新二八二五—一）

正義 宋時已爲齊滅。

※ 見南化、幻本。

白起王翦列傳第十三

819 左庶長。（舊七三·二三三一—三 新二八三一—三）

正義 長，展兩反。

※ 見南化、幻本。

820 乾河。（舊七三·二三三一—五 新二八三一—五）

正義 乾河源出絳州絳縣東南穀山，南流注河〔一〕，其水冬乾夏流，故曰乾河。

※ 見幻、梅、狩、野、高本。

〔一〕酈道元水經注卷六澮水注云：「（南紫谷水）西出紫谷，與乾河合，即教水之枝川也。史記白起傳稱涉河取韓安邑東至乾河是也。其水西與田川水合，水出東溪，西北至澮交入澮。」依水經注，乾河注澮而非注河。

821 起與客卿錯攻垣城。（舊七三·二三三一—六 新二八三一—六）

△正義 故垣城在絳州垣縣北〔一〕二十里，本魏王垣也。

※ 見南化本。

〔一〕北，秦始皇本紀「攻魏垣、蒲陽」句正義與資治通鑑卷六秦紀一始皇帝九年「伐魏取垣、蒲」句胡三省注引括地志皆作「西北」。

822 伐韓之野王。（舊七三・二三三二—一四　新二八三二—一五）

正義　野王，懷州河內縣〔一〕，本春秋野王邑也。太行山在縣北二十五里。

※見南化、幻本。

〔一〕校補云：「南化、幻本『內』字作『南』。」史記正義數見河內縣，皆隸懷州；河南縣亦數見，皆隸洛州。又夏本紀「太行、常山至于碣石」句正義引括地志云：「太行山在懷州河內縣北二十五里，有羊腸阪。」又元和郡縣志卷一六懷州河內縣條云：「本春秋時野王邑。」「南」字誤。

823 鄭道已絕。（舊七三・二三三二—一四　新二八三二—一五）

正義　鄭縣本韓之國都，秦攻韓南陽野王，則野王、上黨之道絕矣。

※見南化、幻本。

824 平陽君。（舊七三・二三三三—一　新二八三三—二）

正義　趙世家曰：「封趙豹爲平陽君。」平陽故城在相州臨漳縣西二十五里。

※見南化、幻、棭、梅、狩、高、野本。

825 而秦出輕兵擊之。（舊七三・二三三四—六　新二八三四—八）

正義　人馬不帶甲爲輕兵。

※見南化、幻、野、高本。

826 上黨民不樂爲秦而歸趙。（舊七三・二三三五―一〇 新二八三五―一五）

正義 樂爲，上音洛，下于危反〔一〕。情不樂爲秦民。

※見南化、幻、梅、狩、野、高本。

〔一〕校補云：「梅、狩、野、高本無上九字。」

827 於是免武安君爲士伍。（舊七三・二三三七―六 新二八三七―一三）

正義 如淳曰：「嘗有爵，而以罪奪爵者稱士伍。」顔師古曰：「謂奪其爵令爲士伍，言使從士卒之伍。」

※見南化、幻本。校補於「士卒之伍」下云：「上十九字南化本校記提行，非正義注文。按：瀧本譌。」

828 燕使荆軻爲賊於秦。（舊七三・二三三八―一二 新二八三九―六）

△正義 軻，苦阿反。

※見南化本。

829 於將軍度用幾何人而足。（舊七三・二三三九―六 新二八四〇―一）

△正義 度，徒啟反。

※見南化本。

830 蒙恬攻寢。（舊七三・二三三九―九 新二八四〇―五）

正義 今光州固始縣，本寢丘，孫叔敖所封。

831 將軍之乞貸。（舊七三・二三四〇—一一　新二八四一—七）

※見南化、幻本。

△正義 貸，天得反。

※見南化本。

832 夫秦王怚。（舊七三・二三四〇—一一　新二八四一—七）

正義 徐廣曰：「一作『粗』。」竝音息故反。〔一〕

※見南化、幻、梅、狩本。

〔一〕除上文外，校補還自南化、梅本輯下文：「怚，音丁達反；又作怚，音子奴反。」

833 方投石超距。（舊七三・二三四一—四　新二八四二—一）

正義 超，跳躍也。距，木械也。出地若雞距然也，壯士跳躍走拔之。按：出與否，以定勝負也。

※見南化、幻、棭、梅、狩、野、高本。

834 以至坸身。（舊七三・二三四二—五　新二八四三—四）

正義 坸，没也。

※見南化、幻、梅、狩本。

孟子荀卿列傳第十四

835

退而與萬章之徒序詩書，述仲尼之意，作孟子七篇。（舊七四・二三四三—一〇　新二八四七—一〇）

正義 孟子有萬章、公明高等，孟軻撰，趙岐注。又一本七卷，劉熙撰〔一〕。又一本九卷，綦毋邃撰也。

※　見幻、棭、梅、狩本。

〔一〕此「撰」字與下一「撰」字，乃撰集傳注之義，猶今之言「注」。隋書經籍志云：「孟子七卷，劉熙注。梁有孟子九卷，綦毋邃撰。」新舊唐書志皆載劉熙、綦毋邃各注孟子七卷，而不言撰。姚振宗隋書經籍志考證云：「經義考曰：『劉熙注孟子，李善文選注凡三引之。』馬國翰輯本序曰：『熙注孟子，隋唐志並云七卷，今佚，史記、漢書、文選等注尚有徵引。』」又云：「烏程嚴可均全晉文編曰：『綦毋邃爵里未詳，有孟子注七卷。』」孫星衍重集世本序云：「劉向叙録中祕書，以十五篇爲二卷，故隋經籍志『世本二卷，劉向撰』。『撰』之云撰集古書，非如後世之作而不述也。隋志又有：『世本四卷，宋衷撰。』衷蓋注而廣之，唐藝文志稱宋衷注世本四卷，詩正義引宋衷子注，即衷字也。」（見槐廬叢書）此「撰」與下「撰」之義，如孫説。

836

齊有三騶子。（舊七四・二三四四—五　新二八四八—七）

正義 三騶：騶忌、衍、奭。

※ 見梅、野、高本。

837 終始、大聖之篇十餘萬言。（舊七四・二三四四—七 新二八四八—九）

正義 七録〔一〕云：「鄒子，鄒衍撰。」七略云：「鄒子二種，合一百條，篇亡。今惟此，又似後人所記。」

※ 見幻、梅、狩本。

〔一〕校補「七録」上有「參人仕燕」四字。

838 大並世盛衰。（舊七四・二三四四—八 新二八四八—一〇）

正義 竝，蒲浪反。言大竝依時浮沈而說事。

※ 見南化、幻、野本。

839 五德轉移。（舊七四・二三四四—一〇 新二八四八—一二）

正義 五德：木、火、金、水、土。

※ 見南化、幻、野、高本。

840 所謂中國者，於天下乃八十一分居其一分耳。（舊七四・二三四四—一一 新二八四八—一三）

正義 鹽鐵論及論衡並以衍之所言迂怪虛妄，熒惑六國之君，因納其異說。所謂「匹夫而熒惑諸侯」者也〔一〕。

※　見南化、幻本。

841 如此者九，乃有大瀛海環其外，天地之際焉。

〔一〕校補云：「南化本無上二十二字，而旁注曰：『以下與索隱同。』」

正義 言一州縣有裨海環繞之。凡天下有九州，有大瀛海環繞其外，乃至天地之際也。（舊七四・二三四四—一三　新二八四八—一五）

※　見南化、幻、棭、梅、狩、野本。

842 君臣上下、六親之施，始也濫耳。（舊七四・二三四四—一四　新二八四九—一）

正義 六親：外祖父母一，妻〔一〕母二，姨、妹之子三，兄弟子四，從子五，女之子六。王弼云：「父母兄弟妻子。」鄒子睹有國者益淫侈，不能尚德，須若大雅整之身，延及黎庶矣。乃作術，其終要歸乎仁義、節儉、君臣、上下、六親之施。始，初也。猶泛濫未能周備，故云「濫耳」，若江源濫觴。

※　見南化、幻、梅、狩本。

〔一〕「妻」下，校補云：「南化、梅本有『父』字。」

843 王公大人初見其術，懼然顧化，其後不能行之。（舊七四・二三四四—一五　新二八四九—二）

正義 懼，俱遇反。王公大人見衍無不懼然念駐，欲顧其術以化民，其後亦不能行。

※　見南化、幻本。

844 如燕，昭王擁彗先驅。（舊七四・二二三四五—八　新二八四九—一二）

正義 彗，帚也。擁彗，則執帚曲腰掃也。言昭王向曲腰，若擁彗先驅之類。

※ 見幻、梅、狩本。

845 豈與仲尼菜色陳蔡，孟軻困於齊梁同乎哉。（舊七四・二二三四五—一〇　新二八四九—一四）

正義 孔子、孟子法先王之道，行仁義之化，且菜色困窮。鄒衍執詭怪，惑諸侯，反見尊禮，痛哉！時君之無識也。

※ 見南化、幻本。

846 孟軻稱大王去邠。（舊七四・二二三四五—一一　新二八四九—一五）

△正義 邠，彼珉反。

※ 見南化本。

847 持方枘欲内圜鑿。（舊七四・二二三四五—一二　新二八五〇—一）

△正義 圜，音員也。鑿，在竈反。

※ 見南化、幻本。

848 作先合。（舊七四・二二三四五—一三　新二八五〇—二）

△正義 先合人主之好，乃得見用，然後之大道。

※ 見南化本。

849 騶衍其言雖不軌，儻亦有牛鼎之意乎。（舊七四・二三四五—一三　新二八五〇—二）

正義 太史公見鄒衍之説怪迂詭辯而合時君，疑衍若伊尹、百里奚先作牛鼎之意。

※ 見南化、幻本。

850 爲開第康莊之衢。（舊七四・二三四七—一五　新二八五二—七）

正義 言爲諸子起第宅於要路也。

※ 見南化、幻、楓、梅、狩本。

851 炙轂。（舊七四・二三四八—四　新二八五二—一一）

正義 調，音化。亂調，疾言也。

※ 見南化、幻、楓、梅、狩、野、高本。

852 而趙亦有公孫龍。（舊七四・二三四九—五　新二八五四—二）

△正義 家語及弟子傳曰衛人也，鄭玄云楚人，此云趙人，下更云「或曰竝孔子時，或曰在其後」〔一〕。按：皆疑或，未知孰是。

※ 見南化、幻本。

〔一〕史文「或曰竝孔子時，或曰在其後」言墨子。

853 劇子之言。（舊七四・二三四九—五　新二八五四—二）

正義 趙有劇孟、劇辛，是有劇姓，而史記〔一〕不記其名。徐廣曰：「應劭氏姓注直云處子也。」

藝文〔二〕志云：「劇子九篇。」

※　見南化、幻本。

〔一〕校補云：「南化、幻本無『記』字。」

〔二〕校補云：「南化本無上十二字。」

孟嘗君列傳第十五

854 五月子者，長與户齊，將不利其父母。（舊七五・二三五二—一三　新二八六一—一）

正義 俗説五月五日生子，男害父，女害母。

※ 見南化、楩、梅、謙、狩本。

855 僕妾餘粱肉。（舊七五・二三五三—五　新二八六一—一〇）

△正義「粱」成「粟」，又成「粱」。粱肉，粱〔一〕粟。〔二〕

※「粱成粟，又成粱」，見南化、幻本；「粱肉，粱，粟」，見南化、梅、狩本。

〔一〕校補云：「梅、狩本無上二字。」

〔二〕史文「粱」字，校補云：「慶、彭、凌本『粱』作『粱』。正義云：『「粱」成「粟」，又成「粱」。』在這條正義『粱』字的旁邊用細字寫着『幻所見正義異之』，改行還有『正義：「粱，粟。」』」依校補與正義注文，正義本史文「粱」作「粱」，而「粱」字先訛「粟」，再訛「粱」。正義注文「粱肉粱粟」四字，當依梅、狩本删「肉粱」二字。

856 謚爲靖郭君。（舊七五・二三五三—七　新二八六一—一二）

正義 靖郭君，邑名〔一〕，蓋卒後賜邑號。

※見南化、幻本。

〔一〕邑名當是「靖郭」，非「靖郭君」。

857 孟嘗君待客坐語。（舊七五·二三五四—一 新二八六二—六）

△正義 侍〔一〕，猶「當」也。

※見南化、梅、高本。

〔一〕史文「待」字，校補云：「待，南化、楓、棭、三、高本作『侍』，下文『待客』之『待』亦作『侍』。」依校補與正義注文，正義本史文「待」作「侍」。

858 即使人馳傳逐之。（舊七五·二三五五—三 新二八六三—一〇）

△正義 傳，驛也。

※見南化、梅本。

859 齊湣王不自得，以其遺孟嘗君。（舊七五·二三五五—一四 新二八六四—七）

正義 言〔一〕自嫌无〔二〕德而遺孟嘗。

※見南化、棭、梅、謙、狩、野、高本。

〔一〕校補云：「按：各本『言』上有『作不自德』四字，蓋正義本『得』作『德』。」增訂補「言」上有「不自得」三字。

〔二〕无，瀧川本作「旡」。校補云：「旡，瀧川本之誤，當作『无』。」今從校補改。

860 收周最以厚行，且反齊王之信。（舊七五・二三五七—一〇　新二八六六—五）

△正義 行，塞孟反。周本厚齊云云〔一〕，復且得〔二〕反齊王之所信者，又禁天下無秦之言。

※　見南化、幻、楓、謙、狩本。

〔一〕校補云：「各本旁有『以下同索隱』五字注。」

〔二〕且得，瀧川本作「旦傳」。依文義，當作「且得」是；索隱亦云「又且得反齊王之有信」。「旦傳」誤，今改正。

861 齊無秦，則天下集齊，親弗必走。（舊七五・二三五七—一一　新二八六六—六）

正義 親弗相呂禮，欲合齊、秦。若齊、秦不合，天下之從集歸於齊，親〔一〕弗必走去齊。

※　見南化、楓、梅、謙、狩本。

〔一〕校補云：「親，瀧川本之誤，當作『魏』。」依史文，作「親」是。

862 秦必重子以取晉。（舊七五・二三五八—六　新二八六七—一）

△正義 取晉，謂齊晉取。

※　見南化、幻、梅本。

863 晉必重子以取秦。（舊七五・二三五八—七　新二八六七—二）

△正義 取秦，謂親秦。

※　見南化、幻、梅、狩本。

864 孟嘗君置傳舍十日。（舊七五・二三五九—四 新二八六八—一）

正義 傳舍，下客所居。

※ 見南化、幻、棭、梅、狩、野、高本。

865 馮先生甚貧，猶有一劍耳，又蒯緱。（舊七五・二三五九—五 新二八六八—二）

正義 驩貧，用蒯草爲繩纏。

※ 見南化、幻本。

866 長鋏歸來乎。（舊七五・二三五九—五 新二八六八—二）

△正義 長鋏，劍名，古俠反。

※ 見南化、幻、梅、狩、野、高本。

867 貧窮者燔券書以捐之。（舊七五・二三六〇—八 新二八六九—六）

△正義 燔，音煩。

※ 見南化本。

868 文奉邑少。（舊七五・二三六〇—一四 新二八六九—一二）

正義 文封邑非多，而租稅少，故求息〔一〕。

※ 見南化、幻、梅、狩本。

〔一〕校補云：「南化、幻、梅本無上五字。」

869 過市朝者掉臂而不顧。（舊七五・二三六二—一二　新二八七一—一一）

正義 市朝，言市之行位，有如朝列，故言「朝」。

※見南化、幻、梅本。

870 所期物忘其中。（舊七五・二三六二—一二　新二八七一—一一）

△正義 言市平明萬物皆赴，若期會。

※見南化、梅、狩本。

平原君虞卿列傳第十六

871 則歃血於華屋之下。（舊七六・二三六六—八 新二八七六—一〇）

正義 歃，衫甲反。

※ 見南化、幻本。

872 乃穎脱而出。（舊七六・二三六六—一四 新二八七七—二）

正義 穎，禾穗末也。穎脱而出，言特出衆穗之上〔一〕。

※ 見南化、幻、梅、狩、野、高本。

〔一〕校補云：「各本校記『上』字作『表』。」

873 十九人相與目笑之而未廢也。（舊七六・二三六七—一 新二八七七—三）

正義 言十九人相與目視之，竊笑，未敢發聲也。「發」字或作「廢」者非也，毛遂不由十九人而得廢棄也。

※ 見南化、幻、梅、狩、野、高本。

874 毛遂比至楚。（舊七六・二三六七—五 新二八七七—七）

正義 比，卑利反。

※ 見南化、幻本。

875 取雞狗馬之血來。（舊七六・二三六七—一五　新二八七八—二）

正義 周禮盟之用牲，天子以牛及馬，諸侯以犬及豭，大夫以下用雞。今總言之用血，未詳。

※ 見南化、幻、梅、狩本。

876 且虞卿操其兩權，事成，操右券以責。（舊七六・二三六九—一五　新二八八〇—四）

正義 右券，上契也。言虞卿〔一〕事成，常取〔二〕上契之功，以責平原報己之德。

※ 見南化、幻、梅、狩本。

〔一〕其下校補云：「南化、梅本有『爲平原取封』五字。」

〔二〕校補云：「南化、梅本『常取』作『嘗操』。」

877 乃絀公孫龍。（舊七六・二三七〇—六　新二八八〇—一〇）

正義 徼〔一〕，音叫。繳繞紛亂，争言而相隨，近競後息，不能無害君子。

※ 見南化、幻、梅、狩本。

〔一〕校補云：「南化、梅本『徼』字作『繳』。」此釋集解，作「繳」是。

878 今臣爲足下解負親之攻。（舊七六・二三七二—八　新二八八三—一）

正義 郝言爲趙王解負秦親韓、魏之攻。

※ 見南化、梅、狩、野、高本。

879 而王獨取攻於秦。（舊七六・二三七二—八　新二八八三—一）

△正義 言不媾，至來年趙獨自取秦之攻。

※ 見南化、幻、謙、梅、狩本。

880 必王之事秦不如韓、魏也。（舊七六・二三七三—一　新二八八三—九）

正義 有，讀如又，字相似，變改者誤。

※ 見南化、幻本。

881 試言公之私。（舊七六・二三七三—七　新二八八三—一五）

正義 試言緩之私情何如。

※ 見南化、幻、梅、狩本。

魏公子列傳第十七

882 封公子爲信陵君。(舊七七・二三七七—三　新二八八九—三)

正義 信陵,地名。

※　見南化、幻本。

883 而北境傳舉烽,言:「趙寇至,且入界。」(舊七七・二三七七—九　新二八八九—九)

正義 烽,敷蓬反。注「櫓」,音魯;兜,斗候反;低,音抵〔一〕。

※　見南化、幻本。

〔一〕自「兜」至「抵」七字,瀧川本無,今據校補補。

884 臣之客有能深得趙王陰事者。(舊七七・二三七七—一一　新二八八九—一一)

正義 探〔一〕,音貪,一作「深」。

※　見南化、幻、梅、狩本。

〔一〕史文「深」字,校補云:「深,景、井、蜀、紹、耿、慶、中統、彭、毛、凌本作『探』。」張文虎校刊史記集解索隱正義札記卷五云:「『索隱本『深』,各本作『探』。」依校補、張氏札記與正義注文,正義本史文「深」作「探」。

885 偏贊賓客。（舊七七・二三七八—一一　新二八九〇—一三）

正義 劉熙云：「稱人美曰讚。讚，纂集其美而叙之。」

※見南化、棭、梅、狩、野、高本。

886 公子往數請之，朱亥故不復謝，公子怪之。（舊七七・二三七九—六　新二八九一—八）

正義 列士傳：「秦召公子無忌，無忌不行，使朱亥奉璧一雙謝秦王。秦王大怒，將朱亥著虎圈，亥瞪目視虎，眦裂血濺，虎終不敢動。」

※見南化、幻、謙、梅、狩、野本。

887 平原君負韊矢。（舊七七・二三八一—一二　新二八九三—一四）

正義 若胡鹿而短。忱，時林反，字伯雍，任城人，吕姓，晉弦令，作字林七卷。

※見南化、幻、棭、謙、梅、狩本。

888 趙王以鄗爲公子湯沐邑。（舊七七・二三八二—八　新二八九四—一〇）

正義 鄗，今高邑。鄗，黑各反。

※見南化、幻本。

889 公子聞趙有處士毛公藏於博徒。（舊七七・二三八二—一二　新二八九四—一四）

正義 毛公九篇，在名家者流，見於藝文志。〔一〕

※見南化、幻、野、高本。

〔一〕校補云：「南化、幻本上十四字作『毛公藝文志云有毛公九篇在名家流』十五字。」

890 以稱平原君。（舊七七・二三八三—一　新二八九五—三）

正義 稱，尺證反。

※ 見南化、幻本。

891 徒豪舉耳（舊七七・二三八三—一　新二八九五—三）

正義 劉伯莊曰〔一〕：「豪者舉之，不論德行。」

※ 見南化、楩、謙、梅、狩、野、高本。

〔一〕校補云：「野、高本無上四字。」

892 日夜爲樂飲者四歲，竟病酒而卒。（舊七七・二三八四—一一　新二八九六—一二）

正義 四年信陵君死，當〔一〕秦始皇四年。魏安釐王母弟云云〔二〕。

※ 兩「四年」之閒十二字，見南化、幻本；「魏」下見南化、楓、謙、梅、狩本。

〔一〕「四年信陵君死當」七字，瀧川本無。校補云：「上七字瀧本削，依南化、幻本補。」今從校補補此七字。

〔二〕「魏安釐王母弟云云」八字，瀧川本無，今據校補補。校補於「云云」下云：「各本校記，以下節略，蓋非全正義注文。」增訂補「當秦始皇四年」六字在「云云」二字下。

二十四史研究資料叢刊

史記正義佚文輯校（增訂本）

下册

張衍田　輯校

中華書局

春申君列傳第十八

893 兩虎相與鬬而駑犬受其獘。（舊七八・二三八七—一二 新二九〇〇—一）

正義 兩虎鬬方困，而駑犬亦承制其獘弱。

※ 見南化、幻、楓、謙、梅、狩本。

894 累棊是也。（舊七八・二三八八—一 新二九〇〇—二）

△正義 累碁〔一〕，其高則危也。

※ 見南化、楓、三、謙、梅、狩、高本。

〔一〕校補云：「高本『碁』作『棋』。」

895 今王使盛橋守事於韓。（舊七八・二三八八—三 新二九〇〇—四）

正義 劉伯莊曰：「秦使盛橋守事於韓，亦如楚使召滑於越也，並內行章義之難。」

※ 見南化、幻本。校補云：「按：各本校記不冠『正義曰』，蓋非正義注文乎？」

896 以臨仁、平丘。（舊七八・二三八八—六 新二九〇〇—七）

正義 仁，一作「任」。今任州〔一〕城〔二〕屬濟州〔三〕。地志云任城屬東平國。〔四〕

※ 見南化、幻、楓、謙、梅、狩、野、高本。

〔一〕校補云：「南化、梅、狩、野、高本無『州』字。」

〔二〕其下校補云：「南化、梅、狩本有『縣』字。」增訂補「城」下有「縣」字。

〔三〕按新舊唐書地理志，唐高祖武德四年改隋濟北郡爲濟州，唐玄宗天寶十三年州廢。濟州無任州城，亦無任城縣，而任城縣屬兖州，且云「漢縣」。蓋本句正義注文有誤。

〔四〕校補云：「梅、狩、野、高本無上九字。」

897 注齊秦之要。（舊七八・二三八八—七　新二九〇〇—八）

△正義 要，音腰。要得魏氏諸邑，又割濮磨之北地，而東西注齊秦之膂也。

※　見南化、楩、謙、梅、狩本。

898 昔智氏見伐趙之利而不知榆次之禍。（舊七八・二三八九—一四　新二九〇二—一）

正義 〔榆次，并州縣也。注水經云：「榆次縣南洞渦水側有鑿臺。」〕智伯瑶割腹絶腸折頸摺頤處。〔一〕

※　見南化、楓、楩、三本、

〔一〕增這條正義有存有佚，存者言地，佚者述事。存佚相離則語意兩分，存佚合一則地事意足。

899 係脰束手爲羣虜者。（舊七八・二三九一—四　新二九〇三—七）

△正義 係連脰伏縛手而去。

※　見南化、楩、謙、梅、狩、野、高本。

900 足以校於秦。（舊七八·二三九二—六 新二九〇四—一〇）

正義 校，敵也。

※ 見南化、楓、謙、梅、狩本。

901 遲令韓魏歸帝重於齊，是王失計也。（舊七八·二三九二—一四 新二九〇五—四）

正義 遲，猶「當」也。今韓、魏歸帝號尊齊，秦失計。

※ 見南化、幻、野本。

902 李園不治國而君之仇也。（舊七八·二三九七—一二 新二九一〇—三）

正義 李園不得〔一〕國政，而怨春申君，故云仇也。

※ 見南化、幻本。

〔一〕增訂補「得」作「法」。

903 園死士俠刺春申君。（舊七八·二三九八—九 新二九一〇—一五）

正義 俠刺，上胡牒反，下七亦反。

※ 見南化、幻本。

904 旄矣。（舊七八·二三九九—二 新二九一一—九）

正義 莫〔一〕報反。

※ 見南化、幻本。

〔一〕增訂補「莫」上有「上」字。

范睢蔡澤列傳第十九

905 語之至者。（舊七九・二四〇五—八　新二九一九—一二）

正義 至，猶「深」也，「極」也。

※ 見南化、幻、梅、狩本。

906 意者臣愚而不概於王心邪。（舊七九・二四〇五—九　新二九一九—一三）

正義 概，猶「平」也。睢言秦政教，不能□〔一〕合王心邪？

※ 見南化、幻、梅、狩本。

〔一〕校補依南化、梅本補「例」字。增訂補「能」下空格作「倒」字。

907 身爲漁父而釣於渭濱耳。（舊七九・二四〇六—一二　新二九二一—一三）

正義 括地志曰：「茲泉水源出岐州岐山縣西南凡谷，北流十二里注于渭。太公釣此所謂磻溪。」〔一〕

※ 見南化、幻、謙、梅、狩本。

〔一〕校補云：「南化、幻、梅、狩本無『茲』字。」又云：「南化、幻、謙、梅、狩本無『谷』字。」又云：「梅本『溪』作『磎』。」齊太公世家「以漁釣奸周西伯」句正義引作「茲泉水」、「凡谷」、「磻磎」，其文詳此。鄘道元水經注卷一七渭水注云：「渭水之右磻溪水注之，水出南山茲谷，乘高激流，注于溪中。溪中有泉，謂之茲泉，泉水潭積，自成淵渚，即呂氏春秋所謂太公釣茲泉也，今人謂之凡谷。石壁深高，幽隍邃密，林障秀阻，人跡罕交。東南隅有一石室，蓋太公所居也。水次平石釣處，即太公垂釣之所也，其投竿跽餌兩厀遺跡猶存，是有磻溪之稱也。其水清泠神異，北流十二里注于渭。」又韓詩外傳卷八謂太公望「釣於磻溪」。廣韻云：「溪，或作『磎』。」

908 漆身爲厲，被髮爲狂，不足以爲臣恥。（舊七九・二四〇七—二 新二九二一—九）

正義 漆身，豫讓也。被髮，箕子也。

※ 見南化、幻、梅、狩、野、高本。

909 孟賁。（舊七九・二四〇七—四 新二九二一—一〇）

正義 賁，音奔。

※ 見南化、幻本。

910 伍子胥橐載而出昭關，夜行晝伏，至於陵水。（舊七九・二四〇七—五 新二九二一—一二）

正義 橐，音託。杜預云昭關在淮北，陵水在臨淮〔一〕。

※ 見南化、幻、棭、謙、梅、狩本。

〔一〕校補云：「南化、梅、狩本無上五字，而有『云橐也』三字。」

911 厀行蒲伏。（舊七九・二四〇七—六 新二九二一—一二）

正義 蒲伏，下白北反。

※　見南化、幻本。

912　貴而爲交者，爲賤也；富而爲交者，爲貧也。（舊七九・二四一六—三　新二九三一—二）

正義 下「爲」，于僞反。言富貴而結交者，本爲貧賤之人也。

※　見南化、幻本。

913　先生曷鼻，巨肩。（舊七九・二四一八—九　新二九三三—九）

正義 曷鼻，有横文若蝎蟲也。脣，或作「肩」，言肩高〔一〕。

※　見南化、幻、梅、狩本。

〔一〕校補云：「南化、梅本無上七字。」瀧川本考證云：「正義本『巨肩』作『巨脣』，謂脣大也，亦通。」

914　膝攣。（舊七九・二四一八—九　新二九三三—九）

正義 厀，一本作「膝」。攣，卷緣反，膝攣曲也。

※　見南化、幻本。

915　吾聞聖人不相，殆先生乎。（舊七九・二四一八—九　新二九三三—九）

正義 蔡澤實不醜，而唐舉戲之。揚雄解嘲言蔡澤噤吟而笑唐舉〔一〕，誤甚也。

※　見南化、幻、梅、狩本。

〔一〕「唐舉」一作「唐奉」，校補云：「南化本有『唐奉』二字。」漢書揚雄傳載解嘲，本句下無「唐奉」二字。

916 名實純粹。（舊七九·二四二〇—四 新二九三五—六）

△正義 王逸云：「至美曰純，齊同曰粹。」

※見南化、梅、高本。

917 盡能而弗離。（舊七九·二四二〇—一二 新二九三五—一四）

△正義 離，力智反。

※見南化、幻本。

918 喬松之壽。（舊七九·二四二四—一 新二九三九—五）

正義 王喬，周靈王太子晉也。赤松子，神農時雨師也。

※見南化、幻、梅、狩本。

樂毅列傳第二十

919 中山復國。（舊八〇・二四二七—四　新二九四五—四）

正義 鮮虞子重更得封中山。復，符富反。

※ 見南化、梅、狩本。

920 盡取齊寶財物祭器輸之燕。（舊八〇・二四二八—一四　新二九四七—二）

正義 鹵掠齊寶器也。

※ 見南化、幻、梅、狩本。

921 於是燕昭王收齊鹵獲以歸。（舊八〇・二四二九—一　新二九四七—三）

正義 鹵掠所獲之寶器也。

※ 見南化、幻、梅、狩本。

922 號曰望諸君。（舊八〇・二四二九—一三　新二九四八—一）

正義 諸，之也。言王起望君之日久矣，故號望諸君也。太公世家吾望子久矣，故號曰太公望。

※ 見南化、幻、梅、狩本。校補於「太公望」下云「上十五字非正義注文」。

923 施及乎萌隸。（舊八〇・二四三二—一二　新二九五一—二）

△正義 施及，上式鼓反。

※見南化本。

924 故沈子胥而不悔。（舊八〇・二四三二—一四 新二九五一—四）

△正義 吳王不悟合先論子胥功績可以封爵之，卒不改，故沈子胥而不悔責也。

※見南化、梅本。

925 是以至於入江而不化。（舊八〇・二四三二—一五 新二九五一—五）

△正義 化，變改也。言子胥不早見吳王不同度量，則遠近千里會至，身至入江而不變，故責於胥也。樂毅早初投於趙，得燕王陷於不義，身不免於僇辱也。

※見南化、梅本。

926 離毀辱之誹謗。（舊八〇・二四三三—一 新二九五一—七）

△正義 離，音曆，誹謗來也。

※見南化本。

927 臨不測之罪。（舊八〇・二四三三—二 新二九五一—八）

△正義 即臨不測之罪，以幸免爲利。今我仍義先王之恩，身得免於刑戮，所以不敢出相見。

※見贊異本。

928 唯君王之留意焉。（舊八〇・二四三三—七 新二九五一—一三）

△【正義】幾，音幾，謂庶幾。墮，許規反。幾，音忻。〔一〕

※　見南化本。

〔一〕此正義釋集解。幾音幾，謂庶幾，釋「則幾於湯武之事矣」句之「幾」。墮，許規反，爲「既大墮稱兵之義」句之「墮」作音。幾音忻，爲「雖二城幾於可拔」句之「幾」作音。【增】訂補「墮」上有「大」字。「忻」作「祈」。

929　及民志不入，獄囚自出，然後二子退隱。（【舊】八〇・二四三五—八　【新】二九五四—六）

【正義】言民志不爲罪咎而〔一〕入獄，是囚自出，若箕子、商容是也。

※　見南化、幻、梅、狩本。

〔一〕「而」下，校補云：「南化、幻、梅本有『不』字。」

930　樂臣公。（【舊】八〇・二四三六—五　【新】二九五五—四）

【正義】巨〔一〕，音詎，本作「臣」者誤。

※　見南化、幻、梅、狩本。

〔一〕史文「臣公」，集解云：「一作『巨公』。」依集解與正義注文，正義本史文「臣」作「巨」。梁玉繩史記志疑云：「『巨』字是。田叔傳作『巨公』、漢書作『鉅』可證。」瀧川本考證云：「『巨公』是得道之名，猶墨家有鉅子，非名字也。下文四『臣公』皆當作『巨公』。」

931　樂臣公教蓋公。（【舊】八〇・二四三六—一一　【新】二九五五—一〇）

正義 蓋，姓也，史記不名。樂閒、樂乘墓，並在邯鄲縣南八里。蓋，音古盍反。

※見南化、幻、梅、狩本。

廉頗藺相如列傳第二十一

932 繆賢。（舊八一・二四三九—四　新二九五七—四）

正義 繆，亡又反，姓也。

※ 見南化、幻、謙、梅、狩本。

933 設九賓於廷。（舊八一・二四四一—一　新二九五九—三）

△正義〔劉伯莊云：「九賓者，周王備之禮，天子臨軒，九服同會。秦、趙何得九賓？但亦陳設車輅文物耳。」〕周禮九儀謂公侯〔一〕伯子男、公卿大夫士。

※ 見南化、棭、謙、梅、狩本。

〔一〕侯，瀧川本作「卿」。校補云：「幻雲云：『「卿」者「侯」之訛。』」周禮秋官大行人「以九儀辨諸侯之命等諸臣之爵，以同邦國之禮，而待其賓客」句下之文，先述上公、諸侯、諸伯、諸子、諸男之禮，繼言大國之孤、諸侯之卿及其大夫士之禮。鄭玄注云：「九儀：謂命者五，公、侯、伯、子、男也；爵者四，孤、卿、大夫、士也。」「卿」字誤，當作「侯」，今改正。

934 相視而嘻。（舊八一・二四四一—一一　新二九五九—一四）

正義 嘻，音希，恨怒之聲。

※ 見南化、幻本。

935 肉袒負荊。（舊八一・二四四三—一一 新二九六二—四）

正義 肉袒，露膊。

※ 見南化、幻、謙、梅、狩、野本。

936 厚遇戰士。（舊八一・二四四九—七 新二九六八—五）

△正義 戰士，或本作「單于」者非也。

※ 見南化、棭、謙、梅、狩、野本。

937 急入收保。（舊八一・二四四九—八 新二九六八—六）

正義 急入壘收斂而保護。

※ 見南化、幻、狩、野本。

938 彀者十萬人。（舊八一・二四五〇—六 新二九六九—五）

正義 彀，滿弓張也。言能滿弦張射。

※ 見南化、幻、棭、謙、梅、狩本。

939 以數千人委之。（舊八一・二四五〇—七 新二九六九—六）

△正義 委之，反以少年先常以委。

※ 見南化、棭、謙、梅、狩本。

940 襜襤。（舊八一・二四五〇—八　新二九六九—七）

正義 襜襤，胡國名，在代北。

※見南化、幻、棭、謙、梅、狩本。

田單列傳第二十二

941 如環之無端。〔舊八二·二四五六—一　新二九七六—五〕

△正義 言奇與正相濟，如環之無端緒。

※ 見南化本。

942 夫始如處女。〔舊八二·二四五六—二　新二九七六—六〕

△正義 處女，未嫁處在室也。言田單初守城内，如處女之示弱也。

※ 見南化本。

943 適人開户。〔舊八二·二四五六—二　新二九七六—六〕

△正義 適，音敵，下同。〔敵人謂燕軍也。言燕軍被田單反閒，易將及劓卒、燒壟墓，而令齊卒甚怒，是敵人爲單開門户也。〕

※ 南化本。

944 後如脱兔，適不及距。〔舊八二·二四五六—二　新二九七六—六〕

△正義 言田單出城之後，攻擊進疾如脱走之兔，收齊七十餘城，敵人不及距格也。

※ 見南化本。

魯仲連鄒陽列傳第二十三

945 新垣衍。（舊八三・二四五九—一一 新二九八二—四）

正義 新垣，姓；衍，名。漢有新垣平。

※ 見南化、幻本。校補云：「按：南化、幻本有『此注見索隱可削』七字注。」

946 天子下席。（舊八三・二四六二—七 新二九八五—一）

正義 天子，烈〔一〕王嗣也。下席，謂居廬寢苫也。又云下席，言崩殁也。

※ 見南化、幻、楓、梅、狩、野本。

〔一〕校補云：「南化、幻、梅、狩本『烈』字作『顯』。」據周本紀與六國年表，顯王乃烈王弟，繼烈王而立。

947 攝衽抱机。（舊八三・二四六三—七 新二九八六—三）

正義 〔衽，音而甚反，〕臥席也。枹，抱也〔一〕。

※ 見南化、幻、楓、謙、梅、狩、野本。

〔一〕史文「抱」字，張文虎校刊史記集解索隱正義札記卷五：「官本、舊刻、毛本、凌引一本作『抱』，它本並譌『枹』。」校補云：「抱，慶、楓、凌本作『枹』。景印慶元本『枹』改『抱』。按：正義所見正文『抱』作『枹』。」依校補與正義注文，正義本史文「抱」作「枹」。張氏未見正義佚文，以「枹」爲譌。增訂補

「抱也」之「也」作「歟」。

948 天子弔，主人必將倍殯棺，設北面於南方，然後天子南面弔也。（舊八三·二四六三—九 新二九八六—五）

正義 殯棺在西階也。天子弔，主人背殯棺，於西階南立，北面而哭；天子於阼階北立，南面弔也。

949 今楚、魏交退於齊，而燕救不至。以全齊之兵，無天下之規，與聊城共據期年之敝，則臣見公之不能得也。（舊八三·二四六六—六 新二九八九—六）

※ 見南化、幻、棭、謙、梅、狩本。

正義 交退於齊〔一〕，交，俱也〔二〕。楚、魏俱退不攻，燕救又不至，以全齊之兵，別無規求於天下。言聊城必舉。

※ 見南化、幻本。

〔一〕交退於齊，瀧川本無，校補依南化、幻本補。今從校補補此四字。

〔二〕其下，校補云：「南化、幻本有『南陽平陸』四字。」

950 上輔孤主以制羣臣，下養百姓以資說士，矯國更俗，功名可立也。（舊八三·二四六六—一一 新二九八九—一二）

正義 以資說士〔一〕，資給說士，以招賢良，用彊國也。矯國更俗，矯正詐僞，與之更弊俗。

※ 見南化、幻本。

〔一〕以資説士，瀧川本無，校補依南化本補。今從校補補此四字。

951 亡意亦捐燕弃世，東游於齊乎。（舊八三・二四六六—一二　新二九八九—一二）

正義 亡，罔良反〔一〕；亡，失也。若不歸燕，失意，棄其忠良之名，東遊齊國也。

※ 見南化、幻本。

〔一〕校補依南化、幻本在「反」下補「亡意捐燕棄世」六字。

952 五霸。（舊八三・二四六八—四　新二九九一—七）

正義 趙岐注孟子：齊桓、晉文、秦穆、宋襄、楚莊是也。

※ 見南化、幻本。

953 光燭鄰國。（舊八三・二四六八—四　新二九九一—七）

正義 蒼頡篇云：「燭，照也。」

※ 見南化、幻本。

954 曹子。（舊八三・二四六八—五　新二九九一—八）

○正義 曹沫，音昧。

※ 見小此本。此爲據訂補增輯佚文第十七條。

955 枝桓公之心於壇坫之上。（舊八三・二四六八—七　新二九九一—一〇）

【正義】坫，都念切。
※見南化、幻本。

956 棄忿悁之節。（舊八三・二四六八—九 新二九九一—一三）

【正義】〔忿，敷粉反。悁，於緣反。〕忿悁，悒憂貌。
※見南化、幻、棭、謙、梅、狩、野本。

957 而名與天壤相弊也。（舊八三・二四六八—一〇 新二九九一—一三）

【正義】天壤，天地也。齊策：「名與天壤相敝也。」言〔一〕天壤敝，此名乃敝。
※見南化、幻、野本。校補云：「『齊策』以下十七字，非正義注文。」
〔一〕增訂補「言」上有「彪曰」二字。

958 上書而介於羊勝、公孫詭之閒。（舊八三・二四六九—七 新二九九二—一二）

【正義】介，猶紹繼也。言與羊勝、公孫詭紹繼相接廁其間。
※見南化、棭、謙、梅、狩、野本。

959 惡之梁孝王。（舊八三・二四六九—八 新二九九二—一三）

【正義】顏師古曰：「惡，謂讒毀也。」
※見南化、棭、謙、梅、狩、野本。校補云：「按：疑非正義注文。」

960 而信不喻兩主。（舊八三・二四七〇—三 新二九九三—九）

正義 喻，曉也。

※ 見南化、柀、謙、梅、狩、野本。

961 臣聞比干剖心。（舊八三・二四七一—三　新二九九四—一二）

△正義 剖，音普歐反。

※ 南化本。

962 有白頭如新。（舊八三・二四七一—一二　新二九九五—九）

△正義 人以才德相慕，至老白頭，君〔一〕新相識。

※ 見南化、柀、謙、梅、狩本。

〔一〕君，疑「若」之誤。

963 傾蓋如故。（舊八三・二四七一—一二　新二九九五—九）

△正義 人以才德遥相慕，此及下車，傾蓋如相識〔一〕。

※ 見南化、柀、謙、梅、狩本。

〔一〕增訂補「相識」下有「若吴鄭僑張華陸樓」凡八字。

964 是以蘇秦不信於天下，而爲燕尾生。（舊八三・二四七一—一五　新二九九五—一二）

正義 尾生守信死。言蘇秦合從，諸侯〔一〕不信，唯燕信之若尾生。

※ 見南化、幻、狩本。

〔一〕校補云：「南化本無上四字，而有『俱』字。」

965 繫阿偏之辭哉。（舊八三・二四七三—九 新二九九七—八）

正義 阿偏，謂阿黨之言及偏辭。

※ 見南化、幻、楓、謙、梅、狩、野本。

966 封比干之後，修孕婦之墓。（舊八三・二四七四—一七 新二九九九—一）

△正義 諸書傳皆無封比干及修孕婦之墓，蓋陽在獄，權下此語，引欲善無猒，欲自殺。

※ 見南化、楓、謙、梅、狩、野本。

967 無愛於士。（舊八三・二四七五—一一 新二九九九—一四）

正義 顏曰：「無愛，無悋惜也。」〔一〕

※ 見南化、楓、謙、梅、狩、野本。

〔一〕依校補校注，此正義注文南化、梅本云：「顏曰：『無所恡惜也。』」漢書顏師古注云：「師古曰：『無所吝惜也。』」正字通：「恡，同『悋』。」集韻：「悋，同『吝』。」康熙字典：「本作『吝』，俗作『悋』，又作『恡』。」增訂補「曰」作「云」，「愛」作「所」。衍田按，「愛」作「所」，「無所無悋惜也」句當有誤，或「所」作「愛」，或刪「悋」上「無」，則是。

968 蟠木根柢，輪囷離詭，而爲萬乘器者。何則？以左右先爲之容也。（舊八三・二四七六—一〇 新三〇〇〇—一四）

【正義】言先爲雕刻裝飾，故得爲萬乘之器也。

※　見南化、幻、椷、謙、梅、狩、野本。

969

周用烏集而王。（【舊】八三・二四七七—五　【新】三〇〇一—一〇）

【正義】顏云：「文王之得太公，非因舊故，若烏鳥暴集也。」

※　見南化、幻、椷、謙、梅、狩、野本。

屈原賈生列傳第二十四

970 媚於辭令。（舊八四・二四八一—三　新三〇〇九—三）

正義 閑，雅也。

※　見南化、幻、棭、梅、狩本。

971 濯淖汙泥。（舊八四・二四八二—八　新三〇一〇—九）

正義 濯淖，上音濁，下音女教反。汙泥，上音烏故反，下音年計反。

※　見南化、幻本。

972 皭然。（舊八四・二四八二—八　新三〇一〇—一〇）

正義 皭然，上白若反，又子笑反。〔一〕

※　見南化、幻本。

〔一〕其下，校補云：「南化本有『疎静之貌』四字。」增訂補「子笑反」下有「疎眠之貌」四字。

973 襄楚至鄧。（舊八四・二四八三—九　新三〇一一—一一）

正義 至郢、鄧，一本無「郢」字。故郢城在荊州江陵縣〔一〕東北六里。故鄧城在襄〔二〕州安養縣東北二十二里。按：二城相近也。

※　見南化、幻本。

〔一〕江陵縣，瀧川本作「陵口縣」。秦本紀「取郢爲南郡」句正義、楚世家「始都郢」與「城郢」兩句正義、禮書「然而秦師至鄢、郢」句正義引括地志皆作「江陵縣」。按新舊唐書地理志，荆州有江陵縣而無陵口縣。今據改。

〔二〕襄，瀧川本作「城」。校補云：「南化本『城』字作『襄』。」楚世家「伐申過鄧」句正義引括地志云：「故鄧城在襄州安養縣北二十里。」又安義縣數見於史記正義，如秦本紀「與楚王會鄢」句、楚世家「於是王乘舟將欲入鄢」句等，皆隸襄州。按新舊唐書地理志，安養縣屬襄州，且云「漢鄧縣」。今據改。

974　反覆。（舊八四・二四八五—二　新三〇一三—六）

正義　覆，敷福反。每一篇之中，反覆致志，冀君之一悟也〔一〕。

※　見南化、幻本。

〔一〕自「每」至「也」十五字，瀧川本無，校補依南化、幻本補。今從校補補此十五字。

975　懷王以不知忠臣之分。（舊八四・二四八五—四　新三〇一三—八）

正義　分，符問〔一〕反。

※　見南化、幻本。

〔一〕校補云：「南化、幻本『問』字作『門』。」

976　何不餔其糟而啜其醨。（舊八四・二四八六—四　新三〇一四—九）

正義　醨，力知反。

※ 見南化、幻本。

977 又安能以晧晧之白而蒙世俗之温蠖乎。（舊八四・二四八六—六 新三〇一四—一一）

正義 温蠖，猶「惛憒〔一〕」也。

※ 見南化、幻本。

〔一〕增訂補「憒」作「憤」。

978 離愍之長鞠。（舊八四・二四八七—三 新三〇一五—九）

正義 惛，病也。按：昏黯也。歷惛奮怒不自全也〔一〕。

※ 見南化、幻本。

〔一〕自「按」至「全也」，瀧川本無，校補依南化、幻本補。今從校補補此十二字。

979 刓方以爲圜兮，常度未替。（舊八四・二四八七—一〇 新三〇一六—一）

正義 被讒譖逐〔一〕，欲使改行，終守而不易。

※ 見南化、幻本。

〔一〕其下，校補云：「南化本有『放也』二字。」

980 巧匠不斲兮，孰察其揆正？玄文幽處兮，矇謂之不章。（舊八四・二四八七—一一 新三〇一六—一二）

正義 揆正〔一〕，賢能。玄，黑色也。言待賢能之士，居於山谷，則衆愚以爲不賢也〔二〕。

※ 見南化、幻、狩本。

〔一〕瀧川本考證云：「揆正，正義本作『撥正』，與楚辭合；作『揆』義長。」

〔二〕增訂補「待」作「持」，「能」作「智」，「衆」作「賢」。衍田按，「待」作「持」義勝。

981 離婁微睇兮，瞽以爲無明。（舊八四・二四八七—一二 新三〇一六—三）

正義 離婁，古明視者也。〔睇，田帝反，眄也。〕言賢者遭時困戹，俗人侮之以爲癡狂也。

※ 見南化、幻本。

982 同糅玉石兮。（舊八四・二四八七—一三 新三〇一六—四）

正義 糅，女由反。

※ 見南化、幻本。

983 羌不知吾所臧。（舊八四・二四八七—一三 新三〇一六—四）

正義 〔羌，音彊。〕發語端也。

※ 見南化、幻本。

984 任重載盛兮，陷滯而不濟。（舊八四・二四八八—一五 新三〇一七—九）

正義 言以才德盛大，可任用重載。無賢明主以用之，故使陷入而未〔一〕濟。

※ 見南化、幻本。

〔一〕校補云：「南化、幻本『未』作『不』。」

985 重仁襲義兮。（舊八四・二四八八—一七　新三〇一七—一一）

正義 重，直龍反。襲，亦重也。

※ 見南化、幻、梅、狩本。

986 古固有不並兮，豈知其故也。（舊八四・二四八八—一七　新三〇一七—一二）

正義 豈有此死事故也？言人固有不比並，湯、禹久遠，不可慕也，乃怨憂不改其志，故進路北次，自投汨羅而死也。

※ 見南化、幻本。

987 懲違改忿兮。（舊八四・二四八九—一　新三〇一七—一二）

正義 懲，止也。忿，恨也。

※ 見南化、幻本。

988 脩路幽拂兮。（舊八四・二四八九—一六　新三〇一八—一二）

正義 拂，風弗反。言拂欝幽蔽也。楚辭作「幽蔽」也。

※ 見南化、幻本。

989 人心不可謂兮。（舊八四・二四九〇—一　新三〇一八—一三）

正義 自「曾唫」已下二十一字，楚辭本或有無者，未詳。

※ 見南化、幻本。

990 世溷不吾知。（舊八四·二四九〇—三　新三〇一八—一五）

正義 溷，胡困反，亂也。

※ 見南化、幻本。

991 李斯。（舊八四·二四九一—一三　新三〇二〇—一二）

正義 李斯，上蔡人。

※ 見南化、幻本。

992 又以適去。（舊八四·二四九二—一三　新三〇二二—一）

正義 適，張革反，譴也。

※ 見南化、幻本。

993 共承嘉惠兮，俟罪長沙。（舊八四·二四九三—二　新三〇二二—五）

正義 顏云：「恭，敬。嘉惠，詔命。俟，作『竢』，同『待』也。」〔一〕

※ 見南化、幻、梅、狩本。

〔一〕校補云：「梅、狩本無『俟作竢同待也』六字，而南化、幻本『同』字作『曰竢古俟字』五字。」漢書賈誼傳顏師古注云：「恭，敬也。嘉惠，謂詔命也。竢，古俟字；俟，待也。」（漢書「俟」作「竢」。）增訂補「同」下有「古俟字」三字。

994 斡弃周鼎兮寶康瓠。（舊八四·二四九三—五　新三〇二二—八）

正義 李巡曰：「康，謂大瓠也〔一〕。康，空也。」鄭玄曰：「康瓠，瓦盆底也。」顧野王曰：「甈〔二〕，壺，破罌也。」

※ 見南化、幻本。

〔一〕校補云：「南化、幻本無上五字。」

〔二〕其下，校補云：「南化、幻本有『瓠』字。」

995 驥垂兩耳兮服鹽車。（舊八四・二四九三—六 新三〇二二—九）

正義 服，猶「駕」也。

※ 見南化、幻本。

996 鳳漂漂其高遰兮。（舊八四・二四九四—一二 新三〇二四—三）

正義 漂漂，輕舉貌。

※ 見南化、幻本。

997 襲九淵之神龍兮。（舊八四・二四九四—一三 新三〇二四—四）

正義 顧野王曰：「襲，合也。」師古曰：「九淵，九旋之淵，言至深也。」呂向曰：「襲，猶察也。言察於神龍，則知藏於深淵之處，可以自珍重也。」言君子在亂世，可以隱也。

※ 見南化、幻本。校補云：「自『師古曰』至『可以隱也』四十九字『非正義注文』。」

998 橫江湖之鱣鱏兮。（舊八四・二四九五—一 新三〇二四—八）

正義 鱣鱏，上哲連反，下音尋。

※ 見南化、幻本。

999 楚人命鴞曰「服」。（舊八四·二四九六—一四 新三〇二六—一〇）

正義 鴞〔一〕，大如斑鳩，綠色，惡鳥也，入人家，凶。晉灼云巴蜀異物云有山鴞水〔二〕於鷄，體有文色云云〔三〕。

※ 見南化、幻本。

〔一〕校補依南化本於「鴞」上補「毛詩云」三字。

〔二〕校補云：「幻雲云：『水，「有」之誤。』」

〔三〕自「晉灼云」至「云云」，瀧川本無，今據校補補。校補云：「依南化、幻本，可見正義節略之貌。」

1000 淹數之度兮。（舊八四·二四九七—九 新三〇二七—八）

正義 數，音朔，速也。淹，留遲也。漢書作「淹速」。

※ 見南化、幻、狩本。校補於「漢書作淹速」下云：「上五字非正義注文。」

1001 大專槃物兮。（舊八四·二四九八—七 新三〇二八—一〇）

正義 專，音均。

※ 見南化、幻本。

1002 坱軋無垠。（舊八四·二四九八—八 新三〇二八—一〇）

正義〔坱，烏郎反。軋，於點反。〕垠，音銀。

※見南化、幻本。

1003 大人不曲兮。（舊八四・二五〇〇—三　新三〇三〇—一〇）

正義大人，聖人也。德無不包，體達性命，故不曲憂生死。

※見南化、幻本。

1004 真人淡漠兮。（舊八四・二五〇〇—五　新三〇三〇—一二）

正義澹〔一〕漠，上徒濫反，下音莫。澹，薄也。漠，靜也。

※見南化、幻本。

〔一〕校補云：「南化、幻本『澹』字作『淡』，下同。」又：史文「淡」字，瀧川本作「澹」，校補云：「澹，景、井、耿、慶、彭、毛、游、凌、金陵本作『淡』。」

1005 得坻則止。（舊八四・二五〇〇—六　新三〇三〇—一三）

正義坻，音持。張晏曰：「夷易則仕，險難則隱也。」

※見南化、幻本。校補云：「上十三字，非正義注文乎？」

1006 汜乎若不繫之舟。（舊八四・二五〇〇—七　新三〇三〇—一四）

△正義汜，敷劍反。

※見南化本。

1007

養空而浮。（舊八四・二五〇〇—七　新三〇三〇—一五）

正義 鄧氏云〔一〕：「道家養空虛，若浮舟也。」

※　見南化、幻本。

〔一〕校補云：「南化、幻本『鄧』字作『鄭』。」漢書顔師古注「鄧氏云」作「服虔曰」。

1008

孝文帝方受釐。（舊八四・二五〇二—一六　新三〇三三—一一）

正義 釐，音希。禧，福也，借「釐」字爲之耳。言受神之福也〔一〕。

※　見南化、幻本。

〔一〕校補云：「南化、幻本無上六字。」

1009

宣室。（舊八四・二五〇二—一六　新三〇三三—一一）

正義 淮南子云：「武王殺殷紂於宣室。」漢蓋取舊名以名殿也。

※　見南化、幻、梅、狩本。

吕不韋列傳第二十五

1010 往來販賤賣貴。（舊八五・二五〇五—三　新三〇四一—三）

△正義 買貴，上音賣。〔一〕

※　見南化本。

〔一〕校補云：「按：依此正義，張守節所見史記正文『賣』字作『買』。」

1011 安國君。（舊八五・二五〇五—九　新三〇四一—一〇）

正義 名柱，又名戍。

※　見南化、幻本。

1012 非有以奉獻於親。（舊八五・二五〇六—一〇　新三〇四二—一二）

△正義 親，謂安國君及華陽夫人。

※　見南化、幻、梅本。

1013 色衰而愛弛。（舊八五・二五〇七—一五　新三〇四四—五）

正義 弛，尸氏反。

※　見南化、幻本。

1014 舉立以爲適而子之。（舊八五・二五〇七—一六　新三〇四四—六）

正義 言華陽夫人舉才達子而爲安國君嫡嗣，而又養之爲嗣也。

※ 見南化、幻、梅、狩本。

1015 生子政。（舊八五・二五〇八—一二　新三〇四五—四）

正義 子政者，始皇帝也。

※ 見南化、幻、梅、狩本。

1016 丞相。（舊八五・二五〇九—八　新三〇四五—一四）

正義 莊襄立丞相〔一〕，至始皇又改爲相國。秦有左右丞相。高帝置一丞相，後更名相國。孝惠、高后置左右丞相。文帝置一丞相，有兩長史。哀帝更名大司徒也。

※ 見南化、幻、梅、狩本。

〔一〕秦本紀與六國年表皆言秦武王二年「初置丞相」。此言「莊襄」，誤。

1017 二十餘萬言。（舊八五・二五一〇—六　新三〇四六—一三）

△正義 十二紀，紀十月〔一〕，今禮記月令是，而言語少耳。凡二十六卷，二十餘萬言，名曰呂氏春秋。

※ 見南化、幻本。

〔一〕「十月」誤，當作「十二月」。

1018 後百年，旁當有萬家邑。（舊八五・二五一一—一二　新三〇四八—六）

正義 漢宣帝元康元年，以杜東原上爲初陵，更改韓〔一〕爲杜陵，萬年縣東南二十五〔二〕里。從始皇七年葬太后，至宣帝元康〔三〕元年一百七十四年。

※見南化、幻、梅、狩本。

〔一〕韓，漢書宣帝紀作「杜縣」。

〔二〕校補云：「南化、幻、梅本『二十五』三字作『十九』二字。」高祖本紀「從杜南入蝕中」句正義引括地志云：「杜陵故城在雍州萬年縣東南十五里。」增訂補「二十五」作「十九」。

〔三〕元康，瀧川本無。校補云：「南化、幻、梅本有『元康』二字。」以時間推算，亦當在元康元年。今補「元康」二字。

1019 以子爲後。（舊八五・二五一二—七　新三〇四九—一）

正義 寠人，貧人也。

※見南化、幻、狩本。

1020 好畤。（舊八五・二五一四—一　新三〇五〇—一〇）

正義 畤，音止。故好畤也。

※見南化、幻、狩本。

刺客列傳第二十六

1021 曹沫。（舊八六・二五一五—三 新三〇五三—三）

○正義 曹沫，音昧。

※ 見小此本。此爲據訂補增輯佚文第十八條。

1022 公子光。（舊八六・二五一六—一一 新三〇五四—一四）

正義 公子光，諸樊之子也。

※ 見南化、幻、梅、狩本。

1023 延陵季子。（舊八六・二五一七—八 新三〇五五—一二）

○正義 封延陵，潤州縣。

※ 見小此本。此爲據訂補增輯佚文第十九條。

1024 專諸擘魚。（舊八六・二五一八—七 新三〇五六—一四）

○正義 擘魚，上彼麥反。

※ 見小此本。此爲據訂補增輯佚文第二十條。

1025 使形狀不可知。（舊八六・二五二〇—六 新三〇五九—一）

正義 呂氏春秋云「豫讓欲報趙襄子，滅鬚去眉」云云。

※ 見南化、幻、棭、謙、梅、狩本。

1026 然所以爲此者，將以愧天下後世之爲人臣懷二心以事其君者也。（舊八六・二五二〇—一〇 新三〇五九—五）

正義 吾爲極難者，令天下後代爲人臣懷二心者愧之，故漆身呑炭，所以不事襄子也。

※ 見南化、幻、棭、謙、梅、狩本。

1027 聶政。（舊八六・二五二二—三 新三〇六一—一）

〇正義 聶，女涉切。

※ 見小此本。此爲據訂補增輯佚文第二十一條。

1028 韓哀侯。（舊八六・二五二二—五 新三〇六一—三）

正義 年表云韓列〔一〕侯三年盜殺韓相俠累。又云哀侯六年韓嚴殺其君。韓世家並同。戰國策云：「傀走而抱哀侯，聶政刺之，兼中哀侯。」按：世家及年表列侯後次文侯，文侯後次哀侯，凡三世也，列侯三年至哀侯六年二十七年〔二〕，其縣隔未詳孰是。蓋太史公信傳信，疑傳疑，兩存之。

※ 見南化、幻、棭、謙、梅、狩本。

〔一〕列，六國年表作「烈」，韓世家作「列」。

〔二〕二十七年，瀧川本作「三十年」。校補云：「南化、幻本『三十年』作『二十七年』，梅本作『二十年』。」以時間推算，恰合二十七年。今改「三十」爲「二十七」。

1029 自暢。（舊八六・二五二二—七 新三〇六一—五）

○正義 自暢，謂歆暢也。

※見小此本。此爲據訂補增輯佚文第二十二條。

1030 甘毳。（舊八六・二五二三—九 新三〇六一—七）

○正義 甘毳，謂細軟也。

※見小此本。此爲據訂補增輯佚文第二十三條。

1031 生得失則語泄。（舊八六・二五二四—四 新三〇六三—七）

正義 言多人不生擒韓相，其言即漏泄也。又一曰多人殺韓相，不能無被生擒，得之者，其語必泄〔一〕。

※見南化、幻、楩、謙、梅、狩、野本。

〔一〕增訂補「必泄」下有「也」字。

1032 因自皮面決眼。（舊八六・二五二四—一二 新三〇六三—一五）

正義 謂自剥其面皮，決〔一〕其眼睛。

※見南化、幻、楩、謙、梅、狩、野本。

〔一〕校補云「狩本有『決一作抉』四字注。」

1033 乃於邑曰。（舊八六・二五二五—四 新三〇六四—一〇）

正義 乃於本邑中而言也。

※ 見南化、幻、梅、野本。

1034 和而歌於市中。（舊八六・二五二八—二 新三〇六七—一二）

正義 歌衆人之中。

※ 見南化、幻、棭、梅、狩本。

1035 會燕太子丹質秦亡歸燕。（舊八六・二五二八—七 新三〇六八—三）

正義 燕丹子云：「太子丹質於秦，秦王遇之無禮，不得意。欲歸，秦王不聽，謬言曰：『令烏頭白，馬生角，乃可。』丹仰天歎焉，即爲之烏頭白、馬生角。王不得已遣之，爲機發橋，欲陷丹。過之，爲不發。」風俗通云「燕太子丹天爲雨粟，烏頭白，馬生角」也。

※ 見南化、幻、野本。

1036 批其逆鱗哉。（舊八六・二五二八—一三 新三〇六八—九）

〇正義 説文：「批，手擊。」

※ 見小此本。此爲據訂補增輯佚文第二十四條。

1037 禍必不振矣。（舊八六・二五二九—三 新三〇六九—一）

正義 振，動也。言舍〔一〕樊將軍，禍必不動矣。

※ 見南化、幻、棭、梅、狩本。

〔一〕校補云：「南化、梅本『舍』字作『遺』，幻本作『遺』。」依史文，作「舍」是。

1038 北購於單于。（舊八六・二五二九—五 新三〇六九—二）

△正義 購，與財物求和於匈奴。

※ 見南化本。

1039 置之匈奴。（舊八六・二五二九—七 新三〇六九—四）

△正義 謂不須更言。

※ 見南化、幻、棭、謙、梅、狩本。

1040 其爲人智深而勇沈。（舊八六・二五二九—一〇 新三〇六九—七）

△正義 言〔一〕沈審也。

※ 見南化、梅本。

〔一〕增訂補「言」上有「勇沈」二字。

1041 卻行爲導。（舊八六・二五三〇—二 新三〇六九—一五）

正義 爲導，謂引導田光。

※ 見南化、幻、棭、謙、梅、狩本。

1042 僂行。（舊八六・二五三〇—六　新三〇七〇—五）

○正義 僂行，上力庾反。

※見小此本。此爲據訂補增輯佚文第二十五條。

1043 恣荆軻所欲。（舊八六・二五三一—一二　新三〇七一—一〇）

正義「所」字下有「欲」字者非也。

※見南化、幻、棭、謙、梅、狩、野本。

1044 秦之遇將軍可謂深矣。（舊八六・二五三二—一二　新三〇七二—一二）

正義 戮家室及購千金，是遇深也。

※見南化、幻、棭、謙、梅、狩本。

1045 而高漸離念久隱畏約無窮時。（舊八六・二五三七—三　新三〇七七—八）

正義 言久結其約契，逃避不敢出，有何窮極時。

※見南化、幻、棭、謙、梅、狩、野本。

1046 其稱太子丹之命，「天雨粟，馬生角」也，太過。（舊八六・二五三八—七　新三〇七八—一四）

正義 太子丹質於秦，秦王遇之無禮，不得意。欲歸，秦王不聽，謬曰：「烏頭白、馬生角，乃可。」丹仰天嘆焉，乃爲之烏頭白、馬生角。王不得已遣之，爲機發橋，欲陷丹。過之，橋爲不發。

※見南化、幻、棭、謙、梅、狩本。

李斯列傳第二十七

1047 處卑賤之位而計不爲者，此禽鹿視肉，人面而能彊行者耳。（舊八七·二五三九—一一　新三〇八三—一一）

正義 言處卑賤之人，如禽獸，終日食之，覬視其肉，徒有人面，强行於地。

※ 見南化、幻、狩本。

1048 由竈上騷除。（舊八七·二五四〇—一四　新三〇八五—一）

正義 言秦國欲東并六國，若炊婦除竈上塵垢，言其易也。

※ 見南化、幻、野本。

1049 逐華陽。（舊八七·二五四二—五　新三〇八六—一〇）

正義 葉，車涉反。

※ 見南化、幻、野本。

1050 所以飾後宮充下陳。（舊八七·二五四三—一三　新三〇八八—六）

正義 下陳，謂下等陳列。

※ 見南化、幻、梅本。

1051 佳冶窈窕。（舊八七・二五四三—一五 新三〇八八—八）

正義 佳冶，佳麗姚冶。佳，音居膎反〔一〕。

※ 見南化、幻、野本。

〔一〕校補云：「野本上五字無。」

1052 税駕。（舊八七・二五四七—九 新三〇九二—四）

正義 税〔一〕，舍車也，止也。

※ 見南化、幻、椵本。

〔一〕校補云：「南化、幻、椵本『税』上有『顧野王曰』四字。」

1053 贏糧躍馬。（舊八七・二五四九—六 新三〇九四—二）

正義 贏，裹〔一〕糧也。

※ 見南化、幻本。

〔一〕校補云：「南化本『裹』作『裏』，幻本作『裡』。」淮南子脩務訓「於是乃贏糧跣走」句高誘注云：「贏，裹也；一曰囊。」文選卷五一賈誼過秦論「贏糧而景從」句李善注引方言云：「贏，擔也。」莊子胠篋「贏糧而趣之」句成玄英疏云：「贏，裹也。」陸德明釋文云：「贏，音盈。崔云：裹也。廣雅云：負也。」又春秋魯僖公二十五年晉文公圍原事，左傳云「命三日之糧」，國語晉語四云「令以三日之糧」，韓非子外儲説左上云「裹十日糧」，漢書刑法志論及戰事時借用此語作「贏三日之糧」。以上數例，可證贏、裹同義，此作「裹」是。

1054 辯於心而詘於口。（舊八七・二五五〇—一二　新三〇九四—一三）

正義 詘，猶「訥」也。

※ 見南化、幻本。

1055 孝子不勤勞而見危。（舊八七・二五五〇—六　新三〇九五—一二）

正義 言哀痛甚則危其身也。

※ 見南化、幻本。

1056 斯其猶人哉，安足爲謀。（舊八七・二五五〇—一一　新三〇九五—一八）

正義 猶人，猶是人也。秉道守順，豈有叛逆？〔一〕安足與謀也！

※ 見南化、幻、野本。

〔一〕其下，校補云：「南化本有『若爲叛逆』四字。」

1057 請復請，復請而後死。（舊八七・二五五一—一三　新三〇九六—一〇）

正義 復，扶富反；復，重也。言再三重請，必然而未晚〔一〕。

※ 見南化、幻本。

〔一〕增訂補「晚」下有「至此爲絶句也」六字。

1058 十公主矺死於杜。（舊八七・二五五二—一二　新三〇九七—一一）

正義 矺，磔也，音宅。〔一〕

※見南化、幻本。

〔一〕校補云：「南化本『磔』作『磓』字，無『音宅』二字。」

1059 采椽不斲。（舊八七・二五五三—九 新三〇九八—九）

正義 言采取木作也不斲削。

※見南化、幻本。

1060 手足胼胝。（舊八七・二五五三—一二 新三〇九八—一二）

△正義 骿，連也。言多胝。

※見南化本。

1061 臣虜之勞不烈於此矣。（舊八七・二五五三—一二 新三〇九八—一二）

正義 烈，酷也。不酷烈於此也。

※見南化、幻本。

1062 恣睢。（舊八七・二五五五—一 新三一〇〇—二）

正義 恣睢，仰白目也〔一〕。恣，縱〔二〕也。

※見南化、幻本。

〔一〕校補云：「南化、幻本上六字作『睢仰目貌也』。」

〔二〕校補云：「南化、幻本『恣縱』互倒。」增訂補「恣縱」互倒。

1063 嚴家無格虜。（舊八七・二五五五—一〇　新三一〇〇—一一）

正義 劉曰：「格，彊悍也。虜，奴隸也。」按：嚴整之家，無彊悍似奴虜，子弟皆勤也。

※ 見南化、幻本。

1064 布帛尋常。（舊八七・二五五五—一二　新三一〇〇—一三）

正義 八尺曰尋，倍尋曰常。言其少也。

※ 見南化、幻本。

1065 鑠金百溢。（舊八七・二五五五—一三　新三一〇〇—一四）

正義 鑠金，銷鑠之金也，熱不可取也。

※ 見南化、幻、野本。

1066 且固我哉。（舊八七・二五五八—一三　新三一〇四—四）

△正義 言丞相幼少，且以我爲故舊哉。

※ 見南化本。

1067 身死而所忠者非也。（舊八七・二五六〇—一一　新三一〇六—一二）

正義 所忠，謂吴太宰嚭之類。

※ 見南化、幻本。

1068 麋鹿。（舊八七・二五六一—一　新三一〇六—七）

正義 麋鹿，上音眉，亦作「縻」。

※ 見南化、幻本。

1069 趙高教其女壻咸陽令閻樂劾不知何人賊殺人移上林。（舊八七・二五六二—七 新三一〇七—一三）

正義 移牒勘問。

※ 見南化、幻本。

1070 乃召始皇弟。（舊八七・二五六二—一二 新三一〇八—四）

正義 弟，音孫。

※ 見南化、幻本。

蒙恬列傳第二十八

1071 恬大父蒙驁。（舊八八・二五六五—三 新三一一三—三）

正義 驁，五高反。

※見南化、幻、野本。

1072 道之所卒也。（舊八八・二五六八—一五 新三一一七—四）

△正義 卒，足律反。

※見南化本。

1073 以是籍於諸侯。（舊八八・二五六九—二 新三一一七—六）

正義 言諸侯皆書籍其事。

※見南化、幻本。

張耳陳餘列傳第二十九

1074 其少時，及魏公子毋忌爲客。（舊八九・二五七一—三 新三一二一—五）

正義 顏云：「毋忌，六國信陵君也。言其尚及見毋忌，爲之賓客也。」

※ 見南化、幻本。

1075 乃卒爲請決，嫁之張耳。（舊八九・二五七一—五 新三一二一—七）

正義 顏云：「請決絶前夫而嫁於耳。」

※ 見南化、幻、楓本。

1076 兩人相與爲刎頸交。（舊八九・二五七一—七 新三一二一—九）

△正義 刎，音武粉反。顏云：「刎，斷也。刎頸交者，言託契深重，雖斷頸絶頭，無所顧也。」

※ 見南化本。

1077 張耳躡之，使受笞。（舊八九・二五七二—八 新三一二二—一二）

正義 躡，女涉反。以足躡令受笞。漢書作「攝」。師古曰：「謂引持也。」

※ 見南化、幻本。校補云：「按：『漢書作攝』以下，疑非正義注文。」

1078 交兵。（舊八九・二五七三—六 新三一二三—一〇）

正義 校〔一〕，報也。

※ 見南化、幻本。

〔一〕史文「交」字，校補云：「交，南化、楓、三本作『校』。」依校補與正義注文，正義本史文「交」作「校」。瀧川本考證引中井積德曰：「『犯而不校』之『校』。」

1079 北有長城之役，南有五嶺之戍。（舊八九・二五七三—一三 新三一二四—三）

正義 蒙恬將三十萬人築城。長城〔一〕之役，五嶺之戍，並在始皇三十三年。

※ 見南化、幻本。

〔一〕校補云：「南化本無『長城』以下十六字。」

1080 張黶。（舊八九・二五七六—一〇 新三一二七—二）

正義 黶，乙斬反。

※ 見南化、幻本。

1081 請以南皮爲扞蔽。（舊八九・二五八一—八 新三一三一—一四）

正義 扞蔽，猶言藩屏也。

※ 見南化、幻本。

1082 甘公曰：「漢王之入關，五星聚東井。東井者，秦分也。先至必霸。楚雖彊，後必屬漢。」（舊八九・二五八一—一〇 新三一三二—二）

正義 甘氏，七録云：「甘德，楚人，戰國時作天文八卷。」天文志云：「五星聚於東井，呂歷推之，從歲星也。」

※ 見南化、幻、野本。

1083 趙王朝夕袒韝蔽，自上食，禮甚卑，有子壻禮。（舊八九・二五八三―一 新三一三三―一〇）

正義 謂臂捍膝也。言自祇承上食也。

※ 見南化、幻本。

1084 箕踞。（舊八九・二五八三―一 新三一三三―一〇）

正義 申兩脚而倨其膝，若箕之形。倨，傲也。

※ 見南化、幻、野本。

1085 趙相貫高、趙午等年六十餘。（舊八九・二五八三―二 新三一三三―一一）

正義 貫高等〔一〕以其老，乃有不平之氣也。

※ 見南化本。

〔一〕校補云：南化本無「等」字，而在「高」字下有「趙午六十餘故張耳賓客」十字。

1086 南宮侯。（舊八九・二五八六―三 新三一三七―三）

正義 南宮，冀州縣。

※ 見南化、幻本。

魏豹彭越列傳第三十

1087 齊、楚遣項它、田巴將兵隨市救魏。（舊九〇·二五八九—一二　新三一四二—一）

△正義〔它，徒多反。〕它，本「尼」字，一作「巴」。吴楚將。

※ 見南化、幻本。衍田按，「吴楚將」，疑有誤。

1088 立豹爲魏王。（舊九〇·二五九〇—六　新三一四二—七）

正義 魏豹自立爲魏王；或云項羽立之。

※ 見南化、幻本。

1089 緩頰。（舊九〇·二五九〇—一一　新三一四二—一二）

正義 緩緩頰舌説，不限急期也。

※ 見南化、幻、野本。

1090 歸漢於外黄。（舊九〇·二五九二—四　新三一四四—七）

△正義 於外黄歸降漢也。

※ 見南化、幻本。

1091 得攝尺寸之柄，其雲蒸龍變，欲有所會其度。（舊九〇·二五九五—六　新三一四七—一一）

正義 言二人得縮攝一尺之權柄，即生變動，欲有其度數。度，徒故反。

※ 見南化、幻、梅、狩本。校補云：「按：依南化本校記『度徒故反』四字疑非正義注文。」

黥布列傳第三十一

1092 姓英氏。（舊九一・二五九七—三　新三一五一—三）

正義〔故六城在壽州安豐縣西南百三十三里。按：黥布封淮南王，都六，即此城。又春秋傳六與蓼，咎繇之後，或封於英、六，蓋英後改爲蓼也。〕孔文祥云：「爲封皋陶後於英，布其苗裔也。」漢故事云：「布，姓黥，欲以厭當之也。」

※見南化、幻、狩、梅本。

1093 番君以其女妻之。（舊九一・二五九八—三　新三一五二—五）

正義番君，吴芮也。

※見南化、幻本。

1094 破之清波。（舊九一・二五九八—四　新三一五二—六）

正義清，作「青」。地名。

※見南化、幻、梅本。校補云：「按：『清作青』三字，是正義本『清』作『青』之意，而非正義注。」

1095 閒道。（舊九一・二五九九—二　新三一五三—四）

正義閒隙之道。

1096 此臣之所以爲使。（舊九一・二六〇〇—四　新三一五四—六）

※見南化、幻、棭、謙、梅、狩本。

正義 以楚强漢弱，爲此事，臣之所以使九江也。

※見南化、幻、梅本。

1097 大王宜騷淮南之兵渡淮。（舊九一・二六〇〇—九　新三一五四—一一）

正義 騷，音掃。言舉之如掃地之爲。

※見南化、幻本。

1098 大王提空名以鄉楚。（舊九一・二六〇〇—一一　新三一五四—一三）

正義 提，舉也。

※見南化、幻本。校補云：「按：南化本校記『提』字上有『師古曰』三字，而不冠『正義曰』三字，疑非正義注文。」

1099 事已搆。（舊九一・二六〇一—一六　新三一五六—六）

正義 構，結也。言背楚之事已結成。

※見南化、幻、野本。

1100 謂何爲腐儒。（舊九一・二六〇三—二　新三一五七—八）

正義 腐，爛敗之物。言不〔一〕堪用。

※見南化、幻本。

〔一〕校補云：「南化、幻本『不』字作『無』，而有『所』字。」增訂補「不」字作「無所」二字。

1101 漢誅梁王彭越，醢之，盛其醢徧賜諸侯。（舊九一・二六〇三—九　新三一五八—一）

正義 反者被誅，皆以爲醢，即刑法志所云〔一〕「葅其骨肉」者。

※見南化、幻、謙本。

〔一〕校補云：「南化、幻本無上六字。」

1102 候伺旁郡警急。（舊九一・二六〇三—一〇　新三一五八—二）

正義 備急〔一〕，上如字，或作「警」。恐收捕，聚兵備其急。

※見南化、幻、謙本。

〔一〕史文「警急」二字，校補云：「南化本校記引正義本『警急』二字作『備急』。」依校補與正義注文，正義本史文「警急」作「備急」。

1103 中大夫賁赫。（舊九一・二六〇三—一二　新三一五八—四）

△正義 賁荼〔一〕。上肥，下赫，姓名也。

※見南化、謙本。

〔一〕校補云：「南化、謙本校記引正義本，『賁赫』二字作『賁荼』。」

1104 爲三軍，欲以相救爲奇。（舊九一・二六〇六—三　新三一六〇—一三）

1105

正義 楚軍分爲三處，欲互相救爲奇策。

※ 見南化、幻、謙本。

長沙哀王。（舊九一・二六〇六—一二　新三一六一—七）

正義 「哀」字誤，當作「成」也。

※ 見南化、幻、謙本。

淮陰侯列傳第三十二

1106 又不能治生商賈，常從人寄食飲。（舊九二・二六〇九—三　新三一六五—三）

正義 行賣曰商，坐賣曰賈也。案：食飲〔一〕，謂託飲食於人，猶乞食也。

※ 見南化、幻、梅、狩、野本。

〔一〕校補云：「南化、幻、梅、狩本上三字作『寄飲食』。」增訂補「食飲」二字作「寄飲食」三字。

1107 衆辱之曰。（舊九二・二六一〇—六　新三一六六—七）

正義 衆辱，謂於衆中辱之。

※ 見南化、幻、梅、狩、野本。

1108 印刓敝，忍不能予。（舊九二・二六一二—三　新三一六八—八）

正義 印刓，作「印抏」。注曰〔一〕音與「刓」同，五丸反。角之刓，與「玩」同。手弄〔二〕角訛，不忍授也。

※ 見南化、幻、野本。

〔一〕史文「印刓」二字，校補云：「按：古本標記引正義本，『印刓』作『印抏』。」依校補所云，「印刓作印抏注曰」七字，恐非正義注文。

〔二〕增訂補「手弄」上有「言」字。

1109 且三秦王爲秦將。（舊九二・二六一二—八　新三一六八—一三）

正義 三秦〔一〕，章邯、司馬欣、董翳。

※ 見南化、幻、梅、狩、野本。

〔一〕「三秦」下，校補云：「南化、梅本有『王』字。」

1110 秋豪無所害。（舊九二・二六一二—一〇　新三一六九—一）

正義 秋豪，喻微細之物也。

※ 見南化、幻、梅本。

1111 三秦可傳檄而定也。（舊九二・二六一二—一二　新三一六九—三）

正義 傳檄而定，不用兵革也。

※ 見南化、幻、梅、狩、野本。

1112 部署諸將所擊。（舊九二・二六一二—一三　新三一六九—三）

正義 部署，謂部分而署置之也。

※ 見南化、幻、梅、狩、野本。

1113 農夫莫不輟耕釋耒。（舊九二・二六一八—七　新三一七五—五）

△正義 魏、趙農夫，恐滅之不久，乃止耕釋耒，但美衣甘食，側耳待將軍之美命也。

1114 情見勢屈。

※見南化、幻本。

正義 屈，求物反，盡也。（舊九二・二六一八—九　新三一七五—七）

1115 鎮趙撫其孤。

※見南化、幻本。

正義 撫，存撫〔一〕也。孤，死士之子。（舊九二・二六一八—一二　新三一七五—一〇）

〔一〕校補云：「南化、幻本『撫』字作『恤』。」

1116 暴其所長於燕。

※見南化、幻本。

正義〔暴，音僕。〕露也。（舊九二・二六一八—一三　新三一七五—一一）

1117 今戰而勝之，齊之半可得。

※見南化本。

正義 一戰〔一〕而勝，則齊之地已得半矣。（舊九二・二六二一—一　新三一七八—一）

〔一〕增訂補「一戰」上有「言」字。

1118 且漢王不可必。

※見南化、幻本。

（舊九二・二六二二—六　新三一七九—六）

正義 必，謂必信也。

※ 見南化、幻本。

1119 此所謂功無二於天下，而略不世出者也。（舊九二・二六二五—六 新三一八二—六）

正義 言世之大功，不能出於韓信。

※ 見南化、幻本。

韓信盧綰列傳第三十三

1120 及其鋒東鄉。（舊九三・二六三二—四　新三一九二—六）

△正義 其氣鋒銳欲東也。按：及事〔一〕卒鋒銳之時，可東向争天下。

※ 見南化、梅本。

〔一〕事，當作「士」。

1121 明年春。（舊九三・二六三三—一　新三一九三—五）

正義 徐廣曰：「即高帝五年之二月也。」漢書韓信傳云「六年春」，史記高祖紀並云六年徙信都晉陽，未審徐何據而言之也。

※ 見南化、幻、梅、狩、野本。

田儋列傳第三十四

1122 狄人也。（舊九四・二六四三—三 新三二〇七—三）

正義〔淄州高苑縣西北北狄故縣城。〕和帝改千乘爲樂安郡。

※ 見南化、幻、梅、狩、野本。

1123 田儋詳爲縛其奴。（舊九四・二六四三—六 新三二〇七—七）

正義 詳爲，羊、僞〔一〕二音。

※ 見南化、幻、梅、狩本。

〔一〕瀧川本「爲」、「僞」誤易，今移正。

1124 以市於齊。（舊九四・二六四四—一〇 新三二〇八—一二）

正義 市，如市沽貿〔一〕易。

※ 見南化、幻、梅本。

〔一〕校補云：「南化、幻、梅本上二字作『俗交』。」

1125 今田假、田角、田閒於楚、趙，非直手足戚也，何故不殺。（舊九四・二六四四—一〇 新三二〇八—一三）

正義 蝮蛇之喻，言蝮蛇螫人，則雖手足斬之，爲去其害也。今田氏等於楚、趙，其害甚於斬手足，何不殺之乎！

※見南化、幻、梅本。校補云：「按：各本校記不冠『正義曰』三字，疑非正義注文。」

1126 橫始與漢王俱南面稱孤。（舊九四・二六四八—五　新三二一二—七）

正義 老子云：「貴以賤爲本。」侯王自稱謂孤、寡、不穀，謙稱也。

※見南化、幻、梅、狩本。

樊酈滕灌列傳第三十五

1127 沛公留車騎。（舊九五・二六五四—一〇　新三二一八—一四）

正義 車騎，沛公所乘之車及從者之騎。

※ 見南化、幻、梅、狩、野本。

1128 繆侯。（舊九五・二六六三—八　新三二二八—一〇）

正義 繆地未詳。

※ 見南化、幻、梅、狩、野本。

1129 肥誅。（舊九五・二六七二—六　新三二三八—五）

正義 誅，音珠。

※ 見南化、幻、梅、狩本。

張丞相列傳第三十六

1130 昌嘗燕時入奏事。（舊九六・二六七七—六　新三二四五—九）

正義 燕者，安閒之名。

※ 見南化、幻、梅、狩本。

1131 無以易堯。（舊九六・二六七九—四　新三二四七—八）

正義 易，改也。無以改易於堯也。

※ 見南化、幻、梅、狩本。

1132 定趙王如意之畫。（舊九六・二六七九—一五　新三二四八—四）

正義 畫，音獲，謂計策。

※ 見南化、幻、梅、狩、野本。

1133 張蒼德王陵。（舊九六・二六八一—一二　新三二五〇—三）

正義 德王陵救其死也。

※ 見贊異本。

1134 草土德之曆制度。（舊九六・二六八一—一五　新三二五〇—六）

正義 草，創始也。以秦水德，漢土勝之。

※ 見南化、幻、梅、狩本。

1135 蒼任人爲中候。（舊九六・二六八二—一 新三二五〇—七）

正義 言蒼保舉人，任而爲中候官。

※ 見南化、幻、梅、狩本。

1136 子類代爲侯。（舊九六・二六八二—二 新三二五〇—八）

正義 類，五怪反。

※ 見南化、幻、梅、狩本。

1137 君勿言，吾私之。（舊九六・二六八三—一二 新三二五二—五）

正義 吾私之，愛幸之，君勿言。

※ 見南化、幻、梅、狩本。

1138 堧垣。（舊九六・二六八四—六 新三二五二—一四）

正義 壖，廟内院外餘地。垣，壖外院之牆。壖，如戀反，又而緣反。

※ 見南化、幻、梅、狩、野本。

1139 娖娖廉謹，爲丞相備員而已。（舊九六・二六八五—二 新三二五三—一二）

正義 孔注論語以束脩爲束帶脩飾，此亦當然。〔一〕

※見贊異本。

〔一〕論語述而：「子曰：『自行束脩以上，吾未嘗無誨焉。』」何晏集解引孔注云：「孔曰：『言人能奉禮自行束脩以上，則皆教誨之。』」未嘗以「束脩」爲「束帶脩飾」。

1140 孝武時丞相多甚。

△**正義**「孝武時」已下，皆褚先生所〔一〕記。（舊九六・二六八六—五　新三二五四—一三）

※見南化、幻、梅、狩本。

〔一〕增訂補「所」作「補」。

1141 有車丞相，長陵人也。（舊九六・二六八六—六　新三二五五—一）

正義漢書云：車千秋，始〔一〕田氏，其先齊諸田，徙長陵。千秋爲寢郎，會〔二〕太子事，上急變訟太子冤，爲大〔三〕鴻臚。數月〔四〕，代劉屈氂爲丞相，封富民侯。年老，上優之，朝見，乘牛車入宮中，號車丞相。

※見南化、幻、梅、狩本。

〔一〕校補云：「南化、幻、梅本『始』字作『姓』。」漢書云：「本姓田氏。」

〔二〕「會」下，校補云：「南化、幻、梅本有『衛』字。」漢書有「衛」。

〔三〕大，瀧川本無，今據漢書本傳與百官公卿表補。

〔四〕數月，瀧川本作「數年」。漢書本傳云拜大鴻臚「數月」爲丞相，但不載事在何年。百官公卿表於武帝征和三年云：「高廟郎中田千秋爲大鴻臚，一年遷。」征和四年云：「六月丁巳，大鴻臚田千秋爲丞相。」瀧川本「數年」當是漢書本傳「數月」之誤。今改「年」爲「月」。

1142 而長子有罪論，不得嗣。（舊九六・二六八六—九 新三二五五—四）

正義 弘坐宗廟事，繫獄未決。

※ 見南化、幻、梅、狩本。

1143 魏丞相相者，濟陰人也。（舊九六・二六八六—一四 新三二五五—九）

正義 相，字弱翁，濟陰定陶人，徙平陵。

※ 見南化、幻、梅、狩本。

1144 丞相奏以免罪。（舊九六・二六八七—一 新三二五五—一〇）

正義 奏京兆尹之罪免也。

※ 見南化、幻、梅、狩本。

1145 魏丞相卒。（舊九六・二六八七—七 新三二五六—一）

正義 視事九歲薨，謚曰憲侯。

※ 見幻、梅、狩本。

1146 邴丞相吉者。（舊九六・二六八七—一〇 新三二五六—五）

正義 字少卿。

※ 見南化、幻、梅、狩本。

1147 孝宣帝時，以有舊故，封爲列侯。（舊九六・二六八七—一〇　新三二五六—五）

正義 以孩童時侍養宣帝及拒詔使活宣帝之故，後封爲博陽侯，邑千三百户。

※ 見南化、幻、梅、狩本。

1148 明於事，有大智，後世稱之。（舊九六・二六八七—一一　新三二五六—六）

正義 漢書：吉道上見殺人，不問；見牛喘吐舌，使吏問之。或讓吉，吉曰：「民間相傷殺，長安令、京兆尹職，歲竟，丞相課其殿最賞罰。宰相不親小事，非所當於道問也。方春少陽用事，未可以熱，恐牛近行，以暑故喘，此時節失氣〔一〕，恐有所傷害也。三公典陰陽，職所當憂，是以問之。」以吉知大體，故世稱之。

※ 見南化、幻、梅、狩本。校補云：「按：南化、幻、梅、狩各本校記不冠『正義曰』三字，疑非正義注文。」

〔一〕校補云：「南化、幻、梅本上三字作『氣失節』。」作「氣失節」與漢書合。

1149 以丞相病死。（舊九六・二六八七—一一　新三二五六—六）

正義 謚曰定侯。

※ 見南化、幻、梅、狩本。

1150 顯爲吏至太僕，坐官秏亂，身及子男有姦贓，免爲庶人。（舊九六・二六八七—一二　新三二五六—七）

正義 漢書曰：上曰：「故丞相吉有舊恩，朕不忍絶。」免顯官，奪邑四百户，後復以爲城門校尉。子〔一〕昌嗣爵關内侯。成帝鴻嘉元年，以吉舊恩，封吉孫中郎將關内侯昌爲博陽侯，國絶三十二歲〔二〕。昌傳子孫，王莽時乃絶。

※ 見南化、幻、梅、狩本。

〔一〕「子」上，校補云：「南化、幻、梅本有『卒』字。」漢書「子」上有「顯卒」二字。增訂補「子」上有「卒」字。如此，「卒」當上句下逗。

〔二〕校補云：南化、幻、梅本「博陽侯」下有「奉吉後」三字，「二」作「三」，「歲」下有「復續云」三字。按漢書云：「其封吉孫中郎將關内侯昌爲博陽侯，奉吉後。國絶三十二歲復續云。」

1151 黄丞相霸者，淮陽人也。（舊九六・二六八八—二 新三二五六—一二）

正義 霸，字次公，淮陽陽夏人，以豪桀役使徙雲陵〔一〕。

※ 見南化、幻、梅、狩本。

〔一〕校補云：「南化、幻、梅本『陵』字作『陽』。」作「陵」與漢書合。

1152 徵爲京兆尹而至丞相。（舊九六・二六八八—四 新三二五六—一四）

正義 代丙吉爲丞相，封建成侯，食邑六百户。

※ 見南化、幻、梅、狩、野本。

1153 子嗣。（舊九六・二六八八—五 新三二五六—一五）

正義　子賞嗣。

※　見南化、幻、梅、狩、野本。

1154　黃丞相卒。（舊九六・二六八八—五　新三二五六—一五）

正義　謚曰定侯。

※　見南化、幻、梅、狩本。

1155　以御史大夫于定國代。（舊九六・二六八八—五　新三二五六—一五）

正義　于定國，字曼倩，東海郯人也。爲縣獄吏，及廷尉史，歷位超爲廷尉，乃迎師學春秋，北面備弟子禮。爲廷尉，民自以不寃。定國飲酒至數石不亂。甘露中，代黃霸爲丞相，封西平侯。九年薨，謚安侯。子永嗣。始，定國父爲縣吏，郡決曹獄平。閭門壞，父老共治之。于公謂曰：「少大閭門，令容駟馬高蓋車。我治獄多陰德，未嘗有所寃，子孫必有興者。」至定國爲丞相，封侯傳世也。

※　見南化、幻、梅、狩本。

1156　韋丞相玄成者，即前韋丞相子也。（舊九六・二六八八—七　新三二五七—二）

正義　玄成，字少翁，以父任爲郎，歷位至御史大夫。永光中，代于定國爲丞相，封故國扶陽。爲相七年，守正持重不及父賢，文彩過之。薨，謚曰恭〔一〕侯。初，賢徙平陵，玄成徙杜陵。父子明經爲相，故鄒、魯閒云：「遺子黃金滿籯，不如一經〔二〕。」

※見南化、幻、梅、狩本。

〔一〕恭，漢書本傳與外戚恩澤侯表皆作「共」。朱起鳳辭通云：「『共』乃『恭』字之省，古多通用。」

〔二〕校補云：「南化本無上十一字。」

1157 丞相匡衡者，東海人也。（舊九六・二六八八—一四 新三三二五七—九）

正義 衡，字稚圭，東海承人也。父世農夫，至衡好學。

※見南化、幻、梅、狩、野本。

1158 才下，數射策不中，至九，乃中丙科。（舊九六・二六八八—一四 新三三二五七—九）

正義 衡射策甲科，不應令，爲太常掌故。儒林傳云歲課甲科爲郎中，乙科爲太子舍人，景〔一〕科補文學掌故也。

※見南化、幻、梅、狩、野本。

〔一〕景，校補云：「幻本『景』字作『丙』。」漢書儒林傳云：「歲課甲科四十人爲郎中，乙科二十人爲太子舍人，丙科四十人補文學掌故云。」陳垣史諱舉例云：唐人爲避唐高祖李淵父李昞之諱，「昞、炳、丙、秉皆改爲『景』」。張守節爲避李昞名諱改「丙」爲「景」。

1159 匡君代爲丞相，封樂安侯。（舊九六・二六八九—三 新三三二五七—一三）

正義 歷位〔一〕御史大夫。建昭中〔二〕，代韋玄成爲丞相，封樂安侯，食邑六百户。爲相七年，以侵封國界免爲庶人。終于家。

※　見南化、幻、梅、狩本。

〔一〕增訂補「歷位」倒作「位歷」。

〔二〕校補云：「南化、幻、梅本無『中』字，而有『安侯食邑三百户』七字。」漢書本傳「中」作「三年」，而「建昭三年，代韋玄成爲丞相，封樂安侯，食邑六百户」數句緊相銜接，中間無「安侯食邑三百户」一語。

1160

御史大夫鄭君守之數年不得。（舊九六・二六八九—七　新三二五八—二）

正義　鄭弘，字稚〔一〕卿，代韋玄成爲御史大夫，六歲〔二〕，而〔三〕坐與京房論議免也。

※　見南化、幻、梅、狩本。

〔一〕稚，瀧川本作「神」。校補云：「南化、幻、梅本『神』字作『稚』。」漢書本傳云「鄭弘字穉卿」，師古曰：「穉，古『稚』字。」今據改。

〔二〕漢書本傳云「六歲」，而百官公卿表於元帝永光二年云：「二月丁酉，右扶風鄭弘爲御史大夫，五年有辠自殺。」

〔三〕而，瀧川本作「子」。校補云：「南化、幻、梅本『子』字作『而』。」漢書本傳亦無「子」字。漢書京房傳云：「初，房見，道幽厲事，出爲御史大夫鄭弘言之。房、博皆棄市，弘坐免爲庶人。」今改「子」爲「而」。

酈生陸賈列傳第三十七

1161 家貧落魄，無以爲衣食業。（舊九七·二六九一—三　新三二六一—三）

正義 落，謂零落。魄，謂漂薄也。言食其家貧，零落漂薄也，無可以爲衣食業産也。

※ 見南化、幻、梅、狩本。

1162 沛公至高陽傳舍。（舊九七·二六九二—一三　新三二六三—一）

正義 傳舍，傳置之舍。

※ 見南化、幻、梅、狩本。

1163 足下起糾合之衆。（舊九七·二六九三—一　新三二六三—五）

正義 言〔一〕瓦〔二〕合聚而蓋屋，無協〔三〕力之心也。

※ 見南化、幻、梅、狩、野本。

〔一〕校補云：「南化、幻、梅本『言』字作『如』。」增訂補「言」下有「如」字。

〔二〕史文「糾」字，校補云：「糾，石山本作『瓦』。按：南化本校記引正義本亦『糾』字作『瓦』。」依校補與正義注文，正義本史文「糾」作「瓦」。

〔三〕增訂補「協」作「勠」。

1164 農夫釋耒。（舊九七・二六九四—四 新三二六四—一〇）

正義 耒，手耕曲木。

※ 見南化、幻、梅、狩本。

1165 杜大行之道。（舊九七・二六九四—六 新三二六四—一一）

正義 大行，山名，在懷州河内縣。

※ 見南化、幻、梅、狩本。

1166 不然，我將亨汝。（舊九七・二六九六—九 新三二六七—二）

△正義 言與韓信通〔一〕。

※ 見南化本。

〔一〕增訂補「通」下有「謀」字。

1167 尉他平南越，因王之。（舊九七・二六九七—四 新三二六七—一三）

正義 他，音徒何反。趙他，真定人，爲龍川令。南海尉任囂死，使他盡行南海尉事，故曰尉他。後自立爲南越王。

※ 見南化、幻、梅、狩本。

1168 屈彊於此。（舊九七・二六九七—一〇 新三二六八—七）

正義 屈强，謂不柔服也。

1169 自天地剖泮未始有也。（舊九七・二六九八—八　新三二六九—三）

※ 見南化、幻、梅、狩本。

正義 剖判〔一〕，猶「開闢」也。

※ 見南化、幻、梅、狩本。

〔一〕校補云：「南化、幻、梅本『判』字作『泮』。」漢書作「判」。增訂補「判」作「泮」。

1170 一歲中往來過他客。（舊九七・二七〇〇—一　新三二七〇—一二）

△正義 言餘處作賓客，一年之中不過三兩過，到莫數見不鮮潔，及久厭我也。

※ 見南化、梅本。

1171 恐禍及己，常燕居深念。（舊九七・二七〇〇—一〇　新三二七一—七）

正義 國家不安，故静居深思其計策。

※ 見南化、幻、梅、狩本。

1172 足下位爲上相，食三萬户侯。（舊九七・二七〇〇—一二　新三二七一—九）

正義 陳平世家食曲逆五千户。後攻陳豨、黥布，凡六出奇計，益邑蓋三萬户也。

※ 見南化、幻、梅、狩本。

1173 絳侯與我戲，易吾言。（舊九七・二七〇〇—一五　新三二七一—一二）

正義 絳〔一〕侯與生常戲狎，輕易其言也。

※ 見南化、幻、梅、狩本。

〔一〕增訂補「絳」作「言」。

1174 名聲藉甚。（舊九七・二七〇一—三　新三三七二—一）

正義 孟康云：「猶〔一〕言狼藉甚盛也。」按：藉，言公卿假藉陸生名聲，甚敬重也。

※ 見南化、幻、梅、狩、野本。

〔一〕校補云：「南化、幻、梅本無『猶』字。」

1175 平原君義不知君，以其母故。（舊九七・二七〇二—一〇　新三三七三—一〇）

△正義 接上文以辟陽侯行不正，又不知平原君，而陸賈誤以母在，故令二君之交歡。

※ 見南化、梅本。

1176 閎籍孺。（舊九七・二七〇三—二　新三三七四—四）

正義 按：「籍」字，後人妄加也。

※ 見南化、幻、梅、狩本。

傅靳蒯成列傳第三十八

1177 趙賁。（舊九八・二七〇七—三　新三二七九—三）

正義 賁，音奔。

※ 見南化、梅、狩本。

1178 賜爵通德侯。（舊九八・二七〇七—六　新三二七九—六）

正義 通德侯，未詳。

※ 見南化、梅、狩本。

1179 所將卒斬騎將一人敖下。（舊九八・二七〇七—六　新三二七九—六）

正義 敖倉山之下也。

※ 見南化、梅、狩本。

1180 擊秦軍亳南、開封東北。（舊九八・二七〇九—一　新三二八一—八）

正義 擊秦軍於南亳故城〔一〕之南，開封縣之東北也。

※ 見南化、梅、狩本。

〔一〕南亳故城，瀧川本作「南亳縣」。校補云：南化、梅、狩本作「南亳故城」。檢新舊唐書地理志，無南亳縣。今據改。

1181 別之河內，擊趙將賁郝軍朝歌。（舊九八・二七一〇—三 新三二八二—一一）

正義 按：言「別之河內」，疑漢書誤也。

※見南化、梅、狩本。

1182 賜入殿門不趨，殺人不死。（舊九八・二七一二—九 新三二八五—七）

正義 楚漢春秋云「上令殺人不死，入廷不趨」也。

※見南化、梅、狩本。

1183 至孝景中二年，封緤子居代侯。（舊九八・二七一二—一〇 新三二八五—八）

正義 案：表：應，鄲侯，一歲卒，侯居代。而文不說者，年少故。鄲，音多。

※見南化、梅、狩本。

1184 高爵。（舊九八・二七一二—一五 新三二八五—一四）

正義 言名卑而户數多者爲高爵也。

※見南化、梅、狩本。

劉敬叔孫通列傳第三十九

1185 劉敬者，齊人也。（舊九九・二七一五—三　新三二八九—三）

正義 本姓婁，漢書作「婁敬」〔一〕。高祖曰「婁者劉也」，賜姓劉氏。

※見南化、幻、梅、狩本。

〔一〕校補云：「南化、幻、梅本無上五字。」增訂補「漢書作婁敬」五字在「賜姓劉氏」下。

1186 虞將軍欲與之鮮衣。（舊九九・二七一五—四　新三二八九—四）

正義 鮮〔一〕，鮮潔美服。

※見南化、幻、梅、狩本。

〔一〕「鮮」下，校補有「衣」字，且云：「狩、瀧本無『衣』字。」

1187 杖馬箠居岐。（舊九九・二七一五—一二　新三二九〇—一）

正義 杖，音直尚反。箠，音竹委反。杖，持也。顏師古曰〔一〕：「箠，馬策也。杖，謂柱之也。云杖馬垂〔二〕者，以其〔三〕無所攜持也。」

※見南化、幻、梅、狩本。

〔一〕自「顏師古曰」以下二十五字，瀧川本無，今據校補補。

〔二〕垂，漢書顏注作「箠」。

〔三〕其，漢書顏注作「示」。

1188 不欲依阻險，令後世驕奢以虐民也。（舊九九・二七一六—三 新三二九〇—四）

正義 言帝王阻險之地，令後世驕奢之主役民，則虐苦也。

※ 見南化、幻、梅、狩本。

1189 附離。（舊九九・二七一六—四 新三二九〇—五）

正義 有德，則離散之民歸附之。

※ 見南化、幻、梅、狩本。

1190 傷痍者未起。（舊九九・二七一六—八 新三二九〇—九）

正義 痍，音夷，創也。

※ 見南化、幻、梅、狩本。

1191 控弦三十萬。（舊九九・二七一九—一 新三二九三—三）

正義 謂能引弓者三十萬人也。

※ 見南化、幻、梅、狩本。

1192 而取家人子名爲長公主。（舊九九・二七一九—九 新三二九三—一一）

正義 顏師古曰：「於外庶人之家取女，而名之爲公主。」

※　見南化、幻、梅、狩本。

1193 白羊、樓煩王。（舊九九・二七一九—一二　新三二九三—一四）

正義 白羊、樓煩，兩胡國名，在朔方之南靈、夏、勝等三州之地，秦得之號新秦中〔一〕，漢爲朔方郡。而勝州，河東□嵐州〔二〕，亦樓煩胡地也。

※　見南化、幻、梅、狩本。

〔一〕新秦中，瀧川本作「秦新中」。校補云：「南化、梅本『秦新』互倒。」索隱作「新秦中」。匈奴列傳云漢武帝時「徙關東貧民處所奪匈奴河南新秦中以實之」，正義引服虔曰：「史記以爲秦始皇遣蒙恬斥逐北胡，得肥饒之地七百里，徙內郡人民皆往充實之，號曰新秦中也。」漢書食貨志下亦云漢武帝「乃徙貧民於關以西，及充朔方以南新秦中」。今據改。

〔二〕校補云：「南化、幻、梅、狩本此空格處作『岢』。」按新舊唐書地理志與元和郡縣志，河東有嵐州而無岢嵐州。元和郡縣志卷一四嵐州條云：春秋屬晉，晉滅後爲胡樓煩王所居，後魏于今理置嵐州，因州西岢嵐山以爲名也。隋大業四年置樓煩郡。唐高祖武德四年置東會州，六年省東會州重置嵐州，唐玄宗天寶元年改爲樓煩郡，唐肅宗乾元元年復爲嵐州。作爲州名，當以無「岢」爲是；其空格處抑或脱「道」字。增訂補「嵐」上空格作「岢」字。

1194 人臣無將，將即反，罪死無赦。（舊九九・二七二〇—九　新三二九四—一〇）

正義 將，謂將帶羣衆也。

※　見南化、幻、梅、狩、野本。

1195 衣一襲。（舊九九・二七二一—一　新三三九五—二）

正義 衣單複具爲一襲也。

※ 見南化、幻、梅、狩本。

1196 漢王方蒙矢石争天下。（舊九九・二七二一—一五　新三三九六—二）

正義 蒙，猶「被」也，「冒」也。

※ 見南化、幻、梅、狩本。

1197 爲緜蕞野外。（舊九九・二七二三—二　新三三九七—六）

正義 於野外，即縛茅竹表爲纂立尊卑之位也。蕝，子悦反，又子芮反，朝會束茅表位也〔一〕，若今之纘也。

※ 見南化、幻、梅、狩本。

〔一〕「朝會束茅表位也」七字，瀧川本無，校補依南化、狩本補，今從校補補此七字。

1198 至禮畢，復置法酒。（舊九九・二七二三—一三　新三三九八—二）

正義 姚察云：「諸侯羣臣於奏賀禮畢，皆復置法酒。及侍坐殿上者，皆伏而抑首也。謂之法酒者，異於私燕之酒，言進止有禮法也。古人飲不過三爵，君臣百拜，終日宴而不亂也。」

※ 見南化、幻、梅、狩本。

1199 諸侍坐殿上皆伏抑首。（舊九九・二七二三—一三　新三三九八—二）

正義 畏禮法，不敢平面視也。

※ 見南化、幻、梅、狩本。

1200 迺拜叔孫通爲太常，賜金五百斤。（舊九九・二七二三—一五 新三二九八—四）

正義 百官公卿表云：叔孫通高祖七年爲奉常。至景帝中六年，始改奉常爲太常〔一〕。按：云「太常」，以修史時言也。

※ 見南化、幻、梅、狩本。

〔一〕校補云：「南化、幻、梅、狩本無上五字，而有『復爲太常』四字。」百官公卿表云：「景帝中六年更名太常。」增訂補「始改奉常爲太常」七字作「復爲大常」四字。

1201 見留侯所招客從太子入見。（舊九九・二七二五—五 新三二九九—一一）

正義 招客，謂四皓也。

※ 見南化、幻、梅、狩本。

1202 孝惠帝爲東朝長樂宮。（舊九九・二七二五—一一 新三三〇〇—五）

△正義 孟康云：「朝太后於長樂宮。」

※ 見南化、梅本。

1203 及閒往，數蹕煩人。（舊九九・二七二五—一一 新三三〇〇—五）

正義 樗里子傳云：漢興，長樂宮在其東，未央宮在其西，武庫正直其北。案：共在故長安城中。

※見南化、幻、梅、狩本。

1204 陛下何自築複道？高寢衣冠月出游高廟，高廟，漢太祖，柰何令後世子孫乘宗廟道上行哉。（舊九九・二七二五—一二　新三三〇〇—六）

正義 服虔云：「持高廟中衣，月旦以游於衆廟，已而復之也。」應劭云：「月旦出高帝衣冠，備法駕，名曰游衣冠。」如淳云：「高祖之衣冠，藏在宮中之寢，三月出游，其道正值今之所作複道下，故言乘宗廟道上行也。」晉灼云：「黄圖高廟在長安城門街東，寢在桂宮北。」服言衣藏於廟中，如言宮中衣冠。游於高廟，每月一爲之，漢制則然。後之學者不曉其意，謂以月出之時夜游衣冠，失之遠矣。

※見南化、幻、梅、狩本。校補云：「古本標記不冠『正義曰』三字，疑非正義注文。」

1205 願陛下爲原廟渭北。（舊九九・二七二五—一四　新三三〇〇—八）

△**正義** 則以「謂北」屬上，爲原廟於渭北也。

※見南化、梅本。

1206 大孝之本也。（舊九九・二七二五—一四　新三三〇〇—九）

正義 按：括地志云：「高廟在長安縣西北十三里渭南長安故城〔一〕中。長陵在渭北〔二〕咸陽縣東三十里。」按：更於渭北爲原廟，則衣冠每月出游高廟，不渡渭南，明顔説是也。

※ 見南化、幻、梅、狩本。

〔一〕瀧川本「城」下衍「在」字，今删。增訂補「城」下有「在」字。

〔二〕渭北，高祖本紀「葬長陵」句正義引作「雍州」。

1207 古者有春嘗果，方今櫻桃孰，可獻。（舊九九・二七二六—八 新三三〇一—二）

正義 禮記〔一〕云：「仲夏之月，以含桃先薦寢廟。」鄭玄云：「含桃，今謂之櫻桃。」

※ 見南化、幻、梅、狩本。

〔一〕校補「禮記」下有「月令」二字。

1208 道固委蛇。（舊九九・二七二六—一四 新三三〇一—九）

△**正義** 委，紆危反。蛇，音移。逶迤，言屈曲順從。

※ 見南化、梅本。

季布欒布列傳第四十

1209 迹且至臣家。（舊一〇〇・二七二九—四　新三三〇五—四）

△正義 謂尋其蹤跡也。

※　見南化、梅本。

1210 衣褐衣，置廣柳車中。（舊一〇〇・二七二九—五　新三三〇五—五）

正義 褐衣，麁布〔一〕也。劉熙注孟子云：「織〔二〕爲之，如今馬衣也。」廣柳車，鄭氏曰：「作大柳衣〔三〕車，若周禮喪車也。」晉灼曰：「周禮翣柳，柳，聚也，衆飾之所聚也，此爲載以喪車，欲人不知也。」鄧展曰：「皆棺飾也。」顔師古曰同也。〔四〕

※　見南化、幻、梅、狩本。

〔一〕校補「布」下有「衣」字。

〔二〕校補「織」下有「毛」字。漢書季布傳顔師古注云：「褐，毛布之衣也。」增訂補「織」下有「毛」字。

〔三〕校補云：「幻、梅、狩本『衣』作『木』。」漢書顔注引作「衣」。

〔四〕漢書顔注先引服虔、鄭氏、李奇、晉灼四家説，然後云：「師古曰：『晉、鄭二説是也。』」又：校補云：「南化本無上四十字。」

1211 臣各爲其主用，季布爲項籍用，職耳。（舊一〇〇·二七二九—九 新三三〇五—九）

正義 布爲羽將，而迫窘高祖，是布之職耳。

※ 見南化、幻、梅、狩本。

1212 邸。（舊一〇〇·二七三一—四 新三三〇七—七）

正義 即謂諸郡〔一〕朝宿之舍在京都〔二〕也。

※ 見南化、幻、梅、狩本。

〔一〕校補「郡」下有「國」字。增訂補「郡」下有「國」字。

〔二〕校補云：「南化、幻、梅、狩本『都』作『師』。」

1213 季布名所以益聞者，曹丘揚之也。（舊一〇〇·二七三二—二 新三三〇八—五）

正義 既爲俠，則其交必雜，此曹邱所以容于季布也。

※ 見贅異本。

1214 長事袁絲。（舊一〇〇·二七三二—九 新三三〇八—一二）

正義 以兄禮事袁盎也。

※ 見南化、幻、梅、狩本。

1215 少年多時時竊籍其名以行。（舊一〇〇·二七三二—一〇 新三三〇八—一三）

正義 籍，如字。言少年多假籍季心賓客從黨之名以行也。

※見南化、幻、梅、狩本。

1216 兩賢豈相戹哉。（舊一〇〇・二七三三—二 新三三〇九—五）

正義 兩賢，高祖及固也。

※見南化、幻、梅、狩本。

1217 賃傭於齊，爲酒人保。（舊一〇〇・二七三三—六 新三三〇九—九）

正義 言可保信而傭役〔一〕也。方言曰：「保，傭賤稱也。」

※見南化、幻、梅、狩本。

〔一〕校補云：「南化、幻、梅本『役』作『賃』。」增訂補「傭役」下有「賃」字。

1218 爲其家主報仇，燕將臧荼舉以爲都尉。（舊一〇〇・二七三三—七 新三三〇九—一〇）

正義 服虔曰：「爲買者報仇也。」按：臧荼賢其爲主執仇，故舉爲都尉。

※見南化、幻、梅、狩本。

1219 身屨軍搴旗者數矣。（舊一〇〇・二七三五—一 新三三一一—四）

正義 搴，拔也。按〔一〕：數屨軍拔取旗也。本或改「屨」爲「婁」、「外」、「曲」字，皆非也。

※見南化、幻、梅、狩本。

〔一〕自「按」至「皆非也」二十字，瀧川本無，今據校補補。

1220 感慨。（舊一〇〇・二七三五—三 新三三一一—六）

正義 慨，歎也。或作「概」，謂節概。

※ 見南化、幻、梅、狩本。

袁盎鼂錯列傳第四十一

1221 盎兄噲任盎爲中郎。（舊一〇一・二七三七—四　新三三一五—四）

正義 百官公卿表云：中郎秩比六百石，郎中比三百石。按：任，保其中郎也。

※　見南化、幻、梅、狩本。

1222 社稷臣主在與在，主亡與亡。（舊一〇一・二七三七—八　新三三一五—八）

正義 人主在時，與共治在時之事，人主雖亡，其法度〔一〕存，當奉行之。高帝誓非劉氏不王，而勃等聽王諸吕，是從生主之欲，不與亡者也。〔二〕

※　見南化、幻、梅、狩本。

〔一〕度，瀧川本無，校補與漢書顔注有「度」字，今據補。增訂補二「人主」之上「人主」倒作「主人」，疑誤。

〔二〕此正義與漢書爰盎傳顔師古注同，彼注上冠「如淳曰」三字。

1223 淮南王至雍，病死，聞，上輟食，哭甚哀。（舊一〇一・二七三八—一四　新三三一七—四）

正義 聞，聞於天子。

※　見南化、幻、梅、狩本。

1224 頓首請罪。（舊一〇一・二七三八—一四　新三三一七—四）

正義 頓首請罪，自責以不強諫也。

※ 見南化、幻、梅、狩本。

1225 坐不垂堂。（舊一〇一・二七四〇—五 新三三一八—一〇）

△正義 垂〔一〕堂，簷下也。恐瓦〔二〕落中人，言富人子自愛惜也。

※ 見南化、梅本。

〔一〕垂，校補誤「乘」，今據史文改。

〔二〕瓦，校補誤「尾」，今改正。

1226 今陛下騁六騑。（舊一〇一・二七四〇—五 新三三一八—一〇）

正義 按：騑〔一〕，音芳菲反；騑，驂馬也〔二〕。

※ 見南化、幻、梅、狩本。

〔一〕「按騑」二字，瀧川本作一「騑」字。校補云：「南化、幻、梅本無『騑』字，而有『按騑』二字。」史文云「騁六騑」。今據改。

〔二〕校補「也」下有「騑騑行不正貌」六字。

1227 毋何。（舊一〇一・二七四一—六 新三三一九—一四）

正義 苛〔一〕，音何，言苛細勾當也。外本〔二〕多作「何」〔三〕，言無何，猶何説王也。

※ 見南化、幻、梅、狩本。

〔一〕史文「何」字，張文虎校刊史記集解索隱正義札記卷五云：「宋本、毛本作『苛』。王本作『奇』，蓋亦『苛』之譌。」依張氏札記與正義注文，正義本史文「何」作「苛」。王先謙漢書補注引吴仁傑云：「古『苛』、『何』通。種本意蓋曰：吴王驕日久，又南方卑溼，宜日飲酒而已，其他一切勿有所問，如此而後可免禍也。」

〔二〕「外本」以下十三字，瀧川本無，校補依南化、幻、梅本補。今從校補補。

〔三〕其下校補云：「南化本有『漢書亦作何』五字。」

1228 遷爲隊率。（舊一〇一·二七四一—一三　新三三二〇—六）

△正義 所類反。如淳曰：「隊帥，軍中小官。」

※ 見南化、梅本。

1229 嘉鄙野人。（舊一〇一·二七四二—三　新三三二〇—一〇）

正義 鄙野，謂邊邑野外之人也。

※ 見南化、幻、梅、狩本。

1230 鼂錯謂丞史曰。（舊一〇一·二七四二—六　新三三二〇—一四）

正義 按：百官表御史大夫有兩丞及御史員十五人。兩丞無史，蓋史是御史。如誤也。

※ 見南化、幻、梅、狩本。

1231 事未發，治之有絕。（舊一〇一·二七四二—七　新三三二一—一）

正義 按：未發治之，乃有所絶。

※ 見南化、幻、梅、狩本。

1232 吴所以反狀，以錯故。（舊一〇一・二七四二—一〇 新三三二一—四）

正義 謂錯削諸侯也。

※ 見南化、幻、梅、狩本。

1233 從史適爲守盎校尉司馬。（舊一〇一・二七四三—五 新三三二一—一三）

正義 從史爲守盎校尉之司馬也。

※ 見南化、幻、梅、狩本。

1234 醇醪。（舊一〇一・二七四三—五 新三三二一—一三）

正義 醪，音牢。醪汁，今之酒。

※ 見南化、幻、梅、狩本。

1235 且緩急人所有。（舊一〇一・二七四四—六 新三三二二—一五）

正義 凡人世之中，不能無緩急之變〔一〕。

※ 見南化、幻、梅、狩本。

〔一〕校補云：南化、幻、梅本「凡」下有「言」字，「變」作「事」。增訂補「凡」下有「言」字，「變」作「事」。

1236 夫一旦有急叩門，不以親爲解。（舊一〇一・二七四四—六 新三三二二—一五）

正義 言人有急叩門被呼，則依父母自解説〔一〕也。

※見南化、幻、梅、狩本。

〔一〕自解説，校補云：南化、幻、梅、狩本作「爲解免」。**增**訂補「自解説」作「爲解免」。

1237 不以存亡爲辭。（**舊**一〇一・二七四四—六　**新**三三二二—一五）

正義 存，謂辭以事故也。亡，謂出不在家也。

※見南化、幻、梅、狩本。

1238 天下所望者，獨季心、劇孟耳。（**舊**一〇一・二七四四—六　**新**三三二三—一）

正義 言二子救人之急如父母耳。文穎曰：「心，季布弟也。」

※見南化、幻、梅、狩本。校補云：「按：據南化本標記，則『文穎曰』以下八字提行，疑非正義佚文。」

1239 梁刺客後曹輩果遮刺殺盎安陵郭門外。（**舊**一〇一・二七四五—二　**新**三三二三—一〇）

正義 遮，作「蹠」，音之石反。蹠，謂尋其蹤也。又音庶。

※見南化、幻、梅、狩本。

1240 詔以爲太子舍人。（**舊**一〇一・二七四六—一　**新**三三二四—九）

△**正義** 太子，漢書作「天子」〔一〕也。

※見南化、梅本。

〔一〕天子，漢書亦作「太子」。

1241 上令公卿列侯宗室集議。（舊一〇一・二七四七—二 新三三二五—一一）

正義 集，本作「襍」，音雜〔一〕。高誘云：「襍，集也。」

※ 見南化、幻、梅、狩本。

〔一〕「音雜」二字，瀧川本無，校補依幻、梅本補此二字。史文「集」字，張文虎校刊史記集解索隱正義札記卷五云：「字類引作『⿰木集』，蓋『襍』之譌。漢書作『雜』。」今從校補補「音雜」二字。增訂補「音」上有「注」字。

1242 謁者僕射。（舊一〇一・二七四七—一〇 新三三二六—六）

正義 百官表云：郎中令屬官有謁者，秩比六百石。謁者有僕射，秩比千石。

※ 見南化、幻、梅、狩本。

1243 傅會。（舊一〇一・二七四八—九 新三三二七—四）

正義 傅會，上音附。言善爲附近而會時也。張晏〔一〕曰：「因宜附著合會也。」

※ 見南化、幻、梅、狩本。

〔一〕校補云：「梅本無『張晏』以下十字。」

1244 説雖行哉。（舊一〇一・二七四八—一〇 新三三二七—五）

△正義 謂殺鼂錯。

※ 見南化、梅本。

張釋之馮唐列傳第四十二

1245 卑之，毋甚高論，令今可施行也。（【舊】一〇二·二七五一—五 【新】三三二九—五）

【正義】卑之，謂依附時事令可施行者也。

※ 見南化、幻、梅、狩本。

1246 上林尉。（【舊】一〇二·二七五二—一 【新】三三三〇—四）

【正義】上林尉，屬丞〔一〕也。

※ 見南化、幻、梅、狩本。

〔一〕校補據南化、幻本於「丞」下補「水衡」二字。【增】訂補「丞」下有「水衡」二字。

1247 然其敝徒文具耳。（【舊】一〇二·二七五二—六 【新】三三三〇—九）

【正義】秦政弊壞之時，空以文書具備而已〔一〕。

※ 見南化、幻、梅、狩本。

〔一〕【增】訂補「而已」作一「耳」字。

1248 假令愚民取長陵一抔土，陛下何以加其法乎。（【舊】一〇二·二七五五—一二 【新】三三三四—四）

【正義】按：釋之言盜長陵一掬土，與盜環罪等，用以比之，令帝詳審，故云「陛下何以加其法乎？」張晏云「不欲指言，故以取土譬」，一何疎鄙，不解義理之甚。裴氏引之，重爲錯也。

※　見南化、幻、梅、狩本。

1249 安知尺籍伍符。（舊一〇二・二七五九—一　新三三三七—一三）

正義 注「行不行」，故當行。雇人行，身不行，奪勞二歲也。

※　見南化、幻、梅、狩本。

萬石張叔列傳第四十三

1250 對案不食。（舊一〇三・二七六四—一〇　新三三四六—一一）

正義 案，謂盤案。

※ 見南化、幻、梅、狩本。

1251 取親中帬廁腧。（舊一〇三・二七六五—一一　新三三四七—一二）

正義 腧，音投。中裙，謂中衣，今之裙〔一〕也。晉灼云：「今世謂半閉〔二〕小袖衫爲侯腧。此最廁近身之衣也。」顏師古云：「親，謂父也。中裙，若今言中衣也。廁腧，近身之小衫，若今汗衫也。」〔三〕

※ 見南化、幻、梅、狩、野本。

〔一〕校補云：「南化、幻、梅、狩本『裙』作『裩』。」

〔二〕半閉，校補云：「南化、幻、梅、狩本『半』作『反』，幻、狩本『閉』作『閑』。」本句史文集解引作「反閉」，索隱引作「反開」，漢書顏師古注引作「反門」。

〔三〕校補云：「野本無『晉灼』以下五十字。」

1252 兒寬。（舊一〇三・二七六七—一一　新三三四九—一五）

正義 倪寬，千乘人也。治尚書，受業於孔安國。貧無資用，常爲弟子都養。時行賃作，帶經而鉏。射策補掌故，歷位左内史、御史大夫而卒。

※ 見南化、幻、梅、狩本。

1253 醇謹無他。（舊一〇三・二七六八—一二 新三三五一—一一）

正義 性醇謹，無他伎能也。〔一〕

※ 見南化、幻、梅、狩本。

〔一〕校補云：「南化、幻、梅、狩本此八字作『唯醇而已無他伎能』八字。」

1254 常蒙其罪。（舊一〇三・二七六九—一二 新三三五一—一四）

正義 蒙，謂覆蔽之。

※ 見南化、幻、梅、狩本。

田叔列傳第四十四

1255 無傷也。（舊一〇四・二七七九—七　新三三六三—一一）

正義 說文：「傷，憂。」〔一〕

※ 見南化、幻、梅、狩本。

〔一〕說文：「傷，創也。」又：「慯，憂也。」段玉裁注云：「方言『傷』，廣雅作『慯』。」集韻云：「慯，亦作『痬』，通作『傷』。」增訂補「憂」下有「也」字。

1256 去之諸陵過。（舊一〇四・二七八二—八　新三三六七—一）

正義 過，音光卧反。上云「仁發兵長陵」是也。

※ 見南化、幻、梅、狩本。

扁鵲倉公列傳第四十五

1257 飲是以上池之水，三十日當知物矣。（舊一〇五・二七八五—九 新三三六九—九）

正義 謂以器物高承天露之水飲藥也。

※ 見南化、幻、梅、狩本。

1258 先生得無誕之乎。（舊一〇五・二七八八—六 新三三七二—一三）

正義 誕，欺也。

※ 見南化、幻、梅、狩本。

1259 幸而舉之。（舊一〇五・二七九〇—一三 新三三七五—七）

正義 幸而舉之，謂活太子也。

※ 見南化、幻、梅、狩本。

1260 別下於三焦、膀胱。（舊一〇五・二七九〇—一五 新三三七五—一〇）

正義 〔八十一難云：「三焦者，水穀之道路，氣之所終始也。上焦在心下，下鬲在胃上口也。」主內而不出，其治在胸中玉堂下一寸六分，直兩孔間陷者是也。〔中焦在胃中脘，不上不下也。」主腐熟水穀，其治在臍旁也。〔下焦在臍下，當膀胱上口也。」主分別清濁，主出而不內以傳道，其治在臍下一寸。故名曰三焦。〔膀胱者，津液之府也，溺九升九合也。〕言經絡下于三焦及膀胱也。」

※　見贊異本。校補云：「按：各本無此正義，瀧川氏以博士家本補。南化本標記亦有此條，但不冠『正義曰』三字。」

1261　菑川王美人懷子而不乳。（舊一〇五·二八〇六—五　新三三九二—七）

△正義　人及鳥生子曰乳，乳曰産。

※　見南化本。

1262　嗇而不屬。（舊一〇五·二八〇八—一五　新三三九五—三）

正義　嗇，音色，不滑也。

※　見南化、幻、梅、狩本。

1263　則邪氣辟矣。（舊一〇五·二八一一—六　新三三九七—一一）

正義　辟，言辟惡風也。劉伯莊云「辟猶聚也」，恐非其理也。

※　見南化、幻、梅、狩本。

1264　誠恐吏以除拘臣意也。（舊一〇五·二八一四—五　新三四〇〇—一一）

正義　恐〔一〕爲吏拘繫之，時諸侯得自拜除官吏也。

※　見南化、幻、梅、狩本。

〔一〕「恐」上，校補云：「幻、梅、狩本有『除』字。」

1265

五診。（舊一〇五・二八一七—二　新三四〇三—一一）

△正義 五診，謂診五藏之脈。

※ 見南化、幻、梅、狩本。

吳王濞列傳第四十六

1266 飾於邪臣。（舊一〇六・二八二五—一四 新三四二〇—七）

正義 飾於邪臣，言被邪臣裝飾。

※見南化、幻、梅、狩本。

1267 恐不得安肆矣。（舊一〇六・二八二五—一五 新三四二〇—八）

正義 肆，放縱也。

※見南化、幻、梅、狩本。

1268 脅肩累足。（舊一〇六・二八二六—一 新三四二〇—九）

正義 脅，斂也，竦體也。累，重足也。

※見南化、幻、梅、狩本。

1269 王瞿然駭曰。（舊一〇六・二八二六—四 新三四二〇—一二）

正義 瞿，音句。

※見南化、幻、梅、狩本。

1270 而愁勞聖人之所以起也。（舊一〇六・二八二六—六 新三四二〇—一五）

正義 孔文祥曰：「按：愁勞則有聖人也。」

※ 見南化、幻、梅本。

1271 彷徉天下。（舊一〇六・二八二六—七 新三四二一—一）

正義 彷徉，猶「依倚」也。漢書作「方洋」。師古曰：「方洋，猶『翱翔』也。」

※ 見南化、幻、梅、狩本。

1272 遂發兵西。（舊一〇六・二八二七—九 新三四二二—三）

正義 言膠西同吳王先起兵。

※ 見南化、幻、梅、狩本。

1273 欲一有所出之久矣。（舊一〇六・二八二八—一〇 新三四二三—六）

正義 出〔一〕，謂泄出其怨意〔二〕。

※ 見南化、梅本。校補云：「按：南化、梅本不冠『正義曰』三字，疑非正義佚文。」

〔一〕校補云：「南化本無『出』字。」又：校補於「出」下依梅本補「師古曰謂發兵集義」八字。

〔二〕增訂補「意」作「念」。

1274 須以從事。（舊一〇六・二八三五—一四 新三四三〇—一二）

正義 待王定計以行事。

※ 見南化、幻、梅、狩本。

魏其武安侯列傳第四十七

1275 多易。（舊一〇七·二八四一—八　新三四三七—一〇）

正義 易，以豉反。言自多簡易之行也。前云「毋如竇嬰賢」，而張晏云「輕易之行」，未知甚矣。

※ 見南化、幻、梅、狩本。

1276 槃盂諸書。（舊一〇七·二八四二—一　新三四三八—四）

正義 晉灼曰：「按藝文志〔一〕，孟説是也。」

※ 見南化、幻、梅、狩本。

〔一〕漢書藝文志雜家類：「孔甲盤盂二十六篇。黄帝之史，或曰夏帝孔甲，似皆非。」

1277 以爲淮陽天下交，勁兵處。（舊一〇七·二八四六—一一　新三四四三—六）

正義 言淮陽天下交會處，而兵又勁。

※ 見南化、幻、梅、狩本。

1278 夫安敢以服爲解。（舊一〇七·二八四八—二　新三四四四—一三）

正義 解，紀買反，謂辭之也。

※ 見南化、幻、梅、狩本。

1279 爲姦利。（舊一〇七·二八四九—六　新三四四六—三）

正義 姦利，爲姦惡而求利。

※ 見南化、幻、梅、狩本。

1280 餘半膝席。（舊一〇七·二八四九—一〇　新三四四六—七）

正義 蘇説是也。

※ 見南化、幻、梅、狩本。

1281 屬之。（舊一〇七·二八四九—一一　新三四四六—八）

△正義 屬，音燭。屬，付也，重付合盡。

※ 見南化、梅本。

1282 時武安不肯。（舊一〇七·二八四九—一二　新三四四六—九）

正義 不肯，不爲盡也。

※ 見南化、梅、狩本。

1283 仲孺獨不爲李將軍地乎。（舊一〇七·二八四九—一四　新三四四六—一一）

正義 按：地，猶「材地」。二人有材能，若廣材地，故云材地〔一〕。二人俱東西宮，毀程能不損李將軍材地也。

※ 見南化、幻、梅、狩本。

〔一〕「二人有材能若廣材地故云材地」，瀧川本無，校補依南化、梅本補。今從校補補此十三字。

1284 乃令騎留灌夫。（舊一〇七・二八五〇—一　新三四四六—一三）

△正義　謂常從騎之人。

※　見南化、幻、梅、狩本。

1285 繫居室。（舊一〇七・二八五〇—二　新三四四六—一五）

△正義　居室，署名也，官屬名，武帝〔一〕改爲保宫。

※　見南化、幻、梅、狩本。

〔一〕校補云：「狩本無『武帝』以下六字。」

1286 與太后家忤。（舊一〇七・二八五一—一　新三四四八—一）

△正義　忤，逆也。

※　見南化、幻、梅、狩本。

1287 而欲有大功。（舊一〇七・二八五一—九　新三四四八—一〇）

正義　按：大功，謂爲天子也。

※　見南化、幻、梅、狩本。

1288 淩轢宗室。（舊一〇七・二八五一—一三　新三四四八—一四）

正義　淩轢，謂蹈踐之。

※見南化、幻、梅、狩本。

1289 簿責。（舊一〇七・二八五三—一〇　新三四五〇—一三）

正義 簿責，以文簿責問之〔一〕。

※見南化、幻、梅、狩本。

〔一〕校補「之」下有「不以對簿爲」五字。

1290 欺謾。（舊一〇七・二八五三—一〇　新三四五〇—一三）

○正義 欺謾，以不對簿爲欺謾〔一〕。

※見佚存、南化、梅、狩、幻本。此爲據訂補增輯佚文第二十六條。

〔一〕訂補「欺」作「斯」，「簿」作「薄」，皆誤，今據史文與史文語意正之。

1291 病痱。（舊一〇七・二八五三—一四　新三四五一—一二）

正義 痱〔一〕，風病，小腫也；又音蒲罪反，瘠也。

※見南化、幻、梅、狩本。

〔一〕增訂補「痱」上有「病字作」三字。

韓長孺列傳第四十八

1292 橈明法。（舊一〇八·二八六〇—五 新三四六〇—五）

正義 橈，曲也。

※見南化、幻、謙、野本。

李將軍列傳第四十九

1293 廣家世世受射。（舊一〇九・二八六七—四　新三四六七—四）

正義 愛[一]，好也，習也。

※ 見南化、幻、梅、狩本。

[一] 史文「受」字，校補云：「受，南化、三本作『愛』。」依校補與正義注文，正義本史文「受」作「愛」。增訂補「愛」上有「受射」二字。

1294 而廣行無部伍行陳。（舊一〇九・二八六九—一三　新三四六九—一四）

正義 案：部伍，領也，五五相次也。在廣亦無此事也。

※ 見南化、幻、梅、狩本。

1295 不擊刀斗以自衛。（舊一〇九・二八六九—一四　新三四六九—一五）

正義 鐎，三足有柄者也。

※ 見南化、幻、梅、狩本。

1296 莫府。（舊一〇九・二八六九—一四　新三四六九—一五）

正義 晉灼曰：「將軍職在征行，無常處，所在爲治，故言莫府。莫，大也。或曰衛青征匈奴，絶大莫，大克獲，帝就拜大將軍莫中府，故曰莫府。莫府之名始於此。」顏師古曰：「二說皆非也。莫府者，以軍幕爲義，古字通用耳。軍旅無常居止，以帳幕言之。廉頗傳〔一〕：『李牧市租，皆入幕府。』此則非因衛青始有其號。又莫訓爲大，於義乖矣。」

※見南化、幻、梅、狩本。

〔一〕校補云：「南化、幻本無『傳』。」漢書顏師古注無「傳」字。廉頗藺相如列傳云：「李牧者，趙之北邊良將也。常居代鴈門，備匈奴。以便宜置吏，市租皆輸入莫府，爲士卒費。」

1297 而廣身自以大黃射其裨將。（舊一〇九・二八七三—三　新三四七三—四）

正義 服虔曰：「黃肩弩也。」晉灼曰：「黃肩，即黃閒也。大黃，其大者也。」

※見南化、幻、梅、狩本。

1298 才能不及中人。（舊一〇九・二八七四—一　新三四七四—一）

正義 不及中平之人。

※見南化、幻、梅、狩本。

匈奴列傳第五十

1299 作周。（舊一一〇・二八八一—六 新三四八五—九）

△正義 初作固，一本「周」字作「固」也。

※ 見南化、梅本。

1300 尚矣。（舊一一〇・二八九〇—一一 新三四九五—一〇）

正義 尚矣，言久〔一〕遠也。

※ 見南化、幻、梅、狩本。

〔一〕增訂補「久」作「分」。

1301 人人自爲趣利。（舊一一〇・二八九二—一三 新三四九七—一二）

正義 趣，向也。

※ 見南化、幻、梅、狩本。

1302 後北服渾庾、屈射、丁零、鬲昆、薪犂之國。（舊一一〇・二八九三—一一 新三四九八—一四）

正義〔已上五國在匈奴北。〕漢書「庾」作「窳」。地理志朔方窳渾〔一〕縣是。

※　見南化、幻、梅、狩本。

〔一〕渾，瀧川本作「混」。校補云：「南化本『混』作『渾』。」漢書地理志朔方郡屬縣十，其一曰窳渾。今據改。

1303 而室屋之極，生力必屈。（舊一一〇·二九〇〇—五　新三五〇五—一二）

正義 言競爭勝負，爲棟宇極奢侈，故營生氣力屈盡也。

※　見南化、幻、梅、狩本。

1304 令喋喋而佔佔，冠固何當。（舊一一〇·二九〇〇—七　新三五〇五—一三）

正義 喋喋，多言也。佔佔，恭謹貌。言漢人徒多言恭謹，而著冠衣，固亦何所當益也。

※　見南化、幻、梅、狩本。

1305 跂行喙息蠕動之類。（舊一一〇·二九〇三—五　新三五〇八—一三）

正義 凡有足而行曰跂行，凡有口而息曰喙息。周書云：「麛鹿之類爲跂行，竝以足跪不著地，如人企。」按：又音企〔一〕。

※　見南化、幻、梅、狩本。

〔一〕增訂補「音企」之「企」作「己」。

1306 是時鴈門尉史行徼。（舊一一〇·二九〇五—四　新三五一〇—一三）

△正義 徼，塞也。堅木若栅曰徼。

※　見南化本。

1307 貳師聞其家以巫蠱族滅，因并衆降匈奴。（舊一一〇·二九一八—一〇　新三五二五—一）

正義 漢書音義曰：「狐鹿姑單于七年，當征和三年，李廣利與商丘成等伐胡，追北至范夫人城，聞妻子坐巫蠱收，貳師狐疑，深入而求功。至燕然山，軍大亂，敗，乃降匈奴。單于以女妻之。」

※　見南化、幻、梅、狩本。

1308 至定、哀之際則微。（舊一一〇·二九一九—六　新三五二五—一四）

正義 仲尼仕於定、哀，故春秋不切論當代之事，而無褒貶忌諱之辭，國禮也。言太史公亦能改當代之忌諱，故引也。

※　見南化、幻、梅、狩本。

1309 患其微一時之權。（舊一一〇·二九一九—七　新三五二六—一）

△正義 言世俗説匈奴者患者。

※　見南化、梅本。

1310 將率席中國廣大。（舊一一〇·二九一九—八　新三五二六—二）

正義 席，謂舒展廣闊。

※　見南化、幻、梅、狩本。

衛將軍驃騎列傳第五十一

1311 傅校獲王。（舊一一一・二九二六—三 新三五四二—八）

正義 校者，營壘之稱，故謂軍之一部爲一校也。

※ 見南化、幻、梅、狩本。

1312 大將軍姊子霍去病。（舊一一一・二九二八—八 新三五四四—一五）

△正義 徐廣云：「姊，即少兒〔一〕。」

※ 見南化、幻、梅本。

〔一〕增訂補「少兒」下有「也」字，且於「少兒也」下有一段文字凡三十一字：「按漢書云：『其父霍仲孺，先與少兒通，生去病。及衛皇后尊，少兒更爲詹事陳掌妻。』」衍田按，訂補「其」作「少」，「詹」作「譽」，皆誤，今據漢書霍去病傳改。

1313 爲剽姚校尉。（舊一一一・二九二八—九 新三五四五—一）

正義 票姚，勁疾之貌。荀悦漢紀作「票鷂」字。去病後爲票騎將軍，尚取「票姚」之一字。今讀飄遥音，則不當其義也。

※ 見南化、幻、梅、狩本。

1314 斬單于大父行籍若侯産。（舊一一一·二九二八—一〇　新三五四五—二）

正義 行，胡郎反，又胡浪反。謂祖父行流。

※　見南化、幻、梅、狩本。

1315 誅全甲。（舊一一一·二九三〇—一　新三五四六—一〇）

正義〔全甲，謂具足不失落也。〕金甲，即鐵甲也，能誅斬也。

※　見南化、幻、梅、狩本。

1316 乃益置大司馬位，大將軍、驃騎將軍皆爲大司馬。（舊一一一·二九三八—一二　新三五五六—一）

正義「位」字屬下讀〔一〕。以「位」字冠大將軍、驃騎者，明二將軍皆兼大司馬，以其功等。百官表云：「元狩四年初置大司馬，以冠〔二〕將軍之號。」顏師古云：「冠者，加於其上，爲大一官〔三〕也。」

※　見南化、幻、梅、狩本。

〔一〕增訂補「讀」作「句」。

〔二〕以冠，瀧川本作「冠軍」，今據漢書百官公卿表改。

〔三〕校補云：「南化、幻、梅本『大』作『共』。」爲大一官，漢書顏師古注作「共爲一官」。增訂補「爲大一官」之「大」作「共」。

平津侯主父列傳第五十二

1317 天子擢弘對爲第一。（舊一一二·二九四九—一二 新三五七四—一）

△正義 其策在漢書弘傳，此一節今在緣飾字上也。

※ 見南化、梅本。

1318 侈擬於君。

正義 擬，音儗，僣〔一〕也。（舊一一二·二九五一—四 新三五七五—五）

※ 見南化、幻、梅、狩本。

〔一〕僣，宋郭忠恕佩觿歷述世俗用字訛誤之狀，其中例及「僣」字，云：「僣侻之僣爲踰僭」。「僣」誤，當作「僭」。

南越列傳第五十三

1319 迺乘黄屋左纛。（舊一一三・二九六九—一二 新三五九六—一）

正義 纛，音導，又音獨。薛綜〔一〕云：「纛，以旄牛尾置馬頭上也。」

※ 見南化、幻、梅、狩本。

〔一〕綜，瀧川本空格。校補云：「南化本『綜』。」文選卷三張衡東京賦「方釳左纛鉤膺玉瓖」句薛綜注云：「左纛，以旄牛尾，大如斗，置騑馬頭上，以亂馬目，不令相見也。」正義注文蓋節略引此語。今據補「綜」字。

1320 術陽侯。（舊一一三・二九七四—五 新三六〇〇—一四）

正義 術陽侯，漢所封。

※ 見南化、幻、梅、狩本。

1321 譏臣不討賊。（舊一一三・二九七四—九 新三六〇一—三）

△正義 謂識密之臣，事見春秋。

※ 見梅本。

朝鮮列傳第五十五

1322 都王險。（舊一一五・二九八五—八　新三六一七—八）

正義 臣瓚曰：「主險在樂浪郡也。」〔一〕

※ 見南化、幻、梅、謙、狩本。

〔一〕校補云：「按：各古本標記，『臣瓚』上有『正義作主險』五字。」瀧川本考證云：「正義本『王險』訛『主險』。」增訂補「也」下有「作主險」三字。

1323 又擁閼不通。（舊一一五・二九八六—一四　新三六一九—一）

正義 後漢書：「朝鮮有三韓：一曰馬韓，二曰辰韓，三曰弁韓〔一〕。」魏志云：「韓有帶方國，東西以海限，南與倭接，方可四千里。馬韓在西，辰韓在中，弁韓在東。〔二〕」括地志曰：「新羅、百濟在西，馬韓之地。雜羅在東，辰韓、弁韓之地也。」

※ 見南化、幻、梅、狩本。校補云：「古本標記『魏志云』、『括地志曰』竝提行，疑非正義。」

〔一〕弁韓，後漢書東夷列傳作「弁辰」，云：「韓有三種：一曰馬韓，二曰辰韓，三曰弁辰。」中華本後漢書校勘記云：「『三曰弁辰』，殿本考證王會汾謂晉、梁二書皆作『弁韓』，當從改。今按：魏志亦作『弁韓』。」三國志魏書烏丸鮮卑東夷傳言及三韓時云「三曰弁韓」，接下分述三韓之國時而稱「弁辰」。

〔二〕校補云：「南化、梅本『海』下有『爲』。」三國志魏書烏丸鮮卑東夷傳云：「韓在帶方之南，東西以海爲限，南與倭接，方可四千里。」接下即是分述三韓之文。此正義「馬韓在西，辰韓在中，弁韓在東」三句，乃引者簡略概括之語。又，從上面所引三國志文可知，云「韓有帶方國」，與魏志有異。增訂補「帶方國」之「國」作「關」。

1324 使濟南太守公孫遂往正之。（舊一一五・二九八八—一〇 新三六二〇—一五）

正義 征，漢書作「正」爲是。〔一〕

※ 見南化、幻、梅、謙、狩本。

〔一〕校補云：「南化、幻、梅、謙本此正義爲：『征之，漢書作「正之」是。』」

1325 朝鮮相路人、相韓陰、尼谿相參、將軍王唊相與謀曰。（舊一一五・二九八八—一四 新三六二一—四）

正義 已上至路人，凡四人。

※ 見南化、幻、梅、狩、野本。

西南夷列傳第五十六

1326

從巴蜀筰關入，遂見夜郎侯多同。（舊一一六・二九九四—七　新三六二八—一一）

正義 地理志犍爲郡有符縣〔一〕。按：符關〔二〕在符縣。犍爲郡，今戎州也。

※　見南化、幻、梅、狩本。

〔一〕符縣，瀧川本衍「離」字，作「符離縣」。檢漢書地理志，犍爲郡屬縣十二，其中有符縣，而無符離縣。此正義亦云「符關在符縣」。今據删「離」字。增訂補「志」下有「云」字。

〔二〕史文「筰關」，校補云：「按：南化、幻、梅本標記云：『正義作「符關」。』」依校補與正義注文，正義本史文「筰」作「符」。

1327

士罷餓離溼，死者甚衆。（舊一一六・二九九五—六　新三六二九—一一）

正義 漯〔一〕，音濕〔二〕。言士卒歷暑熱氣而死者衆多也。

※　見南化、幻、梅、狩本。

〔一〕史文「溼」字，校補云：「按：古本校記云：『正義「離溼」作「離漯」。』」依校補與正義注文，正義本史文「溼」作「漯」。説文「濕」字下段玉裁注云：「漢隸以『濕』爲『燥溼』字，乃以『漯』爲『沸濕』字。」增訂補「漯」作「溼」。

〔二〕濕，瀧川本作「温」。校補云：「除瀧本，各本『温』作『濕』，瀧本誤。」今據改。

1328 身毒國。（舊一一六・二九九五—一四 新三六三〇—四）

正義 身毒，即東天竺國。

※ 見南化、幻、梅、狩本。

1329 皆同姓相扶，未肯聽。（舊一一六・二九九七—六 新三六三一—一一）

正義 杖〔一〕，直亮反。顏師古曰：「杖，猶倚也。相倚爲援，不聽滇王入朝。」

※ 見南化、幻、梅、狩本。

〔一〕史文「扶」字，校補云：「扶，南化、棭、蜀本作『杖』。」又云：「南化：『一本「杖」，正義本亦同。』」依校補與正義注文，正義本史文「扶」作「杖」。

1330 大夏杖、邛竹。（舊一一六・二九九八—一 新三六三二—四）

正義 杖，直亮反。顏師古云：「杖，猶倚也。相倚爲援，不聽漢王。」

※ 校補云：「此正義諸本竝無，瀧川氏稿本亦無，因上正義佚文而重複。」增訂補無此正義佚文。

司馬相如列傳第五十七

1331 慕藺相如之爲人，更名相如。以貲爲郎。（舊一一七・二九九九—四　新三六三七—五）

正義 藺相如，六國時〔一〕人，義而有勇也。以貲爲郎，以貲財多，得拜爲郎。

※見南化、幻、梅、狩本。增訂補此正義佚文分爲兩條，且無「以貲爲郎」四字，「也」上爲一條，「以」下爲一條。

〔一〕校補云：「南化、幻本『時』字下有『趙』字。」增訂補「時」下有「趙」字。

1332 舍都亭。（舊一一七・三〇〇〇—三　新三六三八—七）

正義 臨邛縣郭下之亭〔一〕也。

※見南化、幻、梅、狩本。

〔一〕校補云：南化、幻、梅、狩本無「郭下」二字，而「亭」下有「名」字，此正義則爲：「臨邛縣之亭名也。」增訂補「郭下」在「臨邛縣」上。

1333 而卓王孫家僮八百人，程鄭亦數百人。（舊一一七・三〇〇〇—四　新三六三八—八）

正義 貨殖傳：卓氏之先趙人，秦時被遷，卓氏獨夫妻推輦而行，曰：「吾聞汶山之下有蹲鴟。」乃求遷，致之臨邛。程鄭，山東遷虜。

※見南化、幻、梅、狩本。

1334 爲鼓一再行。（舊一一七・三〇〇〇—七 新三六三八—一一）

正義 行者鼓琴瑟曲也。

※見南化、幻、梅、狩本。

1335 長卿第俱如臨邛。（舊一一七・三〇〇〇—一二 新三六三九—一）

正義 第，但也。俱，共也。

※見南化、幻、梅、狩本。

1336 而令文君當鑪。（舊一一七・三〇〇〇—一三 新三六三九—二）

正義 顏云：「賣酒之處，累土爲鑪，以居酒瓮。四邊微起，其一面高，形如鍛鑪，故名曰鑪耳。而俗之學者，皆謂當鑪爲對温酒火鑪，失其義也。」

※見南化、幻、梅、狩本。

1337 昆弟諸公更謂王孫曰：有一男兩女，所不足者非財也。今文君已失身於司馬長卿，長卿故倦游。（舊一一七・三〇〇〇—一四 新三六三九—三）

正義 諸公，謂臨邛之長者也。非財〔一〕，言非是錢財。倦，疲也。

※見南化、幻、梅、狩本。

〔一〕校補云：「梅本『非財』以下十字無。」

1338 令尚書給筆札。

正義 說文：「札，牒也。」按：木簡之薄小者也。此時未用紙也。（舊一一七・三〇〇二—四 新三六四〇—一〇）

※見南化、幻、梅、狩本。

1339 雲夢。（舊一一七・三〇〇三—二 新三六四一—九）

正義 夢在江南華容，雲在江北安陸，而名雲夢。已解在夏本紀。

※見南化、幻、梅、狩本。

1340 唯唯。（舊一一七・三〇〇三—一六 新三六四二—九）

正義 唯唯，恭應也。

※見南化、幻、梅、狩本。

1341 其山則盤紆岪鬱，隆崇嵂崒。（舊一一七・三〇〇四—一 新三六四二—一〇）

正義 岪，音佛。郭璞曰〔一〕：「相樛結而峻屈竦起也。」

※見南化、幻、梅、狩本。

〔一〕校補云：「南化、幻、梅本『曰』下有『言』字。」文選卷七司馬相如子虛賦郭璞注於本句注云：「隆崇，竦起也。」於下文「交錯糾紛，上干青雲」句注云：「言相摎結而峻絕也。」此正義將二注合而爲一，冠以「郭璞曰」，置於本句之下。

1342 衆色炫燿，照爛龍鱗。（舊一一七・三〇〇四—三 新三六四二—一二）

正義 采色相曜，閒雜若龍鱗。

※ 見南化、幻、梅、狩本。

1343 瑌石武夫。（舊 一一七・三〇〇四—四 新 三六四二—一三）

正義 武夫，赤色〔一〕白采，蔥蘢白黑不分，出長沙。

※ 見南化、幻、梅、狩本。

〔一〕校補云：「南化、幻、梅本『色』字作『地』字。」

1344 櫨梸梬栗。（舊 一一七・三〇〇四—一〇 新 三六四三—四）

△正義 梬栗，音赦；赦，而善反。字亦作「揳」，音同。

※ 見南化、幻、梅、狩本。

1345 專諸。（舊 一一七・三〇〇九—一二 新 三六四八—九）

正義 專諸，刺吳王僚者也。

※ 見南化、幻、梅、狩本。

1346 勺藥之和具而後御之。（舊 一一七・三〇一四—六 新 三六五四—一〇）

正義 文穎曰：「勺藥，五味之和也。」顏云：「芍藥，草名，其根主安和五藏，又辟毒氣，故合之於蘭桂五味，以助調食，因呼五味和爲芍藥耳。今人食馬腸馬肝者，猶合芍藥而煮之，豈非古之遺法乎？」伏儼云：「芍藥以蘭桂調食。」

1347 先生之餘論也。（舊一一七・三〇一四—一六　新三六五五—五）

※　見南化、幻、梅、狩本。

正義 先生，言子虛也〔一〕。

※　見南化、幻、梅、狩本。

〔一〕校補云：「南化、幻、梅本『言』字作『即』字。南化、幻本『也』下有『論盧頓反』四字。」

1348 觀乎成山。（舊一一七・三〇一五—三　新三六五五—八）

正義〔封禪書云「成山斗入海」，言上山觀也。括地志云：「成山在萊州文登縣東北百八十里也。」〕張揖説非也。

※　見南化、幻、梅、狩本。

1349 若乃俶儻瓌偉。（舊一一七・三〇一五—五　新三六五五—一〇）

正義 俶儻，猶「非常」也。

※　見南化、幻、梅、狩本。

1350 封疆畫界者，非爲守禦，所以禁淫也。（舊一一七・三〇一六—一三　新三六五七—八）

正義 郭云：「天子有道，守在四夷，立境界者，欲以禁絶淫放，非禦捍。」

※　見南化、幻、梅、狩本。

1351 越海而田。（舊一一七・三〇一六—一四　新三六五七—九）

正義 越海而田，言其度海田獵於青丘。

※ 見南化、幻、梅、狩本。

1352 徑乎桂林之中，過乎泱莽之野。（舊一一七・三〇一七—六 新三六五八—三）

正義 顏云：「凡言此者，著水流之長遠也。」

※ 見南化、幻、梅、狩本。

1353 磷磷爛爛，采色澔汗，叢積乎其中。（舊一一七・三〇一七—一四 新三六五八—一一）

正義 皆玉石符采映耀〔一〕於水中也。

※ 見南化、幻、梅、狩本。

〔一〕校補云：「南化、幻、梅本『耀』下有『聚積』二字。」

1354 雜以流夷。（舊一一七・三〇二二—一四 新三六六四—一〇）

正義 留夷，香草也。

※ 見南化、幻、梅、狩本。

1355 肸蠁布寫。（舊一一七・三〇二二—一六 新三六六四—一二）

正義 肸蠁，盛也。寫，吐也。司馬彪云：「若蠁蟲之布吐也。」

※ 見南化、幻、梅、狩本。

1356 隱夫鬱棣。（舊一一七・三〇二八—一三 新三六七一—七）

正義　隱夫，未詳。

※見南化、幻、梅、狩本。

1357 隱天動地。（舊一一七・三〇三三—七　新三六七七—四）

正義　隱，猶「震」也。

※見南化、梅、狩本。

1358 先後陸離，離散別追。（舊一一七・三〇三三—七　新三六七七—四）

正義　陸離，分散也。言各有所追也。郭璞曰：「各有所逐。」〔一〕

※見南化、幻、梅、狩本。

〔一〕「郭璞曰各有所逐」七字，瀧川本無，今據校補補。校補將此七字放在下句「淫淫裔裔」之下，今依文選移此。

1359 淫淫裔裔，緣陵流澤，雲布雨施。（舊一一七・三〇三三—七　新三六七七—四）

正義　郭璞曰：「言徧山野也。」

※見贊異本。

1360 睨部曲之進退。（舊一一七・三〇三四—九　新三六七八—七）

正義　睨，五計反；睨，袤〔一〕視也〔二〕。

※見南化、幻、梅、狩本。

〔一〕衺，瀧川本作「遠」。說文云：「睨，衺視也。」漢書顏師古注亦云：「睨，衺視也。」集韻卷三釋「衺」云：「謂不正，或作『邪』，通作『斜』。」文選卷一七王褒洞簫賦「魚瞰雞睨」句李善注云：「睨，邪視也。」說文段玉裁注云：「衺，今字作『邪』。」瀧川本「遠」字當是「衺」之訛，今改正。

〔二〕校補云：「梅本此下有：『續漢書百官志五將軍營五部校尉一人，部下有曲，曲有軍侯一人也。』南化本此下有：『續漢書百官志云將軍部領皆有部曲，大將軍營五部校尉一人，部下有曲，曲有軍侯一人也。』」

1361 倏夐遠去。（舊一一七・三〇三四—一〇 新三六七八—八）

正義 倏夐，分散也。

※ 見南化、梅、狩本。

1362 然後揚節而上浮。（舊一一七・三〇三六—一三 新三六八一—三）

正義 上浮，蜚〔一〕遊。

※ 見南化、幻、梅、狩本。

〔一〕校補云：「南化、幻、梅本『蜚』字作『騰』字。」漢書顏師古注引郭璞曰：「言騰遊也。」

1363 闇乎反鄉。（舊一一七・三〇三七—六 新三六八一—一四）

正義 日晚南歸也。

※ 見南化、幻、梅、狩本。

1364 蹷石闕。（舊一一七・三〇三七—七　新三六八一—一五）

正義 蹷，息也。

※見南化、幻、梅、狩本。

1365 濯鷁牛首。（舊一一七・三〇三七—七　新三六八一—一五）

正義 艗，鷁首之船也。

※見南化、幻、梅、狩本。

1366 觀士大夫之勤略。（舊一一七・三〇三七—八　新三六八二—一）

正義 勤略，言觀〔一〕士大夫之懃功智略也。

※見南化、幻、梅、狩本。

〔一〕增訂補「觀」作「巡行」二字。

1367 朕以覽聽餘閒，無事弃日。（舊一一七・三〇四一—五　新三六八六—六）

正義 言聽政餘暇，不能棄日也。

※見南化、梅、狩本。

1368 順天道以殺伐，時休息於此。（舊一一七・三〇四一—六　新三六八六—七）

正義 郭云：「謂苑囿中也。」

※見南化、梅、狩本。

1369 悉爲農郊。（舊一一七・三〇四一—七 新三六八六—八）

正義 邑外曰郊。言於郊野之中營農事也。

※ 見南化、梅、狩本。

1370 隤牆填塹，使山澤之民得至焉。（舊一一七・三〇四一—七 新三六八六—九）

正義 言得〔一〕芻牧樵采也。

※ 見南化、幻、梅、狩本。

〔一〕增訂補「得」上有「重」字。

1371 襲朝衣，乘法駕。（舊一一七・三〇四一—一二 新三六八六—一四）

正義 朝衣，謂衮龍之服也。法駕，六馬也。

※ 見南化、幻、梅、狩本。

1372 射貍首，兼騶虞。（舊一一七・三〇四一—一三 新三六八六—一五）

正義 説文云：「騶虞，白虎黑文，尾長於身，太平乃至，天子射以爲節。〔一〕」山海經云：「如虎，五采，日行千里。〔二〕」周禮云：「凡〔三〕射，王以騶虞爲節，諸侯以貍首爲節，大夫以采蘋〔四〕爲節。〔五〕」鄭云：「樂章名也。〔六〕」禮射義云：「騶虞者，樂官備也。貍首者，樂會時也。采蘋者，樂循法也。采蘩者，樂不失職也。是故天子以備官爲節，諸侯以時會天子爲節，卿大夫以循法〔七〕爲節，士以不失職爲節。」按：貍首，逸詩。騶虞，邵南之卒章。

※ 見南化、幻、梅、狩本。

〔一〕說文「虍」部釋「虞」云：「虞，騶虞也。白虎黑文，尾長於身，仁獸，食自死之肉。」而無「太平乃至，天子射以爲節」十字。

〔二〕山海經海經海內北經云：「林氏國有珍獸，大若虎，五采畢具，尾長于身，名曰騶吾，乘之日行千里。」

〔三〕凡，瀧川本誤「九」。校補云：「除瀧本，各本『九』作『凡』。」周禮春官樂師即作「凡」。（詳見校〔四〕）今據改。

〔四〕采蘋，瀧川本作「采蘩」。周禮春官樂師云：「凡射，王以騶虞爲節，諸侯以貍首爲節，大夫以采蘋爲節，士以采蘩爲節。」禮記射義亦云：「其節，天子以騶虞爲節，諸侯以貍首爲節，卿大夫以采蘋爲節，士以采蘩爲節。」瀧川本云「大夫以采蘩爲節」誤，今改正。

〔五〕依校〔四〕所引周禮春官與禮記射義文，此當補「士以采蘩爲節」一句，義方完整。

〔六〕鄭玄注校〔四〕所引周禮春官文云：「騶虞、采蘋、采蘩，皆樂章名，在國風召南，惟貍首在樂記。」

〔七〕瀧川本「法」下有「度」字。校補云：「除瀧本，各本無『度』字。」檢禮記射義，本句亦無「度」字。今據刪「度」字。

1373

弋玄鶴。（舊一一七・三〇四一—一三　新三六八六—一五）

正義 鶴，古或反。禮射義作「鵠」，音同。射義云〔一〕孔子曰〔二〕：「射者發而不失正，鵠者其賢者乎？」正之侯中朱，次白，次蒼，次黃，玄居其外。三正損玄黃，二正去蒼白，而盡以朱綠。其外之廣，皆居侯中。黃侃云：「虎侯之道九十弓，長六尺，每准弓取二寸，中央方一丈八尺，三分之一爲鵠，鵠方六尺，制皮云尺也。熊侯之道七十弓，弓取二寸，二七十四，中央方一丈四尺，三分之一爲鵠，鵠方四尺七寸，皮亦如之。豹侯五十弓，弓取二寸，二五一十，中央方一丈，三分之一爲鵠，鵠方三尺三寸，皮亦如之。六耦十二人，四耦八人，三耦六人。獲者執旌之後射，中，唱，獲之者各以旌指之，容隱也。正，音征。正者，盡射朶囲也。鵠者，佔虎熊豹皮於正中心，若令鹿齊也。」前以朝玄鶴，又解酒罷獠。其獵既竟，豈弋鳥哉？爲先賢不以此爲正鵠義，故廣引釋之。弋，亦射也。

※ 見南化、幻、梅、狩本。

〔一〕自「射義云」以下，瀧川本無，校補據南化本補。今從校補補。

〔二〕曰，校補作「日」，今據禮記射義改。

1374 **悲伐檀。**（舊一一七・三〇四一—一四 新三六八七—一）

正義 伐檀，魏國之詩，刺在位貪鄙也。

※ 見南化、幻、梅、狩本。

1375 **功羨於五帝。**（舊一一七・三〇四二—一 新三六八七—三）

正義 羨，饒也。

※ 見南化、幻、梅、狩本。

1376 抏士卒之精。（舊一一七·三〇四三—三　新三六八八—九）

正義 抏，挫也，蔽也。

※見南化、幻、梅、狩本。

1377 故遣中郎將往賓之。（舊一一七·三〇四四—一三　新三六九〇—四）

正義 賓，往賓服而賜之也。

※見南化、幻、梅、狩本。

1378 讓三老孝弟以不教誨之過。（舊一一七·三〇四六—八　新三六九一—一五）

正義 百官表云：「十里一亭，亭有長。十亭一鄉，鄉有三老、有秩、嗇夫、游徼。三老掌教化，嗇夫職聽訟、收賦稅，游徼備盜賊〔一〕。」

※見南化、幻、梅、狩本。

〔一〕游徼備盜賊，漢書百官公卿表作「游徼徼循禁賊盜」。

1379 士卒多物故。（舊一一七·三〇四六—一三　新三六九二—六）

正義 物故，死也，如衆物之故而零落也。

※見南化、幻、梅、狩本。

1380 邛、筰。（舊一一七·三〇四六—一三　新三六九二—六）

正義 邛、筰二國，在蜀西。解在西南夷傳也。

1381 冄駹。

※ 見南化、幻、梅、狩本。（舊一一七・三〇四六—一五 新三六九二—八）

正義 冄駹一國，在蜀西。解在西南夷傳也。

※ 見南化、梅、狩本。

1382 愈於南夷。（舊一一七・三〇四六—一六 新三六九二—九）

正義 愈，勝也。

※ 見南化、幻、梅、狩本。

1383 斯榆。（舊一一七・三〇四七—四 新三六九二—一三）

正義 斯渝國，在蜀南。解在西南夷傳。

※ 見南化、梅、狩本。校補云：「南化、梅本不冠『正義曰』三字。」

1384 籍以蜀父老爲辭。（舊一一七・三〇四八—一四 新三六九四—一〇）

正義 籍，音借。

※ 見南化、幻、梅、狩本。

1385 威武紛紜，湛恩汪濊。（舊一一七・三〇四九—一 新三六九四—一三）

正義 紛紜，威武盛也。汪濊，深廣也。

※ 見南化、幻、梅、狩本。

1386 羣生澍濡，洋溢乎方外。（舊一一七・三〇四九—一　新三六九四—一三）

正義 顧野王云：「時雨所以澍萬〔一〕物也。」

※ 見南化、梅、狩本。

〔一〕校補云：「南化、梅、狩本『萬』上有『生』字。」增訂補「萬」上有「生」字。

1387 且夫邛、筰、西僰之與中國並也，歷年茲多，不可記已。（舊一一七・三〇四九—一三　新三六九五—一〇）

正義 言邛、筰、西僰立國以來，與中國年月等，不可記録。

※ 見南化、幻、梅、狩本。

1388 仁者不以德來，彊者不以力并，意者其殆不可乎。（舊一一七・三〇四九—一三　新三六九五—一〇）

正義 言自古帝王，雖仁治不能招來，雖强力不能并兼，以其路遠，殆不可通。

※ 見南化、幻、梅、狩本。

1389 今割齊民以附夷狄，弊所恃以事無用。（舊一一七・三〇四九—一四　新三六九五—一一）

正義 所恃，齊民，言帝王所恃。無用，謂夷狄也。

※ 見南化、幻、梅、狩本。

1390 則是蜀不變服而巴不化俗也。（舊一一七・三〇五〇—二　新三六九五—一五）

正義 言巴、蜀蠻夷，本椎髻左衽，今從中國服俗也。若西南夷不可通，即巴、蜀服俗，不應變改。

※ 見南化、幻、梅、狩本。

1391 聲稱浹乎于茲。（舊一一七・三〇五〇—一一 新三六九六—一〇）

正義 浹，徹也。

※ 見南化、幻、梅、狩本。

1392 拘文牽俗。（舊一一七・三〇五一—二 新三六九七—二）

正義 拘文牽俗，言武帝常拘繫脩法之文，牽引隨俗之化。

※ 見南化、幻、梅、狩本。

1393 六合之内，八方之外。（舊一一七・三〇五一—四 新三六九七—四）

正義 六合，天地四方。八方，四方及四維也。

※ 見南化、幻、梅、狩本。

1394 係纍號泣，内嚮而怨。（舊一一七・三〇五一—八 新三六九七—八）

正義 纍，音力追反。言爲人掠〔一〕獲，而係纍爲奴，離别號泣，内向怨天子化不至也。

※ 見南化、幻、梅、狩本。

〔一〕增訂補「掠」作「捋」。

1395 鏤零山。（舊一一七・三〇五一—一一　新三六九七—一一）

正義 鑿靈〔一〕山通以關也。

※　見南化、幻、梅、狩本。

〔一〕史文「零」字，校補云：「南化、梅、狩本標記云：『正義「零」作「靈」。』」依校補與正義注文，正義本史文「零」作「靈」。又：瀧川本考證云：「漢書、文選亦作『靈』。」

1396 遠撫長駕。（舊一一七・三〇五一—一二　新三六九七—一二）

正義 遠撫安，長駕御。言帝德廣被若親臨。

※　見南化、幻、梅、狩本。

1397 夫拯民於沈溺，奉至尊之休德，反衰世之陵遲，繼周氏之絶業，斯乃天子之急務也。百姓雖勞，又惡可以已哉。（舊一一七・三〇五一—一三　新三六九七—一四）

正義 惡，音烏。言漢奉至尊休德，救民沈溺，繼周之絶業，反陵夷之衰代，是天子之急事。百姓雖勞苦，何以止住哉？

※　見南化、幻、梅、狩本。

1398 猶鷦明已翔乎寥廓。（舊一一七・三〇五二—一二　新三六九八—一四）

正義 廖廓，天上寬廣之處。

※　見南化、幻、梅、狩本。

1399 猶時有銜橛之變。（舊一一七・三〇五四—七 新三七〇〇—一二）

正義 橛〔一〕，謂車鉤心也。言馬銜或斷，鉤心或出，則致傾敗以傷人也。〔二〕

※ 見南化、幻、梅、狩本。

〔一〕校補云：「南化、幻、梅本作『蹷』字。」「蹷」乃「橜」之訛，「橜」即「橛」字。

〔二〕校補云：「南化、幻、梅本此下有『按二説未詳也』六字，疑非正義。」

1400 覽竹林之榛榛。（舊一一七・三〇五五—五 新三七〇一—一一）

正義 榛榛，盛貌也。

※ 見南化、幻、梅、狩本。

1401 相如以爲列僊之傳居山澤閒。（舊一一七・三〇五六—八 新三七〇三—一）

正義 儒〔一〕，柔也。凡有道術皆爲儒。

※ 見南化、幻、梅、狩本。

〔一〕史文「傳」字，校補云：「南化、幻、梅本標記云『正義曰作「列仙之儒」』，注曰『儒，柔也』云云。按：正義本『傳』作『儒』。」又：漢書亦作「儒」，顔師古注云：「儒，柔也，術士之稱也，凡有道術皆爲儒。今流俗書本作『傳』字，非也，後人所改耳。」瀧川本考證云：「正義本『傳』作『儒』，與漢書合。」王念孫曰：「『郊祀志「此三神山者，其傳在渤海中」，與此傳字同。漢書作「儒」，轉寫之訛。』」

1402 垂絳幡之素蜺兮，載云氣而上浮。（舊一一七・三〇五六—一五 新三七〇三—九）

正義 張揖曰：「乘〔一〕，用也。赤氣爲幡，綴以白氣也。」如淳曰：「絳氣以虹蜺爲幡。」

※ 見南化、幻、梅、狩本。

〔一〕史文「垂」字，校補云：「南化、幻、梅本標記云『垂，正義曰作「乘」』，張云『乘，用也』云云。按：正義本作『乘』字。」又：漢書亦作「乘」。

1403 駕應龍象輿之蠖略逶麗兮，驂赤螭青虬之蚴蟉蜿蜒。（舊一一七・三〇五七—一 新三七〇三—一二）

正義 文穎曰：「有翼曰應龍，其最神妙者也。瑞應圖云『虬龍神無鱗甲，女媧時時服應龍驂青虬』是也。」顏云：「蠖略委麗，蚴蟉宛蜒，皆其行步進止之貌也。」

※ 見南化、幻、梅、狩本。

1404 低卬夭蟜据以驕驁兮，詘折隆窮蠼以連卷。（舊一一七・三〇五七—二 新三七〇三—一二）

正義 据，直項也。驕驁，縱恣也。詘折，委曲也。崇窮〔一〕，舉䰂也。蠼，跳也。連卷，句踡也。

※ 見南化、幻、梅、狩本。

〔一〕崇窮，史、漢原文皆作「隆窮」。張守節爲避唐玄宗名諱改「隆」爲「崇」。

1405 沛艾糾蟃仡以佁儗兮。（舊一一七・三〇五七—三 新三七〇三—一三）

正義 沛艾，駊騀也。

※ 見南化、幻、梅、狩本。

1406 **放散畔岸驤以孱顏。**（舊一一七・三〇五七—三　新三七〇三—一三）

正義 畔岸，自縱之貌。張云〔一〕：「驤，舉也。孱顏，不舉也。」〔二〕

※「畔岸自縱之貌」六字，見南化、幻、梅、狩本；「張云」以下，見南化、梅本。

〔一〕「張云」以下十字，瀧川本無，今從校補補。

〔二〕此正義佚文，漢書司馬相如傳顏師古注作爲顏氏本人注語，且「不舉」作「不齊」。

1407 **莅颯卉翕熛至電過兮。**（舊一一七・三〇五七—四　新三七〇三—一五）

正義 莅颯，飛相及也。卉翕，走相追也。

※見南化、幻、梅、狩本。

1408 **悉徵靈圉而選之兮。**（舊一一七・三〇五八—一五　新三七〇六—一）

正義 靈圉，仙人也。

※見南化、幻、梅、狩本。

1409 **前陸離而後潏湟。**（舊一一七・三〇五八—一六　新三七〇六—二）

正義 陸離，漢書作「長離」。如淳曰：「長離，朱爵也。」

※見南化、幻、梅、狩本。

1410 **奄息總極氾濫水嬉兮。**（舊一一七・三〇六〇—四　新三七〇七—一〇）

正義 括地志：「嶺山在京西九千八百六十里，蔥茂於常，故云蔥嶺。其山東至于滇〔一〕國，西踰罽賓〔二〕云。」

※　見南化、幻、梅、狩本。

〔一〕校補云：「南化、幻、梅本『滇』字作『闐』字。」漢書西域傳云西域有于闐國。

〔二〕罽，當作「罽」。校補云：「南化、幻、梅、狩本『賓』下有『國』字。」漢書西域傳云西域有罽賓國。

1411　西望崑崙之軋沕洸忽兮。（舊一一七・三〇六〇—六　新三七〇七—一二）

正義　軋沕洸忽，不分明貌。

※　見南化、幻、梅、狩本。

1412　會食幽都。（舊一一七・三〇六二—一二　新三七一〇—八）

正義　幽都，山名，在北方。海内經云：「北海之内有山，名曰幽都。」

※　見南化、幻、梅、狩本。

1413　騖遺霧而遠逝。（舊一一七・三〇六二—一四　新三七一〇—一〇）

正義　騖遺霧，言馳車從長路而下馳，遺棄其霧而遠逝也。

※　見南化、幻、梅、狩本。

1414　其遺札書言封禪事。（舊一一七・三〇六三—一二　新三七一一—一〇）

正義　封禪，國之大禮，故曰札書。顔云「書於札而留之，故曰遺札」，恐非。

※　見南化、幻、梅、狩本。

1415 故軌迹夷易，易遵也；湛恩濛涌，易豐也。（舊一一七・三〇六四—一五　新三七一二—一四）

正義 軌迹夷易，言軌法蹤迹平易，易遵奉也。濛，遍布也。涌，出也。

※　見南化、幻、梅、狩本。

1416 是以業隆於繦褓。（舊一一七・三〇六四—一六　新三七一二—一五）

△正義 博物志云：「繦，織縷爲，廣八寸，長大尺〔一〕，以約小兒於背上也。」呂氏春秋云：「緥，小兒被。」

※　見南化、梅、狩本。

〔一〕「廣八寸長大尺」，文選卷二三嵇康幽憤詩「越在繦緥」句李善注與一切經音義卷六二皆引作「廣八寸長丈二尺」，論語子路篇「繦負其子而至矣」句邢昺疏引作「廣八尺長丈二」，三國志涼茂傳「繦負而至者千餘家」句裴松之注引作「廣八寸長尺二」。

1417 沕潏漫衍。（舊一一七・三〇六五—二　新三七一三—二）

正義 沕潏漫衍，言漢恩廣大也。〔一〕

※　見南化、幻、梅、狩本。

〔一〕校補云：「狩本『也』下有『音勿』二字，梅本『正義曰』下有『音勿』二字，南化本『正義曰』上有『音勿』二字。」

1418 昆蟲凱澤。（舊一一七・三〇六五—四　新三七一三—四）

正義 澤，音懌。文穎曰：「凱、懌，皆樂也。」

※ 見南化、幻、梅、狩本。

1419 然後囿騶虞之珍羣。（舊一一七·三〇六五—四 新三七一三—四）

正義 騶虞，義獸也，白虎黑文，不食生物，有至信之德則應之。案：以此故曰珍羣，將充囿也。

※ 見南化、幻、梅、狩本。

1420 挈三神之驩，缺王道之儀，羣臣恧焉。（舊一一七·三〇六七—一二 新三七一六—一）

正義 挈，猶「持」。言漢帝執持三神之驩，今乃不封禪，缺王道之儀號。孔文祥云：「三神，天、地、人也。」按：三家〔一〕說，韋氏爲長。

※ 見南化、幻、梅、狩本。

〔一〕增訂補「家」作「氏」。

1421 若然辭之，是泰山靡記而梁父靡幾也。（舊一一七·三〇六七—一三 新三七一六—二）

正義 符瑞盛而辭之，則是太山無碑記，梁父無望祭祀也。

※ 見南化、幻、梅、狩本。

1422 攄之無窮。（舊一一七·三〇六八—三 新三七一六—八）

正義 攄，布〔二〕也。

※ 見南化、幻、梅、狩本。

〔一〕校補云：「南化、幻、梅、狩本『布』字作『飾』字。」增訂補「布」作「飾」。

1423 宛宛黃龍，興德而升。（舊一一七・三〇七一—一二 新三七二〇—一〇）

正義 黃龍者，四龍之長，西方正色，神靈之精，能巨細剛柔文明，章應和氣而游池沼。

※ 見南化、幻、梅、狩本。

1424 舜在假典。（舊一一七・三〇七二—八 新三七二一—八）

正義 在，察也。

※ 見南化、幻、梅、狩本。

1425 小雅譏小己之得失，其流及上。（舊一一七・三〇七三—三 新三七二二—六）

正義 從傳至小雅，所言殊異，其合德化民若一，用比相如，虛詞浮濫，後要歸於節儉，與詩之諷諫同德也。

※ 見南化、幻、梅、狩本。

淮南衡山列傳第五十八

1426 驕蹇。（舊一一八・三〇七六—二　新三七四〇—三）

正義 驕蹇，謂不巽順也。

※　見南化、幻、梅、狩本。

1427 皆廩食給薪菜鹽豉炊食器席蓐。（舊一一八・三〇七九—六　新三七四三—一〇）

△正義 官給食也，雜物竝官供也。

※　見南化、梅本。

1428 陛下遇我厚，吾能忍之。（舊一一八・三〇八五—八　新三七五〇—二）

正義 漢書云武帝以安屬爲諸父，辯博善爲文辭，甚尊重之。每爲報書及賜，常召司馬相如等，視草迺遺〔一〕。安入朝，每宴見，談論〔二〕得失，昏暮然後罷。

※　見南化、幻、梅、狩本。

〔一〕校補云：「南化、幻、梅本『遺』字作『遣』。南化、梅本『遣』下有『初』字。」漢書「遺」作「遣」，「遣」下有「初」字。增訂補「遺」作「遣」。

〔二〕校補云：「南化、幻、梅本『論』字作『説』字。」漢書作「説」。增訂補「論」作「説」。

1429 直來爲大王晝耳。（舊一一八・三〇八五—一四　新三七五〇—九）

正義 上音獲，言晝計謀反。

※ 見南化、幻、梅、狩本。

1430 僵尸千里，流血頃畝。（舊一一八・三〇八六—五　新三七五〇—一四）

正義 伍被傳作「僵尸滿野，流血千里」。

※ 見贊異本。

1431 廣長榆。（舊一一八・三〇八八—一三　新三七五三—八）

正義 長榆，今榆木塞也，在勝州北。

※ 見南化、幻、梅、狩本。

1432 男子之所死者一言耳。（舊一一八・三〇八九—一二　新三七五四—六）

正義 言男子出一言，至死不改，言反〔一〕也。

※ 見南化、幻、梅、狩本。

〔一〕增訂補「反」上有「必」字。

1433 且吴何知反。（舊一一八・三〇八九—一三　新三七五四—七）

正義 言吴不解反，故敗耳。

※ 見南化、幻、梅、狩本。

1434 千人之聚。（舊一一八・三〇九〇—三　新三七五四—一三）

正義 聚，謂聚落也。

※ 見南化、幻、梅、狩本。

1435 非直適戍之衆，鐖鑿棘矜也。（舊一一八・三〇九〇—五　新三七五四—一四）

正義 矜，音槿，柄也。言不如陳勝用謫戍棘矜等物。

※ 見南化、幻、梅、狩本。

1436 即使辯武隨而説之。（舊一一八・三〇九〇—一四　新三七五五—九）

正義 按：辯武，謂辯口而武，所説必行也。

※ 見南化、幻、梅、狩本。

1437 又欲令人衣求盜衣。（舊一一八・三〇九二—一三　新三七五七—九）

正義 求盜，掌逐捕盜賊者。解在高祖本紀。

※ 見南化、幻、梅、狩本。

1438 屈彊江淮閒。（舊一一八・三〇九三—一　新三七五七—一三）

正義 屈，求勿反。彊，其兩反。

※ 見南化、幻、梅、狩本。

1439 臣願會逮。（舊一一八・三〇九三—一〇　新三七五八—七）

△**正義** 會逮，謂追捕以應逮書。

※ 見南化、梅本。

1440 太子即自剄，不殊。（舊一一八・三〇九三—一〇 新三七五八—七）

正義 顏師古云：「殊，絶也。雖自刑殺，而身首不絶。」

※ 見南化、幻、梅、狩本。

1441 臣無將，將而誅。（舊一一八・三〇九四—四 新三七五九—二）

正義 將，將帶群衆也。

※ 見南化、梅、狩本。

1442 日夜從容王密謀反事。（舊一一八・三〇九五—八 新三七六〇—八）

正義 從，子勇反。容讀曰勇。從容，謂勸獎也。

※ 見南化、幻、梅、狩本。

1443 周丘。（舊一一八・三〇九六—一二 新三七六一—一一）

正義 周丘，下邳人，吳王反時，請得漢節下下邳者。

※ 見南化、幻、梅、狩本。

循吏列傳第五十九

1444 莊王以爲幣輕。（舊一一九・三一〇〇—二 新三七六八—四）

正義 幣，謂幣帛之屬。

※見南化、狩、梅本。

1445 豎子不戲狎。（舊一一九・三一〇一—二 新三七六九—三）

正義 狎，輕侮之。言各肅謹也。

※見南化、幻、狩、梅本。

1446 市不豫賈。（舊一一九・三一〇一—三 新三七六九—四）

正義 賈，音嫁。謂〔一〕其數不虛豫廣索也。

※見南化、幻、梅、狩本。

〔一〕校補「謂」下有「實陳」二字。

1447 喪期不令而治。（舊一一九・三一〇一—四 新三七六九—五）

正義 言士民自遵五服之制也。

※見南化、幻、梅、狩本。

汲鄭列傳第六十

1448 屋比延燒。（舊一二〇・三一〇五—六 新三七七三—七）

正義 比，近也。師古曰：「言屋相近，故連延而燒亡。」〔一〕

※ 見南化、幻、梅、狩本。校補云：「按：『師古曰』以下，非正義注文。」

〔一〕漢書顏注「師古曰」三字在「比近也」上，而「亡」字作「也」。

1449 羣臣或數黯。（舊一二〇・三一〇六—一三 新三七七四—一五）

△正義 數，責也。

※ 見南化、梅本。

1450 黯數質責湯於上前。（舊一二〇・三一〇七—一三 新三七七六—一）

正義 質，對也。

※ 見南化、幻、梅、狩本。

1451 非苦就行，放析就功。（舊一二〇・三一〇七—一四 新三七七六—一二）

△正義 唯苦慮則就行之，合放己分析若更就功勘責。

※ 見南化、梅本。

1452 乘上閒。（舊一二〇·三一〇八—四 新三七七六—七）

正義 閒，隙也。

※見南化、幻、梅、狩本。

1453 湯等數奏決讞以幸。（舊一二〇·三一〇八—五 新三七七六—八）

正義 讞，決獄也。

※見南化、幻、梅、狩本。

1454 而刀筆吏專深文巧詆。（舊一二〇·三一〇八—六 新三七七六—九）

正義 巧詆，巧爲毁辱也。

※見南化、幻、梅、狩本。

1455 然黯與亢禮。（舊一二〇·三一〇八—一三 新三七七七—一）

正義 應劭云：「長揖不拜。」

※見南化、幻、梅、狩本。

1456 夫以大將軍有揖客，反不重邪。（舊一二〇·三一〇八—一四 新三七七七—二）

正義 言能降貴禮賢，是益己之尊重也。

※見南化、幻、梅、狩本。

1457 如發蒙振落耳。（舊一二〇·三一〇九—一 新三七七七—四）

【正義】如發蒙覆及振欲落之物，言其易也。

※ 見南化、幻、梅、狩本。

1458 楚地之郊。（【舊】一二〇・三一一〇—七 【新】三七七八—一〇）

【正義】郊，謂郊道衝要之處也。

※ 見南化、幻、梅、狩本。

1459 抵息罪。（【舊】一二〇・三一一〇—一五 【新】三七七九—三）

△【正義】抵，當也。

※ 見南化、梅、狩本。

1460 常置驛馬長安諸郊。（【舊】一二〇・三一一二—四 【新】三七八〇—五）

【正義】姚承云：「邑外謂之郊。言長安四面之郊也。」此言當時任俠，與賓客游於邑野，每休下，或請謝去，故置馬於郊，以往來速也。言驛馬常去來，不得停候也。

※ 見南化、幻、梅、狩本。

1461 其推轂士及官屬丞史，誠有味其言之也。（【舊】一二〇・三一一二—一三 【新】三七八一—一）

【正義】推轂，謂薦舉人如車轂轉運無窮也〔一〕。有味者，言其推薦之辭甚美也。「其言之也」四字，屬下句。

※ 見南化、幻、梅、狩本。

〔一〕校補云：「南化本『也』字下有『言薦士及官屬丞史』八字。」增訂補「無窮也」下有「言薦士及官職丞史」八字。

1462 自請治行五日。（舊一二〇・三一一三—一　新三七八一—五）

△正義 治行，謂莊嚴也。

※ 見南化、幻、梅、狩本。

1463 財用益匱。（舊一二〇・三一一三—二　新三七八一—六）

正義 匱，乏也。

※ 見南化、幻、梅、狩本。

1464 莊任人賓客爲大農僦人，多逋負。（舊一二〇・三一一三—三　新三七八一—七）

正義 僦人，傭載運之人。莊爲大農，任人及賓客等爲大農僦賃載運，官多侵欺，故云「多逋負」也。

※ 見南化、幻、梅、狩本。

儒林列傳第六十一

1465 西狩獲麟。（舊一二一・三一一五—七　新三七八五—七）

△正義 括地志云：「在鄆州〔一〕鉅野縣〔二〕東十一里，東去魯城可二百〔三〕餘里。」

※ 見南化、梅本。

〔一〕鄆州，孔子世家「狩大野」句正義引同。按舊唐書地理志，唐高祖武德四年置鄆州，領鄆城、須昌、宿城、鉅野、乘丘五縣。唐太宗貞觀元年，以鉅野屬戴州，十七年戴州廢，鉅野又歸屬鄆州。括地志成書於貞觀十五年，此時鉅野當隸戴州。參見第三四六條校〔七〕。

〔二〕鉅野縣，校補脱「野」，作「鉅縣」，今據孔子世家「狩大野」句正義引括地志及新舊唐書地理志補「野」字。

〔三〕孔子世家「狩大野」句正義引「十一」作「十二」，「二百」作「三百」。

1466 故因史記作春秋。（舊一二一・三一一五—八　新三七八五—八）

正義 因魯史記年月日而作春秋，兼見諸國史所記之事。

※ 見南化、幻、梅、狩本。

1467 驅瓦合適戍。（舊一二一・三一一六—一四　新三七八七—一）

正義 言如衆瓦合〔一〕聚蓋屋，先無計謀也。

※ 見南化、幻、梅、狩本。

〔一〕合，瀧川本作「全」，校補作「合」，且云：「瀧本『合』誤『全』。」依史文，當作「合」是。今改正。

1468 故諸博士具官待問。（舊一二一・三一一七—一四 新三七八八—一）

正義 具官，言備〔一〕員而已。

※ 見南化、幻、梅、狩本。

〔一〕備，校補作「滿」，且云：「瀧本『滿』字誤『備』。」漢書顏師古注作「備」。

1469 於燕則韓太傅。（舊一二一・三一一八—二 新三七八八—五）

正義 名嬰。

※ 見南化、幻、梅、狩本。

1470 言春秋於齊魯自胡毋生，於趙自董仲舒。（舊一二一・三一一八—三 新三七八八—六）

正義 漢藝文志：「事〔一〕爲春秋〔二〕，言爲尚書，帝王靡不同之。仲尼思存前聖之業，以魯周公之國，禮文備物，史官有法〔三〕，故與左丘明視其史記，據行事，仍人道，因興以立功，就敗以成罰，假日月以定曆〔四〕數，藉朝聘以正禮樂。有所褒諱貶損，不可書見，口授弟子。弟子退而異言。丘明恐弟子各安其意，以失其真〔五〕，故論本事而作傳，明夫子不以空言説經也。所貶損大人有權威〔六〕，皆形於傳，是以隱其書而不宣，所以免時難也。末代口説流行，故有公羊、穀梁、鄒、夾之傳。」七録曰：「漢興，有公羊、穀梁立國學。左氏〔七〕始出乎張蒼家，本無傳之者。建武中，鄒、夾氏皆滅絶。自漢末稍貴左氏，服虔、杜預二注與公羊、穀梁俱立國學。」按：左丘明，魯史也。夾，音頰也。

※ 見南化、幻、梅、狩本。

〔一〕校補云：「南化、幻、梅、狩本無『事』字，而有『漢興魯申公爲記』七字。」瀧川本與漢書合。

〔二〕校補云：「南化、幻、梅、狩本『春秋』二字作『秦』。」瀧川本與漢書合。

〔三〕校補云：「各本校記『法』下有『何休云孔子還國史記集百二十國書』十五字。」漢書無。

〔四〕厤，瀧川本作「歷」，今據漢書藝文志改。

〔五〕校補云：「南化、幻、梅本無『各安其意以失』六字而有『名』字，『其』下有『意』字。」此句則爲「丘明恐弟子名其意真」，誤。瀧川本與漢書合。增訂補「意」下有「次」字。

〔六〕校補云：「各本校記無『大人』二字。南化、幻、梅本『權威』二字倒。」漢書此句爲：「春秋所貶損大人當世君臣，有威權勢力。」增訂補「所貶損大人有權威」八字作「春秋所貶損大人斷世君臣有權威勢力其事實」十九字。

〔七〕增訂補「左氏」之「左」作「佐」，誤。

1471 郡國縣道邑有好文學，敬長上，肅政教，順鄉里，出入不悖所聞者，令相長丞上屬所二千石。

（舊一二一・三一一九—七　新三七八九—一〇）

正義 言好文學敬順，出入不乖所聞者也。令，縣令。相，侯相。長，縣長。丞，縣丞也。

1472 補文學掌故缺。（舊一二一・三一一九—九　新三七八九—一二）

正義 掌故有缺而補之。

※ 見南化、幻、梅、狩本。

1473 太常籍奏。（舊一二一・三一一九—一〇　新三七八九—一三）

正義 籍奏，爲名〔一〕籍而奏之。

※ 見南化、幻、梅、狩本。

〔一〕增訂補「名」下有「外」字。

1474 臣謹案詔書律令下者。（舊一二一・三一一九—一一　新三七八九—一四）

正義 下者，謂班行。

※ 見南化、幻、梅、狩本。

1475 遷留滯。（舊一二一・三一一九—一二　新三七九〇—一）

正義 言留滯者改遷之。

※ 見南化、幻、梅、狩本。

1476 大行卒史。（舊一二一・三一一九—一三　新三七九〇—二）

正義 大行，後改爲大鴻臚。亦補其卒史也。

※ 見南化、幻、梅、狩本。

1477 備員。〔舊 一二一・三一一九—一五 新 三七九〇—四〕

正義 備員者，示以升擢之，非籍其實用也。

※ 見南化、幻、梅、狩本。

1478 言詩雖殊，多本於申公。〔舊 一二一・三一二二—八 新 三七九三—一〕

正義 言詩，於魯則申培公，於齊則轅固生，於燕則韓太傅。申公爲詩訓詁，而齊轅固、燕韓〔一〕生皆爲之傳，或取采雜説，咸非其本義，與不得已，三家皆列於學官。又有毛公之學，自爲子夏所傳〔二〕。七録云：「毛公詩傳，後鄭玄箋之，諸儒各爲注解。其齊詩久亡，魯詩亡於西晉，韓詩雖有，無傳之者，毛氏、鄭氏獨立國學也。」

※ 見南化、幻、梅、狩本。

〔一〕校補云：「各本校記無『燕韓』二字。」增 訂補「言詩」下有「者」字。

〔二〕校補云：「各本校記『傳』下有『而河間獻王好之未得立』十字。」自「申公爲詩訓詁」至此，乃漢書藝文志文，志云：「漢興，魯申公爲詩訓故，而齊轅固、燕韓生皆爲之傳。或取春秋，采雜説，咸非其本義。與不得已，魯最爲近之。三家皆列於學官。又有毛公之學，自謂子夏所傳，而河間獻王好之，未得立。」

1479 言學者無言湯武受命，不爲愚。〔舊 一二一・三一二三—五 新 三七九三—一二〕

正義 言〔一〕凡談論不説湯武放殺，亦得爲談論，猶如食肉不食馬肝，未爲不知味。

※ 見南化、幻、梅、狩本。

〔一〕**增**訂補「言」上有「按」字。

1480 太后怒曰：「安得司空城旦書乎？」（**舊**一二一・三一二三—八 **新**三七九四—二）

正義 虞喜志林云：「道家之法，尚於無爲之教，儒家動有所防。竇太后方之於律令，故言得司空城旦書也。」

※ 見南化、幻、梅、狩本。校補云：「按：據南化本標記，則不冠『正義曰』三字，疑非正義佚文。」

1481 是時伏生年九十餘，老，不能行，於是乃詔太常使掌故朝錯往受之。（**舊**一二一・三一二四—一一 **新**三七九五—七）

正義 衛宏詔定尚書〔一〕序云：「徵之，老，不能行，遣太常掌故朝錯往讀之。生年九十餘，不能正言教錯，齊人語多與潁川異，錯所不知者凡十二三，略以其意屬讀而已。」

※ 見南化、幻、梅、狩本。

〔一〕校補云：「南化、幻本『尚書』上有『古文』二字。」

1482 漢定，伏生求其書，亡數十篇，獨得二十九篇，即以教于齊魯之閒。（**舊**一二一・三一二四—一二 **新**三七九五—八）

正義 藝文志云〔一〕：「孔子纂尚書，上斷於堯，下訖於秦，凡百篇，而爲之序，言其作意。秦燔書禁學，濟南伏生獨壁藏之。漢興，求得二十九篇，以教齊魯之閒。訖孝宣代，有歐陽、大小夏侯氏，立於學官。」七録云：「魯恭王時，壞孔子舊宅，得古文尚書，孔安國爲之傳，以隸古寫之，凡五十八篇。其餘錯亂磨滅，不可復知。至漢明帝竝傳。歐陽氏書獨擅一代，三家至西晉竝亡。今古文孫氏〔二〕、鄭玄注云列於國學也。」

※　見南化、幻、梅、狩本。

〔一〕藝文志云，瀧川本無。校補於「孔子」上加校注云：「各本校記有『藝文志云』四字。」此正義自始至「立於學官」，乃漢書藝文志文，志云：「故書之所起遠矣，至孔子篹焉，上斷於堯，下訖于秦，凡百篇，而爲之序，言其作意。秦燔書禁學，濟南伏生獨壁藏之。漢興亡失，求得二十九篇，以教齊魯之閒。訖孝宣世，有歐陽、大小夏侯氏，立於學官。」今補「藝文志云」四字。

〔二〕瀧川本考證云：「正義所引七録『孫氏』二字有誤，或云當作『孔氏』。」

1483 諸學者多言禮，而魯高堂生最本。（舊一二一・三一二六—四　新三七九七—一）

正義 謝丞云：「秦代有魯人高堂伯人也。」藝文志云：「易曰：『有夫婦、父子、君臣、上下，禮義有所錯。』而帝王質文，世有損益。至周曲爲之防，事爲之制，故曰『禮經三百，威儀三千』。及周〔一〕衰，諸侯將踰法度，惡其害己，皆滅去其籍。自〔二〕孔子時而不具，至秦大壞。漢興，魯高堂生士禮十七篇〔三〕。訖孝宣代〔四〕，后蒼最明，戴德、戴聖、慶普皆其弟子，三家立於學官。」七録云：「自後漢諸儒多小戴訓，即今禮記是也。後又作曲臺記，而慶氏傳之，竝亡。大戴立於國學。又古經出魯淹中，皆書周宗伯所掌五禮威儀之事，有五十六篇，無敢傳者。後博士傳其書，得十七篇，鄭玄注，今之儀禮是也，餘篇皆亡。周官六篇，周代所理天下之書也，鄭玄注。今二經立於國學。」案：禮經，周禮也。威儀，儀禮也。

※　見南化、幻、梅、狩本。

〔一〕增訂補「周」下有「之藝」二字。

〔二〕增訂補「自」下有「此」字。

〔三〕校補云：「南化、幻、梅本『生』下有『傳』。各本校記『七』作『餘』。」漢書云：「魯高堂生傳士禮十七篇。」增訂補「生」下有「傳」字。

〔四〕校補云：「南化、梅本『代』作『世』。」增訂補「代」作「世」。

1484 而魯徐生善爲容。（舊一二一・三一二六—六　新三七九七—三）

正義 言善爲容儀。

※　見狩、梅本。

1485 齊人即墨成。（舊一二一・三一二七—二　新三七九七—一二）

正義 即墨，姓；成，名。

※　見南化、幻、梅、狩本。

1486 董仲舒恐久獲罪，疾免居家。至卒，終不治産業，以脩學著書爲事。（舊一二一・三一二八—一一　新三七九九—九）

正義 漢書云：「仲舒上疏條教凡百二十三篇，而說春秋事得失，有聞舉、玉杯、繁露、清明、竹林之屬數十篇。〔一〕」七録云：「春秋繁露十七卷，春秋斷獄五卷。」

※ 見南化、幻、梅、狩本。

〔一〕校補云：「各本校記『篇』下有『十餘萬言皆傳於世』八字。」漢書董仲舒傳「篇」下有此兩句，且「世」上有「後」字。增訂補「數十篇」下有「十餘萬言皆傳於世」八字。

酷吏列傳第六十二

1487 有恥且格。（舊一二二·三一三一—三 新三八〇三—三）

正義 顏云：「論語載孔子之言也。格，至也。言御以政刑則人思苟免，不恥於惡；化以德禮則下知愧辱，而至於治也。」

※見南化、幻、梅、狩本。

1488 老氏稱：「上德不德，是以有德；下德不失德，是以無德。法令滋章，盜賊多有。」（舊一二二·三一三一—四 新三八〇三—四）

正義 顏云：「老子道德經之言也。上德體合自然，是以有德；下德務於修建，更以喪之也。法令繁滋，則巧詐益起，故多盜賊。」

※見南化、幻、梅、狩本。

1489 然姦僞萌起，其極也，上下相遁，至於不振。（舊一二二·三一三一—五 新三八〇三—六）

正義 顏云：「遁，避也。言吏避於君，氓避於吏，至乎喪敗不可振救。」

※見南化、幻、梅、狩本。

1490 吏治若救火揚沸。（舊一二二·三一三一—六 新三八〇三—六）

正義 言綱密令峻，姦僞極生，至于君臣相遁。若救猛火及揚盛沸之湯，言難止也。

※ 見南化、幻、梅、狩本。

1491 言道德者，溺其職矣。（舊一二二・三一三一—七 新三八〇三—七）

正義 顏云：「溺，謂沈滯不舉也。」言敗亂之時，武健嚴酷，纔能薄快〔一〕耳。若以道德治，則没溺沈滯於政也。

※ 此正義佚文校補不載出處。

〔一〕增訂補「時」作「世」，「快」作「決」。

1492 故曰「聽訟，吾猶人也，必也使無訟乎」。（舊一二二・三一三一—七 新三八〇三—七）

正義 顏云：「論語載孔子之言也。言使我聽獄訟，猶凡人耳，然而立政行德，則使其絶於爭〔一〕訟也。」

※ 見南化、幻、梅、狩本。

〔一〕增訂補「爭」作「諍」。

1493 網漏於吞舟之魚。（舊一二二・三一三一—八 新三八〇三—八）

正義 法令疏。

※ 見南化、幻、梅、狩本。

1494 而吏治烝烝。（舊一二二・三一三一—八 新三八〇三—九）

正義 蒸蒸，謂純一。

※見南化、幻、梅、狩本。

1495 遂禽侯封之家。（舊一二二·三一三二—六 新三八〇四—七）

○正義 禽，殺也。

※見佚存本。此爲據訂補增輯佚文第二十七條。

1496 餘皆股栗。（舊一二二·三一三三—五 新三八〇五—八）

正義 栗，懼也。

※見南化、幻、梅、狩本。

1497 臨江王欲得刀筆爲書謝上。（舊一二二·三一三三—一二 新三八〇五—一五）

正義 古者無紙筆，用刀削木爲筆及簡牘而書之。

※見南化、楓、棭、三本。

1498 怒，以危法中都。（舊一二二·三一三三—一三 新三八〇六—一）

正義 以危忍〔一〕之法中射於都，令有罪也。

※見南化、幻、梅、狩本。

〔一〕忍，校補作「惡」，且云：「瀧川本誤『忍』字。」增訂補「忍」作「惡」。

1499 而便道之官，得以便宜從事。（舊一二二·三一三三—一四 新三八〇六—二）

正義 言從家便往雁門上官，不令至朝廷謝。

※ 見南化、梅、狩本。

1500 皆人人惴恐。（舊一二二・三一三四—九 新三八〇六—一二）

正義 惴，之瑞反，怖懼。

※ 見南化、幻、梅、狩本。

1501 假貧民，役使數千家。（舊一二二・三一三五—六 新三八〇七—一〇）

正義 假貧民，言假借〔一〕貧民力營而分其利也。

※ 見南化、幻、梅、狩本。

〔一〕增 訂補「假貧民」在「言假借」下。

1502 極知禹無害。（舊一二二・三一三六—一二 新三八〇九—一一）

○正義 禹作文法，無枉害。

※ 見佚存本。此爲據訂補增輯佚文第二十八條。

1503 作見知，吏傳得相監司。（舊一二二・三一三六—一四 新三八〇九—四）

正義 謂見〔一〕罪、知有罪，皆須舉之。

※ 見南化、幻、梅、狩本。

〔一〕校補云：「南化、梅本『見』下有『有』。」

1504 周陽侯始爲諸卿時。（舊一二二·三一三八—一　新三八一〇—七）

正義 按：周陽前封趙兼，國除，今封田勝也。

※　見南化、幻、梅、狩本。

1505 謂爲茂陵尉，治方中。（舊一二二·三一三八—二　新三八一〇—八）

正義 服虔曰：「藏壙中長皆有丞尉，中用地一頃餘。」又冢墓記云：「築成城，然後錯石帶白沙及炭。」〔一〕

※　見南化、幻、梅、狩本。

〔一〕瀧川本考證云：「正義有訛脱。」

1506 與長安富賈田甲、魚翁叔之屬交私。（舊一二二·三一三八—一一　新三八一一—三）

正義 謂貸便財物也。

※　見南化、幻、梅、狩本。

1507 即下户羸弱，時口言，雖文致法，上財察。（舊一二二·三一三九—九　新三八一二—一）

正義 顔云：「言下户羸弱，湯欲佐助，雖文奏之，又口奏，言雖律令之文，合致此罪，聽上裁察。蓋爲此人〔一〕冀恩宥也。於是上得湯此言，往往釋其人罪，非未奏之前，口豫言也。」財讀曰裁，古字少故也。

※　見南化、幻、梅、狩本。

〔一〕人，瀧川本作「文」。校補云：「南化、幻、梅本『文』作『人』。」漢書張湯傳顔師古注亦作「人」。今據改「文」作「人」。

1508 請造白金及五銖錢，籠天下鹽鐵。（舊一二二・三一四〇—一四 新三八一三—六）

正義 天下有鹽鐵之處，皆籠合稅之，令利入官也。

※ 見南化、幻、梅、狩本。

1509 竟景帝不言兵。（舊一二二・三一四一—九 新三八一四—二）

△正義 盡景帝世，不言伐匈奴也。師古曰：「訖景帝之身，更不議征伐之事也。」

※ 見南化本。

1510 羣臣震慴。（舊一二二・三一四一—一四 新三八一四—七）

正義 慴，懼也。

※ 見南化、幻、梅、狩本。

1511 三長史皆害湯。（舊一二二・三一四二—一四 新三八一五—八）

正義 百官表丞相有兩長史，今此云「三」者，蓋權守置之，非正員也。

※ 見南化、幻、梅、狩本。

1512 是日皆報殺四百餘人。（舊一二二・三一四六—三 新三八一八—一三）

正義 言奏請得報而殺之。又一本「報」字作「執」〔一〕。

※見南化、幻、梅、狩本。

〔一〕史文「報」字，校補云：「報，南化、楓、棭、三本作『執』。」

1513 直指始出矣。（舊一二二・三一四六—一二　新三八一九—七）

正義 應劭曰：「漢官云御史中丞有繡衣直指，出討姦也。」

※見南化、梅、狩本。校補云：「按：南化、梅、狩本竝不冠『正義曰』三字，疑此注十九字非正義注文。」

1514 閻奉以惡用矣。（舊一二二・三一四六—一三　新三八一九—八）

正義 閻奉以嚴惡之故而見任用，言時政尚急刻也。

※見南化、幻、梅、狩本。

1515 上幸鼎湖，病久，已而卒起幸甘泉。（舊一二二・三一四六—一三　新三八一九—八）

正義 鼎湖，今虢州胡城縣也。郊祀志云黃帝采首山之銅，鑄鼎荊山之下，有龍垂髯，下接黃帝。后人名其處曰鼎湖。已，止愈也。卒，急也〔一〕。

※見南化、幻、梅、狩本。

〔一〕校補云：「南化、梅、狩本無上三字。」

1516 嗛之。（舊一二二・三一四六—一四　新三八一九—九）

正義 嗛，含恨也。

1517 部吏捕其爲可使者。（舊一二二・三一四六—一五　新三八一九—一〇）

※見南化、幻、梅、狩本。

△正義部吏，内部中吏也。使者，揚可遊遣支信也。

※見南化、梅本。

1518 擇郡中豪敢任吏十餘人，以爲爪牙，皆把其陰重罪。（舊一二二・三一四七—一一　新三八二〇—六）

正義言擇廣平中豪强敢行威人，即任用爲吏，將爲爪牙，仍把未發大罪以防禦。

※見南化、幻、梅、狩本。

1519 爲驛自河内至長安。（舊一二二・三一四八—二　新三八二〇—一二）

正義驛，傳也。以私馬相傳於境上，來往相傳。

※見南化、幻、梅、狩本。

1520 會春。（舊一二二・三一四八—六　新三八二一—一二）

△正義立春之後，不復行刑〔一〕。

※見南化、梅本。

〔一〕增訂補「立春」上有「益展一日」四字，「行刑」下有「故三然展伸也」六字。衍田按，史文云「令冬月益展一月足吾事矣」，「一日」之「日」誤，當作「月」。

1521 投缿購告言姦。（舊一二二·三一四九—一二　新三八二二—八）

正義 缿，受錢器也，古以瓦，今以竹。按：以此器受投書。

※ 見南化、幻、梅、狩本。

1522 議有不中意者。（舊一二二·三一五〇—一〇　新三八二三—七）

正義 不中天子意也。

※ 見南化、梅、狩本。

1523 温舒請覆中尉脱卒。（舊一二二·三一五〇—一一　新三八二三—八）

正義 中尉部中脱漏之卒，考校取之。

※ 見南化、幻、梅、狩本。

1524 及人有變告温舒受員騎錢。（舊一二二·三一五〇—一五　新三八二三—一二）

正義 姚承云：「置騎有員數。」

※ 見南化、幻、梅、狩本。

1525 而王温舒罪至同時而五族乎。（舊一二二·三一五一—一　新三八二三—一四）

正義 顔云：「温舒與弟同三族，而兩妻家各一，故爲五也。」

※ 見南化、幻、梅、狩本。

1526 尸亡去歸葬。（舊一二二·三一五一—四　新三八二四—二）

※ 見南化、幻、梅、狩本。

【正義】言妻將〔一〕其尸亡逃而去，歸家葬。

※見南化、幻、梅、狩本。

〔一〕【增】訂補「將」作「時」。衎田按，「時」誤，作「將」是。

1527 而吏民益輕犯法，盜賊滋起。（【舊】一二二・三一五一—六 【新】三八二四—四）

【正義】言酷暴者多，故吏民不畏法。

※見南化、幻、梅、狩本。

1528 渠率。（【舊】一二二・三一五一—一二 【新】三八二四—一〇）

【正義】渠，大也。

※見南化、梅、狩本。

1529 羣盜起不發覺，發覺而捕弗滿品者，二千石以下至小吏主者皆死。（【舊】一二二・三一五一—一三 【新】三八二四—一一）

【正義】品，程限也。言羣盜起不發覺，及發覺不捕，竝捕捉程限滿不獲者，皆死也。

※見南化、幻、梅、狩本。

1530 府亦使其不言。（【舊】一二二・三一五一—一四 【新】三八二四—一二）

【正義】縣有盜賊，府亦坐，府使縣不言上，故盜賊漸多。孟康曰：「縣有盜賊，府亦并坐，使縣不言也。」

1531 其治米鹽。（舊一二二・三一五二—七 新三八二五—六）

正義 米鹽，謂細碎。

※見南化、幻、梅、狩本。校補云：「按：南化、梅本『孟康曰』以下提行，而不冠『正義曰』三字，恐非正義，瀧本以狩本與上文合而爲正義。」

1532 難以爲經。（舊一二二・三一五二—八 新三八二五—七）

正義 難以爲經，言不可爲常法也。

※見南化、幻、梅、狩本。

1533 使案邊失亡，所論殺甚衆。（舊一二二・三一五三—一 新三八二五—一四）

正義 謂邊郡被寇，失亡人畜〔一〕財物甲卒多，故使按之。

※見南化、幻、梅、狩本。

〔一〕畜，瀧川本作「蓄」。校補云：「南化、梅本『蓄』字作『畜』。」作「畜」是，今改正。

1534 善候伺。（舊一二二・三一五三—六 新三八二六—六）

正義 審察人主〔一〕之意。

※見南化、幻、梅、狩本。

〔一〕校補云：「南化、幻、梅本『人主』作『主上』。」

1535 郡吏大府舉之廷尉，一歲至千餘章。（舊一二二·三一五三—一一　新三八二六—一一）

正義 言周爲廷尉，用法刻深，天子善之。郡吏太府有奏章，詔皆付周治之，故詔獄一歲至千餘章也。

※ 見南化、幻、梅、狩本。

1536 不服，以笞掠定之。（舊一二二·三一五三—一三　新三八二六—一三）

正義 服即以其罪狀推問，不服即以笞掠，猶今定服也。

※ 見南化、幻、梅、狩本。

1537 周中廢，後爲執金吾。（舊一二二·三一五四—四　新三八二七—五）

正義 百官表曰：御史中丞杜周爲廷尉，十年〔一〕免。天漢三年二月，執金吾杜周爲御史大夫。太始三年卒。

※ 見南化、幻、梅、狩本。

〔一〕十年，漢書百官公卿表作「十一年」。

1538 張湯以知陰陽，人主與俱上下。（舊一二二·三一五四—九　新三八二七—一〇）

正義 知陰陽，言知人主意旨輕重。

※ 見南化、幻、梅、狩本。

1539 天水駱璧推咸。（舊一二二·三一五四—一三　新三八二七—一四）

正義 推成〔一〕，言推掠以成罪也。

※見南化、幻、梅、狩本。

〔一〕史文「咸」字，依正義注文，正義本作「成」。張文虎校刊史記集解索隱正義札記卷五引王念孫史記雜志云：「『推咸』者『椎成』之譌。『椎』即『椎擊』之『椎』。」瀧川本考證云：「中井積德曰：『推、椎通，謂椎擊以取服。』王念孫曰：『椎擊之以成獄，故曰「椎成」，所謂棰楚之下，何求而不得也。』」

大宛列傳第六十三

1540 以其頭爲飲器。（舊一二三·三一五七—四　新三八三三—六）

△正義（漢書匈奴傳云：「元帝遣車騎都尉韓昌、光禄大夫張猛與匈奴盟，以老上單于所破月氏王頭爲飲器者，共飲血盟。」）椑榼，上音蒲迷反，下音苦盍反。韋此説弓成法器，虎子，褻器，用溲便者也。按：此説亦非。

※見南化、梅本。

1541 堂邑父。（舊一二三·三一五九—七　新三八三六—一）

正義堂邑父者，史省文也。

※見南化、幻、梅、狩本。

1542 馬汗血。（舊一二三·三一六〇—三　新三八三六—一二）

正義按：有汗從前髆間出，皆赤如血。

※見南化、幻、梅、狩本。

1543 烏孫在大宛東北可二千里。（舊一二三·三一六一—五　新三八三八—一）

正義烏孫，本塞種。塞，本「釋」字，謂佛姓釋氏也，胡語訛轉。

※見南化、幻、梅、狩本。

1544 鶩諭使指曰。（舊一二三・三一六九—一　新三八四六—一三）

正義 諭曉以天〔一〕子指意也。

※見南化、幻、梅、狩本。

〔一〕天，瀧川本誤「人」，今據校補改。

1545 及使失指。（舊一二三・三一七一—九　新三八四九—八）

正義 失指，失天子之本意也。

※見南化、幻、梅、狩本。

1546 私縣官齎物。（舊一二三・三一七一—一一　新三八四九—一〇）

正義 縣官，天子也。言天子所齎物，竊用之，如己私有。

※見南化、幻、梅、狩本。

1547 當空道。（舊一二三・三一七一—一三　新三八四九—一二）

正義 空道，孔道也。

※見南化、幻、梅、狩本。

1548 及加其眩者之工。（舊一二三・三一七三—九　新三八五一—一一）

正義 加其眩者之工，言漢〔一〕幻人工妙，更加於黎軒〔二〕。

※ 見南化、幻、梅、狩本。

〔一〕瀧川本「漢」下衍「人」字，今據校補删。

〔二〕黎軒，校補作「犂軒」。

1549 宛國饒漢物。（舊一二三・三一七四—七 新三八五二—一〇）

正義 言前輩使往時所賞賜也。

※ 見南化、幻、梅、狩本。

1550 赦囚徒材官。（舊一二三・三一七六—三 新三八五四—八）

正義 言放囚徒及材官之士從事也。

※ 見南化、幻、梅、狩本。

1551 貳師兵欲行攻郁成，恐留行而令宛益生詐。（舊一二三・三一七七—二 新三八五五—七）

○正義 貳師兵欲行郁成，恐留行而令宛盖生詐〔一〕。

※ 見佚存、南化本。此爲據訂補增輯佚文第二十九條。

〔一〕這條正義佚文疑爲抄録史文，其中脱「行攻」之「攻」，「益生詐」之「益」誤作「盖」。

1552 虜宛貴人勇將煎靡。（舊一二三・三一七七—三 新三八五五—八）

正義 煎靡，將名。

※ 見南化、幻、梅本。

1553 王毋寡。（舊一一三・三一七七—四 新三八五五—九）

正義 毋，音無。宛王名。

※ 見南化、幻、梅、狩本。

1554 上邽騎士趙弟最少。（舊一一三・三一七八—四 新三八五六—九）

正義 邽，音珪。秦州縣。

※ 見南化、幻、梅、狩本。

1555 貳師將軍之東。（舊一一三・三一七八—八 新三八五六—一三）

正義 東，破宛東歸。

※ 見南化、幻、梅、狩本。

1556 以適過行者皆絀其勞。（舊一一三・三一七八—一三 新三八五七—四）

正義 適，音讁。過，光卧反。言有罪讁罰而行者，免其所犯，皆絀退其功也。

※ 見南化、幻、梅、狩本。

1557 今自張騫使大夏之後也，窮河源，惡睹本紀所謂崑崙者乎。（舊一一三・三一七九—一〇 新三八五八—三）

正義 按：張騫窮河源不審，今太史公有疑也。

※ 見南化、幻、梅、狩本。

1558

至禹本紀、山海經所有怪物，余不敢言之也。（舊一一二三・三一七九—一一 新三八五八—四）

正義 言本紀及山海經所言奇怪之物，余不敢叙也。

※ 見南化、幻、梅、狩本。

游俠列傳第六十四

1559 至如以術取宰相卿大夫，輔翼其世主，功名俱著於春秋，固無可言者。（舊一二四・三一八一—四　新三八六五—四）

正義 春秋，則左傳也。言以數術取宰相卿大夫，輔其主〔一〕，功名著左傳者，固無可更言説也。

※　見南化、幻、梅本。

〔一〕增訂補「主」上有「世」字。

1560 昔者虞舜窘於井廩，伊尹負於鼎俎。（舊一二四・三一八二—六　新三八六六—九）

正義 舜塗廩鑿井，在五帝紀〔一〕。非有先生論云，伊尹蒙恥辱負鼎俎，和五味以干湯也。

※　見南化、幻、梅、狩本。

〔一〕在五帝紀，校補依各本校記補作「語在五帝本紀」。增訂補「在」上有「語」字。

1561 跖、蹻暴戾。（舊一二四・三一八二—一一　新三八六六—一五）

正義 跖，秦大盗也。蹻，楚大盗也。蹻，求略反。

※　見南化、幻、梅、狩本。校補於「蹻求略反」下云：「按：各本校記上四字非正義佚文。」

1562 今拘學或抱咫尺之義，久孤於世，豈若卑論儕俗，與世沈浮而取榮名哉。（舊一二四・

三一八二—一六　[新]三八六七—五）

[正義] 儕，等也。言拘學之人，或抱纖介之義，久孤不官者，豈若下卑儕等之流，隨世衰盛而取榮禄，何相比哉？原憲、季次，不及欒布上〔一〕也。

※　見南化、幻、梅、狩本。

〔一〕校補云：「南化、幻、梅、狩本『上』字作『之流』二字。」[增]訂補「欒布」下有「之流」二字。

1563 然儒、墨皆排擯不載。（[舊]一二四・三一八三—七　[新]三八六七—一三）

[正義] 擯，棄也。

※　見南化、幻、梅、狩本。

1564 而猥以朱家、郭解等令與暴豪之徒同類而共笑之也。（[舊]一二四・三一八三—一一　[新]三八六八—二）

[正義] 猥，烏罪反；猥，雜〔一〕。朱家、郭解與豪暴之徒雜處而同類共笑之，故爲游俠之别也。

※　見南化、幻、梅、狩本。

〔一〕「猥雜」二字，瀧川本無。校補云：「南化、幻、梅本有『猥雜』二字。」依正義下文，當有此二字是。今補上。

1565 乘不過軥牛。（[舊]一二四・三一八四—三　[新]三八六八—九）

[正義] 軥牛在當前挽也。晉灼曰：「軥，枙也。軥牛，小牛也。」

1566 梁韓無辟。（舊一二四·三一八五—一　新三八六九—八）

正義 辟，音璧。梁人也。

※見南化、幻、梅、狩本。

1567 陽翟薛兄、陜韓孺。（舊一二四·三一八五—一　新三八六九—八）

正義 薛況〔一〕，河南陽翟人也。韓孺，陜縣人也，不用徐音。

※見南化、幻、梅、狩本。

〔一〕史文「兄」字，校補云：「兄，景、井、紹、耿、慶、中統、彭、毛、凌、殿本作『況』。」張文虎校刊史記集解索隱正義札記卷五云：「索隱本『兄』，各本作『況』。」依校補、張氏札記與正義注文，正義本史文「兄」作「況」。

1568 解爲人短小精悍。（舊一二四·三一八五—九　新三八七〇—一）

正義 精，善好人。悍，勇健。

※見南化、幻、梅、狩本。

1569 慨不快意，身所殺甚衆。（舊一二四·三一八五—一〇　新三八七〇—二）

正義 慨，苦代反。慷慨言不合意則殺之。

※見南化、幻、梅、狩本。

1570 藏命作姦剽攻。（舊一二四·三一八五—一〇 新三八七〇—二）

正義 命，名也。謂藏匿其名而作姦惡也。

※ 見南化、幻、梅、狩本。

1571 非其任，彊必灌之。（舊一二四·三一八五—一四 新三八七〇—六）

正義 其人不能飲，强使盡之。

※ 見南化、幻、梅、狩本。

1572 怪之，問其故。（舊一二四·三一八六—一二 新三八七一—五）

正義 箕踞者怪踐更至，數過不喚，乃問其故。

※ 見南化、幻、梅、狩本。

1573 邑中賢豪居閒者以十數。（舊一二四·三一八七—二 新三八七一—一二）

正義 閒，言處兩仇之閒。

※ 見南化、狩本。

1574 曰：「且無用，待我去，令雒陽豪居其閒，乃聽之。」（舊一二四·三一八七—四 新三八七一—一四）

正義 解曰：「且無用我言，待我去後，雒陽豪言之，乃從也。」是不欲奪人權勢。

※ 見南化、幻、梅、狩本。

1575 解家貧，不中訾。（舊一二四・三一八七—一四　新三八七二—九）

正義 言貲財少，不中徙茂〔一〕陵也。

※ 見南化、幻、梅、狩本。

〔一〕校補云：「南化、幻、梅本『貲』字作『訾』，無『茂』字。」

1576 楊季主家上書，人又殺之闕下。（舊一二四・三一八八—四　新三八七二—一四）

正義 解客於闕下，殺上書人。

※ 見南化、幻、梅、狩本。

1577 所過輒告主人家。（舊一二四・三一八八—六　新三八七三—二）

正義 告主人家，示所去處。

※ 見南化、幻、梅、狩本。

佞幸列傳第六十五

1578 公卿皆因關說。（舊一二五・三一九一—六 新三八七七—六）

正義 關，猶「歷」也。言公卿有事，皆關兩人而說於上也。

※ 見南化、幻、梅、狩本。

1579 以濯船爲黃頭郎。（舊一二五・三一九二—五 新三八七八—六）

正義 濯，音宅教反。濯舩，持楫行舩也。黃頭，著黃帽也，以土勝水也。

※ 見南化、幻、梅、狩本。

1580 盡没入鄧通家，尚負責數巨萬。（舊一二五・三一九三—一五 新三八八〇—二）

正義 顔師古曰：「積其前後所犯，合没官者數多，除其見〔一〕在財物以外，尚有負官數鉅萬，故云吏輒隨没入之。」

※ 見南化、幻、梅、狩本。

〔一〕見，瀧川本作「現」，今據漢書顔注改。

1581 長公主賜鄧通。（舊一二五・三一九三—一五 新三八八〇—二）

正義 館陶公主，文帝之女。

1582 於是長公主乃令假衣食。（舊一一二五·三一九三—一六 新三八八〇—三）

正義 公主乃〔一〕令通假借衣食，而公主私給之。

※ 見南化、幻、梅、狩本。

〔一〕增訂補「乃」作「如」。

※ 見南化、幻、梅、狩本。

1583 太后由此嗛嫣。（舊一一二五·三一九五—一 新三八八一—五）

正義 嗛〔一〕，銜恨也。

※ 見南化、幻、梅、狩本。

〔一〕嗛，瀧川本作「慊」，校補作「嗛」，且云：「瀧本作『慊』，依各本校記改。」今從校補改「慊」作「嗛」。

1584 埒如韓嫣也。（舊一一二五·三一九五—一二 新三八八二—一）

正義 埒，音劣。埒，如微減。

※ 見南化、幻、梅、狩本。

滑稽列傳第六十六

1585 滑稽。（舊一二六・三一九七—二　新三八八五—二）

正義 顏師古云：「滑稽，轉利之稱也。滑，亂也；稽，礙也。言其變亂無留滯也。一說稽，考也，其滑亂不可考校。」

※ 見南化、幻、梅、狩本。

1586 汙邪滿車。（舊一二六・三一九八—七　新三八八六—一〇）

正義 〔汙音烏。〕下田肥澤，故得滿車。

※ 見南化、幻、梅、狩本。

1587 穰穰滿家。（舊一二六・三一九八—八　新三八八六—一〇）

正義 野王云：「穰穰，衆多也，夥〔一〕也。」

※ 見南化、幻、梅、狩本。校補云：「按：南化、幻本不冠『正義曰』三字。」

〔一〕夥，校補作「福」。玉篇云：「穰，黍穰也，豐也，衆多也。」

1588 前有墮珥。（舊一二六・三一九九—六　新三八八七—九）

正義 珥，珠之〔一〕在耳。

※ 見南化、幻、梅、狩本。

〔一〕之，校補作「玉」，且云：「瀧川本『玉』誤『之』。」

1589 羅襦襟解。（舊一二六・三一九九—八　新三八八七—一一）

正義 襟，巨禁反。解，閑買反。衿，或作「終」，帶結也。

※ 見南化、幻、梅、狩本。

1590 能飲一石。（舊一二六・三一九九—八　新三八八七—一一）

△正義 言飲可至八斗，二三斗猶未遽醉，至日暮酒闌，髡心最歡，能飲於一石。

※ 見南化、幻、梅、狩本。

1591 以壠竈爲椁。（舊一二六・三二〇〇—一〇　新三八八九—二）

正義 土〔一〕壠爲竈，居鬲外如椁。

※ 見南化、幻、梅、狩本。

〔一〕土，校補作「上」，且云：「瀧川本『上』誤『土』。」增訂補「土」作「上」。

1592 銅歷爲棺。（舊一二六・三二〇〇—一〇　新三八八九—二）

正義 以銅爲釜鬲，居竈中如棺。

※ 見南化、幻、梅、狩本。校補云：「按：南化、幻本不冠『正義曰』三字。」

1593 又恐受賕枉法。（舊一二六・三二〇一—一三　新三八九〇—六）

正義說文云：「賕，以財枉法相謝也。」

1594 陛楯得以半更。（舊一二六·三二〇三—七　新三八九二—二）

正義更，代也。

※見南化、幻、梅、狩本。

1595 又奉飲糒飧養乳母。（舊一二六·三二〇四—四　新三八九二—一三）

正義糒，乾飰。飧，温〔一〕飰。

※見南化、幻、梅、狩本。

〔一〕温，校補作「濕」，且云：「瀧川本『濕』誤『温』。」

1596 願得假倩之。（舊一二六·三二〇四—四　新三八九二—一三）

正義倩，七姓反，借也。

※見南化、幻、梅、狩本。

1597 馳道。（舊一二六·三二〇四—六　新三八九三—二）

正義馳道，謂御道也。

※見南化、幻、梅、狩本。

1598 凡用三千奏牘。（舊一二六·三二〇五—二　新三八九三—一三）

△正義 漢書云：方朔初來，上書曰：「少失父〔一〕母，長養兄嫂。年十三學書，三冬，文史足用；十五學擊劍；十六學詩、書，誦二十二〔二〕萬言；十九學孫、吳兵法，亦誦二十二萬言。臣朔固已誦四十四〔三〕萬言。朔年二十二，長九尺三寸，目如縣珠，齒若編貝，勇若孟賁，捷若慶忌，廉〔四〕若鮑叔，信若尾生。若此，可以爲天子大臣。昧死再拜〔五〕以聞。」按：此略題其上書之首也。

※見南化、幻、梅、狩本。

〔一〕父，瀧川本無，今據漢書補。

〔二〕二十二，瀧川本作「二十」。校補云：「梅本『二十』作『二十二』。」漢書作「二十二」。今據改。

〔三〕四十四，瀧川本作「四十」，今據漢書改。

〔四〕廉，瀧川本作「廣」。校補云：「幻、梅本『廣』作『廉』。」漢書作「廉」，顏注以鮑叔與管仲交，分財，自取其少爲解。今據改。

〔五〕昧死再拜，瀧川本作「牀死并拜」。校補云：「梅本『牀』作『昧』，『并』作『再』。」漢書作「昧死再拜」。今據改。

1599 連四海之外以爲席。（舊一二六・三二〇六—一一　新三八九五—七）

正義 言四海之外皆賓服，如席之相連環繞。

※見南化、幻、梅、狩本。

日者列傳第六十七

1600 太卜之起，由漢興而有。（舊一二七·三二一五—七 新三九〇七—八）

正義 漢文帝卜得大横，與夏啓之卜同〔一〕，乃乘六乘〔二〕傳入長安者也。

※ 見南化、幻、梅、狩本。

〔一〕孝文本紀云：「卜之龜，卦兆得大横。占曰：『大横庚庚，余爲天王，夏啓以光。』」

〔二〕六乘，校補無。史記孝文本紀無「六乘」，云：「乃命宋昌參乘，張武等六人乘傳詣長安。」史記吕后本紀與漢書文帝紀有「六乘」，吕紀云：「迺相與共陰使人召代王。代王使人辭謝。再反，然後乘六乘傳。後九月晦日己酉，至長安，舍代邸。」文紀云：「乃令宋昌驂乘，張武等六人乘六乘傳詣長安。」可知有無皆有所據。

1601 獵纓正襟危坐。（舊一二七·三二一六—七 新三九〇八—一一）

正義 危坐，謂小坐。

※ 見南化、幻、梅、狩本。

1602 何以爲高賢才乎。（舊一二七·三二一七—一四 新三九一〇—三）

△正義 言賢才能審賢，故爲賢。

※見南化、幻、狩本。

1603 有人者進，有財者禮，是僞也。（舊一二七・三二一八—五　新三九一〇—九）

正義 言有大〔一〕衆禄位者進用，有錢財者禮敬，是僞也。

※見南化、幻、梅、狩本。

〔一〕大，校補無，且云爲衍文。

1604 子獨不見鴟梟之與鳳皇翔乎？蘭芷芎藭弃於廣野，蒿蕭成林，使君子退而不顯衆，公等是也。（舊一二七・三二一八—五　新三九一〇—九）

正義 言鴟梟之與鳳凰翔于蘭芷，芎藭棄在廣野，若蒿蕭成林。使君子退處不顯，由公等。

※見南化、幻、梅、狩本。

1605 述而不作，君子義也。（舊一二七・三二一八—九　新三九一〇—一三）

正義 言述天地陰陽不改作，是君子義也。司馬季主自言也。

※見南化、幻、梅、狩本。

1606 今夫卜筮者利大而謝少。（舊一二七・三二一九—四　新三九一一—一〇）

正義 言卜者於天下利則大矣〔一〕，天下宜以財讎謝則少也。

※見南化、幻、梅、狩本。

〔一〕校補本句上有「宜」字，且云「瀧本脱」。增訂補「利」上有「宜」字。

1607 止而用之無盡索之時。（舊一二七・三二一九—六　新三九一一—一二）

正義 索，亦盡也。

※ 見南化、幻、梅、狩本。

1608 夫卜而有不審，不見奪糈。（舊一二七・三二二〇—八　新三九一二—一四）

正義 糈，音所，謂祠神米也。

※ 見南化、幻、梅、狩本。

1609 此相去遠矣，猶天冠地屨也。（舊一二七・三二二〇—八　新三九一三—一）

正義 言不相及也。

※ 見南化、幻、梅、狩本。

龜策列傳第六十八

1610 斷以蓍龜。（舊一二八·三二二三—八　新三九一七—八）

正義 蓍，音詩。

※ 見南化、幻、楓、棭、三、梅、狩本。

1611 或以爲昆蟲之所長。（舊一二八·三二二四—三　新三九一八—四）

正義 昆蟲，謂龜也。

※ 見南化、幻、梅、狩本。

1612 故作龜策列傳。（舊一二八·三二二六—一　新三九二〇—三）

正義 傳，即卜筮之書。

※ 見南化、幻、楓、棭、三、梅、狩本。

1613 譺然。（舊一二八·三二二八—一　新三九二二—五）

正義 譺，猶「疑」也。

※ 見南化、幻、梅、狩本。

1614 人或忠信而不如誕謾。（舊一二八·三二三二—三　新三九二六—八）

正義 詑，欺也。

※ 見南化、幻、梅、狩本。

1615 不得其贏。（舊一二八·三二三二—一二 新三九二七—三）

正義 贏，餘利也。

※ 見南化、幻、梅、狩本。

1616 物有所拘。（舊一二八·三二三七—七 新三九三一—一五）

正義 拘，檢也。

※ 見南化、幻、梅、狩本。

1617 亦有所據。（舊一二八·三二三七—七 新三九三一—一五）

△正義 據，音倨，教也。

※ 見南化、梅本。

1618 卜先以造灼鑽。（舊一二八·三二四〇—三 新三九三五—一）

正義 造，竈，用燒荆枝也。

※ 見南化、梅、狩本。

1619 大論曰。（舊一二八·三二五〇—一四 新三九四六—二）

正義 「大論〔一〕曰」以下九十七字，甚鄙拙。

※　見南化、幻、梅、狩本。

〔一〕論，瀧川本誤「德」，今據史文改。

貨殖列傳第六十九

1620 至治之極。（舊一二九・三二五三—四 新三九四九—五）

△正義 言至治之極時，猶隣國相望，其俗至死不往來也。

※見南化、幻、狩本。

1621 鄰國相望。（舊一二九・三二五三—四 新三九四九—五）

正義〔望，音亡。〕遠見而不相往來，故相望也。

※見南化、幻、梅、狩本。

1622 輓近世塗民耳目，則幾無行矣。（舊一二九・三二五三—五 新三九四九—六）

正義 輓，與挽同，引也。塗，塞也。言輓引至於近世，求利乃塗民耳目，則無所機其行迹，言不似古無爲。

※見南化、幻、梅、狩本。

1623 太史公曰：夫神農以前，吾不知已。（舊一二九・三二五三—八 新三九四九—九）

正義 太史公云：神農以前，詩書不及，至於貨殖，不能知已。

※見南化、幻、梅、狩本。

1624 俗之漸民久矣。（舊一二九·三二五三—九　新三九四九—一〇）

正義 言詩書述虞夏以來，聲色芻豢佚樂夸矜，有威勢則能爲榮華，然世被漸染，使民爲之久矣。

※ 見南化、幻、梅、狩本。

1625 雖户説以眇論，終不能化。（舊一二九·三二五三—九　新三九四九—一〇）

正義 論，音路頓反。雖户户説以無爲之眇論，終不能改貨殖夸矜之俗化也。

※ 見南化、幻、梅、狩本。

1626 故善者因之，其次利道之，其次教誨之，其次整齊之，最下者與之争。（舊一二九·三二五三—一〇　新三九四九—一一）

正義 言其善政者，因循清净，隨俗而誘之，其次以利導引之，其次設化變改之，整齊不貪之，最下者與衆争利及夸矜也。

※ 見南化、幻、梅、狩本。

1627 故物賤之徵貴，貴之徵賤。（舊一二九·三二五四—四　新三九五〇—六）

正義 徵，召也。言物賤，彼貴處徵召之，必至也。

※ 見南化、幻、梅、狩本。

1628 豈非道之所符，而自然之驗邪。（舊一二九·三二五四—五　新三九五〇—七）

正義 言物自然而至，若道養萬物，不期而四時符合也。

※ 見南化、幻、梅、狩、野本。

1629 貧富之道，莫之奪予。（舊一二九・三二五五—三 新三九五一—七）

正義 予，音與。言貧富之道，無人奪之及與之，原大則饒，原小則鮮；巧者有餘，拙者不足。

※ 見南化、幻、梅、狩、野本。

1630 繈至而輻湊。（舊一二九・三二五五—四 新三九五一—八）

正義 繈，脚兩反。

※ 見南化、幻、梅、狩、野本。

1631 故歲在金，穰；水，毀；木，饑；火，旱。（舊一二九・三二五六—五 新三九五二—九）

正義 此不說土者，土〔一〕，四季不得爲主故也。

※ 見南化、幻、梅、狩本。

〔一〕土，校補作「以土王」三字。

1632 旱則資舟，水則資車。（舊一二九・三二五六—五 新三九五二—九）

正義 資，取也。國語大夫種曰：「賈人夏則資皮，冬則資絺；旱則資舟，水則資車，以待之〔一〕也。」

※ 見幻、梅、狩、野本。校補云：「按：南化本亦有此正義，然改裝時切斷下端，今不可讀。」

〔一〕之,國語作「乏」。

1633 積著之理,務完物,無息幣。(舊一二九·三二五六—八　新三九五二—一二)

正義 著,張呂反。言停貯務在完牢之物也。息弊,無停〔一〕弊惡之物也。

※ 見南化、幻、梅、狩、野本。

〔一〕瀧川本考證云:「索隱、正義本『幣』作『弊』,義長。」增訂補「息弊」與「無停」倒,作「無停息弊」。

1634 腐敗而食之貨勿留。(舊一二九·三二五六—八　新三九五二—一二)

正義 腐,音符愚反。言爛敗可食之貨物,莫復留滯。

※ 見南化、幻、梅、狩、野本。

1635 貴出如糞土,賤取如珠玉。(舊一二九·三二五六—九　新三九五二—一三)

正義 夫物貴出賣之,而收財賈,言如糞土不惜也。物賤而買居貯之,言如珠玉必惜也。

※ 見南化、幻、梅、狩、野本。

1636 稱號「五霸」。(舊一二九·三二五六—一一　新三九五三—一)

正義 言稱號比於五伯也。

※ 見南化、幻、梅、狩、野本。

1637 計然之策七。(舊一二九·三二五七—一一　新三九五三—一六)

正義 策七,漢書作「十」字,越絶書云「其術有九」。解在越世家。

※見南化、幻、梅、狩、野本。

1638 與時逐而不責於人。（舊一二九・三二五七—一三 新三九五四—二）

正義 言順時積居，不出責於人。

※見南化、幻、梅、狩、野本。

1639 斥賣。（舊一二九・三二六〇—七 新三九五七—二）

正義 斥，不用也。言盡賣也。

※見南化、幻、梅、狩、野本。

1640 畜至用谷量馬牛。（舊一二九・三二六〇—八 新三九五七—三）

正義 谷，音欲。言畜衆多，以山谷多少言。

※見南化、幻、梅、狩、野本。

1641 唯褒斜綰轂其口。（舊一二九・三二六二—一 新三九五八—一二）

正義 斜，音也奢反。梁州記云：「萬石城泝漢上七里，有褒谷，南口曰褒，北口曰斜，長四百七十里。」

※見南化、幻、梅、狩、野本。校補云：「南化、幻本『梁州記』以下三十字，別處載録之，而不冠『正義曰』三字，疑非正義。」

1642 人民矜懻忮。（舊一二九・三二六三—二 新三九六〇—一）

正義 懻忮，强直而很〔一〕也。

※ 見南化、幻、梅、狩、野本。

〔一〕很，校補作「恨」。

1643 自全晉之時固已患其慓悍。（舊一二九・三二六三—四 新三九六〇—三）

正義 全晉，全盛時。

※ 見南化、幻、梅、狩、野本。

1644 仰機利而食。（舊一二九・三二六三—六 新三九六〇—五）

正義 言仰機巧之利也。

※ 見南化、幻、梅、狩、野本。

1645 休則掘冢作巧姦冶。（舊一二九・三二六三—七 新三九六〇—六）

正義 謂作巧僞之物，姦蕩婬冶也。

※ 見南化、幻、梅、狩、野本。

1646 其中具五民。（舊一二九・三二六五—一五 新三九六三—四）

正義 如説非也。

1647 其俗剽輕。（舊一二九・三二六七—一 新三九六四—八）

※ 見南化、幻、梅、狩、野本。

正義 輕，音去聲。

※ 見南化、幻、梅、狩、野本。

1648 斬將搴旗。（舊一二九・三二七一—三 新三九六九—三）

正義 搴，拔〔一〕也。

※ 見南化、幻、梅、狩、野本。

〔一〕校補「拔」下有「取」字，且云「瀧川本脱」。增訂補「拔」下有「取」字。

1649 揄長袂，躡利屣。（舊一二九・三二七一—五 新三九六九—五）

△正義 言屣鮮好，躡而行之，會〔一〕人愛尚，故云利屣也。

※ 見南化、幻、梅本。

〔一〕增訂補「鮮」作「雖」，「會」作「令」。

1650 富埒卓氏。（舊一二九・三二七八—一〇 新三九七七—一〇）

正義 埒，微減。

※ 見南化、幻、梅、狩、野本。

1651 有游閑公子之賜與名。（舊一二九・三二七八—一四 新三九七七—一四）

正義 言與游賞閑暇公子賜與，各相交通也。

※ 見南化、幻、梅、狩、野本。

1652 變化有概。（舊一二九・三二八一——一六　新三九八一—九）

正義 有概，有節概也。

※ 見南化、幻、梅、狩、野本。

1653 掘業。（舊一二九・三二八二——三　新三九八一——一二）

正義 掘業，上求月反。言曲折田外，掘地爲民作冢。

※ 見南化、幻、梅、狩、野本。

1654 桓發。（舊一二九・三二八二—四　新三九八一——一三）

△正義〔桓發，人姓名。〕桓，工爰反。

※ 見南化、幻、梅、狩本。

1655 而雍樂成以饒。（舊一二九・三二八二—四　新三九八一——一三）

△正義 雍縣人，姓樂，名成也。

※ 見南化、幻、狩本。

太史公自序第七十

1656 受易於楊何。（舊一三〇・三二八八—九　新三九九三—三）

正義 何，字叔元，菑川人。見儒林傳也。

※　見南化、幻、梅、狩本。

1657 夫儒者以六蓺爲法。（舊一三〇・三二九〇—一二　新三九九五—九）

正義 六藝，謂五禮、六樂、五射御、六書、九數也。〔一〕

※　見南化、幻、梅、狩本。

〔一〕周禮地官保氏云：「保氏掌諫王惡，而養國子以道，乃教之六藝：一曰五禮，二曰六樂，三曰五射，四曰五馭，五曰六書，六曰九數。」

1658 故發憤且卒。（舊一三〇・三二九五—五　新四〇〇〇—一四）

正義 且卒，言欲將死。

※　見南化、幻、梅、狩本。

1659 孔子卒後至於今五百歲。（舊一三〇・三二九六—一二　新四〇〇二—七）

正義 案：孔子卒五百歲者，欲取孟子以應一聖符也。不言文王而言周公者，孔子是述作設教之聖，故方於己。

※見南化、幻、梅、狩本。

1660 澤流罔極。（舊一三〇・三二九九—一三 新四〇〇五—一二）

正義 罔，無也。極，止也。

※見南化、幻、梅、狩本。

1661 以人爲殉，詩歌黄鳥。（舊一三〇・三三〇二—二 新四〇〇八—四）

正義 傳云秦伯任好卒，以〔一〕子車氏之三子奄息、仲行、鍼虎爲殉，國人哀之，作黄鳥之詩也。

※見南化、幻、梅、狩本。

〔一〕增訂補「以」下有「王」字。衍田按，詩經、左傳、史記皆無「王」字，此誤衍。

1662 子羽接之。（舊一三〇・三三〇二—八 新四〇〇八—一〇）

正義 子羽，項羽也。

※見南化、梅、狩本。

1663 比樂書以述來古。（舊一三〇・三三〇五—一二 新四〇一一—八）

正義 比，次也。

※見南化、梅、狩本。

1664 其極則玩巧，并兼茲殖，爭於機利。（舊一三〇・三三〇六—一一 新四〇一三—四）

【正義】玩，謂替也。巧，濫惡也。争於機利，謂〔一〕機巧之利也。

※ 見南化、幻、梅、狩本。

〔一〕校補「謂」下有「争」字。

1665 栗姬偩貴。（舊一三〇・三三一一—三　新四〇一七—一三）

【正義】負〔一〕，恃也。

※ 見南化、梅、狩本。

〔一〕瀧川本考證云：「正義本『偩』作『負』。錢大昕曰：『「偩」與「負」同，恃也。』」

1666 諸呂爲從。（舊一三〇・三三一二—八　新四〇一九—四）

【正義】從，足〔一〕松反。

※ 見南化、幻、梅、狩、野本。

〔一〕足，瀧川本作「吴」，校補作「足」，且云「瀧本『足』誤『吴』。」今從校補改。

1667 而出委以梁。（舊一三〇・三三一二—八　新四〇一九—四）

【正義】以梁付吴、楚也。〔一〕

※ 見南化、幻、梅、狩本。

〔一〕此正義校補作：「以出梁委於吴、越也。」增訂補「付」作「委於」二字。

1668 如楚以救邯鄲之圍。（舊一三〇・三三一四—五　新四〇二一—三）

正義 如，往也。言平原君往楚求救邯鄲之圍。

※ 見南化、幻、梅、狩本。

1669 用徇其君。(舊一三〇・三三一四—一二 新四〇二二—一一)

正義 以身從物曰徇。

※ 見南化、幻、梅、狩本。

1670 作傳靳蒯成列傳第三十八。(舊一三〇・三三一六—一 新四〇二三—二)

正義 蒯，古怪反。括地志曰：「古蒯亭，在〔一〕洛州河南縣西〔二〕十四里苑中也。」

※ 見南化、幻、梅、狩、野本。

〔一〕「古」、「在」二字，瀧川本無，校補有，且云「瀧川本脱」。今從校補補。

〔二〕西，傅靳蒯成列傳「蒯成侯緤者」句正義引亦作「西」。後漢書郡國志云河南有蒯鄉，劉昭注引晉地道記云：「在縣西南，有蒯亭。」賀次君括地志輯校據以補「南」字，作「西南」。

1671 葆守封、禺爲臣。(舊一三〇・三三一七—五 新四〇二四—八)

正義 封、禺二山，在湖州武康縣之西也。然案年表、東越傳云東越徙處盧江郡而守禺，未詳也。

※ 見南化、幻、梅、狩本。

1672 壯有溉。(舊一三〇・三三一七—一五 新四〇二五—五)

正義 溉，量也。

※ 見南化、幻本。

1673 作十表。（舊一三〇・三三一九—一二 新四〇二七—四）

正義 言本紀、世家及諸傳，年月差别不同，故作十表以明之也。

※ 見南化、幻、梅、狩本。

1674 凡百三十篇，五十二萬六千五百字，爲太史公書。（舊一三〇・三三一九—一四 新四〇二七—六）

正義 史記起黄帝，訖漢武帝天漢四年，合二千四百一十三年。百三十篇，象一歲十二月及閏餘也。後漢書：「楊終受詔删太史公書爲十餘萬言。」

※ 見野本。

附録一　四庫全書總目提要（節録）

〔清〕永瑢　等

史記正義一百三十卷

唐張守節撰。守節始末未詳，據此書所題，則其官爲諸王侍讀、率府長史也。是書據自序三十卷，晁公武、陳振孫二家所録，則作二十卷。蓋其標字列注，亦必如索隱，後人散入句下，已非其舊。至明代監本，採附集解、索隱之後，更多所删節，失其本旨。如守節所長，在於地理，故自序曰：「郡國城邑，委曲詳明。」而監本於周本紀「子帶立爲王」句，下脱「左傳云周與鄭人蘇忿生十二邑温其一也」十七字；秦本紀「反秦於淮南」句，下脱「楚淮北之地盡入於秦」九字；項羽本紀「項王自立爲西楚霸王」句，下脱「孟康云舊名江陵爲南楚吴爲東楚彭城爲西楚」十九字；吕后本紀「吕平爲扶柳侯」句，下脱「漢扶柳縣也有澤七字；孝景本紀「遂西圍梁」句，下脱「梁孝王都睢陽今宋州」九字，「立楚元王子平陸侯」句，下脱「應劭云平陸西河縣」八字；孝武本紀「見五時」句，下脱「或曰在雍州雍縣南孟康曰時者神靈上帝也」十八字；晉世家「是爲晉侯」句，下脱「其城南半入州城中削爲坊城牆北半見在」十七字；趙世家「吾國東有河薄洛之水」句，下脱「案安平縣屬定州也」八字；「餓死沙邱宫」句，下脱「括地志云趙武靈王墓在蔚州靈邱縣東三十里應説是也」二十三字；韓世家「得封於韓原」句，下脱「古今地名云韓武子食采於韓原故城也」十六字；淮陰侯列傳「家在伊盧」句，下脱「韋昭及括地志皆説之也」十字；貨殖列傳「殷人都河西」句，下脱「盤庚都殷墟地屬河西也」十字；「周人都河南」句，下脱「周自平王以後都洛陽」九字；自序「戹困鄱」句，下脱「漢末陳蕃子逸爲魯相改音皮田褒魯記曰靈帝末汝南陳子游爲魯相陳蕃子也國人爲諱而改焉」三十九字。又如秦本紀「樗里疾相韓」句下，此本作「福昌縣東十四里」，監本脱「十四里」三字；貨殖傳「夫燕亦勃碣之閒」句下，此本作「碣石渤海在西北」，監本脱「北」字。又守節徵引故實，頗爲賅博，故自序曰：「古典幽微，竊探其美。」而監本夏本紀「皋陶作士」句，下脱「士若大理卿也」六字；「於是夔行樂」句，下脱「若今太常卿也」六字；周本紀「作臩命」句，下脱「應劭云太僕周穆王所置蓋大御衆僕之長中大夫也」二十一字；「以應爲太后養地」句，下脱「太后秦昭之母宣太后芈氏」十一字；秦始皇本紀「爲我遺鎬池君」句，下脱「張晏云武王居鎬鎬池君則武王也伐商故神云始皇荒淫若紂矣今武王可伐矣」三十二字；叙論「孝明皇帝」句，下脱「班固典引云後漢明帝永平十七年詔問班固太史遷贊語中寧有非耶班固上表陳秦過失及賈誼言奏之」四十二字；項羽本紀「會稽守」句，下脱「守晉狩景帝中二年七月更郡守爲太守」十六字；孝景本紀「伐馳道樹殖蘭池」句，下脱「案馳道天子道秦始皇作之丈而樹」十四字；孝武本紀「是時上求神君」句，下脱「漢武帝故事云起柏梁臺以處神君長陵女子也先是嫁爲人妻生一男數歲死女子悼痛之歲中亦死而靈宛若祠之遂聞言宛若爲主民人多往請福説家人小事有驗平原君亦祠之至後子孫尊貴及上即位太后延於宮中祭之聞其言不見其人至是神君求出爲營柏梁臺舍之初霍去病微時自禱神君及見其形自修飾欲與去病交接去病不肯謂神君曰吾以神君精潔故齋戒祈福今欲婬此非也自絶不復往神君慙之乃去也」一百七十字；「見安期生」句，下脱「列仙傳云安期生琅琊阜鄉亭人也賣藥海邊秦始皇請語三夜賜金數千萬出於阜鄉亭皆置去留書以赤玉舄一量爲報曰後千歲求我於蓬萊山下」五十九字；「李少君病死」句，下脱「漢書起居注云李少君將去武帝夢與共登嵩高山半道有使乘龍時從雲中云太一請少君帝謂左右將舍我去矣數月而少君病死又發棺看惟衣冠在也」六十一字；「史寬舒受其方」句，下脱「姓史名寬舒」五字；禮書「疏房牀第」句，下脱「疏謂窗也」四字；律書「其於十二支爲丑」句，下脱「徐廣曰此中闕不説大吕及丑也案此下闕文或一本云丑者紐也言陽氣在上未降萬物厄紐未敢出也」四十一字；天官書「氐爲天根」句，下脱「星經云氏四星爲露寢聽朝所居其占明大則臣下奉度合誠圖云氏爲宿宫也」三十一字；「其内五星，五帝坐」句，下脱「羣下從謀也」五字；楚世家「伐申過鄧」句，下脱「服虔云鄧曼姓也」七字；趙世家「事有所止」句，下脱「爲人君止於仁爲人臣止於敬爲人子止於孝爲人父止於慈與國人交止於信」三十一字；「封廉頗爲信平君」句，下脱「言篤信而平和也」七字；韓世家「公何不爲韓求質於楚」句，下脱「質子蟣蝨」四字，又脱「公叔嬰知秦楚不以蟣蝨爲事必以韓合於秦楚王聽入質子於韓」二十六字，又脱「次下云知秦楚不以蟣蝨爲事重明脱不字」十七字；田叔列傳「相常從入苑中」句，下脱「堵牆也」三字；田蚡列傳「其春，武安侯病」句，下脱「然夫子作春秋依夏正」九字；衛將軍列傳「平陽人也」句，下脱「漢書云其父鄭季河東平陽人以縣吏給事平陽侯之家也」二十三字。至守節於六書、五音，至爲詳審，故書首有論字例、論音例二條。而監本於周本紀「懼太子釗之不任」句，下脱「釗音招又吉堯反任而針反」十一字；秦始皇本紀「彗星復見」句，下脱「復扶富反見行見反」八字；「以發縣卒」句，下脱「子忽反下同」五字；「佐弋竭」句，下脱「弋音翊」三字；「二十人皆梟首」句，下脱「梟古堯反懸首於木上曰梟」十一字；「體解軻以徇」句，下脱「紅賣反」三字；「東收遼東而王之」句，下脱「王于放反」四字；「故歸其質子」句，下脱「質音致」三字；「衣服旌旄節旗」句，下脱「旌音精旄音毛旗音其」九字；「祇誦功德」句，下脱「祇音脂」三字；「赭其山」句，下脱「赭音者」三字；「僕射周青臣」句，下脱「音夜」二字；「上樂以刑殺爲威」句，下脱「五孝反」三字；二世紀以安邊竟」句，下脱「音境」二字；叙論「爲君討賊」句，下脱「于僞反」三字；項羽本紀「將秦軍爲前行」句，下脱「胡郎反」三字；高祖本紀「時時冠之」正義「音館」句，下脱「下同」二字；孝武紀「天下乂安」句，下脱「乂音魚廢反」五字；「龍髯拔墮」句，下脱「徒果反」三字；「攀龍胡髯號」句，下脱「户高反下同」五字；「爲且用事泰山」句，下脱「爲于僞反將爲封禪也」九字；鄭世家「段出奔鄢」句，下脱「音偃」二字；田叔列傳「喜游諸公」句，下脱「喜許記反諸公謂丈人行也」十一字。其他一兩字之出入，殆千有餘條，尤不可毛舉。苟非震澤王氏刊本具存，無由知監本之妄删也。

十駕齋養新録 卷六（節録）

〔清〕錢大昕

吴郡志人物門云：「前漢角里先生，吴人。史記正義引周樹洞歷云：『姓周，名術，字元道，太伯之後。漢高帝時與東園公、綺里季、夏黄公俱出，定太子，號「四皓」。』史記正義：『角里先生，一號霸上先生。』又云：『今太湖中洞庭山西南中有禄里村是。』」（史記正義）今史記南、北雍刻，於留侯世家，但載索隱説，以周術爲河内軹人，初不載正義之文，蓋正義之散落多矣。圈稱陳留耆舊傳自序：「圈公爲秦博士，避地南山，惠太子以爲司徒，至稱十一世。」洪氏隸釋有「圈公神坐」、「圈公神祚机」，此即四皓之東園公也。會稽典録載虞仲翔云：「鄞大里黄公，潔己暴秦之世，高祖即阼不能一致，惠帝恭讓，出則濟難。」此即四皓之黄公也。稱，漢人，自述其先代；仲翔生於漢末，追溯鄉哲，所言皆當不妄。而索隱止載東園公姓庾，夏黄公姓崔，於圈氏、虞氏説置而不取。愚謂四皓之姓名里居，太史公既無明文，安知庾、崔之必是，而圈、黄之必非乎？安知周術之必居河内，而不居吴乎？史記正義失傳，宋人合索隱、正義兩書，散入正文之下，妄加删削，使後人不得見守節真面，良可嘆也。

甘泉鄉人稿 卷五（節録）

〔清〕錢泰吉

年表十卷，正義不及數十條，且自惠景閒侯者表以後，竟無一字，不應疏略若是。正義單行本失傳已久，無從考補矣。惜哉！楚世家：「悼王二年，三晉來伐楚，至乘邱而還。」正義曰：「年表云三晉公子伐我，至乘邱。（四庫考證云：「公子」二字、「乘」字俱誤。）誤也，已解在年表中。」今年表無正義，可見正義之殘闕。伍子胥列傳正義於「姑蘇」（謂當作「檇李」）、「夫湫」皆云「解在吴世家」，今本吴世家「檇李」但有集解，「姑蘇」有集解有索隱，「夫椒」有集解有索隱，皆無正義。太史公自序「太史公」下正義云：「以桓譚之説釋在武本紀。」今武本紀亦未見，皆缺失也。

史記會注考證總論（節録）

〔日本〕瀧川龜太郎

史記正義佚存

張守節正義不傳，四庫全書提要既論之矣。錢大昕十駕齋養新録亦云：「吴郡志人物門云：『前漢(角)〔甪〕里先生〔一〕，吴人。史記正義引周樹洞歷云：「姓周，名術，字元道，太伯之後。漢高祖時，與東園公、綺里季、夏黄公俱出，定太子，號『四皓』。」史記正義：「甪里先生，一號霸上先生。」又云：「今太湖中洞庭山西南中有禄里村是。」』今史記南、北雍刻，於留侯世家但載索隱説，以周術爲河内軹人，初不載正義之文，蓋正義之散落多矣。」圈稱陳留耆舊傳自序：『圈公爲秦博士，避地南山，惠太子以爲司徒，至稱十一世。』洪氏隸釋有『圈公神坐』、『圈公神祚机』，此即四皓之東園公也。會稽典録載虞仲翔云：『鄞大里黄公，潔己暴秦之世，高祖即阼不能一致，惠帝恭讓，出則濟難。』此即四皓之黄公也。稱，漢人，自述其先代；仲翔生於漢末，追溯鄉賢，所言皆當不妄。而索隱止載東園公姓庾，黄公姓崔，於圈氏、虞氏説置而不取。愚謂四皓之姓名里居，太史公既無明文，安知庾、崔之必是，而圈、黄之必非乎？安知周術之必居河内，而不居吴乎？史記正義失傳，宋人合索隱、正義兩書，散入正文之下，妄加删削，使不得見守節真面目，良可歎也。」錢泰吉甘泉鄉人稿亦云：「『楚世家：「悼王二年，三晉來伐我，至乘邱。」誤也，解在年表中。』今年表無正義。可見正義之殘闕。伍子胥列傳正義，於『姑蘇』（謂當作「檇李」）、『夫湫』皆云：『解在吴世家。』今本吴世家『檇李』但有集解，『姑蘇』有集解有索隱，『夫椒』有集解有索隱，皆無正義。太史公自序『太史公』下正義云：『以桓譚之説，釋在武本紀。』今武本紀亦未見，皆缺失也。」張文虎史記札記亦云：「吴郡志考證門引史記正義云：『吴地記云：「笠澤江，松江之别名。」又云：「笠澤即太湖。」』今本正義此文失。」吾讀三家書，益知三注本所録正義多削落甚多也。

偶繙東北大學所藏慶長、寬永活字本史記〔二〕，上欄標記正義一千二三百條，皆三注本所無，但缺十表。其後，又得桃源史記抄〔三〕、幻雲抄〔四〕、博士家史記異字〔五〕，所載正義略與此合。幻雲標記桃源抄云：「幻謂小司馬、張守節皆唐明皇時人也，而索隱不知正義，正義不知索隱，各出已意而注正之。今合索隱、正義爲一本者，出于何人乎哉？蕉了翁亦未詳焉〔六〕，況其餘哉？吾邦有索隱本，有正義本，索隱與此注所載大同，正義者此注所不載者夥，故諸本之上書之。」〔七〕余於是知大學本標記之所由，欣喜不能措，手録以爲二卷，題曰史記正義佚存。留侯世家「上有不能致，天下有四人」條下云：「皇甫謐高士傳：『四皓：一曰東園公，二曰綺里季，三曰甪里先生〔八〕，四曰夏黄公，皆河内軹人。』漢書外傳云：『園公，陳留園縣。是其先則爲園公。』陳留風俗傳云：『園唐，字宣明。』公羊春秋□□：『東園家單父，爲秦博士。遭秦亂，避地於南山。惠帝爲太子，即拜園公爲司徒，遜位，太子封廣襄邑南鄉侯。』陳留志云：『唐始常居園中，因謂之園公。』周樹洞曆云：『甪里先生，名術，字元道，太伯之後，京師號霸上先生。』周氏世譜云：『甪里先生，河内軹人，太伯之後，姓周氏，名術，字元道，京師號曰霸上先生，一曰甪里先生。』□□俗云：『是吴人，今太湖中西有□□禄里村是。』漢書外傳云：『秦聘之，逃匿南山，歌曰：「商洛深谷，咸夷暐暐。〔九〕紫芝，可以療飢。四馬高蓋，其憂甚大。富貴而畏人，如貧賤而樂肆志。」』夏黄公或爲大里黄公。會稽典録云：『書佐朱育對邵將濮陽府君云：「大里黄公墓在鄮縣。」』輿地云：『鄮有大里，夏黄公所居也。今鄮縣有黄公廟。』崔氏譜云：『夏里黄公，姓崔，名廣，字子連（少通），齊人，隱居夏里，修道，故曰（夏里）黄公。』甪，音禄。」此養新録所謂佚者也。吴太伯世家「報姑蘇也」條下云：「越世家云『吴師敗於檇李』，言『報姑蘇』，誤也。姑蘇乃是夫差敗處。」太史公甚疎。「笠澤」條下云：「笠澤江，松江之別名，在蘇州南三十五里〔一〇〕。」封禪書「太史公」條下云〔一一〕：「按：二家之説皆非也。

如淳云：『漢儀注：「太史公，武帝置，位在丞相上。天下計書，先上太史公，副上丞相。」茂陵中書司馬談以太史丞爲太史公。』自叙傳云：『喜生談，爲太史公，仕於建元、元封之間。』又云：『太史公既掌天官，不治民。有子曰遷。』又云：『太史公遭李陵之禍。』又云：『余述黃帝以來至太初訖，凡百三十篇。』後此而料明司馬遷父子爲太史公〔一二〕。太史公乃司馬遷自題〔一三〕。」此鄉人稿、札記所謂佚者也。我邦幸存之，豈不亦愉快乎？

宋世家「害于而家，凶于而國」條下云：「孔安國曰：家謂臣，國謂君也。爲上無制，爲下逼上，凶害之道。」今本孔安國書傳無此文。讀經者，當講其異同。又引括地志者若干條，可以補孫星衍〔一四〕、曹元啓〔一五〕輯本；引世本、七略、七録者亦若干條，可以資于考據。其餘一千餘條，不可悉舉。今録之會注正義各條，略復張氏之舊云。

原注：

〔一〕角里，即角里，四皓之一。

〔二〕狩野亨吉舊藏，蓋依元彭寅翁本。

〔三〕僧桃源，名瑞仙，又號竹處、萬庵、蕉雨、亦庵、春雨、村僧。永享九年，生於近江。寬正中，作梅岑軒於相國寺居之。應仁中，避亂江州飯高山下，依京極氏小倉將監。延德元年寂，年五十七。東京帝國大學藏其原稿。館長云：「獲諸相國寺。」卷首有漢文史記源流考一卷，其餘皆國文，與今時講義録相似。大正震災失之。近藤守重云：「寬永三年，陰山立佐活刷發行。」余未見其書。米澤文庫、足利學校皆藏其零本，皆合綴幻雲抄。

〔四〕幻雲，名壽桂，亦五山僧徒，後於桃源。

〔五〕或題天朝傳本史記説，前田侯爵藏，説詳後章。

〔六〕蕉了，即蕉雨，桃源别號。

〔七〕識語依米澤文庫藏桃源抄。

〔八〕角里，漢初四皓之一。又稱角里，史記留侯世家記載：「四人前對，各言名姓，曰東園公，角里先生，綺里季，夏黄公。」

〔九〕誤脱。

〔一〇〕不云「笠澤即太湖」。

〔一一〕太史公自序正義云「武本紀」者，偶失之。

〔一二〕「後」字疑訛。

〔一三〕吴世家正義無「夫湫」解，鈔者失之。

〔一四〕岱南閣叢書。

〔一五〕南菁札記。

史記會注考證校補自序（節録）

〔日本〕水澤利忠

余始校諸本，以乾隆武英殿本爲底本，新編史記考異是也。後識南宋慶元黄善夫刊本，佳而改之。因而補正史記會注考證正文並三注之缺誤，又有增補史記會注考證所輯之正義佚文。

唐張守節史記正義，宋刻以來，浸多刊落。四庫全書提要已詳論之，臚列明監本失載正義數十條。資言捃摭東北大學所藏慶長古活字本校記、米澤市立圖書館藏桃源抄、幻雲抄、尊經閣藏博士家本史記異字等諸本所存佚文千百數十條，分載於史記會注考證各條下，以爲略復張氏之舊。網羅之功，可謂偉矣。

徐氏文珊亦曰：「今檢日本史記會注考證本，知彼據唐寫本史記正義幻雲抄、桃源抄二種，補出正義文一千餘條，大是快事。」今即一一爲之校輯補入本書，雖不敢遽謂爲全文，然校之舊本，則已不可同日而語了。然而，觀新出正義，其佚文實不止此。頃者余幸得目睹上杉氏所藏南宋黄善夫本校記等二十數種，乃獲資言所未見佚文凡二百數十條。且會注考證所採正義佚文，皆不注明其所依，是爲可憾。今一一明所據，以便學者。

余曩剌取本紀正義佚文八十餘條，與資言所既採正義百數十條，合爲一篇，詳示據何書，名曰史記本紀正義拾佚。今亦獲正義佚文，與資言所既採録者分揭各條下，且明示其據。

附録二

史記正義佚文研究

嚴雅輝　撰　張衍田　審定

史記三家注之一的史記正義，在流傳過程中頗多散佚。自二十世紀初以來，日本學者從日本流傳的史記古校記中發現輯録出了一千六百餘條正義佚文。雖然日本古書志中未見史記正義單本的著録，現在也没有單本的實物見存，但日本學者認爲，正義佚文當來自史記正義單本，史記正義佚文的存在，説明史記正義單本曾在日本流傳。面對日本發現的史記正義佚文，中國學者多對其來源與真僞提出疑問，認爲只不過是後人的轉抄、移録、眉批、旁注之物，並非真正的史記正義佚文。多年以來，雙方對史記正義佚文看法上的分歧，一直没有得到解決。

本文以前輩們的研究成果爲基礎，對史記正義佚文進行分析探討，以期能夠得出較爲客觀公正的結論。首先，探尋佚文的來源，主要結合日本史記古校記的標注名目及有關校記的内容，力圖對正義佚文的來源做出較爲客觀的解釋。其次，辨析正義佚文的真僞。辨析真僞主要從佚文内容本身考察，其中包括：正義佚文與前人所輯佚文的重合、佚文中的括地志條文、正義佚文與今本史記中史記正義〔一〕的關聯、正義佚文中的避諱、正義佚文與漢書顔師古注的比較、史記正義與史記索隱的關係、正義佚文與今本史記中正義的重複、佚文的訓解、佚文符合史記正義特點與否、疑非史記正義佚文等。由於以往存在的分歧，文中不可避免地對前輩們的有關論述多處提及，時有駁論。最後，在論定正義佚文真僞的基礎上，確定其學術價值。正義佚文真僞的考察結果直接關係到佚文的學術價值。如果是僞，其價值將大打折扣，只可參考利用。如果是真，其價值應予以充分肯定，一千六百餘條失而復得的正義佚文對史學、文獻學的研究將大有裨益。

由於正義佚文的狀況較爲複雜，真僞並非皆能得到合理解釋，不可解之處則只作客觀列舉，而不强爲之解。

一、史記正義的散佚

唐張守節史記正義三十卷，最初與劉宋裴駰史記集解八十卷、唐司馬貞史記索隱三

〔一〕本文爲行文方便，簡稱今中華書局點校本史記爲「今本史記」。今本史記中史記正義，指今中華書局點校本史記所附收三家注中之正義。

十卷一樣，各自單行，且都是剔字摘句進行注解，不與史記全文相附。六朝的寫本史記已將史記集解散注於百三十篇中。史記索隱附於史記全文之中，從晚唐抄本殷本紀中可見。最早把史記正義分刻在史記集解、索隱下面，成爲史記三注合刻本，其時間已不可考。四庫全書總目說：「注其書者，今惟裴駰、司馬貞、張守節三家尚存。其初各爲部帙，北宋始合爲一編。」四庫全書簡明目録說：「古注存者，有裴駰、司馬貞、張守節，本各爲書，宋元豐刊本合三家之注爲一，至今仍之。」元豐爲宋神宗年號（公元一〇七八年至一〇八五年），這是説，北宋中後期已經有三注合刻本了。但目前所見北宋史記刊本傳世的殘卷中都是不附史記正義的。以現存實物言，最早的三注合刻本史記，是南宋慶元（公元一一九五年至一二〇〇年）黄善夫本。

三家注散入史記正文各句之下，各書原來的卷帙錯亂，條文也有脱落竄舛。史記集解尚存幾種本子，史記索隱也還有明毛晉汲古閣本，但都非其本來面目。張守節史記正義在附入三注合刻本時，因要去繁就簡，淘汰重複，被删削了許多。正如史記先有集解，索隱附入時，與集解雷同的便有棄而不用的情況一樣，張守節的史記正義也有與集解相同之處，且由於張守節與司馬貞基本同時代，兩人所徵引疏解史記文字故實的古籍舊説每每相同，見解也頗多相似之處，故合刻時難免被删削，而且數量較多。四庫全書總目說：「蓋其標字列注，亦必如索隱，後人散入句下，已非其舊。至明代監本，采附集解、索隱之後，更多所删節，失其本旨。」可見，史記正義是隨着三注合刻而漸次頗多散佚的。由於正義單本失傳，原書次第已不可考，故而佚文失而難尋。

史記正義在流傳過程中有散佚，不論是從其本身，還是從其他文獻對它的徵引，都可看得出來。前人著作中，對此有考述。這裏，略舉數例。

（一）

錢大昕十駕齋養新録卷六「角里先生」條云：「吴郡志人物門云：『前漢角里先生，吴人。史記正義引周樹洞歷云：「姓周，名術，字元道，太伯之後。漢高帝時與東園公、綺里季、夏黄公俱出，定太子，號『四皓』。」史記正義：「角里先生，一號霸上先生。」又云：「今太湖中洞庭山西南中有禄里村是。」』今史記南、北雍刻，於留侯世家，但載索隱説，以周術爲河内軹人，初不載正義之文，蓋正義之散落多矣。」「史記正義失傳，宋人合索隱、正義兩書，散入正文之下，妄加删削，使後人不得見守節真面，良可嘆也。」

（二）

錢泰吉甘泉鄉人稿卷五「校史記雜識」云：「年表十卷，正義不及數十條，且自惠景閒侯者表以後，竟無一字，不應疏略若是。正義單行本失傳已久，無從考補矣。惜哉！楚世家：『悼王二年，三晉來伐楚，至乘邱而還。』正義曰：『年表云三晉公子伐我，至乘邱。（四庫考證云：「公子」二字、「乘」字俱誤。）誤也，已解在年表中。』今年表無正義，可見正義之殘闕。伍子胥列傳正義於『姑蘇』（謂當作「檇李」）、『夫湫』皆云『解在吴世家』，今本吴世家『檇李』但有集解，『姑蘇』有集解有索隱，『夫椒』有集解有索隱，皆無正義。太史公自序『太史公』下正義云『以桓譚之説釋在武本紀』，今武本紀亦未見，皆缺失也。」

（三）

張文虎校刊史記集解索隱正義札記卷四，指言正義缺佚者有多處。

其一，「吴太伯世家」條中，有數處。

一、於「自號句吴」句下，札記云：「吴郡志考證門引史記正義有『宋忠世本注云句吴，太伯始所居地名也』凡十六字，今本無正義，蓋合刻者以與集解複而删之。」

二、於「是爲虞仲」句下，札記云：「吴郡志考證門引史記正義云：『周本紀云古公有長子曰太伯，次曰虞仲。左傳云太伯、虞仲，太王之昭。按周章弟亦稱虞仲，當是周章弟仲初封於虞，號曰虞仲。然太伯弟仲雍亦稱虞仲者，當是周章弟封於虞，仲雍是其始祖，後代人以國配仲，故又號始祖爲虞仲。』以上數句凡八十九字，蓋當在此，合刻者嫌與索隱複而文又冗亂，故删之。」

三、於「太伯卒」句下，札記云：「吴郡志塚墓門引史記正義云『括地志：太伯冢在吴縣北五十里無錫縣界西梅里村鴻山上，去太伯所居城十里』以上數句凡三十二字，當在此下。」

四、於「子壽夢立」句下，札記云：吴郡志考證門引史記正義，於「夢，莫公反」一句下，尚有長文云：「『當周簡王元年。左傳云「吴子乘卒」，杜預云「壽夢也」。左傳及世本又云吴孰姑壽夢也，世謂孰夢諸也。春秋傳「壽」作「孰」，音相近。「姑」之言「諸」也。毛詩傳云舊讀「月諸」爲「月姑」，是以「姑」爲「諸」也，則知孰姑、壽夢一人耳。又名乘。』以上數句凡八十字，當在此。蓋亦合刻者嫌與後文索隱意複而删之。然所引似有脱誤。」

五、於「敗之姑蘇」句下，札記云：「吴郡志考證門引史記正義謂：『姑蘇、檇李相去二百里。』今本此文失。」

六、於「敗之夫椒」句下，札記云：「吴郡志考證門引史記正義『吴敗越於夫椒』，引杜預曰『太湖中也』。又引賀循會稽記云：『句踐逆吴戰於五湖中，大敗而退。今夫椒山在太湖中洞庭山西北。』今本此文失。」

七、於「使伐敗吴師於笠澤」句下，札記云：「吴郡志考證門引史記正義云：『吴地記云「笠澤江，松江之别名」，又云「笠澤即太湖」。』今本此文失。」

其二，「越王句踐世家」條中，此舉二例。

一、於「姑蘇之山」句下，札記云：「吴郡志塚墓門引史記正義云『夫差棲於姑蘇山，轉戰西北，敗於干遂，在蘇州西北四十里，萬安山有遂山』云云，當在此下，今本失。」

二、於「范蠡」句下，有正義，札記於此正義下云：「困學紀聞二十引太史公素王妙論，下注：『史記正義：七略云司馬遷撰此。』蓋因集解引素王妙論而釋之也。今本缺。」

（四）

宋代羅泌路史與王應麟通鑑地理通釋、詩地理考、玉海、困學紀聞等書徵引注解古史地名的括地志文，皆從史記正義中轉抄，其中也有爲今本中史記正義所不載者，都可見史記正義之有散佚。

（五）

今本史記，從史記正義本身的内容也能發現其有佚文。周本紀「明年，伐犬戎」句下正義「又云」云云，秦始皇本紀「不轂於此」句下正義「又苦角反」云云等等。這些起始便言「又」云云的正義條文，也顯示了史記正義的殘缺不全。

張守節史記正義單本，新唐書藝文志、崇文總目、宋史藝文志、直齋書録解題等書中都有著録。現在所能見到的最早的三注合刻本南宋黄善夫本史記，所載史記正義已非完帙，以後的三注合刻本中正義都不見有超過它的。史記正義隨着三注合刻而漸次頗多散佚，且正義單本已失，原書究竟散佚多少，難以澄清。清代錢大昕、張文虎等學者雖依據它書竭盡心力考尋匯輯，所得寥寥，僅十數條而已。

二、史記正義佚文的輯録與研究

史記正義頗多散佚，正義單本也已佚而不存，在這種情況下，似乎佚文已不可復得。但時至二十世紀初期，事情却喜見轉機。

一九三四年，日本學者瀧川龜太郎史記會注考證一書出版，書中輯録了史記正義佚文一千四百餘條。關於正義佚文的發現與輯録，瀧川龜太郎在史記會注考證書末所附史記總論中有史記正義佚存一篇，文中叙述了他發現與輯録史記正義佚文的經過：「吾讀三家書，益知三注本所録正義削落甚多也。偶繙東北大學所藏慶長、寬永古活字本史記，上欄標記正義一千二三百條，皆三注本所無，但缺十表。其後，又得桃源史記抄、幻雲抄、博士家史記異字，所載正義略與此合。幻雲標記桃源抄云：『幻謂小司馬、張守節皆唐明皇時人也，而索隱不知正義，正義不知索隱，各出己意而注正之。今合索隱、正義爲一本者，出於何人乎哉？蕉了翁亦未詳焉，況其餘哉！吾邦有索隱本，有正義本，索隱與此注所載大同，正義者此注所不載者夥，故諸本之上書之。』余於是知大學本標記之所由，欣喜不能措，手録以爲二卷，題曰史記正義佚存。」「今録之會注正義各條，略復張氏之舊云。」

可見，瀧川發現東北大學慶長古活字本史記上欄標記的「正義」與桃源史記抄、幻雲史記抄、博士家史記異字所載「正義」略同，尤其是「幻謂」中所言之「吾邦有索隱本，有正義本。索隱與此注所載大同，正義者此注所不載者夥，故諸本之上書之」，由此大致可以推定各本中標記的「正義」條文，應是從史記正義單本過録的三注合刻本正義所無的條文，即史記正義佚文。然而，瀧川輯録的條文不標出處，也並非所有史記正義佚存中的正義佚文都散入史記會注考證之中，而史記會注考證輯録的正義佚文也有不見於瀧川編史記正義佚存的，可見瀧川對所輯史記正義佚文自有取捨，但其取捨之由不見文字記載，原因不明。

一九五七年，日本學者水澤利忠的史記會注考證校補問世，他在自序中説：「頃者，余幸得目睹上杉氏所藏南宋黄善夫本校記等二十數種，乃獲資言〔一〕所未見佚文凡二百數十條。且會注考證所採正義佚文皆不注明其所依，是爲可憾，今一一明所據以便學者。」在校補中，水澤對己新輯佚文與瀧川所輯佚文逐條標注了出處。他發現，瀧川所輯録之佚文，個别條文出處不明，還有個别條文是出自中國其他古籍所引，並非出自日本史記古校記。同時，他還指出，個别條文似非正義原文，或應存疑。校補的最後，附有水澤的論著史記之文獻學研究，其中有專節史記正義佚文一篇，其内容主要是批駁中國學者對正義佚文質疑的觀點。

一九九四年，水澤主編的史記正義研究一書出版，其中收録日本學者小澤賢二的史記正義佚存訂補一書。小澤訂補收録有瀧川、水澤、小澤三人先後輯録的正義佚文，而非僅瀧川佚存所收輯；訂補收録佚文的編排，襲用中國學者張衍田先生輯校的編排體例，佚文的文字利用輯校的校勘成果。小澤之書名，却直曰史記正義佚存訂補。

〔一〕瀧川龜太郎姓瀧川，名龜太郎，字資言。

至此，在日本，由日本學者發現輯録的史記正義佚文，計有一千六百餘條。史記正義佚文在日本的大量發現，引起中國學界的重視。民國二十六年（公元一九三七年），李蔚芬據史記會注考證輯成史記正義佚文纂録一書。民國二十九年（公元一九四〇年），魯實先史記會注考證駁議出版，由於書出版於中、日兩國關係的非常時期，魯氏關於正義佚文的論述雖是片言隻語，但其對佚文的批駁完全以國仇家恨取代了客觀的學術考證，因而留下了遺憾。一九五七年，台灣的開明書店於開明文史叢刊中，刊載史記考索一文，作者只對其中部分條文提出疑問，但却揭開了此後對正義佚文批駁的先聲。一九五八年，賀次君出版史記書録，對瀧川所輯録正義佚文的來源及其真僞提出質疑。他對正義佚文内容進行分類分析，認爲只不過是轉抄、眉批、旁注而已，多非正義原文。一九六〇年，程金造發表史記會注考證新增正義的來源和真僞一文〔一〕，同樣也對正義佚文的來源提出質疑，並對其内容進行分類分析，各舉數例進行批駁，認爲佚文多不可信。賀氏之文修改後又刊載於一九八二年文史第十四期，程氏之文稍加修改後又收録於一九八五年出版的個人專著史記管窺，兩家之説的影響也漸次擴大。另外，還有學者執賀、程二

〔一〕程金造所言「新增正義」，即本文所説的「正義佚文」。

氏之説，認爲「有相當大的一部分並不是真正的『正義佚存』」。一九八五年，張衍田先生史記正義佚文輯校出版，此書於佚文的編輯形式得到學界普遍認同，並對有些條文作了校勘與辨釋。先生以其具體的整理工作，顯示了他對正義佚文基本肯定的學術態度。

在日本發現輯録的正義佚文，其真僞，一直是中、日兩國學者研究争論的主要問題。日本學者認爲，僅有極少數可以存疑，而絶大部分爲真而非僞。中國絶大部分學者對其持否定態度，認爲多不可信，如果説其中有真，也是極少數。中國學者中，極少數人（如我師生）認爲，絶大多數爲真，極少數可存疑。綜上所述，中、日兩國學者於正義佚文的來源，尤其是佚文的真僞，看法不一，異見突出。因此，本文將重點圍繞史記正義佚文的來源與真僞問題進行探討論證，從而確定其在史學與文獻學研究中的真正地位與學術價值。

三、史記正義佚文的來源

日本學者從史記古校記中發現、輯録的史記正義佚文，作爲一種失而復得之物，其來源令人關注。這裏，就其來源試作考察。

（一）關於「幻謂」

在幻雲史記抄與南化本史記中，皆有一段幻雲的案語：「幻謂小司馬、張守節皆唐明皇時人也，而索隱不知正義，正義不知索隱，各出己意而注正之。今合索隱、正義爲一本者，出於何人乎哉？蕉了翁亦未詳焉，況其餘哉？吾邦有索隱本，有正義本，索隱與此注所載大同，正義者此注所不載者夥，故諸本之上書之。」

幻雲生活在日本的「五山」文化時代〔一〕，這是日本文化史上一個極爲特殊的時代。日本自公元十二世紀後期，政治權力進入多元形態。以將軍爲首領、武士爲主體的長達四百年的互相征伐，嚴重摧殘了社會學術文化。當時，在日本的國土上，唯一遠離戰火的是寺廟，一綫學脈，維繫於此。在「五山」時代的寺廟中，集中了一批著名的學問僧，他們以研讀非釋門的漢籍作爲修行的美德。其中，像俊芿、園爾辯圓（聖一國師）等，都曾在中

〔一〕日本在十三世紀，以鐮倉的建長寺、圓覺寺、壽福寺、淨智寺、淨妙寺爲五山。十四世紀中期，又以京都的南禪寺、天龍寺、建仁寺、東福寺、萬壽寺爲五山。由於十三到十六世紀的日本文化由佛門僧侣階級主宰，所以一般將日本文化史上的這一時期，稱爲「五山文化時代」。

國的宋朝游學；而像蘭溪道隆、兀庵普寧、無學祖元、一山一寧等，又都是中國人，爲避元禍而東渡日本。他們及其他的一批批學者，構成了日本「五山」時代文化的代表。當時的學者中岩圓月在致「五山」傑出僧人虎關師煉的信中，是這樣描述虎關的學問的：「微達聖域，度越古人，强記精知，且善昔述。凡吾西方經籍五千餘軸，莫不究達其奥，置之勿論。其餘，上從虞、夏、商、周，下達漢、魏、唐、宋，乃究其典籍、訓詁、天命之書，通其風、賦、比、興、雅、頌之詩。以一字褒貶考百王之通典，就六爻貞卦參三才之玄根。明堂之説，封禪之儀，移風易俗之樂，應答接問之論，以至子思、孟軻、荀卿、楊（揚）雄、王通之編，旁入老、列、莊、騷、班固、范曄、太史紀傳，入三國及南北八代之史，隋、唐以降五代、趙宋之紀傳，乃復曹、謝、李、杜、韓、柳、歐陽、三蘇、司馬光、黄、陳、晁、張、江西之宗、伊洛之學。」「可謂座下於斯文，不羞古矣。」（東海一漚集卷三與虎關和尚）

中岩信中讚揚虎關師煉於中國的經、史、子、集無所不通，其實，中岩圓月也是一位造詣很深的漢學家，當時中國赴日僧人竺仙梵仙曾在示中岩首座（天柱集）中這樣評價他：「如中岩者，學通内外，乃至諸子百家，天文、地理、陰陽之説，一以貫之，發而爲文，則郁郁乎其盛也。」

可見，學問僧們「專探經史百氏之書，旁及雜説，吹藜繼晷，莫不達明」（嚴紹璗撰漢籍在日本的流布研究），研讀漢籍，蔚成風氣。因而，他們必然十分留意於漢籍的引進、收集與保存。

幻雲（公元一四六〇年—一五三三年）學識淵博，精通漢籍，尤其致力於史記與漢書的研究與講學。他一生著述頗豐，流傳下來的有語録三卷、幻雲詩稿三卷、幻雲文集三卷、幻雲疏稿一卷、史記抄八册、山谷幻雲抄二十二册、錦繡段口義五卷、續錦繡段一卷等。幻雲曾先後任弘祥寺、建仁寺的主持，並在善應寺、南禪寺主持講學，是當時「五山」學統的著名學問僧。綜合上述，「五山」學統的歷史背景，幻雲和尚的高尚德操與卓越才學，足以使人堅信其人可信，其言不虛，其文不差。就以「幻謂」述及史記文本視，云「吾邦有索隱本，有正義本，索隱與此注所載大同，正義者此注所不載者多」，將索隱、正義及其作者兩兩交互對比。這段話要告訴人們的，一是「吾邦」，即日本。二是史記文本，日本有索隱本，又有正義本。三是用索隱、正義二單文本分别與三注合刻本比較，索隱單本的索隱注文與三家注合刻本大致等同，正義單本的正義注文比三家注合刻本多了許多。

幻雲作爲學問僧，以其崇高的地位，用莊重的語句，清晰的語意，留下珍貴的學術遺産，有人説「不可信」，那麽認爲「幻謂」不可信的，可信嗎？

「幻謂」寥寥數語，顯得論證單薄。本文考察的視野將漸次擴展，以充實證。

（二）關於「正義本」與「正義曰」

日本史記古校記的標注名目很多，内容也十分豐富。其中關於文字歧異與缺失的標注名目，大致可分爲四種：

一、「本」、「或本」、「家本」與「一作」等。

二、「鄒本」、「劉本」、「索隱本」與「正義本」等。

三、「小板」、「大板」與「大正義」等。

四、「正義曰」。

又，日本寬平時（公元八八九年至八九七年），陸奥守藤原佐世日本國現在書目録中著録：

史記八十卷，漢中書令司馬遷。宋南中郎兵參軍裴駰集解。

史記音，梁輕車録事參軍鄒誕生撰。

史記音義二十卷，唐大中大夫劉伯莊撰。

史記索隱三十卷，唐朝散大夫司馬貞撰。

史記新論，陸蒙撰。

太史公史記問一卷。

據池田次郎史記解題，日本古書志皆無對史記正義單本的著録，但是對史記集解、史記索隱、史記音、史記音義的單本皆有著録。

日本史記古校記中標注名目，「鄒本」指鄒誕生史記音單本，「劉本」指劉伯莊史記音義單本，「索隱本」指司馬貞史記索隱單本。由其各本之稱皆有固定專指，可以推知，「正義本」理所當然就應該是指張守節史記正義單本。何以言之？其説有三：

其一，如果以日本古書志中皆不見史記正義單本的著録而否認日本曾有史記正義單本的流傳，否認「正義本」指的是史記正義單本，那麽，由此類推，「鄒本」也就並非是固定專指鄒誕生史記音、「劉本」也就並非是固定專指劉伯莊「史記音義」、「索隱本」也就並非是固定專指司馬貞史記索隱，「集解本」也就並非是固定專指裴駰史記集解。這顯然是十分荒謬的。而且史記古校記標注中「鄒本」、「劉本」、「索隱本」、「正義本」等所有用以區分各本之名稱就無法解釋。所以，正如「鄒本」、「劉本」、「索隱本」各有固定專指一樣，「正義本」當然也應是固定專指張守節史記正義單本。

其二，如果以現在日本並無史記正義單本之實物而否定「正義本」指的是史記正義的單本，也缺乏説服力。因爲，史記音、史記音義這些日本古書志曾著録過的單本現在在日本皆已不傳，就連漢籍的故土中國，史記音與史記音義，當然還有史記正義也都失傳了。就像不能以史記音、史記音義現在没有實物在而否定它曾經在日本流傳一樣，也不能以史記正義單本現在没有實物在而否定它曾經在日本流傳。

其三，日本古書志中不曾著録史記正義單本，不能否定正義單本曾在日本流傳的可能。因爲，古書流傳過程中，存在着各種複雜情況，比如，某書流傳的本子因數量過少而不易聞見、某書在民間與官方只見一方有藏、流傳中失而復得或得而又失、某書在本國亡佚而别國却尚有流傳，等等。又因爲，各種書志著録範圍不同，比如，只著録個人藏書、只著録某一機構藏書、只著録經眼之書籍、只著録專門性目録，等等。一本書在書志中不見著録而實尚存世的可能性是有的，所以不能輕易否定史記正義單本曾經在日本流傳。如此，史記古校記中的「正義本」是指張守節史記正義單本之説可信。

關於日本史記古校記中的「正義曰」條文，中國學者賀次君在日本史記會注考證增補史記正義的真僞問題一文中説：「那些『正義』的造成，我推想，首先是因彭本三家注不全，尤其是正義删削過甚，較黄善夫本少十之四五，讀者乃取各種注解來補足它，一概名曰『正義』。『正義』二字是廣義的，並不專屬張守節的正義，也有可能。」賀氏此言有失偏頗。「正義」爲古籍注釋的名目之一，意爲「正確的意義」，或者「本來的意義」；有時「正」

作動詞用，正義者，意謂「端正其義」。日本史記古校記内容豐富，包括各本校勘文字句讀的記録、轉抄它書之條文、持書之人的批注案語等等。這裏，對這些豐富内容略作具體分析。首先，日本史記古校記的標注名目繁多，除前述記録文字歧異與缺失的名目外，還有標注「顔注」、「陸云」等的引文，以及持書之人的案語「幻謂」、「幻案」、「直案」等標注。在這種情況下，各標注名目是各有固定專指，如果按賀氏所説，「正義曰」的條文是讀者取各種注解來補足之物，那如此多的標注名目就顯得不必要，因爲它們全是用來作校記的，且主要是注解文字的歧異與存佚的。其次，日本史記古校記皆爲三注合刻本或三注合抄本，即本身是附有正義的本子，如果是讀者取各種注解來補足它（指三注本史記），又一概名曰「正義」，顯然有與三注中之正義混淆之不妥，所以持書作校記之人是不會將各種注解一概名之曰「正義」的。「正義曰」條文應是指史記正義的文字，而非其他注解或批注文字。而且在事實上，日本史記古校記中的批注文字是作者標明「幻謂」、「幻案」等名稱的案語，若用其他書作校記則標明「鄒本」、「劉本」、「索隱本」、「劉云」、「陸云」、「顔云」等名稱，並非像賀次君所言「一概名曰『正義』。」

（三）有關古校記

從日本史記古校記的内容考察，可以發現有關史記正義的諸多資料。這裏略舉數例。

例一，南化本〔一〕史記越王句踐世家：「北圍曲沃、於中。」集解引徐廣曰：「一作『北面曲沃』。」正義引括地志曰：「曲沃故城在陝縣西三十二里。於中在鄧州内鄉縣東七里。」並云：「爾時曲沃屬魏，於中屬秦，二地相近，故楚圍之。」

欄外古校記：「正義：『北圍曲沃、於中。「於中」屬上，今此點屬下句，恐非歟。』」

按：從古校記來看，「北圍曲沃、於中」是抄録校記者所見的史記正義單本中的史記正文的斷句。句下記有一條正義：「正義曰：『括地志：「曲沃故城在陝縣西三十二里。於中在鄧州内鄉縣東七里。」爾時曲沃屬魏，於中屬秦。』」此注當在「北圍曲沃、於中」之下，「於中」屬上。這條古校記是以正義單本來校三注合刻的南化本史記，顯示了正義單

〔一〕南化本爲日本藏三注合刻本史記之一種，是史記欄外抄録古校記本之一。本文徵引日本史記古校記各本名稱，皆採用水澤利忠史記會注考證校補之命名，可查據該書前所列校讎資料一覽表。張衍田先生編輯史記正義佚文輯校書前收有此表，可參用。

本的存在。

例二，蘇秦列傳：「用兵如刺蜚。」

欄外古校記：「正義曰：『刺，七賜反。猶過惡之人有罪，刺之則易也。言秦譴謫諸國以兵伐之，若刺舉有罪之人，言易也。』幻謂：『正義所貼本文，「用兵如刺」而已，無「蜚」字。』」

按：此中「正義曰」的文字爲南化本史記中正義所無，爲正義佚文。「幻謂」以下按語，應是幻雲以正義單本中史記正文與南化本史記正文對校的校記。可見，幻雲是從所持正義單本中過録了南化本史記中所無的正義佚文。

例三，孟嘗君列傳正文「乃夜爲狗以入秦宮臧中」句下正義云：「臧，在浪反。」

欄外古校記：「幻按：正義貼『宮臧』二字，其下有『在浪反』三字，然則『宮臧』字連讀可乎。」

按：説明此正義原三字而後則四字之由。此中可見幻雲所持正義單本「宮臧」之下有正義注文「在浪反」三字。南化本史記中此正義注文移到了「中」字之下，故需説明是爲「藏」注音，所以正義注文增「臧」爲「臧，在浪反」四字。

例四，樊酈滕灌列傳：「高祖戲而傷嬰，人有告高祖。高祖時爲亭長，重坐傷人。告故不傷嬰，嬰證之。後獄覆嬰，坐高祖繫歲餘，掠笞數百，終以是脱高祖。」

欄外古校記：「正義作『獄覆嬰』，至『嬰』字絶句。注云『獄辭覆嬰』。」

按：此中可見抄録者所見正義單本中史記正文於「嬰」字下斷句，且有正義注文「獄辭覆嬰」。

例五，仲尼弟子列傳正文「子游既已受業爲武城宰」句下正義云：「括地志云：『存兖州，即南城也。』」

欄外古校記：「存，正義本作『在』。」

按：這裏，顯然是以正義單本文字校勘南化本史記中正義的文字。

例六，張儀列傳：「貫頤奮戟者。」

欄外古校記：「正義：『貫頤，劉伯莊云：「以兩手捧面，直入敵，言其勇也。」奮戟，奮怒而趨戰。』幻謂：此注不引，是與索隱似兩義，故今引之。」

按：「此注不引」是指南化本史記中正義於此正義條文不引，幻雲認爲是三家合刻時考慮到正義與索隱是兩説而删削。這段「幻謂」也是幻雲持有正義單本、佚文來自正義單本的佐證。

從以上諸例推知，史記正義單本在日本曾經流傳。三注合刻本史記中正義删削過多,持書之人便依據史記正義單本,對三注合刻本中正義所没有的條文進行過録,並對文字、斷句等方面的歧異做了校記。

綜上所述,從日本史記古校記的標注名目與内容來看,史記正義單本在日本曾經流傳,「正義本」指的就是張守節史記正義單本,「正義曰」條文也就是三注合刻本中史記正義的佚文。雖然日本古書志中没有史記正義單本的著録,但通過上述有關實證資料及論證,完全可以得出這樣的結論;通過下文對正義佚文真僞的辨析,更能證明這一結論的正確。

四、史記正義佚文的真僞

自從史記正義佚文被發現、輯録並公諸於世,歷來學者對正義佚文真僞的看法存在分歧。因爲日本古書志中皆不見史記正義單本的著録,關於史記正義單本流傳狀況的其他文字記載近乎空白,史記正義單本現在又不見實物存在,所以,對日本史記古校記的標注名目與内容進行考察,得出史記正義單本確在日本曾有流傳、正義佚文確是來自史記正義單本的結論之后,仍有必要考察正義佚文内容本身,以進一步認定正義佚文的真僞。這裏,試列數端,各舉數例。

（一）日本發現、輯録的正義佚文與中國國内前人所徵引正義佚文的重合

上文已述前代學者從其他書籍引用的史記正義條文中，發現有爲史記三家注合刻本中正義所無者；我們也能從宋代王應麟玉海等書及其他古人的一些著作中，發現其所引史記正義條文有爲今本史記中正義所無者。現察日本史記古校記中的「正義曰」條文，確有與之重合者。其下，略舉數例。

例一，留侯世家正文「天下有四人」句下正義佚文（輯校第六五〇條，又增訂本第六五九條〔一〕）云：「皇甫謐高士傳：『四皓，一曰東園公，二曰綺里季，三曰甪里先生，四曰夏黄公，皆河内軹人。』漢書外傳云：『園公，陳留園縣，是其先則爲園公。』陳留風俗傳云：『園庾，字宣明。』公羊春秋稜言：『東園家單父，爲秦博士。遭秦亂，避地於南山。惠帝爲太子，即并園公爲司徒，遜位，太子封廣襄邑南鄉侯。』陳留志云：『庾始常居園中，因謂之園公。』周樹洞曆云：『甪里先生，名術，字元道，太伯之後，京師號霸上先生。』周氏世譜

〔一〕今將本文作爲史記正義佚文輯校（增訂本）的附録，又特於文中各引用例證處添加了增訂本重新編排的條目序號，以便使用者查檢參閲。

云：『角里先生，河内軹人，太伯之後，姓周氏，名術，字元道，京師號霸上先生，一曰角里先生。而吴俗云角里先生是吴人，今太湖中洞庭山西南中號禄里村是。』漢書外傳云：『秦聘之，逃匿南山，歌曰：「商洛深谷，咸□□夷。暐暐紫芝，可以療飢。駟馬高蓋，其憂甚大。富貴而畏人，其如貧賤而樂肆志！」』夏黄公或爲大里黄公。會稽典録云：『書佐朱育對郡將濮陽府君云：「大里黄公墓在鄞縣。」』輿地志云：『鄞有大里，夏黄公所居也。今鄞縣有黄公廟。』崔氏譜云：『夏里黄公，姓崔，名廣，字少通，齊人，隱居夏里，修道，故曰夏里黄公。』角，音禄。」

錢大昕十駕齋養新録卷六「角里先生」條云：「吴郡志人物門云：『前漢角里先生，吴人。史記正義引周樹洞歷云：「姓周，名術，字元道，太伯之後。（略）」史記正義：「角里先生，一號霸上先生。」又云：「今太湖中洞庭山西南中有禄里村是。」』今史記南、北雍刻，於留侯世家，但載索隱説，以周術爲河内軹人，初不載正義之文，蓋正義之散落多矣。」

按：此條正義佚文中，有與吴郡志所引史記正義文字的重合内容。而且佚文的内容顯然要比吴郡志所引豐富得多，所以，佚文不可能是轉抄吴郡志，而且通過與吴郡志所引正義的對照，可以肯定佚文的可信。

例二，吴太伯世家正文「去齊卒，子壽夢立」句下正義佚文（有存有佚〔一〕）。輯校第二二七條，又增訂本第二二八條）云：「〔夢，莫公反。〕當周簡王元年。左傳『吴子乘卒』，杜預云『壽夢也』。左傳及世本又云吴孰姑，壽夢也，世謂孰夢諸也。春秋傳『壽』作『孰』，音相近。『姑』之言『諸』也，毛詩傳讀『月諸』爲『月姑』，是以知『姑』爲『諸』也。則知孰姑、壽夢一人耳。又名乘。」

張文虎校刊史記集解索隱正義札記卷四「吴太伯世家」條中，「子壽夢立」句下案語云：吴郡志考證門引史記正義，於「夢，莫公反」一句凡四字下，尚有：「『當周簡王元年。左傳云「吴子乘卒」，杜預云「壽夢也」。左傳及世本又云吴孰姑壽夢也，世謂孰夢諸也。春秋傳「壽」作「孰」，音相近。「姑」之言「諸」也。毛詩傳云舊讀「月諸」爲「月姑」，是以「姑」爲「諸」也，則知孰姑、壽夢一人耳。又名乘。』以上數句凡八十字，當在此。蓋亦合刻者嫌與後文索隱意複而删之。然所引似有脱誤。」

〔一〕一條正義，有存有佚，存的部分用方括號〔 〕括起來。張衍田先生史記正義佚文輯校凡例：「凡正義注文整條全佚者，則整條輯出。若條内注文有存有佚，亦將整條輯出，以見注文全貌；存的部分，用方括號〔 〕括起來，以别於佚文。」

按：吴郡志所引史記正義，可證佚文之真。

例三，吴太伯世家正文「越王句踐率兵復伐敗吴師於笠澤」句下正義佚文（輯校第二四五條，又增訂本第二四六條）云：「吴地記云：『笠澤江，松江之别名，在蘇州南三十五里。』又云：『笠澤即太湖。』」

張文虎札記卷四「吴太伯世家」條中，「使伐敗吴師於笠澤」句下案語云：「吴郡志考證門引史記正義云：『吴地記云：「笠澤江，松江之别名。」又云：「笠澤即太湖。」』今本此文失。」

按：據水澤利忠史記會注考證校補，「吴地記云」亡，「又云笠澤即太湖」七字是瀧川資言據張文虎札記所引正義補，各本古校記無。但是，佚文又比札記中所引正義多出「在蘇州南三十五里」，可證佚文不是轉抄吴郡志，因爲這個「在蘇州南三十五里」是抄不出來的。通過與吴郡志所引正義的對照，可以肯定正義佚文是可信的。

例四，魯周公世家正文「周公旦者，周武王弟也」句下正義佚文（輯校第二七四條，又增訂本第二七五條）云：「括地志云：『周公城在岐山縣北九里。此地周之畿内，周公食采之地也。周公、召公，周室元宰，辅佐文、武、成、康已下，蓋嫡子封於燕、魯，次子食采畿甸，奕葉爲卿士，故春秋时每有周公、召公也。譙周云以大王所居地爲其菜邑，故謂之周公、召公也。』」

王應麟玉海卷一七三引史記正義云：「括地志云：『周公故城在岐山縣北九里，召公故城在岐山縣西南十里，此周、召之采邑也。』」

按：两者相較，玉海中括地志文將關於周公、召公故城的兩條文字合一，已非史記正義中括地志文字的原貌。正義佚文中的括地志文比玉海從史記正義中所引括地志文多出「此地周之畿内」。所以，佚文不可能是後人轉抄玉海，則佚文之真不當有疑。

例五，太史公自序正文「凡百三十篇，五十二萬六千五百字，爲太史公書」句下正義佚文（輯校第一六四五條，又增訂本第一六七四條）云：「史記起於黄帝，訖漢武帝天漢四年，合二千四百一十三年。百三十篇，象一歲十二月及閏餘也。後漢書：『楊終受詔删太史公書爲十餘萬言。』」

玉海卷四六引史記正義云：「史記起黄帝，訖於漢武天漢四年，合二千四百一十三年。百三十篇，象一歲十二月及閏餘也。後漢楊終受詔，删太史公書爲十餘萬言。」

按：後漢書楊終傳載楊終「後受詔删太史公書爲十餘萬言」。這裏正義佚文採用後漢書文，玉海引史記正義改爲直接叙述而不言後漢書，兩者相較，正義佚文不可能是後人轉抄玉海。佚文當屬真。

例六,衛康叔世家正文「乃與武庚禄父作亂,欲攻成周」句下正義佚文(輯校第三五〇條,又增訂本第三五一條)云:「括地志云:『洛陽故城在洛州洛陽縣東北二十六里,周公所築,即成周城也。』」

玉海卷一七三引史記正義云:「括地志云:『洛陽故城,在洛陽縣東北二十六里,周公所築,即成周城也。』」

按:正義佚文比玉海所引多出「洛州」二字,佚文當真。

例七,越王句踐世家正文「范蠡事越王句踐」句下正義佚文(有存有佚。輯校第五〇〇條,又增訂本第五〇三條)云:「七略云:『素王妙論二卷,司馬遷撰也。』」困學紀聞卷二〇「太史公素王妙論」句下注引史記正義云:「七略云:(素王妙論。)司馬遷撰。」

按:正義佚文所言「二卷」,困學紀聞無,證明佚文不是轉抄困學紀聞中所引正義,否則是不會多出這一具體卷數的。又,七略雖已亡佚,但是隋書經籍志著録「太史公素王妙論二卷,亡」,可證正義佚文所言可信。

綜上所述,前人著作中所引史記正義注文,有今本史記中無,而可在正義佚文中見到。這種重合,證明了正義佚文的可信。它們應是史記正義的原文。從兩者内容比較及古人引書的習慣來看，吴郡志、玉海等書引史記正義注文在内容上往往比正義佚文少，這是古人引書多不是逐字逐句轉録，而是有所節略的習慣所致。正義佚文爲過録之物，但它的内容却比吴郡志、玉海等書所引史記正義注文要豐富一些，所以它不可能是後人轉抄吴郡志、玉海等書，而是自有所本。

至於前人著作中所引的史記正義佚文，並不是完全都能見於日本史記古校記，其原因，一則，是史記正義單本亦有脱落的可能。明毛晉汲古閣史記索隱單本雖仍小司馬之舊，但脱落不少。推想史記正義單本，流傳多年，亦當如索隱條文一樣有遺落；二則，是過録佚文之人在過録佚文時或有所選擇，或時有遺漏。因此，其他書籍中所存史記正義佚文有些不見於日本史記古校記中，是可以理解的。

（二）與正義佚文有關的括地志文

張守節史記正義長於地理，釋解地理問題主要是大量引據括地志。日本史記古校記中的「正義曰」文中，括地志文很多，有部分括地志文與今本史記别處史文下正義所引括地志文相同，這是由於古人注書，往往於不同處的相同内容下，都作注解，這類佚文在内容上的真實性已不容置疑。那麽，不在史記的别處正義出現，且又不見他書引用的其他括地志文，以及與今本史記別處正義所引括地志内容相同而有異文者，是否可信呢？還有一種值得注意的情況。括地志爲唐太宗子李泰主持編寫的，成書於貞觀十五年（公元六四一年）。其道、州、縣與都督府的設置，州、縣的隸屬與名稱，都據貞觀時的疆域區劃及名稱記載。書成之後，人們據之言地，往往喜用自己所在當時的疆域區劃及名稱稱之。張守節是唐玄宗開元時人，史記正義成書於開元二十四年（公元七三六年），上距括地志成書近百年。順其時風，徵引括地志釋地，多有據開元疆域區劃及名稱稱之。比如，貞觀時的河北道觀州與河南道谷州、戴州、齊州等，後來都因州廢而縣改隸他州。正義中括地志無觀、谷等州名，却採用改隸后的張守節時的州名。又如，夔州復縣，貞觀二十三年更名奉節縣；豫州郾城縣，武后天授二年分置西平縣。正義中括地志便出現了奉節、西平這種括地志成書以後才出現的縣名。這種州縣名稱及隸屬關係的變動，無疑是張守節在引用括地志時，以自己所在時的實際情況作了更易。这些，也都應該據例梳理考察。這裏，略舉數例。

例一，陳杞世家正文「昔舜爲庶人時，堯妻之二女，居於嬀汭」句下正義佚文（輯校第三二八條，又增訂本第三二九條）云：「括地志云：『嬀汭水源出蒲州河東縣南首山。地記云：「河東郡首山北中有二泉，下南流者汭水。蒲坂城中有舜廟，城外有舜宅及二妃壇。」』按：河東縣本漢蒲坂縣。」

今本史記五帝本紀正文「舜飭下二女於嬀汭」句下有正義云：「括地志云：嬀汭水源出蒲州河東南山。許慎云：『水涯曰汭。』案：地記云『河東郡青山東山中有二泉，下南流者嬀水，北流者汭水。二水異源，合流出谷，西注河。嬀水北曰汭也』。又云『河東縣二里故蒲坂城，舜所都也。城中有舜廟，城外有舜宅及二妃壇』。」

按：兩者所引括地志文有異。賀次君括地志輯校認爲兩者皆有誤，並將其文校正爲：「嬀汭水源出蒲州河東縣南雷首山。許慎云：『水涯曰汭。』按地記云：『河東郡首山中有二泉，下南流者嬀水，北流者汭水，二水異源合流，出谷西注河。』」賀氏寫有校記云：「按五帝本紀正義引脱『縣』及『雷首』三字，『青』爲『首』之誤，衍『東山』二字，依陳杞世家補正義〔一〕引改正。陳杞世家補正義引『中有二泉』以下亦有脱誤，當如五帝本紀正義所引。」依賀氏校記，正義佚文中有『縣』字是符合實際的，而且，正義佚文不是後人移録五帝本紀中括地志文。因爲，正義爲移録，一般是不會多出一些文字的。故此，兩相比較，可證正義佚文之真，而且並非是移録五帝本紀中正義，當是來自史記正義單本。

〔一〕賀次君所言「補正義」，即本文所説的「正義佚文」。

例二，晉世家正文「秦兵圍令狐」句下正義佚文（輯校第四一〇條，又增訂本第四一二條）云：「令狐故城在蒲州猗氏縣西四十五里。」

今本史記秦本紀正文「秦以兵送至令狐」句下有正義云：「令音零。括地志云：『令狐故城在蒲州猗氏縣界十五里也。』」

按：賀次君括地志輯校認爲，秦本紀此正義引括地志文有誤。賀氏寫有校記云：「史記秦本紀『秦以兵送至令狐』正義引。又史記晉世家『秦兵圍令狐』補正義引作『縣西四十五里』。按『界』字誤，當依晉世家補正義引作『西』。晉世家補正義引『西』下衍『四』字，水經涑水注可證。」

水澤校補云：「南化、楓、三本無『四』字。」日本史記古校記，以正義佚文中無「四」字的爲真，且佚文不是移録秦本紀中正義所引括地志文。因爲，一般不可能抄誤爲正，即將「界」字抄成「西」字。

例三，燕召公世家正文「使荆軻獻督亢地圖於秦」句下正義佚文（輯校第三一九條，又增訂本第三二〇條）云：「『地』下有『圖』字者，俗本也。括地志云：『督亢坡在幽州范陽縣東南十里。』劉向别録云：『督亢，膏腴之地。』風俗通云：『亢，莽也，言平望莽莽無涯際也。亢，澤之無水斥鹵之謂。』」

玉海卷二一「後魏督亢渠陂」條下云：「括地志：『陂在幽州范陽縣東南十里。劉向別録：「督亢，膏腴之地。」史記正義：「亢，澤無水斥鹵之謂。」』」

按：玉海此引文可證正義佚文之真，且佚文内容多於玉海，非轉抄玉海文。

例四，陳杞世家正文「江、黄、胡、沈之屬，不可勝數」句下正義佚文（輯校第三四六條，又增訂本第三四七條）云：「括地志云：『安陽故城在豫州新息縣西南八十里。應劭曰古江國也。黄國故城在光州定城縣西十二里，春秋時黄國都也。』胡、沈解在前。」

地理志云：「安陽縣在江國。」

續漢書云：「江、黄，嬴姓國也。」

今本史記楚世家正文「二十二年伐黄」句下有正義云：「括地志云：『黄國故城，漢弋陽縣也。秦時黄都，嬴姓，在光州定城縣四十里也。』」

今本史記五帝本紀正文「青陽降居江水」句下有正義云：「括地志云：『安陽故城在豫州新息縣西南八十里。應劭云古江國也。地理志亦云「安陽，古江國也」。』」

元和郡縣志卷九「光州定城縣」條云：「黄國故城在縣西十二里。春秋時黄國，後爲楚所滅。」

又，太平寰宇記也作「西十二里」。

按：以上楚世家與五帝本紀中正義及元和郡縣志、太平寰宇記可證正義佚文之真。而且，佚文與元和郡縣志、太平寰宇記可證楚世家中正義「四十里」爲「西十二里」之誤。顯然，佚文不是轉抄之物，而是自有所本，即史記正義單本。

例五，封禪書正文「江淮閒一茅三脊爲神藉」句下正義佚文（輯校第二〇八條，又增訂本第二〇九條）云：「括地志云：『辰州盧溪縣西南三百五十里有包茅山。武陵記云「山際出包茅有刺而三脊因名茅山」是也。』」

今本史記夏本紀正文「包匭菁茅」句下有封禪書這條正義佚文，其文句，前半二處同，後半自「武」至「是也」夏本紀作「武陽記云山際出包茅有刺而三脊因名包茅山」。

按：夏本紀之正義文字不僅可證正義佚文之真，且可説明佚文不是移録夏本紀之正義。

例六，儒林列傳正文「西狩獲麟」句下正義佚文（輯校第一四三九條，又增訂本第一四六五條）云：「括地志云：『在鄆州鉅野縣東十一里，東去魯城可二百餘里。』」

今本史記孔子世家正文「狩大野」句下有正義云：「括地志云：『獲麟堆在鄆州鉅野縣東十二里。春秋哀十四年經云「西狩獲麟」。國都城記云「鉅野故城東十里澤中有土臺，廣輪四五十步，俗云獲麟堆，去魯城可三百餘里」。』」

按：輯校寫有校記云：「鄆州，孔子世家『狩大野』句正義引同。按舊唐書地理志，唐高祖武德四年置鄆州，領鄆城、須昌、宿城、鉅野、乘丘五縣。唐太宗貞觀元年，以鉅野屬戴州，十七年戴州廢，鉅野又歸屬鄆州。括地志成書於貞觀十五年，此時鉅野當隸戴州。」此言鉅野屬鄆州，當張守節引用時更易之。

例七，陳杞世家正文「滕、薛、騶，夏、殷、周之間封也」句下正義佚文（輯校第三四五條，又增訂本第三四六條）云：「括地志云：『故邾城在黄州黄岡縣東南一百二十一里。邾子曹姓，陸終氏之子會人之後。邾俠居邾，至隱公徙蘄。蘄，今徐州縣也。後又徙蕃，音皮，今滕縣是。又徙鄒，魯穆公改邾作鄒。地理志云鄒縣，故邾國，曹姓，二十九世爲楚所滅。』」

今本殷本紀正文「既葬伊尹於亳」句下有正義云：「括地志云：『伊尹墓在洛州偃師縣西北八里。』又云『宋州楚丘縣西北十五里有伊尹墓』，恐非也。」

舊唐書地理志云：「楚丘，治古巳氏城，屬戴州。貞觀十七年，屬宋州。」以括地志成書時間計，楚丘應屬戴州。正義此處引括地志以楚丘隸屬宋州，當張守節引書時更易之。

按：輯校寫有校記云：「按新舊唐書地理志，蘄，漢縣，唐初隸譙州，唐太宗貞觀十七年廢譙州，改隸徐州，唐憲宗元和四年又割屬宿州。」以括地志成書時間，蘄縣「應屬譙州」。正義佚文中括地志言蘄縣屬徐州,當張守節引書時更易之。

例八,衛康叔世家正文「莊公上城,見戎州」句下正義佚文(輯校第三六一條,又增訂本第三六三條)云:「括地志云:『宋州楚丘縣,古戎州己氏之城也。』左傳隱七年:『戎伐凡伯于楚丘以歸。』括地志云:『楚丘故城在楚丘縣北三十里,衛楚丘之邑也。』按:諸侯爲衛城楚丘居文公者,即滑州衛南縣是也。左傳哀公十七年:『初,衛莊公登城以望戎州以問之,以告,公曰:「我,姬姓也,何戎之有焉!」』杜預云:『己氏,戎人姓也。吕姜,莊公夫人也。』」

按:輯校寫有校記云:「宋州,舊唐書地理志云:『楚丘,治古巳氏城,屬戴州。貞觀十七年,屬宋州。』括地志成書於貞觀十五年,是時楚丘縣當隸戴州,『宋州』蓋張守節所改。」

綜上所述,從有關正義佚文所引括地志文中發現,有的佚文中所引括地志文與今本史記中别處正文下的正義所引括地志文重複,但二者的文字,尤其是地名、方位、距離等方面存在差異時,經過互校或他校等方法的驗證,往往發現佚文不誤。因此,佚文之真不容懷疑,佚文當是來自史記正義單本,不可能是移録或轉抄别處史記正文下之正義,也不可能是它書所引史記正義。因爲,一般情況下,只能是以誤傳誤,誤上加誤,而不可能是將誤抄成正。其次，有的佚文中所引括地志文的州縣名稱及隸屬關係與括地志成書時間的實際情況不符，乃是張守節作史記正義時的州縣名稱及隸屬關係，都證明了佚文是張守節史記正義的原文，一點不假。

其實，正義佚文中所引括地志文，都可認爲是真而不可能是僞。因爲，括地志一書，索隱無引，它書徵引亦少，而且括地志全書在南宋時已經亡佚，它書的徵引多是來自史記正義。那麽，正義佚文中的括地志文因不見史記正義别處有引，不見他書有引，就只能是來自史記正義單本，除此以外，别無來源。

（三）正義佚文與今本史記正義的關聯

這裏所説正義佚文與今本史記中正義的關聯，大致可分爲四種情況：其一，今本史記正義中有「某解在某篇」的注語，依其注語在今本史記該篇正義中查尋不到其解，而其解的正義注文在該篇的正義佚文中。其二，正義佚文中有「某解在某篇」的注語，依其注語在今本史記的該篇正義中查尋到其解的正義注文。其三，正義佚文中有「某解在某篇」的注語，但在今本史記的該篇正義與正義佚文中都查尋不到其解的正義注文。其四，同一條史記正義的注文有存有佚，存佚文字的内容緊相銜接而又不可或缺。對這四種正義佚文的情況，下面分別舉例考察。

例一，今本史記伍子胥列傳正文「敗吳於姑蘇，傷闔廬指」句下正義：「姑蘇當作『檇李』，乃文誤也。左傳云『戰檇李，傷將指，卒於陘』是也。解在吳世家。」

今本史記吳太伯世家中沒有與其解相應内容的正義注文，與其解相應内容的正義注文在吳太伯世家正文「報姑蘇也」句下的正義佚文（輯校第二三八條，又增訂本第二三九條）。該條正義佚文云：「越世家云：『吳師敗於檇李。』言『報姑蘇』，誤也，姑蘇乃是夫差敗處。太史公甚疎。」

按：此爲「其一」之例。

例二，陳杞世家正文「葉公攻敗白公，白公自殺」句下正義佚文（輯校第三四〇條，又增訂本第三四一條）云：「括地志云：『白亭在許州扶溝縣北四十五里，即勝所封。』按：白亭在豫州褒信縣者是也。以解在楚世家。」

今本史記楚世家正文「子西召故平王太子建之子勝於吳，以爲巢大夫，號曰白公」句下有正義云：「巢，今廬州居巢縣也。括地志云：『白亭在豫州褒信東南三十二里。褒信本漢鄎縣之地，後漢分鄎置褒信縣，在今褒信縣東七十七里。』」

又，今本史記伍子胥列傳正文「號爲白公」句下有正義云：「括地志云：『白亭在豫州褒信縣南四十二里。又有白公故城。又許州扶溝縣北四十五里北又有白亭也。』」

按：元和郡縣志卷九「蔡州褒信縣」條云：「白亭，在縣東南四十二里。左傳楚白公勝所封之地。」

伍子胥列傳的正義佚文引括地志言白亭於豫州褒信縣、許州扶溝縣兩處俱有，又言「白亭在許州扶溝縣」。按語又言「白亭在豫州褒信縣」。依理推之，應是二者皆引，而後再下按語，這裏引其一，又直接以另有所指的內容作按語，並説「解在楚世家」。楚世家引括地志言「白亭在豫州褒信縣」。這樣就明白了。

按：此爲「其二」之例。

例三，司馬相如列傳正文「雲夢」句下正義佚文（輯校第一三一三條，又增訂本第一三三九條）云：「夢在江南華容，雲在江北安陸，而名雲夢。已解在夏本紀。」

今本史記夏本紀正文「道嶓冢，至於荊山」句下有正義云：「括地志云：『嶓冢山在梁州。荊山在襄州荊山縣西八十里也。』又云：『荊山縣本漢臨沮縣地也。沮水即漢水也。』按，孫叔敖激沮水爲雲夢澤是也。」

按：此爲「其三」之例。

例四，司馬相如列傳正文「邛筰」句下正義佚文（輯校第一三五四條，又增訂本第一三八〇條）云：「邛、筰二國，在蜀西。解在西南夷傳也。」

今本史記西南夷列傳正文「徙、筰都最大」句下有正義云：「徙音斯。括地志云：『筰州本西蜀徼外，曰貓羌巂，地理志云徙縣也。華陽國志雅州邛郲山本名邛筰山，故邛人、筰人界。』」

按：此爲「其四」之例。

例五，司馬相如列傳正文「冄駹」句下正義佚文（輯校第一三五五條，又增訂本第一三八一條）云：「冄駹一國，在蜀西。解在西南夷傳也。」

今本史記西南夷列傳正文「冄駹最大」句下有正義云：「括地志云：『蜀西徼外羌，茂州、冄州，本冄駹國地也。後漢書云冄駹其山有六夷、七羌、九氐，各有部落也。』」

按：此爲「其五」之例。

例六，貨殖列傳正文「計然之策七」句下正義佚文（輯校第一六〇八條，又增訂本第一六三七條）云：「策七，漢書作『十』字，越絶書云『其術有九』。解在越世家。」

今本史記越王句踐世家正文「子教寡人伐吴七術」句下有正義云：「越絶云：『九術：一曰尊天事鬼；一曰重財幣以遺其君；三曰貴糴粟稾以空其邦；四曰遺之好美以熒其志；五曰遺之巧匠，使起宮室高臺，以盡其財，以疲其力；六曰貴其諛臣，使之易伐；七曰彊其諫臣，使之自殺；八曰邦家富而備器利；九曰堅甲利兵以承其弊。』」

按：此爲「其六」之例。

例七，司馬相如列傳正文「斯榆」句下正義佚文（輯校第一三五七條，又增訂本第一三八三條）云：「斯渝國，在蜀南。解在西南夷傳。」

今本史記西南夷列傳中，没有關於「斯榆」的正義注文。

按：此爲「其七」之例。

例八，淮南衡山列傳正文「又欲令人衣求盜衣」句下正義佚文（輯校第一四一一條，又增訂本第一四三七條）云：「求盜，掌逐捕盜賊者。解在高祖本紀。」

今本史記高祖本紀中，没有關於「又欲令人衣求盜衣」的正義注文。

按：此爲「其八」之例。

例九，曹相國世家正文「東取碭、蕭、彭城」句下正義佚文（有存有佚。輯校第六三一條，又增訂本第六四〇條）云：「『碭，音唐，宋州碭山縣是也。蕭、彭城，〔徐州二縣。〕』」

這條正義釋地。從史記正文看，碭、蕭、彭城三地並列，正義只言「徐州二縣」，對史記正文之注解甚不明晰。這「二縣」指哪二縣？另一地又屬何州？正義呈現出已非完文的面貌。從佚文看，句末但言「蕭、彭城」，顯然也是未完之語。但將佚文與今本中正義拼合後，於文義方顯完整。

按：此爲「其九」之例。

綜上所述，諸例之中，第一例，爲今本史記中正義有「某解在某篇」的注語，而其相應内容的正義注文在今已輯的佚文中。第二至六例，爲正義佚文中有「某解在某篇」的注語，而與之相應的内容在今本史記該篇的正義中。第七、八例，爲正義佚文中有「某解在某篇」的注語，而與之相應的内容，既不在今本史記該篇的正義中，也不在該篇的已輯正義佚文中。第九例，同一條正義，注文有存有佚。僅有存文或僅有佚文，正義皆不成義。存佚不可或缺，只有存佚緊相銜接，拼合爲一，整條正義注義適足。這條正義，足證其真。

有人認爲，正義佚文是後人的批注。批注時，見有關内容在别處正義已有注解，便以「某解在某篇」言之。如果是這樣，那麽，像（三）第七、八例這樣的正義佚文是不會産生的，因爲，於今本史記該篇查不到，於已輯正義佚文的該篇也查不到。像幻雲等精於漢學的學問僧，不會這麽傻瓜，作出這樣的蠢事。因此，這類得不到相互照應的正義佚文，反而證明了正義佚文的真實可信與自有所本，那就是來自史記正義單本。當然，正義佚文得不到照應，就像三注合刻本中有的正義得不到照應一樣，是因爲，一則，三家注合刻時正義删削過甚已殘缺不全，二則有些正義佚文尚未失而復得。

（四）正義佚文中的避諱

避諱，是中國古代特有的一種歷史文化現象。避，避開，迴避。諱，指當代君主及所尊者的名字，即所謂名諱。中國古代，對當代君主及所尊者的名字，不能直接説出或寫出，或避而不用，或以改字、空格、缺筆等方法來替代，即所謂避諱。自先秦至明清，避諱歷時二千餘年。由於避諱，古書文字多有淆亂。但是，由於各朝代所諱不同，避諱方法也不完全一致，所以可以反而用之，以辨别古書之真僞，審定古書之時代。

關於唐代避諱之制，陳垣史諱舉例卷八唐諱例云：「唐制，不諱嫌名，二名不偏諱。故唐時避諱之法令本寬，而避諱之風尚則甚盛。武德九年，有『「世」及「民」兩字不連續者並不須避』之令。顯慶五年，有『嫌名不諱，今後繕寫舊典文字，並宜使成，不須隨義改易』之詔。然唐人注史記、兩漢書、文選，撰晉、梁、陳、北齊、周、隋、南、北八史，於唐廟諱，多所改易，古籍遂至混淆。」「據此，則唐時諱法，制令甚寬」，「今唐人撰注諸史中之所以廣避者，習尚使然，實未遵貞觀、顯慶時詔令。」

張守節史記正義的避諱，當是反映其時代的諱字及諱法。但由於古人著書避諱情況複雜，比如避諱未盡、已祧有諱有不諱等，又由於古書流傳中諱字會發生多種變化，比如後人回改、時或回改未盡等，所以，今本史記正義的避諱已非其原貌。比如，史記正義避唐高宗李治名諱，於「治水」改言「理水」、「治縣」改言「理縣」。今本史記正義在很多處仍保持原貌，用「理」而不用「治」。但也有不少地方「治」字作「治」而未諱，比如，河渠書正文「度九山」句下正義「治水以志九州山澤所生物産」；正文「溉皮氏、汾陰下」句下正義引括地志云「皮氏故城在絳州龍門縣西百三十步，自秦、漢、魏、晉，皮氏縣皆治此」；貨殖列傳正文「彭城以東，東海、吴、廣陵，此東楚也」句下正義「彭城，徐州治縣也」。「治」字多已不諱，但間或亦有諱爲「理」字者，史記正義中的這種情況，多是由於後人回改及回改未盡所致。儘管如此，仍可據之考察張守節史記正義遵守諱字方法的情況，這也是斷其正義佚文真僞的一法。下舉數例。

例一，秦本紀正文「其賜爾皁游」句下正義佚文（輯校第六六條，增訂本第六七條）云：「堯賜伯益皁色旌旗之旒也。賜玄珪皁旒者，以二人相輔大禹理水，色黑，故以旌飾之。」

按：正義佚文用「理水」，而不用「治水」，符合張守節正義之諱例。

例二，宋微子世家正文「今女無故告予」句下正義佚文（輯校第三六五條，又增訂本第三六七條）云：「微子言太師、少師無別意，故告我理殷國也。」

按：史記正文中太師回答微子此言皆用「治國」、「國治」，正義佚文用「理」字，當屬「治」字之諱無疑。

例三，司馬相如列傳正文「夫拯民於沈溺，奉至尊之休德，反衰世之陵遲，繼周氏之絶業，斯乃天子之急務也。百姓雖勞，又惡可以已哉」句下正義佚文（輯校第一三七一條，又增訂本第一三九七條）云：「惡，音烏。言漢奉至尊休德，救民沈溺，繼周之絶業，反陵夷之衰代，是天子之急事。百姓雖勞苦，何以止住哉？」

按：史記正文爲「衰世」，正義佚文爲「衰代」。則此「代」字顯爲避唐太宗李世民「世」字之諱改。

例四，儒林列傳正文「諸學者多言禮，而魯高堂生最本」句下正義佚文（輯校第一四五七條，又增訂本第一四八三條）云：「漢興，魯高堂生傳士禮十七篇，訖孝宣代，后蒼最明，戴德、戴聖、慶普皆其弟子，三家立於學官。」「周官六篇，周代所理天下之書也。」

按：水澤校補云「南化、梅本『代』作『世』」，又指出「幻本、狩本作『代』」，這一差異，恰好揭示了正義佚文中有反映其時代的諱字。張守節正義因避唐太宗李世民名諱而改「世」用「代」，因避唐高宗李治名諱而改「治」用「理」。水澤校補云「南化、梅本『代』作『世』」，顯爲唐後回改的痕跡。

例五，張丞相列傳正文「才下，數射策不中，至九，乃中丙科」句下正義佚文（輯校第一一三三條，又增訂本第一一五八條）云：「衡射策甲科，不應令，爲太常掌故。儒林傳云歲課甲科爲郎中，乙科爲太子舍人，景科補文學掌故也。」

按：「景」字，見於南化、梅、狩、野各本，幻本「景」字作「丙」字。漢書儒林傳云：「歲課甲科四十人爲郎中，乙科二十人爲太子舍人，丙科四十人補文學掌故云。」陳垣史諱舉例卷八唐諱例記載，唐人爲避唐高祖李淵之父李昞名諱，於「昞」「炳」「丙」「秉」字皆改爲「景」字。輯校認爲，史記正文「乃中丙科」及漢書儒林傳「丙科四十人補文學掌故」，正義佚文中於「丙」字皆改爲「景」字，是張守節爲避李昞名諱而改。佚文爲張守節史記正義原文無疑，幻本中「景」字作「丙」字，當是後人回改痕跡。

例六，司馬相如列傳正文「低卬夭蟜据以驕驁兮，詘折隆窮蠼以連卷」句下正義佚文（輯校第一三七八條，又增訂本第一四〇四條）云：「据，直項也。驕驁，縱恣也。詘折，委曲也。崇窮，舉髻也。蠼，跳也。連卷，句蹄也。」

按：史記與漢書的司馬相如傳皆作「隆窮」，正義佚文注解時引作「崇窮」。陳垣史諱舉例卷三避諱改前朝年號例中記載，唐人避玄宗李隆基名諱，往往改「隆」爲「崇」。輯校認爲，佚文於「隆窮」引作「崇窮」是張守節爲避唐玄宗李隆基名諱而改。正義佚文爲張守節正義原文，當無可疑。

其實，關於改「隆」字爲「崇」字，在今本史記正義中也有其例。司馬相如列傳正文「涉豐隆之滂沛」句下正義云：「豐崇，雲師也。淮南子云『季春三月，豐崇乃出以將雨』。案：豐崇將雲雨，故云『滂沛』。」史記正文「豐隆」，正義却改作「豐崇」，是張守節避唐玄宗名諱而改無疑。

綜上所述，通過避諱考察文獻，也應考慮諱字有被後人回改與回改未盡等情況。所以，不能以正義佚文有該諱而未諱之字而否定它是正義原文，因爲，正義佚文也存在着諱字被後人回改的情況。回改未盡之字，却可用來證明正義佚文爲張守節正義之真。「治」、「世」，尤其是「丙」、「隆」這樣後世一般不諱或少諱的字，如果認爲正義佚文是後人批注之物，生活在十三至十六世紀的日本學問僧是不會諱這些字的。上述諸例，都足以説明，此類正義佚文真而不假。

（五）史記正義佚文與漢書顔注的比較

張守節史記正義中採用漢書顔注的條文很多，尤其是高祖本紀、孝文本紀、孝武本紀、張耳陳餘列傳及太史公自序等篇。通觀史記全書正義佚文，取用漢書顔注條文也不少。有的條文明確標注「師古曰」，有的條文没有標注「師古曰」。這裏略舉數例。

例一，史記汲鄭列傳正文「楚地之郊」句下正義佚文（輯校第一四三二條，又增訂本第一四五八條）云：「郊，謂郊道衝要之處也。」

漢書張馮汲鄭傳正文「楚地之郊也」句下顔注云：「師古曰：『郊謂交道衝要之處也。』」

例二，史記張耳陳餘列傳正文「請以南皮爲扞蔽」句下正義佚文（輯校第一〇五六條，又增訂本第一〇八一條）云：「扞蔽，猶言藩屏也。」

漢書張耳陳餘傳正文「請以南皮爲扞蔽」句下顔注云：「師古曰：『扞蔽，猶言藩屏也。』」

例三，史記黥布列傳正文「漢誅梁王彭越，醢之，盛其醢偏賜諸侯」句下正義佚文（輯校第一〇七六條，又增訂本第一一〇一條）云：「反者被誅，皆以爲醢，即刑法志所云『葅其骨肉』者。」

漢書黥布傳正文「盛其醢以遍賜諸侯」句下顔注云：「師古曰：『反者被誅，皆以爲醢，即刑法志所云「葅其骨肉」是也。』」

例四，史記淮陰侯列傳正文「部署諸將所擊」句下正義佚文（輯校第一〇八七條，又增訂本第一一一二條）云：「部署，謂部分而署置之也。」

漢書韓信傳正文「部署諸將所擊」句下顏注云：「師古曰：『部分而署置之。』」

例五，史記酷吏列傳正文「閻奉以惡用矣」句下正義佚文（輯校第一四八六條，又增訂本第一五一四條）云：「閻奉以嚴惡之故而見任用，言時政尚急刻也。」

漢書酷吏傳正文「閻奉以惡用矣」句下顏注云：「師古曰：『閻奉以嚴惡之故而見任用，言時政尚急刻也。』」

按：史記正義佚文有採取漢書顏注却不標注「師古曰」。賀次君與程金造皆認爲此類佚文是後人轉抄漢書顏注。賀次君史記書録認爲，此類佚文就漢書顏注轉録，是爲補史記注之不足。此類，高祖、孝文、孝武本紀及張耳陳餘列傳以至太史公自序爲最多，約數百條。正義引漢書顏師古注皆稱「小顏云」，或「顏云」，此所補正義多録其文而不稱其姓名，則不免有攘竊之嫌，後人不省，將以此誣張氏矣。其轉録漢書注最顯著，如西南夷傳「皆同姓相扶」，補正義云：「杖，直亮反。杖，猶倚也，相倚爲援，不聽滇王入朝。」史記各本皆作「相扶」，漢傳則作「相杖」，其注與顏師古注全同，是爲轉録之證，而下文「大夏杖邛竹」句下補正義一條，與此全同，張守節當不致如此乖妄，其爲後人輒轉抄録無疑。程金造史記管窺認爲，此類佚文是襲取顏師古漢書注以爲己有。張守節之正義，今雖不得見原書，而三家注本之中，總有其一定之體例。其引他書或書注以解釋文字，都是不没其書或其書注之人。且其有關漢書注者，對唐前應劭、服虔、韋昭、孟康、如淳、張晏諸説，雖是摘自顔師古注者，但多是節録，而佚存正義〔一〕，其引顔師古漢書注者，則没去其姓名，而襲取其注文，引師古所引漢書注諸説，則不變其次第，與顔師古所引完全相同，只是没去「顔師古云」，此顯然又是讀者從漢書注中所移録，而非張守節正義之文。

以上賀次君、程金造認爲張守節史記正義引漢書顔注皆標明「師古曰」而不没其名，但正義佚文引顔注却有没其名者，因此正義佚文是後人從漢書顔注中轉抄，而非張守節正義原文。賀、程二氏言之鑿鑿，似事實確然。事實確實如此嗎？非也。張守節史記正義在引漢書顔注時，並非全都標明「師古曰」、「小顔云」、「顔云」等名稱。將今本史記正義與漢書顔注相對比，會發現書中多有不標其名的情況。這裏略舉數例。

例一，史記高祖本紀正文「爲泗水亭長」句下正義云：「秦法，十里一亭，十亭一鄉。亭長，主亭之吏。」

漢書高帝紀上正文「爲泗上亭長」句下顔注云：「師古曰：『秦法十里一亭。亭長者，

〔一〕程金造所言「佚存正義」，即本文所説的「正義佚文」。

主亭之吏也。亭謂停留行旅宿食之館。』」

例二，史記張耳陳餘列傳正文「且有十一二相全」正義云：「十中冀一兩勝秦。」漢書張耳陳餘傳正文「且什〔有〕一二相全」句下顔注云：「師古曰：『十中尚冀得一二勝秦。』」

例三，史記太史公自序正文「因者君之綱也」句下正義云：「言因百姓之心以教，唯執其綱而已。」漢書司馬遷傳正文「因者君之綱也」句下顔注云：「師古曰：『言因百姓之心以爲教，但執其綱而已。』」

例四，史記司馬相如列傳正文「彌山跨谷」句下正義云：「彌，滿也。跨猶騎也。」漢書司馬相如傳正文「彌山跨谷」句下顔注云：「師古曰：『彌，滿也，跨猶騎也。』」

例五，史記司馬相如列傳正文「沇溶淫鬻」句下正義云：「溶音容。鬻音育。張云：『水流谿谷之閒。』」漢書司馬相如傳正文「允溶淫鬻」句下顔注云：「張揖曰：『水流溪谷之間也。』師古曰：『溶音容。鬻音育。』」

按：張守節史記正義中這類例子枚不勝舉。其採取漢書顔注，有的在文字上有差異，乃古人引書往往不逐字逐句引用的習慣所致；有些文字幾乎全同，但是，其上却未冠「師古曰」，而不像賀次君、程金造所説正義凡引漢書顔注必標注有「師古曰」等名稱。所以，賀次君、程金造的根據本身就是錯誤的。反過來，由於正義佚文採用漢書顔注，不論其是否標注了「師古曰」，都反映了正義在入三注合刻本時，因其與漢書顔注有重復，而漢書顔注又是常見之書，所以採用的漢書顔注内容較多被删去。

史記正義佚文中採用漢書顔注的條文多出於高祖本紀、孝文本紀、孝武本紀、張耳陳餘列傳、太史公自序等篇，顯然是因爲正義於這些篇目中採取漢書顔注之説本來就多，故而合刻時删削亦較多，那麼正義佚文也就較多了。這種相對應的關係甚易理解。令人遺憾的是，前述賀次君史記書録書中所引史記西南夷列傳正文「皆同姓相扶，未肯聽」句下正義佚文（輯校第一三〇三條，又增訂本第一三二九條），佚文上面所冠「顔師古曰」因被引者遺漏而没有了蹤影。事實上，正義佚文於「杖，猶倚也」前本有「顔師古曰」，賀氏有意無意地脱落「顔師古曰」，從而産生了不必要的疑問。又，賀氏以史記正文爲「扶」字，而正義佚文釋「杖」字，與漢書正文所作「杖」一致，所以佚文是後人從漢書顔注中轉抄。但是，他忽略了史記、漢書記載西漢前半期相同史事的篇卷文字多有同異，張守節所用版本，即史記正義單本中的史記正文，也有因版本不同而致「扶」作「杖」字的可能。輯校寫有校記云：「史文『扶』字，校補云：『扶，南化、掖、蜀本作「杖」。』又云：『南化：「一本『杖』，正義本亦同。」』依校補與正義注文，正義本史文『扶』作『杖』。」

（六）史記正義與史記索隱的關係

治史者，一般認爲史記索隱與史記集解、史記正義與史記集解有疏解關係。但正義與索隱之間有無疏解關係，歷來看法不一。錢大昕廿二史考異卷一：「按守節撰正義，成於開元二十四年。小司馬索隱則唐書藝文志注云『貞，開元潤州別駕』，是兩人生於同時，而其書不相稱引。司馬貞長駁辯，張守節長於地理。」即完全否定了兩者的關係。然而邵晉涵南江書録卷三史記正義提要則説張守節「能通裴駰之訓辭，折司馬貞之同異，題曰正義，殆欲與五經正義並傳矣。」其與錢大昕所見，全然相反。程金造史記管窺中，列舉了正義與索隱顯示出有疏解關係的條文數例，又考二人生時前後與生活環境等，最後推斷：「從小司馬與張守節兩人時代環境看，張守節是能見到索隱的。從正義解釋内容與其所言傳本看，張守節是確乎見到了索隱。」但是，賀次君的看法又與之相反。賀氏在史記書録中論證正義佚文不可信時舉例云：「如周本紀『蜚鴻遍野』，索隱云『高誘曰蜚鴻，蠛蠓也』，補正義云：『按飛鴻拾蛩，則鳥獸各別，亦雖隨文解之，不得引高誘解此也。』又孝武本紀『有司與太史公、祠官寬舒等議』，索隱云：『韋昭云談，司馬遷之父也，説者以談爲太史公，失之矣。史記多稱太史公，遷外孫楊惲稱之也。』姚察按遷傳亦以談爲太史公，非惲所加。又按虞喜志林云：『古者主天官皆上公，自周至漢，其職轉卑，然朝會坐位猶居公上，尊天之道，其官屬仍以舊名尊而稱公，公名當起於此。』」補正義云：「按，二家之説，皆非也。」引如淳説以辯之。考司馬貞與張守節俱唐明皇時人，各爲史記作注，彼此不相謀，故正義於集解辨證特多，無一語及於索隱。今此二條乃辨索隱之非，是皆後人所爲，其非正義佚文可知。賀氏認爲正義不曾見過索隱，而正義文中凡有與索隱構成疏解關係者，皆後人所作，故不可信。這種看法，成爲賀氏認爲正義佚文不可信的重要論據。

這裏，將圍繞正義與索隱關係問題，對佚存正義文中顯示出與索隱構成疏解關係的條文給予解析。

首先，正義佚文中有個别條文顯示出與索隱構成疏解關係。下舉數例。

例一，高祖本紀正文「高祖每酤留飲，酒讎數倍」句下正義佚文（輯校第九六條，又增訂本第九七條）云：「按：言聖帝所至，皆有福祐，故酒讎數倍，及衆驚怪。彦，作『産』。」

按：史記正文與集解皆無「彦」字，索隱引樂彦語而且標注其名。佚文中所釋「彦」字，當是上承索隱而言。

例二，孝武本紀正文「而事化丹沙諸藥齊爲黄金矣」句下正義佚文（輯校第一六八條，又增訂本第一六九條）云：「劑，在西切。劑，皆也。言同諸藥化丹沙皆爲黄金。」

按：史記正文作「齊」。集解無注。索隱有「齊音劑」。正義佚文所釋「劑」字，當是上承索隱而言。

例三，晉世家正文「故知伯乃立昭公曾孫驕爲晉君，是爲哀公」句下正義佚文（輯校第四四六條，又增訂本第四四八條）云：「諸説並不同，疑年表爲長。」

按：史記此文下集解無注。索隱云：「按，趙世家云驕是爲懿公。又年表云出公十八年，次哀公忌二年，次懿公驕十七年。紀年又云出公二十三年奔楚，乃立昭公之孫，是爲敬公。世本亦云昭公生桓子雍，雍生忌，忌生懿公驕。然晉、趙世家及年表各各不同，何況紀年之説也！」正義佚文所言「諸説並不同」，當是上承索隱而言。

例四，留侯世家正文「余以爲其人計魁梧奇偉」句下正義佚文（輯校第六五四條，又增訂本第六六四條）云：「蘇、顔之説蓋非也。」

按：史記此文下集解引應劭説，索隱引蘇林、蕭該、顔師古三人之説。佚文所言「蘇、顔之説」，當是上承索隱而言。

例五，西南夷列傳正文「觀乎成山」句下正義佚文（輯校第一三二一條，又增訂本第一三四八條)云:〔「封禪書云『成山斗入海』,言上山觀也。括地志云:『成山在萊州文登縣東北百八十里也。』」〕觀,張揖説非也。」

按:史記此文下集解引徐廣言。索隱引張揖、郭璞之説。佚文直言「觀,張揖説非也」,當是上承索隱中所引張揖云「觀,闕也。於山上築宮闕」而言。

例六,齊太公世家正文「齊君無知游於雍林」句下正義佚文(輯校第二五四條,又增訂本第二五五條)云:「按:林、廩,齊語輕重,隨音改異也。蓋雍林,地名云。」

按:史記正文作「雍林」,集解無「廩」字。「廩」字只見於索隱。索隱云:「亦有本作『雍廩』,賈逵曰『渠丘大夫』。左傳云:『雍廩殺無知』,杜預曰『雍廩,齊大夫』。此云『游雍林,雍林人嘗有怨無知,遂襲殺之』,蓋以雍林爲邑名,其地有人殺無知。賈言『渠丘大夫』者,渠丘邑名,雍林爲渠丘大夫也。」正義佚文所指「廩」字,當爲上承索隱而言。

以上諸例,正義佚文的内容顯現出與索隱有疏解關係。同時也發現,今本史記正義的某些條文也顯現出對索隱的疏解關係。這裏,略舉數例。

例一,越王句踐世家正文「夏路以左」句下,集解、索隱、正義皆有注文。

集解引徐廣之説云:「蓋謂江夏之夏。」

索隱云:「徐氏以爲江夏,非也。劉氏云『楚適諸夏,路出方城,人向北行,以西爲左,故云夏路以左』，其意爲得也。」

正義云：「括地志云：『故長城在鄧州内鄉縣東七十五里，南入穰縣，北連翼望山，無土之處累石爲固。楚襄王控霸南土，争强中國，多築列城於北方，以適華夏，號爲方城。』按，此説劉氏爲得，云邑徒衆少，不足備秦嶢、武二關之道也。」

按：史記此文下集解只引徐廣之説。正義本身未引劉氏之説，而直言「此説劉氏爲得」，當是上承索隱而言。

例二，刺客列傳正文「漆其頭以爲飲器」句下，集解無注文，索隱、正義有注文。

索隱云：「案，大宛傳曰『匈奴破月氏王，以其頭爲飲器』。裴氏注彼引韋昭云『飲器，椑榼也』。晉灼曰『飲器，虎子也』。皆非。椑榼所以盛酒耳，非用飲者。晉氏以爲褻器者，以韓子、吕氏春秋並云襄子漆智伯頭爲溲杅，故云。」

正義云：「劉云：『酒器也，每賓會設之，示恨深也。』按：諸先儒説恐非。」

按：史記此文下正義所指「諸先儒説」，當是上承索隱而言。

例三，夏本紀正文「既脩太原，至于嶽陽」句下，集解、索隱、正義皆有注文。

集解云：「孔安國曰：『太原今爲郡名。太嶽在太原西南。山南曰陽。』」

索隱云：「嶽，太嶽，即冀州之鎮霍太山也。按，地理志霍太山在河東彘縣東。凡如此例，不引書者，皆地理志文也。」

正義云：「括地志云：『霍太山在沁州沁原縣西七八十里。』」

按：史記正文與集解皆未提及霍太山。正義引括地志釋霍太山，當是上承索隱而言。

例四，周本紀正文「召公、周公二相行政，號曰共和」句下，集解無注文，索隱、正義有注文。

索隱云：「共音如字。若汲冢紀年則云『共伯和干王位』。共音恭。共，國；伯，爵；和，其名。干，篡也。言共伯攝王政，故云『干王位』也。」

正義云：「共音巨用反。（中略）魯連子云：『衛州共城縣本周共伯之國也。共伯名和，好行仁義，諸侯賢之。周厲王無道，國人作難，王犇于彘，諸侯奉和以行天子事，號曰共和元年。十四年，厲王死於彘，共伯使諸侯奉王子靖爲宣王，而共伯復歸國于衛也。』世家云（中略）明紀年及魯連子非也。」

按：史記此文下集解無注。索隱引汲冢紀年。正義引韋昭、魯連子、世家。正義引三家説而無紀年文，却言「明紀年及魯連子非也」，當是上承索隱而言。

例五，蘇秦列傳正文「吱芮」句下，集解、索隱、正義皆有注文。

集解云：「吠，音伐。」

索隱云：「吠，與『瞂』同，音伐，謂楯也。芮，音如字，謂繫楯之綬也。」

正義佚文（有存有佚。輯校第七三六條，又增訂本第七五二條）云：「吠，音伐；下音仁鋭反。〔方言云：『盾，自關東謂之瞂，關西謂之盾。』〕」

按：史記正文與集解皆無「瞂」字。正義引方言釋「瞂」字，當是上承索隱而言。

例六，留侯世家正文「其先韓人也」句下，集解無注文，索隱、正義有注文。

索隱云：「良既歷代相韓，故知其先韓人。顧氏按：後漢書云『張良出於城父』，城父縣屬潁川也。」

正義云：「括地志云：『城父在汝州郟城縣東三十里，韓地也。』」

按：史記正文無城父地名。集解無注文。正義引括地志釋「城父」，當是上承索隱而言。

今本史記中正義像這樣的例子還可列舉一些。按賀次君之説，張守節不曾見過司馬貞的索隱，所以，張守節的正義無論存、佚，都不可能在內容上與索隱有任何關聯，自然不可能有疏解索隱的正義；如果有正義與索隱構成疏解關係，便可以斷然認定該條正義不是張守節原作，佚之正義是這樣，存之正義同樣也是這樣。這顯然過於武斷，使人難以信從。

綜上所述,據邵晉涵、程金造二位前輩研究提出的成説,加之本文運用實例稽考,可以認定,疏解索隱注文的正義爲張守節所寫真品,不容質疑。

(七)正義佚文與今本史記中正義的重合

古人注書,於前後同樣内容處前已注而後又注是常有的事,有的甚至同一篇内重復出注。史記正義就有其例。

正義佚文有與今本史記中正義重復者。此類情況,賀次君在其史記書録一書中指出約二百餘條,認爲此類只是重復抄録,不能視其爲正義佚文。這裏,抽舉數例。如,吴世家正文「歌邶、鄘、衛」句下正義佚文云「漢書地理志云『河内,殷之舊都,周既滅殷』」云云一條,已見周本紀正義。陳杞世家正文「居於嬀汭」句下正義佚文云「括地志云『嬀汭水源出蒲州河東縣南首山』」云云一條,已見五帝本紀正義;又正文「封之於陳」句下正義佚文云「詩譜云『帝舜後有遏父者,爲周武王陶正』」云云一條,已見田完世家正義;又正文「八世之後,莫之與京」句下正義佚文云「按:陳敬仲八代孫,田常之子襄子磐也」云云一條,已見田完世家正義;又正文「或封英六」句下正義佚文云「括地志云『光州固始縣』云云」

一條，已見夏本紀等等。

程金造在其史記管窺一書中也持賀氏此論，他説：「佚存正義另一種情況，即雖不見於他書，而見於史記本書前後篇第正義之文。此則明是正義前後之移録，不得謂爲佚存之正義。」

賀次君與程金造認爲正義佚文中有與今本史記中正義重復者，是對正義別處條文的移録，不能算作正義佚文。然而，今本史記中之正義，前後重復出現者就爲數不少。這裏，略舉數例。

例一，田敬仲世家正文「而割齊自安平以東」句下正義云：「括地志云：『安平城在青州臨淄縣東十九里，古紀國之酅邑。』青州即北海郡也。」

又，田敬仲世家正文「齊封田單爲安平君」句下正義云：「安平城在青州臨淄縣東十九里，古紀之酅邑也。」

又，秦始皇本紀正文「紀季以酅，春秋不名」句下正義云：「酅，音户圭反。括地志云：『安平城在青州臨淄縣東十九里，古紀之酅邑。帝王紀云周之紀國，姜姓也。』」

又，趙世家正文「齊安平君」句下正義云：「括地志云：『安平城在青州臨淄縣東十九里，古紀之酅邑也。』」

按：安平城一地，今本史記之正義於其地名四處皆注，且田敬仲世家中正義一篇兩注。

例二，夏本紀正文「灃水所同」句下正義云：「括地志云：『雍州鄠縣終南山，灃水出焉。』」

又，夏本紀正文「東會于灃」句下正義云：「灃音豐。括地志云：『雍州鄠縣終南山，灃水出焉，北入渭也。』」

又，夏本紀正文「有扈氏不服」句下正義云：「括地志云：『雍州南鄠縣，本夏之扈國。地理志云鄠縣，古扈國，有户亭。訓纂云户、扈、鄠三字一也，古今字不同耳。』」

按：以上夏本紀一篇内出現的三次「鄠縣」，正義皆引括地志注之。此乃同一地名，一篇三注。

例三，春申君列傳正文「黄、濟陽嬰城而魏氏服」句下正義云：「故黄城在曹州考城縣東。濟陽故城在曹州宛句縣西南。嬰城，未詳。」

又，蘇秦列傳正文「決白馬之口，魏無外黄、濟陽」句下正義云：「故黄城在曹州考城縣東二十四里，濟陽故城在曹州寃朐縣西南三十五里。」

按：以上正義於「黄」、「濟陽」兩處皆注。

例四、史記正義中類似這種相同注解前後復出的例子並不少見，尤其是地理與讀音。注書人於不同處的同一地名或同一字音皆進行注解，往往是出於便讀目的。爲便人閲讀，有些注音文字重復之多，已使人感到驚訝。比如，「爲」字音注，「『爲』，于僞反」多達數十餘次，其他如「『父』，音甫」、「『并』，白浪反」、「『分』，扶問反」、「『應』，乙證反」等亦高頻率出現。

按：「爲」字注音者，重複爲甚。

史記正義中相同注解前後重複，那麼，正義佚文與今本史記中正義重複，也就不足爲奇了，也就不能輕易地推斷爲移録之文了。有人以此爲據指斥正義佚文不可信，也就成了無稽之談而不可憑信了。

（八）正義佚文的訓解

張守節史記正義序中自言：「守節涉學三十餘年，六籍九流地里蒼雅鋭心觀採。」史記正義注釋史記及疏解集解、索隱，於舊注古書，及爾雅、三蒼、方言、説文、釋名、訓纂、廣雅、玉篇等字書也廣肆徵引。其訓釋字義，準確明通，很能解决人們研讀史記的疑難。

程金造史記管窺中認爲，正義佚文有「解釋離奇，疑非中國學者所爲」的條文。這是說，張守節於文字訓詁之學饒有基礎，但正義佚文中文字訓解有些離奇怪異，當不是張守節正義原文。那麼，果真如程氏之說嗎？這裏就對程氏所舉之例進行辨析，看個究竟。

例一，曹相國世家正文「擇郡國吏木詘於文辭，重厚長者」句下正義佚文（輯校第六三四條，又增訂本第六四三條）云：「詘，『訥』同，求物反，謂辭寡也；又音群勿反，擊木之聲無餘響也。言擇吏老文辭重厚長者，若擊木質樸無餘音也。」

程金造批駁此條正義佚文說：「案，古書無借『詘』爲『訥』者，此應是借作『拙』。拙，於文辭，意思是不善辭令。而此佚存正義却解爲木訥。既解爲木訥，自應引論語子路『剛毅木訥』之成語訓釋，那料又想入非非，解成擊木之聲無餘響（論語集解：「王曰：木，質樸。」朱駿聲說文通訓定聲以「木」爲「樸」之借字）。詘於文辭，又解成『老文辭』。此絶不類中國學者所釋。」

按：萬石張叔列傳正文「仲尼有言曰：『君子欲訥於言而敏于行』」句下集解云：「徐廣曰：『「訥」字多作「詘」，音同耳。古字假借。』」可見，古書有「詘」與「訥」通假之例，且「訥」字多作「詘」。程氏失察，曲解佚文，致己之誤。

例二，絳侯周勃世家正文「勃不好文學，每召諸生說士，東鄉坐而責之：『趣爲我語。』其椎少文如此」句下正義佚文（輯校第六六一條，又增訂本第六七一條）云：「責諸生說書急爲語。椎，若椎木無餘響，直其事，少文辭。」

程金造批駁此條正義佚文說：「案，此解『説士』爲『説書』，『趣爲我語』解爲『急爲語』，『椎少文』解爲『椎木無餘響，少文辭』。其意義皆離奇怪異，絶不似張守節之訓解。」

按：漢書周勃傳此句之下顔師古有二注：

其前注，重在解「趣」，云：「蘇林曰：『音趣舍。』臣瓚曰：『今直言勿稱經書也。』師古曰：『二説皆非也。趣，讀曰促，謂令速言也。』」

其後注，重在解「椎」，云：「服虔曰：『謂訥鈍也。』應劭曰：『今俗名拙語爲椎儲。』師古曰：『椎謂樸鈍如椎也。音直推反。』」

以正義佚文與漢書顔注中各家訓解相對比，並不覺佚文有離奇怪異之處，不知程氏何以出此案語，對正義佚文妄加指斥。

例三，司馬相如列傳正文「拘文牽俗」句下正義佚文（輯校第一三六六條，又增訂本第一三九二條）云：「拘文牽俗，言武帝常拘繫脩法之文，牽引隨俗之化。」

程金造批駁此條正義佚文說：「案，『拘文牽俗』意思是被文、俗所拘制牽累，而此則如此增字釋解，也未能使人理解其義，足證絶非張守節所撰之詞。」

按：漢書司馬相如傳正文「豈特委瑣握齪拘文牽俗」句下顔注云：「握齪，局陿也。

不拘微細之文，不牽流俗之議也。 齱音初角反。」以史記正義佚文與漢書顔注相對比，並不覺正義佚文有增字釋解之嫌，反覺程氏之解拘於文辭。

程氏所舉數例，案語多失。 同時，他又指出：「佚存正義在字句解釋方面，也有頗精確的，如刺客列傳『因自皮面決眼』，佚存正義釋曰『謂剥其面皮，決其眼睛』。 李斯列傳『贏糧躍馬』，佚存正義曰『贏，裹糧也』之類。 此等亦非黄、王諸本所有，與離奇怪異之訓釋或不出一人之手，甚或不出于同時，但也未必是正義原文。」正義佚文有文字訓釋頗爲精確者，便認爲與離奇怪異之訓釋不出一人之手，也不同時。 正義佚文雖有文字訓釋頗爲精確者，但爲黄善夫本、王延喆本所無，便以爲未必是正義原文。 如此推論，未免過於主觀武斷。 至少有一點是客觀事實，即黄、王各本已非正義全貌，又怎能以黄、王各本來論佚文之真僞？

賀次君雖不承認正義佚文爲張守節正義原文，但却説：「所補雖非全屬張守節原注，而音義、詮釋亦頗精當，於讀史者尚屬有裨。」

其實，正義佚文從整體上看來，其注解多符合文義，應當給予應有的肯定。 一般來説，對於不同處出現的相同内容的注解應該是一致的，尤其是在舊注中各家説紛紛然時，正義佚文與今本中正義於别處相同正文内容的注解保持一致，更能證明正義佚文爲張守節正義之原文。比如，項羽本紀正文「諸侯罷戲下，各就國」句下索隱云：「戲，音羲，水名也。言『下』者，如『許下』、『洛下』然也。按，上文云項羽入至戲西鴻門，沛公還軍霸上，是羽初停軍於戲水之下。後雖引兵西屠咸陽，燒秦宫室，則亦還戲下。今言『諸侯罷戲下』，是各受封邑號令訖，自戲下各就國。何須假借文字，以爲旌麾之下乎？顔師古、劉伯莊之説皆非。」

史記此句下正義佚文（輯校第八九條，又增訂本第九〇條）云：「戲，麾，大旌也。諸侯各率其軍，從項羽入關破秦，聽命受封爵，俱就國，故言『罷戲下』也。」

按：正義佚文釋「戲」字與索隱不同，但與今本史記中正義於别處「戲」字的注解一致。如高祖本紀「四月，兵罷戲下，諸侯各就國」句下正義云：「戲，音麾。許慎注淮南子云：『戲，大旗也。』」

（九）存佚正義特點的相合

張守節史記正義單本三十卷，後散注進入三注合刻本史記，義多刪削。但是，通觀其文，仍能體會到正義顯著的特點。比如，正義疏的色彩强烈，音注詳密，與索隱相同的注很多，長於地理，多引括地志文等等。這裏，就以佚、存正義考察正義的注書特點，以證佚，存正義特點的相合。

一則，疏的色彩强烈。

從今本史記中的正義看，張守節沿仿了唐人經疏的成例，不僅注釋史記本書，而且還對注史記之書集解多有疏解，對索隱也時有涉及。這是史記正義的一大特色。正義佚文中有不少條文符合這一特點。對此，上文已有所論説。這裏，略舉數例。

例一，吕后本紀正文「吕平爲扶柳侯」句下，集解云：「徐廣曰：『吕后姊子也。母字長姁。』」

正義佚文（有存有佚。輯校第一二一條，又增訂本第一二二條）云：「〔括地志云：『扶柳故城在冀州信都縣西三十里，漢扶柳縣也。有澤，澤中多柳，故曰扶柳。』〕長姁，上張丈反；下況羽反，又呼附反。」

例二，孝文本紀正文「帝初幸甘泉」句下，集解云：「蔡邕曰：『天子車駕所至，民臣以爲僥倖，故曰幸。至見令長三老官屬，親臨軒，作樂，賜食帛越巾刀佩帶，民爵有級數，或賜田租之半，故因是謂之幸。』」

正義佚文（輯校第一三七條，又增訂本第一三八條）云：「越謂江東。細綜布爲手巾也。」

例三，越王句踐世家正文「范蠡事越王句踐」句下，集解云：「太史公素王妙論曰：『蠡本南陽人。』列仙傳云：『蠡，徐人。』」

正義佚文（有存有佚。輯校第五〇〇條，又增訂本第五〇三條）云：〔「吴越春秋云：『蠡字少伯，乃楚宛三户人也。』越絶云：『在越爲范蠡，在齊爲鴟夷子皮，在陶爲朱公。』又云：『居楚曰范伯。謂大夫種曰：「三王則三皇之苗裔也，五伯乃五帝之末世也。天運曆紀，千歲一至，黄帝之元，執辰破巳，霸王之氣，見於地户。伍子胥以是挾弓矢干吴王。」於是要大夫種入吴。此時馮同相與共戒之：「伍子胥在，自餘不能關其詞。」蠡曰：「吴越之邦同風共俗，地户之位非吴則越。彼爲彼，我爲我。」乃入越，越王常與言，盡日方去。』」〕七略云：『素王妙論二卷，司馬遷撰也。』」

按：根據粗略統計，正義佚文中此類對集解進行疏解的條文約有五十餘條。這説明，正義佚文在這一點上是符合張守節史記正義特點的。

二則，音注詳密。

正義序中説：「次舊書之旨，兼音解注。」張守節處在一個對「音」普遍關注的時代，他承繼此前鄒誕生史記音、劉伯莊史記音義的傳統，尤其是受陸德明經典釋文的影響，使得音注成了正義的重要組成部分。正義佚文中有不少音注的條文。

例一，殷本紀正文「予大罰殛之」句下正義佚文（輯校與增訂本同爲第二八條）云：「殛，紀力反，誅也。」

例二，又殷本紀正文「是時説爲胥靡」句下正義佚文（輯校與增訂本同爲第三四條）云：「爲，音于僞反。胥靡，腐刑也。」

例三，周本紀正文「日夜勞來，定我西土」句下正義佚文（輯校與增訂本同爲第四七條）云：「勞來，上郎到反，下郎代反。謂撫循慰勉也。」

例四，又周本紀正文「五刑不簡，正於五罰」句下正義佚文（輯校與增訂本同爲第五五條）云：「應，乙陵反，下同。應，當也。」

按：根據粗略統計，不包括正義佚文對集解的音注及自注，佚文對史記正文進行音注的條文多達三百餘條。

三則，與集解、索隱相同的注文較多。

張守節正義的許多條文與集解、索隱的注文有部分相同。由於三家注注解的對象一致，故而解説多一致。而且由於正義與索隱基本成書於同一時代，兩者引用的古籍舊説及各自的見解也多相同，所以正義與索隱相同之處更多於集解。存、佚正義都是如此。下舉數例。

例一，樗里子甘茂列傳正文「知伯之伐仇猶，遺之廣車」句下，集解云：「許慎曰：『仇猶，夷狄之國。』戰國策曰：『智伯欲伐仇猶，遺之大鍾，載以廣車。』周禮曰：『廣車之萃。』鄭玄曰：『廣車，横陳之車。』」索隱云：「戰國策云：『智伯欲伐仇猶，遺之大鍾，載以廣車。』」

正義佚文（有存有佚。輯校第七九〇條，又增訂本第八〇六條）云：「〔括地志云：『并州盂縣外城俗名原仇山，亦名仇猶，夷狄之國也。韓子云：「智伯欲伐仇猶國，道險難不通，乃鑄大鐘遺之，載以廣車。仇猶大悦，除塗内之。赤章曼支諫曰：『不可，此小所以事大，而今大以遺小，卒必隨，不可。』不聽，遂内之。曼支因斷轂而馳。至十九日而仇猶亡也。」』〕戰國策曰：『智伯欲伐仇猶，遺之大鍾，載以廣車。』周禮曰：『廣車之卒。』鄭玄曰：『廣車，横陳之車。』」

例二，孟嘗君列傳正文「五月子者，長與户齊，將不利其父母」句下，索隱云：「按，風俗通云：『俗説五月五日生子，男害父，女害母。』」正義佚文（輯校第八三八條，又增訂本第八五四條）云：「俗説五月五日生子，男害父，女害母。」

例三，李斯列傳正文「布帛尋常」句下，索隱：「八尺曰尋，倍尋曰常，以言其少也。」正義佚文（輯校第一〇三九條，又增訂本第一〇六四條）云：「八尺曰尋，倍尋曰常。言其少也。」

按：正義佚文與集解，尤其是索隱，多有相同。這一點，也是符合張守節史記正義特點的。

四則，釋地主要引據括地志。

張守節史記正義長於地理，而且釋地絶大部分都是引據括地志。正義引用括地志文，明文標注書名的就多達五百五十餘條。正義佚文中的釋地條文，明文標注「括地志」書名的引文，根據粗略統計，有六十餘條。正義佚文側重地理的注解而多引括地志文，符合正義的特點。

又，正義中引用較多的古籍，有漢書、左傳、帝王世紀、爾雅、説文、世本等書。這些書，在正義佚文中出現的次數也較多。

談及正義的引書，這裏附帶説一下正義佚文的引書情況。

張守節史記正義注解史記，引書範圍很廣，約有四百餘種。正義佚文引書，從整體來看，也爲數不少。但是程金造史記管窺中説：「正義之所引，如城記、地記、宮記、圖記、晉徵祥記、録異傳諸書，即是治目録學者，也多不熟於耳目，此正是隋唐以前之書籍。而佚存正義，其所引之書，却不見此等之書，多是於今普遍習見習用之書，如穆天子傳、列女傳、山海經、老子、莊子、淮南子、鹽鐵論、論衡、燕丹子之類。就是佚逸之書，如世本、括地志、帝王世紀、七録之類，在今日流傳之類書、地志或其他書内，都可察得其條文，照文可移録。可是，佚存正義所録之文，多是此習見之書。固然不可以此習用習見之目，即作爲真僞的根據，但其中有可疑存在。」程氏此言又多失之。

首先，程氏所舉城記、地記、宫記、圖記、晉徵祥記、録異傳等書，認爲正義有引，正義佚文不引，所以佚文可疑。但是，據統計，正義中引用這些書的次數本來就很少，比如地記三次，晉徵祥記、録異傳皆一次。正義佚文相對正義條文來説，只是其中的少部分，其在散佚時若必是將引這類書的條文散佚出，這種巧合實在難得。所以，要以正義佚文中不引此類書而疑之，實在過於牽强。

其次，程氏以爲正義佚文引書多是於今普遍習見習用者。但其所舉書目中，正義佚文引的最多的淮南子也不過才四次，相對於括地志、漢書地理志等書目來説，這類書目在佚文中出現的次數是非常少的，怎談得上正義佚文多引這類於今普遍習見習用之書呢？

再次，程氏認爲正義佚文所引世本、括地志、帝王世紀、七録等佚逸之書，是從録有其引文的類書、地志或其他書内移録，所以不是正義原文。但是，正義佚文中確有不見於各家類書、地志或其他書引用者，爲正義佚文獨有，如前述括地志部分條文。程氏之言失之。

正義佚文中引用書目約一百五十種。據水澤校補所收載史記之文獻學研究統計：「這其中不見於舊正義〔一〕的書目約二十種。這二十種書目中有十五種見於索隱。所以，正義佚文在引書方面並不使人覺得有何疑問。（另外五種書目也都成書於正義成書之前。）」

綜上所述，從正義佚文整體考察，其多方面的特點都是與正義相合的。

（十）疑非正義佚文者

史記正義佚文是從史記正義單本中過録到三注合刻本史記欄外的條文，成爲内容豐富的古校記組成部分。由於過録中會發生一些訛誤衍脱，更由於後來學者輯録時稍有的疏忽而不嚴謹，致使正義佚文面貌複雜化，其中個别條文是否純真令人生疑。佚文中疑非正義者，主要有以下三種情況。

一則，將個别不標「正義曰」的條文輯録收入。

〔一〕水澤利忠所言「舊正義」，即本文所説的「正義佚文」。

例一，燕召公世家正文「齊田單伐我，拔中陽」句下正義佚文（輯校第三一七條，又增訂本第三一八條）云：「中陽故城在汾州隰城縣南十里。」

按：燕召公世家此處該條之上，各本古校記皆不冠「正義曰」。水澤校補云：「按，南化、楓、棭、三、梅各本校記此注上不冠『正義曰』三字，瀧川氏據大島贄川史記考異爲正義。」

檢史記別處正義，亦有與此處該條文字内容相同或相近者。如，趙世家正文「與秦會中陽」句下正義云：「括地志云：『中陽故縣在汾州隰城縣南十里，漢中陽縣也。』」輯佚者將燕召公世家此處該條輯入正義佚文。輯佚者是自我主觀認定，還是從史記別處與此處該條文字内容相同或相近的正義移録而來，皆不得知。不知其依據，難定其是非，似當存疑。

例二，燕召公世家正文「秦敗趙於長平四十餘萬」句下正義佚文（輯校第三一八條，又增訂本第三一九條）云：「長平故城在澤州高平縣西二十一里，秦、趙戰時築也。」

按：燕召公世家此處該條之上，各本古校記皆不冠「正義曰」。水澤校補云：「按：南化、楓、棭、三本校記不冠『正義曰』。」

檢史記別處正義，亦有與此處該條文字内容相同或相近者。如，趙世家正文「廉頗將軍軍長平」句下正義云：「括地志云：『長平故城在澤州高平縣西二十一里，即白起敗括於長平處。』」又如，白起王翦列傳正文「趙軍長平」句下正義云：「長平故城在澤州高平縣西二十一里也。」

輯佚者將燕召公世家此處該條輯入正義佚文。輯佚者是自我主觀認定，還是從史記別處與此處該條文字内容相同或相近的正義移録而來，皆不得知。不知其依據，難定其是非，似當存疑。

例三，楚世家正文「今使使者從儀西取故秦所分楚商於之地方六百里」句下正義佚文（輯校第四六八條，又增訂本第四七一條）云：「荆州圖副云：『鄧州内鄉縣東七里，張儀所謂商於之地。』」

按：楚世家此處該條之上，各本古校記皆不冠「正義曰」。水澤校補云：「按：各本校記不冠『正義曰』三字，瀧本據大島贄川史記考異爲正義。今存疑。」

檢史記別處正義，亦有與此處該條文字内容相同或相近者。如，越王句踐世家正文「商、於、析、酈、宗胡之地」句下正義云：「酈音擲。括地志云：『商洛縣則古商國城也。』荆州圖副云『鄧州内鄉縣東七里於村，即於中地也』。」

又如，越王句踐世家正文「北圍曲沃、於中」句下正義引括地志云：「於中在鄧州内鄉縣東七里。」又如，商君列傳正文「秦封之於、商十五邑」句下正義云：「於、商在鄧州内鄉縣東七里，古於邑也。」

輯佚者將楚世家此處該條輯入正義佚文。輯佚者是自我主觀認定，還是從史記別處與此處該條文字内容相同或相近的正義移録而來，皆不得知。不知其據，難定是非，似當存疑。

例四，張丞相列傳正文「明於事，有大智，後世稱之」句下正義佚文（輯校第一一二三條，又增訂本第一一四八條）云：「漢書：吉道上見殺人，不問；見牛喘吐舌，使吏問之。或讓吉，吉曰：『民間相傷殺，長安令、京兆尹職，歲竟，丞相課其殿最賞罰。宰相不親小事，非所當於道問也。方春少陽用事，未可以熱，恐牛近行，以暑故喘，此時節失氣，恐有所傷害也。三公典陰陽，職所當憂，是以問之。』以吉知大體，故世稱之。」

按：張丞相列傳此處該條之上，各本古校記皆不冠「正義曰」。水澤校補云：「按：南化、幻、梅、狩各本校記不冠『正義曰』三字，疑非正義注文。」

檢史記別處正義，無與此處該條文字内容相同或相近者。

查閲漢書，疑史記張丞相列傳此處該條之文字内容，是抄寫校記者從漢書丙吉傳節録來的。漢書丙吉傳這段文字的原文是：「吉又嘗出，逢清道羣鬭者，死傷横道，吉過之不問，掾史獨怪之。吉前行，逢人逐牛，牛喘吐舌。吉止駐，使騎吏問：『逐牛行幾里矣？』掾史獨謂丞相前後失問，或以譏吉，吉曰：『民鬭相殺傷，長安令、京兆尹職所當禁備逐捕，歲竟丞相課其殿最，奏行賞罰而已。宰相不親小事，非所當於道路問也。方春少陽用事，未可大熱，恐牛近行用暑故喘，此時氣失節，恐有所傷害也。三公典調和陰陽，職所當憂，是以問之。』掾史乃服，以吉知大體。」

輯佚者將張丞相列傳此處該條輯入正義佚文。輯佚者是自我主觀認定，還是另有所據，皆不得知。不知其所據，難定其是非，似當存疑。

例五，劉敬叔孫通列傳正文「陛下何自築複道？高寢衣冠月出游高廟，高廟，漢太祖，柰何令後世子孫乘宗廟道上行哉」句下正義佚文（輯校第一一七九條，又增訂本第一二〇四條）云：「服虔云：『持高廟中衣，月旦以游於衆廟，已而復之也。』應劭云：『月旦出高帝衣冠，備法駕，名曰游衣冠。』如淳云：『高祖之衣冠，藏在宮中之寢，三月出游，其道正值今之所作複道下，故言乘宗廟道上行也。』晉灼云：『黄圖高廟在長安城門街東，寢在桂宮北。』服言衣藏於廟中，如言宮中衣冠。游於高廟，每月一爲之，漢制則然。後之學者不曉其意，謂以月出之時夜游衣冠，失之遠矣。」

按：劉敬叔孫通列傳此處該條之上，各本古校記皆不冠「正義曰」。水澤校補云：

「按：古本標記不冠『正義曰』，疑非正義注文。」

檢史記别處正義，無與此處該條文字内容相同或相近者。

查閲漢書，疑史記劉敬叔孫通列傳此處該條之文字内容，是抄寫校記者從漢書叔孫通傳中的顔師古注全文移録來的。只是，漢書注中「曰」字此處改用「云」，漢書注在叙述諸家説法後，顔氏總言己意，云「師古曰『諸家之説皆未允也』」云云數句之前的「師古曰」被删，可能爲掩移録漢書顔注之跡。

輯佚者將劉敬叔孫通列傳此處該條輯入正義佚文。輯佚者是自我主觀認定，還是另有所據，皆不得知。不知其所據，難定其是非，似當存疑。

例六，春申君列傳正文「今王使盛橋守事於韓」句下正義佚文（輯校第八七九條，又增訂本第八九五條）云：「劉伯莊曰：『秦使盛橋守事於韓，亦如楚使召滑於越也，並内行章義之難。』」

按：春申君列傳此處該條之上，各本古校記皆不冠「正義曰」。水澤校補云：「按：各本校記不冠『正義曰』，蓋非正義注文乎？」

上舉六例，皆古校記前不冠「正義曰」而被輯爲正義佚文。輯佚者是自我主觀認定，還是另有所據，皆不得知。不知其所據，難定其是非，故而似當存疑。

二則，個別正義佚文增入非佚文文字與內容。多爲輯録佚文時不慎收入。

例一，袁盎晁錯列傳正文「天下所望者，獨季心、劇孟耳」句下正義佚文（輯校第一二一三條，又增訂本第一二三八條）云：「言二子救人之急如父母耳。文穎曰：『心，季布弟也。』」

按：史記袁盎晁錯列傳此處該條之上，各本古校記皆不冠「正義曰」。水澤校補云：「按：據南化本標記，則『文穎曰』以下八字提行，疑非正義注文。」

查閱漢書，疑史記袁盎晁錯列傳此處該條中「文穎曰『心，季布弟也』」一句凡八字，是抄寫校記者從漢書袁盎晁錯傳「獨季心、劇孟」句下顔注移録來的。

輯佚者將袁盎晁錯列傳此處該條輯入正義佚文。輯佚者是自我主觀認定，還是另有所據，皆不得知。不知其所據，難定其是非，似當存疑。

例二，酷吏列傳正文「坐課累府，府亦使其不言」句下正義佚文（輯校第一五〇二條，又增訂本第一五三〇條）云：「縣有盗賊，府亦坐，府使縣不言上，故盗賊漸多。孟康曰：『縣有盗賊，府亦并坐，使縣不言也。』」

按：水澤校補云：「按，南化、梅本『孟康曰』以下提行，而不冠『正義曰』，恐非正義，瀧本以狩本與上文合而爲正義。」

檢今本史記與漢書此處正文，史記三家注集解、索隱、正義皆無注文；而漢書有顏注，注文云：「孟康曰：『縣有盜賊，府亦并坐，使縣不言之也。』師古曰：『府，郡府也。累音力瑞反。』」

輯佚者將酷吏列傳此處該條輯入正義佚文。輯佚者是自我主觀認定，還是另有所據，皆不得知。不知其所據，難定其是非，似當存疑。

例三，魏世家正文「魏獻子生魏侈」句下正義佚文（輯校第五四七條，又增訂本第五五二條）云：「侈，音他；侈，尺氏反。」

按：水澤校補云：「各本校記『侈尺氏反』提行，下四字非正義歟？」此佚文一字注兩音，人名豈可有一字兩讀者？後四字恐非正義佚文。

例四，淮陰侯列傳正文「印刓敝，忍不能予」句下正義佚文（輯校第一〇八三條，又增訂本第一一〇八條）云：「印刓，作『印抏』。注曰音與『刓』同，五丸反。角之刓，與『玩』同。手弄角訛，不忍授也。」

按：輯校寫有校記云：「史文『印刓』二字，校補云：『按：古本標記引正義本，「印刓」作「印抏」。』依校補所云，『印刓作印抏注曰』七字，恐非正義注文。」非正義而何？乃抄録者所加寫説明語，「『印刓』作『印抏』」是説二本異文，「注曰」是説其下爲正義文。

上舉四例，是輯録者不慎，將另提行的轉抄之文或批注，上接冠有「正義曰」的佚文，從而成爲佚文的一部分。

三則，還有極個别條文，不見出處，可能是輯録者誤判妄增或疏忽衍收所致。

例一，外戚世家正文「太子襲號爲皇帝」句下正義佚文（輯校第六一四條，又增訂本第六二二條）云：「即武帝。」

按：水澤校補云：「各本無此注三字，瀧川本或本之旁注誤爲正義歟？」

例二，周本紀正文「明年，伐犬戎」句下正義佚文（有存有佚。輯校與增訂本同爲第三九條）云：「山海經云：『有人，人面獸身，名曰犬戎。』（又云：『黄帝生苗龍，苗龍生融吾，融吾生并明，并明生白犬。白犬有二，是爲犬戎。』説文云『赤狄本犬種』，故字從犬。又後漢書云『犬戎，槃瓠之後也』，今長沙武陵之郡太半是也。又毛詩疏云『犬戎昆夷』是也。）」

按：史記此文下正義有存有佚，存者始句即言「又云」，便知其上有佚。所佚是什麽，正義佚文多爲與集解、索隱有重複者，但不盡然，重要的是依據何而定。瀧川輯録的本條正義佚文與集解文字完全相同，而其所據不明，難以使人確信其爲正義佚文。

例三，孝文本紀正文「太尉乃跪上天子璽符」句下正義佚文（輯校第一三二條，又增訂本第一三三條）云：「上，時掌反。」

按：這一條正義佚文，各本古校記皆無抄録。

例四，孝文本紀正文「歲以有年」句下正義佚文（輯校第一四二條，又增訂本第一四三條）云：「言豐年也。」

按：這一條正義佚文，各本古校記皆無抄録。

例五，蘇秦列傳正文「碣石」句下正義佚文（輯校第七二三條，又增訂本第七三九條）云：「碣石山在平州，燕東南。」

按：這一條正義佚文，各本古校記皆無抄録。

例六，樗里子甘茂列傳正文「吾自請張卿相燕而不肯行」句下正義佚文（輯校第七九四條，又增訂本第八一〇條）云：「張唐爲卿，故曰張卿。」

按：各本古校記抄録的「正義曰」條文中，只有本條前四字「張唐爲卿」，而無後四字「故曰張卿」。

瀧川史記會注考證糾集前注，羅列宏富，然而其中難免時有錯失。瀧川所輯録的正義佚文中，有非正義或可疑者，有將不冠「正義曰」的文字輯入者，還有極個别條文是妄增或誤衍者。誤失文字的來源，有的是漢書正文，有的是漢書顔注，有的是史記别處正文下的正義文字，有的是後人批注性校記，還有的可能是無據輯録的文字。這些誤失，多由輯録者的疏忽所致。

日本史記古校記中冠有「正義曰」的條文，應該就是史記正義佚文，其真僞不應成爲問題，但其不然。自於日本發現史記正義佚文後，其中上冠「正義曰」的條文，一直是學者分歧争辯的主要所在，因此，這也是本文論述、考察、實證的重點所在。本文首先對史記古校記的標注名目與有關校記進行考察，認爲史記正義單本曾經在日本流傳，正義佚文當來自正義單本。爾後，又從多方面考察辨析正義佚文的内容，以辨定正義佚文的真僞。通過實證資料，證實正義佚文確爲張守節史記正義原文。同時，也對一些否定正義佚文真實性的錯誤觀點進行了辨駁。對非正義條文進行剔除，對可疑條文進行進一步研究，除此小部分外，其餘絶大部分正義佚文，確屬張守節史記正義原文，不容置疑。

五、史記正義佚文的學術價值

史記正義佚文的真僞直接關係到它的學術價值，在得出正義佚文大部分可信的結論後，對正義佚文的學術價值就應予以充分的肯定。張守節史記正義長於地理，詳於音注，同時也因其對史記正文及其集解、索隱二家注文在文字與史實方面的闡釋疏解與指摘糾誤而引人注目。正義佚文中保存的大量文史資料，將有助於對史學、文獻學等多方面的學術研究。

（一）正義佚文保存了部分古代注疏資料

張守節史記正義注史記，疏集解、索隱，多引史記、漢書古注，比如徐廣、應劭、韋昭之説，鄒氏、劉氏之解，而這些古注舊説今多已亡佚。史記正義又多引他書文字，所引之書皆爲張守節正義成書以前之古籍，見於隋志、兩唐志者頗多，而傳於今者却不多。史記正義徵引的古注古書，便成爲古代留存的寶貴資料。其舊注與古書有傳於今者，可用正義所引訂正其訛脱衍誤；其有不傳於今者，如徐廣、劉伯莊之注，括地志、世本、帝王世紀等書，也可借正義所引進行輯佚，或可窺其一斑。比如，括地志一書南宋時便已失傳，而史記正義多引其文注釋地理，便可以此對括地志條文進行匯輯。賀次君括地志輯校一書，便多是依據史記正義存、佚注文編輯的括地志輯佚本。

史記正義佚文雖有與集解、索隱或正義别處條文重複者，但除去重複，佚文的大部分條文相對於史記及集解、索隱來説，仍是全新的注疏，佚文失而復得，這些注疏也就保存下來，成爲史記史學與文獻學研究中的珍貴資料，如再參以他書，便可更多更好地發揮作用，裨益學術。

比如,在地理方面,史記集解與索隱涉及地理方面的内容很少,且凡注解,多是徵引漢書地理志。張守節正義則多用唐初括地志關於古地沿革與唐之當時所在行政區劃名稱注解史記地名。如果是站在唐代,張守節正義引用唐時地理書注疏古書注中地名,要比索隱用漢、晉地理書解説更容易被人們接受,更便於研讀史記。通過正義,先秦、秦、漢時地名可印證唐初之地名。後人如若參以元和郡縣志、太平寰宇記等地理書及各史中地理志,並上稽水經注等書,考證古今地理之變遷及所在,唐代地理沿革發展變化狀況等,正義及其佚文都是可貴資料。

又比如,在語音文字方面,史記正義於音注非常重視,張守節所作論音例很能解決字音疑難。正義佚文廣引字書,多注字音,對字義訓釋也頗多精當之處,不僅便於研讀史記,於文字的古音古義及中唐文字音義發展變化的研究也頗有學術價值。

再加上,對正義佚文所引古書後世是否仍有著録等情况作詳細檢核,對於考證古書之流傳,古書之亡佚,乃至古代學術之消長,即在古典文獻目録學研究方面也可資利用。所引古書今仍傳世者,其傳世文本與正義佚文引文的同異,爲文獻校勘提供了資料。所引古書後已亡佚不存者,所引古書文句成爲文獻輯佚的寶貴資料。

(二)正義佚文保存了史記各版本的異文資料

史記在長期流傳過程中，經過輾轉傳抄，逐漸出現文字變異。劉宋裴駰史記集解序中記載，南朝徐廣「研核衆本，爲作音義，具列異同，兼述訓解」。司馬貞史記索隱後序中說：「音義十三卷，唯記諸家本異同，於義少有解釋。」作爲史記的第一個較完整注本，徐廣音義的主要功績，在於纂輯諸本的文字歧異。裴駰「聊以愚管，增演徐氏」，他在史記集解序中說：「考較此書，文句不同，有多有少，莫辯其實，而世之惑者，定彼從此，是非相貿，真僞舛雜。」可見，史記抄本傳到南北朝時，已有多種不同的本子，且文句歧異，真僞難辨。四庫全書總目説「其書自晉、唐以來，傳本無大同異」，當指史記在卷帙上變化不大，而傳本在文字上的差異還是很多的。由於史記各傳本及前注本多所亡佚，所以考察史記傳本中文字的異同，主要還需依據三家注。三家注解史記，校其文字，他們所依據的本子並不相同，而且本各自爲書，各自流行，所以其中保存了不少文字上的歧異，這些歧異有助於對史記傳本的研究，有助於對史記文字的考核。

如同今本史記的正義中保存了很多異文一樣，正義佚文中也保存了不少異文。其異文是通過多種方式顯現出來的。比如，以「某作某」、「某一作某」、「或作」、「又作」等校勘術語，直接注明異文。又如，正義佚文所注史記正文文字與今本史記正文文字有差異，以「某當作某」等形式顯現出來，不僅指出它們是異文（「某一作某」），而且指出它們有正誤（「某當作某」）。這些，都爲後世研讀史記提供了可取資料。

張守節史記正義就其當時所見各本異文進行記載，或對文字進行糾誤，它不僅顯示了史記不同的傳本，還可訂正古書傳寫之謬誤，利於史記之校勘。其採用多種校勘術語展示出的借字、本字、異體字等，也是文字學研究的寶貴資料。今本史記是以在清代堪稱最完善的金陵本爲底本，廣泛吸取前人研究成果，改正了史記在傳抄和翻刻中的許多錯誤，但是在正字、斷句、版式諸方面，仍有不少人提出質疑。而史記正義佚文中提供的異文資料當是可貴的參考。

下舉數例：

例一，夏本紀正文「稱以出」句下正義佚文（輯校與增訂本同爲第一六條）云：「言出教命皆合衆心，是『稱以出』也。出，一作『士』。按：稱者，衣服也。禹服緇衣纁裳，是士之祭服也，孝經鈎命決云『禹，吾無閒然矣，菲飲食而致孝乎鬼神，惡衣服而致美乎黻冕』是也，其義亦通，不及『出』字之義也。」

例二，魯周公世家正文「東伐至盟津」句下正義佚文（輯校第二七五條，又增訂本第二七六條）云：「盟，一作『孟』，地名，津渡黄河處。」

例三，晉世家正文「非以爲可用與」句下正義佚文（輯校第四〇四條，又增訂本第四〇六條）云：「興，起也。本作『與』字者誤也。」

例四，楚世家正文「膺擊韓魏」句下正義佚文（輯校第四七六條，又增訂本第四七九條）云：「膺，作『鷹』。如鷹鳥之擊也。」

例五，外戚世家正文「因欲奇兩女，乃奪金氏」句下正義佚文（輯校第六一二條，又增訂本第六二〇條）云：「奇，作『倚』；倚，於綺反，倚依也。問卜筮，兩女當貴，乃依恃之，故奪金氏之女。」

例六，孝武本紀正文「食臣棗，大如瓜」句下正義佚文（輯校第一六七條，又增訂本第一六八條）云：「一作『臣』。安期生食巨棗，大如瓜。」

（三）正義佚文對史記正文與集解、索隱注文在史實上的指摘糾誤

張守節史記正義以其對史記正文與集解、索隱注文在史實上的指摘而著稱。在這方面，正義佚文中，也有爲數不少的實證。這裏略舉數例。

例一，陳杞世家正文「杞後陳亡三十四年」句下正義佚文（輯校第三四三條，又增訂本

第三四四條）云：「年表云：楚惠王十年滅陳，四十四年滅杞，是杞後陳亡三十四年。然滑公一年，哀公十年，出公十二年，簡公一年，合成二十四年，計數缺十年。未知缺何公十年，是太史公疎矣。」

按：史記此段正文的全文是：「滑公十五年，楚惠王滅陳。十六年，滑公弟闕路弑滑公代立，是爲哀公。哀公立十年卒，滑公子敕立，是爲出公。出公十二年卒，子簡公春立。立一年，楚惠王之四十四年，滅杞。杞後陳亡三十四年。」從史記正文看，「滑公十五年，楚惠王滅陳」到「子簡公春立。立一年，楚惠王之四十四年，滅杞」，杞各公在位年代相續，得二十四年，與「杞後陳亡三十四年」不符，中間缺十年。此句正文下集解、索隱皆無注，唯有正義佚文對史記正文之疏舛進行指摘以正其誤。

例二，宋微子世家正文「王偃立四十七年」句下正義佚文（輯校第三八五條，又增訂本第三八七條）云：「年表云：魏昭王十年，齊滅宋，宋王死於温。田完世家云：『滑王三十八年，齊遂伐宋，王亡，死於温。』據年表，宋滅，周赧王二十九年。合當宋王偃四十三年。今云四十七年，恐誤也。」

按：正義佚文以年表及田完世家記載進行推算，指出史記宋微子世家正文記載的錯誤。

例三，樂毅列傳正文「樂臣公」句下正義佚文（輯校第九一四條，又增訂本第九三〇條）云：「巨，音詎。本作『臣』者誤。」

按：史記正文「巨公」，集解云「一作『巨公』」。依集解與正義注文，正義本史記正文「臣」作「巨」。梁玉繩史記志疑云：「『巨』字是。田叔傳作『巨公』，漢書作『鉅』可證。」瀧川考證云：「『巨公』是得道之名，猶墨家有鉅子，非名字也。下文四『臣公』皆當作『巨公』。」正義佚文所言「本作『臣』者誤」，是頗富按斷力的。

以上正義佚文各例，是主觀上要對史記正文進行指摘，還有一類不是主觀上要指摘史記正文及前注，但客觀上却起了指摘的作用。這裏也舉數例。

例一，吕不韋列傳正文「後百年，旁當有萬家邑」句下正義佚文（輯校第一〇〇一條，又增訂本第一〇一八條）云：「漢宣帝元康元年，以杜東原上爲初陵，更改韓爲杜陵，萬年縣東南二十五里。從始皇七年葬太后，至宣帝元康元年一百七十四年。」

按：史記此文下索隱有注文，云：「按：宣帝元康元年起杜陵。漢舊儀武、昭、宣三陵皆三萬户，計去此一百六十餘年也。」

從秦始皇七年葬太后至漢宣帝元康元年，共計一百七十四年，索隱誤，正義佚文是。

例二，燕召公世家正文「桓公十六年卒」句下正義佚文（輯校第三一一條，又增訂本第三一二條）云：「燕四十三代，三桓公、二僖公、二宣公、二惠公、二文公。蓋國微，其謚故重。」

按：「桓公十六年卒」這句史記正文前，有「自召公已下九世至惠侯」一句，其句下有索隱注文，云：「燕四十二代有二惠侯，二釐侯，二宣侯，三桓侯，二文侯。蓋國史微失本謚，故重耳。」

依燕召公世家記載，自召公封燕至秦虜燕王喜滅燕，燕傳世四十三代，其謚，桓者三、釐（僖）者二、宣者二、惠者三、文者二。述謚各有幾代，索隱、正義皆有誤者，但是，總言其數，索隱謂「燕四十二代」誤，正義佚文謂「燕四十三代」是。

例三，白起王翦列傳正文「平陽君」句下正義佚文（輯校第八〇八條，又增訂本第八二四條）云：「趙世家曰：『封趙豹爲平陽君。』平陽故城在相州臨漳縣西二十五里。」

按：白起王翦列傳記載平陽君事云：秦昭王四十五年，秦「伐韓之野王。野王降秦，上黨道絶。其守馮亭與民謀曰：『鄭道已絶，韓必不可得爲民。秦兵日進，韓不能應，不如以上黨歸趙。趙若受我，秦怒，必攻趙。趙被兵，必親韓。韓趙爲一，則可以當秦。』因使人報趙。趙孝成王與平陽君、平原君計之。平陽君曰：『不如勿受。受之，禍大於所得。』平原君曰：『無故得一郡，受之便。』趙受之」。

檢趙世家，於趙惠文王二十七年云：「封趙豹爲平陽君。」又於趙孝成王四年記載平陽君豹對趙孝成王之問云：「韓氏上黨守馮亭使者至，曰：『韓不能守上黨，入之於秦。其吏民皆安爲趙，不欲爲秦。有城市邑十七，願再拜入之趙，財王所以賜吏民。』王大喜，召平陽君豹告之曰：『馮亭入城市邑十七，受之何如？』對曰：『聖人甚禍無故之利。』」云云。

從白起王翦列傳與趙世家這兩段文字看，所記爲同一件事，且其兩處皆提到平陽君，只是，趙世家述事中不僅記了封號，而且還記了名字，稱「平陽君豹」。更於此處之前記其受封時稱「平陽君趙豹」，封號與姓名都有了；白起王翦列傳全篇不僅只在述事時提及一次，而且僅有封號，而無姓名，只稱「平陽君」而已。

趙世家有「封趙豹爲平陽君」，且明言「平陽君豹」，所以，正義佚文對白起王翦列傳此段正文中「平陽君」的注解確有所據，而索隱却疏漏脱失，注云「平陽君未詳何人」。

例四，鄭世家正文「東徙其民雒東，而虢、鄶果獻十邑」句下正義佚文（輯校第五〇七條，又增訂本第五一〇條）云：「括地志云：『故華城在鄭州管城縣南三十里。』」

按：此句史記正文下有集解、索隱注文。集解云：「虞翻曰：『十邑謂虢、鄶、鄔、蔽、補、丹、依、㽥、歷、莘也。』」索隱云：「國語云：『太史伯曰「若克二邑，鄔、蔽、補、丹、依、𥈠、歷、莘君之土也」。』虞翻注皆依國語爲説。」

史記正文與其下集解、索隱注文皆無「華」，而正義佚文引括地志釋「華」。秦本紀正文「擊芒卯、華陽」句下正義引括地志云：「故華城在鄭州管城縣南三十里。國語云史伯對鄭桓公，虢、鄶十邑，華其一也。」穰侯列傳正文「爲華陽君」句下正義亦云：「故華城在鄭州管城縣南三十里。」國語鄭語正文「十邑皆有寄地」句下韋昭注云：「十邑，謂虢、鄶、鄔、蔽、補、舟、依、柔、歷、華也。」鄭取十邑之中，有華而無莘，「莘」當作「華」是。據水澤校補，本句史記正文下集解中之「莘」字，景、井、蜀、紹、耿、慶、彭、毛、凌、游各本皆作「華」，殿、金陵本改作「莘」。故正義佚文所注「華」是，而集解、索隱作「莘」，恐爲流傳中所致誤。

六、結束語

張守節史記正義三十卷，是其積三十餘年之精力，「郡國城邑委曲申明，古典幽微竊探其美，索理允愜，次舊書之旨，兼音解注，引致旁通」之通注史記、偶疏集解、索隱之書。然而，至宋三注合刻，正義多被删削，且史記正義單本失傳，遂不復見其真面目。

近百年來，經過日本瀧川龜太郎、水澤利忠與小澤賢二等學者的悉心輯録，從日本收藏史記古校記中輯得史記正義佚文共一六七四條（原一六四五條，今增二九條）。三位日本學者，是史記正義佚文失而復得的功臣。

日本史記古校記中的正義佚文數量可觀，但中國學者對正義佚文的看法不一，存在嚴重分歧。本文針對以往存在的分歧，在前人研究的基礎上，對史記正義佚文展開較爲全面深入的研究。文章首先從日本史記古校記的標注名目及有關校記的内容清理考察入手，認爲史記正義單本曾經在日本流傳，正義佚文當來自史記正義單本。其次，本文重點對正義佚文本身内容做多方面考證，證明佚文是張守節史記正義原文。同時，對前輩學者們的一些錯誤觀點多所辨駁。最後，從史學與文獻學的角度，對史記正義佚文的學術價值給予應有的客觀評估。

史記正義佚文的學術價值，首先是保存了正義對史記及舊注的注疏。史記正義佚文引用古注古書豐富，而史記舊注多已失傳，其所引之書有些也已失傳或有殘闕，可借正義佚文保留下的部分内容進行匯輯。其次，史記三家注所據底本不同，故文字多有歧異，史記正義佚文中保存了大量的史記異文，其於史記正文的校勘，於史記傳本的研究，頗爲有益。再次，史記正義佚文就像今本中正義一樣，對史記正文及舊注在史實上指摘糾誤，獨具慧眼之處也不乏見。

史記正義單本在日本曾有流傳，由五山時代的學者們繼承，以史記古校記的形式將史記正義佚文的部分命脈保存下來。數量可觀的正義佚文基本上是可信的，但由於佚文是後人過録傳抄之物，各本上的正義佚文不是抄録於一人之手，也不抄録於一時，故其在文字上難免會産生訛誤衍脱。所以，對正義佚文進行校勘，使其更接近張守節史記正義原貌，當是今後有關正義佚文匯輯、校勘等研究工作的重點。

對正義佚文的總體認識是：絶大部分爲真，極少數可存疑。